*The Real World of East Germany: Dictatorship and Resistance*

近藤潤三著
# 東ドイツ(DDR)の実像
独裁と抵抗

(ベルリンの壁の跡と埋め込まれたプレート)

木鐸社

目次

## 序章　DDR 研究の現在と本書の主題
1. 本書の主題 …………………………………………………………… 9
2. 本書の構成 …………………………………………………………… 19
3. 本書の視座と接近方法 ……………………………………………… 22
4. 本書の意義 …………………………………………………………… 35

## 第1章　ベルリンの壁・ドイツ内部国境の越境者問題
　　　　：2007年8月の発砲命令書論議に即して
1. はじめに ……………………………………………………………… 41
2. 2007年8月の発砲命令書問題 ……………………………………… 43
3. シュタージ問題とビルトラー庁 …………………………………… 48
4. 壁と内部国境での犠牲者 …………………………………………… 55
5. 結び …………………………………………………………………… 67

## 第2章　ベルリンの壁の犠牲者：最初と最後のケース
1. 論議の中の犠牲者 …………………………………………………… 73
2. クリス・ギュフロイ ………………………………………………… 77
3. ギュンター・リトフィン …………………………………………… 85
4. その他の犠牲者と責任追及 ………………………………………… 89
5. 若干の考察：結びに代えて ………………………………………… 95

## 第3章　1950年代初期のDDRの「政治犯」：二つの事例
1. シュタージと「政治犯」 …………………………………………… 103
2. ハンス＝エーバーハルト・ツァーンの場合 ……………………… 105
3. ヨハン・ムラスとエルンスト・ヴィルヘルムの場合 …………… 116
4. 政治犯と「くぼみのある社会」 …………………………………… 125
5. 二つの問題点と今後の課題：結びに代えて ……………………… 133

## 第4章　DDR 初期の抵抗運動：三つのケース
1. はじめに ……………………………………………………………… 139
2. DDR 初期の政治的暴力 …………………………………………… 140
3. アルテンブルク・サークル ………………………………………… 142

4. ヴェルダウ・サークル ………………………………………… 146
　　5. アイゼンベルク・サークル …………………………………… 151
　　6. 結び ……………………………………………………………… 157

第5章　1950年代のシュタージ拉致・殺人事件
　　　　：リンゼとビアレクの場合
　　1. はじめに ………………………………………………………… 162
　　2. ヴァルター・リンゼ …………………………………………… 164
　　3. ローベルト・ビアレク ………………………………………… 175
　　4. シュタージ拉致・殺害事件に関する若干の考察 …………… 184

第6章　DDR最後の「政治犯」
　　1. はじめに ………………………………………………………… 194
　　2. ヘードリッヒとシュタージ …………………………………… 195
　　3. 「最後の虜囚」の注目点 ……………………………………… 201
　　4. シュタージ文書法改正問題 …………………………………… 205

第7章　マークス・ヴォルフとドイツ現代史
　　1. ヴォルフへの関心 ……………………………………………… 211
　　2. ソ連亡命ドイツ人家族からDDRスパイのリーダーへ …… 212
　　3. 転身の挫折から刑事被告人へ ………………………………… 219
　　4. ヴォルフとドイツ現代史 ……………………………………… 223
　　5. ヴォルフとビアマン …………………………………………… 227
　　6. 結び ……………………………………………………………… 232

第8章　DDRにおける外国人労働者と外国人政策
　　　　：東ドイツ地域の反外国人感情との関連で
　　1. はじめに ………………………………………………………… 236
　　2. DDRの外国人問題に関する留意点 ………………………… 239
　　3. 外国人労働者導入の経過と背景 ……………………………… 244
　　4. 労働現場の外国人労働者 ……………………………………… 255
　　5. 社会的隔離の中の外国人労働者 ……………………………… 259
　　6. 外国人労働者の動機と法的地位 ……………………………… 267
　　7. DDRにおける排外的感情 …………………………………… 274

8. 統一後のDDR外国人労働者 ………………………………………… 285
  9. 結び ………………………………………………………………… 295

終章　論争の中の東ドイツ
  1. 浸透するオスタルギー ……………………………………………… 301
  2. 2009年の「不法国家」論争 ………………………………………… 308
  3. DDR研究をめぐる諸問題 …………………………………………… 313

あとがき ………………………………………………………………… 324

人名索引 ………………………………………………………………… 328

# 東ドイツ(DDR)の実像

― 独裁と抵抗 ―

# 序章　DDR 研究の現在と本書の主題

## 1. 本書の主題

　東欧諸国で相次いで共産党独裁体制が崩壊したのは 1989 年のことである。その激震の中で東西冷戦とドイツ分断の象徴だったベルリンの壁が開放され，これを受けて東ドイツ（ドイツ民主共和国：DDR）も瓦解に向かった。そして誰もが予期せぬスピードでドイツ統一が翌 1990 年に達成されてから間もなく 20 年を迎えようとしている。今では統一されたドイツは自明の事実となり，若い世代にとっては分断されたドイツは歴史の知識の一齣になりつつある。しかし，冷戦とドイツ分断の時代を肌で知る年代の者には，依然としてドイツ統一はソ連消滅などと並ぶ壮大な歴史的出来事だったという実感が強い。実際，その成り行きを興奮とともに見守った記憶が鮮明に刻まれている人は少なくないのではなかろうか。

　本書で論じるのはそうした激動を閲した現代ドイツの一面である。すなわち，崩壊した DDR の支配体制が本書の主題である。また，その実像ないし実態を把握することに主眼が置かれている。したがって，本書ではしばしば全体主義とも呼ばれる DDR における共産党独裁の機構や制度を焦点に据えるのではなく，主要なトピックを切り口にし，例えばベルリンの壁の犠牲者や政治犯として辛酸を嘗めた生身の人間に即しつつ，抑圧の実相を掘り起こしていくのが本書の方法である。

　ドイツ統一に伴い，DDR がすでに消滅した事実を踏まえれば，ここで照射されるのは，遠ざかっていくドイツの過去ということになる。しかしそれは過ぎてしまった現代史の一齣というだけではなく，実は現代そのものでも

ある。というのは，東西ドイツの様々なレベルでの相違が依然として色濃く残っているばかりでなく，部分的には強まっているのが現実だからである。国民の忠誠を得られなかった DDR が近年では愛着の対象になってきていることに着目して，半ば皮肉を込めながら，国家として消滅してから東ドイツは国家として完成したとしばしば指摘されるが[1]，そうした意味も含めて東ドイツは現在でも生きているといわなければならない。

そのことは，さしあたり三つの面で確認できよう。第一に経済面では，所得や雇用の面で東西間に顕著な開きが存在しており，失業率に大きな落差がみられるだけでなく，生活水準にも懸隔が残っている。『データ・レポート 2008』によれば，世帯当たりの平均月間所得が 2005 年に西ドイツ地域で 3,665 ユーロだったのに対し，東ドイツ地域では 2,766 ユーロであり，T. ブリュックたちの研究報告では 2007 年の年間の平均所得がそれぞれ 30,165 ユーロと 21,090 ユーロだったことや，2009 年の調査で貧困率が前者で 12.9% であるのに，後者では 19.5% に上ったことなどは，懸隔の端的な例証であろう[2]。さらに 2009 年 7 月 15 日付『ヴェルト』紙はドイツ労働総同盟（DGB）の調査結果について，「東での貧困化のリスクは 2 倍高い」という見出しで失業手当の受給率などに表れている東西間の差を伝えており，同様に同年 8 月 28 日付『フランクフルター・アルゲマイネ』紙は，ドイツ経済研究所（DIW）の報告として，労働人口のうちで生活保護費の水準に相当する社会給付を受給している比率は西の 7.3% に対して東では 2 倍以上の 15.3% に達していると報じている。2004 年の『シュピーゲル』39 号の特集は「嘆きの谷，東」と銘打っていたが，これらの数字に照らせば，その表現は誇張だとして簡単には片付けられないであろう。若い女性を中心に東ドイツから西ドイツへの人口流出が止まらないことはいくつかの調査で確認されているが[3]，それだ

---

(1) Hubertus Knabe, Die Täter sind unter uns, Berlin 2007, S.17f.

(2) Statistisches Bundesamt, hrsg., Datenreport 2008, Bonn 2008, S.148; Tilman Brück and Heiko Peters, 20 Years of German Unification: Evidence on Income Convergence and Heterogeneity, DIW Discussion Papers, No.925, 2009, p.17; Der Paritätische Gesamtverband, Der erste Armutsatlas für Regionen in Deutschland, Berlin 2009.

(3) Berlin-Institut für Bevölkerung und Entwicklung, Not am Mann, Berlin 2007; Der Spiegel, Nr.23, 2007, S.62f.; Insa Winter, Wir sind dann mal weg!, in: ZDF-Heute vom 27.8.2009.

けではなく，近年，雇用環境などの悪化を反映してドイツ人の国外移住が高止まりするなかで，例えばスイスやオーストリアで東ドイツ出身の若者が歓迎されていることや，連邦軍の兵士のうちで東ドイツ出身者が35%にも達していて，『ツァイト』紙2009年49号で海外派兵に関連させて「失業か，それともアフガニスタンか」という見出しで取り上げられていることなどは[4]，とりわけ東ドイツ地域で好ましい職場を見つけるのが困難な実情を物語っている。このような現実は一般市民にも意識されており，例えば「ドイツ統一後，東ドイツ人は物質的にもうまくいっていると思いますか」という問いに対する「そう思う」の回答が2009年に西で64%であるのに対し，東では半数を下回る48%でしかないことはそれを裏付けている[5]。ドイツ統一はたしかに当初は喜びだったにせよ，これらの数字が示唆しているように，その後の現実はとくに東ドイツ地域で失望を広げる結果になった。統一ドイツは経済的にまだ一つになってはいないのである。

第二に政治面では，DDRの独裁政党だった社会主義統一党 (SED) を継承する左翼党が東ドイツ地域で強大な勢力を維持している事実があげられよう。実際，同党は首都ベルリンをはじめとして東ドイツ地域の州レベルで政権に加わっているが，これは西ドイツ地域にはない現象なのである。そればかりか，キリスト教民主同盟 (CDU) や社会民主党 (SPD) は党員数も少なく，戦後西ドイツで確立された民主主義を支えてきた安定した政党システムは東ドイツ地域にはいまだ形成されているとはいえないのが実情といってよい。そのことは，一例としてSPDの牙城として知られたザクセン州の地方都市フライタールで20世紀前半に4千人を数えたこともあるSPD党員が今では40人でしかない事実や，同じくSPDの牙城である西のノルトライン＝ヴェ

---

(4) Frankfurter Allgemeine Zeitung vom 7.8.2006; Die Welt vom 21.8.2009 なお，東ドイツ地域の経済状況の詳細に関しては，Bundesministerium für Verkehr, Bau und Stadtentwicklung, Jahresbericht der Bundesregierung zum Stand der Deutschen Einheit 2009, Berlin 2009 参照。また財政移転の規模も依然として大きく，その効果もあって東西の生活水準が接近しているという報告書を，K. シュレーダーを中心にしたSED国家研究チームが公表している。Klaus Schroeder, Ostdeutschland: 20 Jahre nach dem Mauerfall, Berlin 2009.

(5) Viola Neu, Das Geschichtsbild der Deutschen 20 Jahre nach dem Fall der Mauer, Analyse und Argumente, Ausgabe 69, 2009, S.10.

ストファーレン州では 2008 年の SPD 党員数が 14 万人であるのにザクセン州では 4300 人に満たず，2009 年 8 月の州議会選挙での SPD の得票率が前回とほぼ同様で僅か 10% に終わり，辛うじて 2 桁を保つ有様だったことに映し出されている[6]。加えて，民主主義自体に対する姿勢に関しても，それを最良の国家形態とする見方についてのいくつかのアンケート調査で，結果に顕著な開きが見出されるのが現状にほかならない[7]。

さらに第三の意識面では，アンケート調査などによって，東ドイツ地域の市民の間では，ドイツ人よりも東ドイツ人という感覚が優勢になり，同時に，対等というよりは劣った 2 級市民という意識が濃厚に存在していることが明らかになっている[8]。またこれに対応して，西ドイツ地域で否定の対象とされている社会主義を好ましいとする市民が少なくないのに加え，東ドイツ時代の生活を懐かしむ心情が広範にみられ，それには東を意味するオストとノスタルジーを組み合わせて「オスタルギー」という耳慣れない表現が使われるようになっている。この言葉が聞かれるようになったのは，管見の限りでは 1990 年代後半からのようであり，例えば L. フリッツェが連邦議会に設置された調査委員会での報告のタイトルとして，「オスタルギー：DDR の現実の遡及的な美化の現象とその原因」と付けていることなどに見られる[9]。いずれにしても，今日ではこの言葉は人口に膾炙されるようになっているが，そうした心情の浸透からは，全体として DDR を美化する傾向が広がってい

---

(6) Michael Schlieben, Rote Diaspora im Osten, in: Die Zeit vom 14.8.2009; Franz Walter, Als Sachsen rot war, in: Der Spiegel vom 15. 12. 2007; Oskar Niedermayer, Parteimitgliedschaften im Jahre 2008, in: Zeitschrift für Parlamentsfragen, H.2, 2009, S.374.

(7) Viola Neu, Demokratieverständnis in Deutschland, Sankt Augustin 2009, S.12f.; Oskar Niedermayer, Bevölkerungseinstellungen zur Demokratie, in: Zeitschrift für Parlamentsfragen, H.2, 2009, S.386f. なお，拙著『統一ドイツの変容』木鐸社，1998 年，148 頁，および拙著『統一ドイツの政治的展開』木鐸社，2004 年，118 頁参照。

(8) Anna Klein und Wilhelm Heitmeyer, Ost-westdeutsche Integrationsbilanz, in: Aus Politik und Zeitgeschichte, 28/2009, S.18f.

(9) Thomas Goll, Erinnerungskultur und Ostalgie, in: ders. und Thomas Leuerer, hrsg., Ostalgie als Erinnerungskultur, Baden-Baden 2004, S.9.

ることが読み取れる。統一への失望が広がっていることは先に指摘したが，DDRを懐旧する心情がこの点と関連しているのは見やすいところであろう。東ドイツ地域の社会に関する研究書として『オスタルギー』や『DDRノスタルジー』という表題の著作が出現する一方で[10]，抑圧の要に位置した治安機関である国家保安省（通称シュタージ）がもはや必ずしも克服の対象とは見做されなくなっているのは，そうした文脈の問題にほかならない。事実，シュタージの略称で怖れられた国家保安省の犯罪性が希釈化されたり矮小化される一方で，シュタージ関係者が公然と自己主張を始めたことに見られるように，むしろシュタージ復権が危惧されるようになっているのが昨今の実情なのである[11]。

ところで，1989年のベルリンの壁の崩壊から翌年のドイツ統一に至るドラマはわが国でもインパクトが大きかったように思われる。マスメディアで頻繁に取り上げられ，関連する映像や記事に引き付けられた人が多かったからである。しかし今日から振り返ると，それは一過性の興奮に終わったように感じられる。統一後のドイツは経済が低迷して存在感が薄れる一方，拡大・深化した統合EUが前面に出るケースが増大したために，統一で高まったように見えたドイツに向けられる関心は，むしろ低調になったというべきであろう。そのことは，大学でドイツ語を選択する学生が減少の一途を辿っていき，その反面で中国などが経済力を増したことを反映して，中国語を学ぶ者が増大したことなどから窺える。そしてこのような流れの中で，かつてドイツが分断され，西ドイツと並ぶかたちでDDRという国が存在していた事実すら昨今のわが国では忘れられようとしている。そればかりか，「東ドイツ研究から撤収したかに見える研究者も存在する」と婉曲な形で指摘されるように[12]，何らかの形でかつて東ドイツに関わった人々の間では，触れるの

---

(10) Thomas Ahbe, Ostalgie: Zum Umgang mit der DDR-Vergangenheit in den 1990er Jahren, Erfurt 2005; Katja Neller, DDR-Nostalgie, Wiesbaden 2006. 因みに，壁崩壊10周年にあたる1999年11月の『政治と現代史から』45号には「自由の希求とDDRノスタルジーの間で」という表題でT．ラウシュの東ドイツ青年に関する論文が掲載されている。

(11) Anja Zschirpe, Die Stasi ist tot – Es lebe die Stasi, in: Gerbergasse 18, H.4, 2008, S.34f.; Barbara Nolte, Die Stasi-Rentner, in: Die Zeit, Nr.30, 2006.

(12) 斉藤哲『消費生活と女性』日本経済評論社，2007年，340頁。

を避けることによって，無意識的にかどうかはともあれ，DDR は結果的に消し去られようとさえしているかに感じられる。

けれども，社会主義を目指したその DDR に人口でオランダを上回る市民が生活し，労働，家族，教育，福祉など西ドイツとは違った日常を過ごしたことや，今日でもその市民が西ドイツ地域とはかなり異なるメンタリティや記憶を有しているのは紛れもない事実だといわねばならない。もちろん，ベルリンの壁の崩壊から 20 年あまりが経過し，ドイツ分断の記憶を持たない若者が成長していることは重い事実である。そのことは，ベルリンの壁が崩壊した時点に出生した子供たちが 18 歳の誕生日を迎え，成人に達したことを 2007 年 45 号の『シュピーゲル』が特集した点にも示されている。このような若い人々はさしずめポスト統一世代と呼ぶことができるが，彼らを含め，ドイツ分断の記憶を持たない世代が増えつつある趨勢を考慮するなら，物心両面に見出される東西間の差異が今後薄まっていくのは確実であろう。しかし，上記のように，現在では依然として東ドイツが重い存在であり，「東西へのヨーロッパの分割，分断されたドイツ，冷戦，ブロックの対立」の鮮明な記憶を共有する，K. シュレーゲルの言う「マリーエンボルン世代」がなお多数を占めている以上[13]，現代ドイツを論じる際に東ドイツに目を向けることは必須の条件になる。さらに 40 年に及ぶ分断の歴史があることから，単純に考えてもドイツ現代史を学ぶ上で東ドイツを避けて通れないのは多言を要しない。そればかりではない。社会主義という理想を標榜した一つの国家が作り出した支配の構造は，「支配されつくした社会」という表現に見られるように[14]，現代における支配の極限的形態を示し，いわばその理念型を呈示しているとも考えられるのであり，その面からも DDR は検討に値する

---

(13) Karl Schlögel, Generation Marienborn, in: Aus Politik und Zeitgeschichte, B21-22/2009, S.1f. 因みに，マリーエンボルンは東西ドイツ間の通過点の地名であり，そこにあった施設は現在は博物館になっている。Joachim Scherrieble, Vom Bollwerk der Teilung zum Ort der Begegnung, in: Heidi Behrens und Andreas Wagner, hrsg., Deutsche Teilung, Repression und Alltagsleben, Leipzig 2004, S.252ff. なお，東ドイツを振り返る場所や施設に関しては，Annette Kaminsky, hrsg., Orte des Erinnerns, Leipzig 2004 が役立つ。

(14) Jürgen Kocka, Eine durchherrschte Gesellschaft, in: Hartmut Kaelble u.a., hrsg., Sozialgeschichte der DDR, Stuttgart 1994, S.547ff.

といってよいであろう。

　この最後の論点に限定していえば，DDRの独裁体制を全体主義と規定することの適否を巡って立場が分かれている。東ドイツでは独裁下で暮らした普通の市民の多くが表面上は順応しながら私生活に逃避していたことを指して，G. ガウスが「ニッチ社会」と命名したことはよく知られている。しかしそれは画一化と適応により一見すると平らにみえても仔細に観察すると無数の穴が存在していたというべきであり，その意味で，市民が潜り込む「くぼみのある社会」だったと言い換えられよう。そのような特徴は，敗色が表れても監視の目を恐れて不満を洩らせなかった戦時期のナチ体制とも共通しているが，そうした社会の上に聳え立っていた支配機構を把握するために政治学者のE. イェッセをはじめ，DDR研究者のフォルンハウスや政治学者のK. シュレーダーなどが全体主義論を復活させている。さらに同じ立場からJ. ウェーバーは「ニッチ社会」という表現では全体主義的支配の過酷さや徹底性が希釈されていると批判している[15]。こうした立場が崩壊した中東欧の共産主義を全体主義と規定する潮流と足並みを揃えつつ，1989年以降に「相場の値上がり」の様相を呈していたのはA. ジーゲルの指摘する通りである[16]。周知のように，全体主義論は冷戦のインパクトを反映してアメリカだけではなく，西ドイツでも1950年代から60年代にかけて有力だったが，緊張緩和に伴い，1970年代以降は「社会主義的工業社会」論に見られる近代化論などに主流の座を譲った。しかし，共産主義体制が瓦解した後に，自由を求める民衆が抑圧をはねのけ，独裁を打倒したという体制転換の文脈で改めて支配の問題に注目が集まり，脚光を浴びるようになった経緯がある[17]。

---

（15）Eckhard Jesse, Die Totalitarismusforschung im Streit der Meinungen, in: ders., hrsg., Totalitarismus im 20.Jahrhundert, Baden-Baden 1996; Clemens Vollnhaus, Das Ministerium für Staatssicherheit, in: Kaelble u.a., hrsg., op.cit.; Klaus Schroeder, Der SED-Staat 1949-1990, München 1998; Jürgen Weber, Die DDR－ eine totalitäre Diktatur von Anfang an, in: ders., hrsg., Der SED-Staat, München 1994. DDRの支配機構の概略に関しては，山田徹『東ドイツ・体制崩壊の政治過程』日本評論社，1994年，第1章参照。

（16）Achim Siegel, Die Konjunkturen des Totalitarismuskonzepts in der Kommunismusforschung, in: Aus Politik und Zeitgeschichte, B20/1998, S.19ff.

（17）Ulrich Mählert und Manfred Wilke, Die Auseinandersetzung mit der SED-Diktatur

それだけに関心を引くのは、このようにして優勢になった全体主義論を念頭に置きつつ、同時に A. リュトケに倣って東ドイツを「支配されつくした社会」と呼んでいるにもかかわらず、歴史学界の重鎮である J. コッカが全体主義という概念の使用を慎重に避けている点である。その理由は、DDR社会が「政治権力によって人工的に編成された産物」ではあっても、日常生活までが完全に統制されていたとは考えないからである。「党と国家の支配が社会を全面的に刻印し決定づけていたと考えるのは誤っている」と明言していることに見られるように[18]、彼がこの点を強調するのは、支配構造を一枚岩として硬直的に描いて社会変動のダイナミズムを軽視する全体主義論の問題点が念頭にあり、H.-U. ヴェーラーなどとともに社会史を牽引してきた立場から市民社会の自律性を重視する視座に立脚しているからだと思われる。この視座は R. イェッセンや T. グロスベルティングなどにも共有され、DDR に関する議論で前面に押し出されているが[19]、その一方で、ヴェーラー自身は DDR を全体主義とは規定しなくても、「現代的独裁の解釈の補助手段」として全体主義論の有用性を認めているところにコッカとの違いがあるのも見落とせない[20]。さらにまた、社会史の牙城というべき『歴史と社会』誌に DDR を多角的に考察した刺激的な論考が掲載されているが、著者 S. モイシェルがコッカやヴェーラーと異なり、DDR を全体主義だと明言し、その後も「絶滅の全体主義」と「全面的コントロールの全体主義」とを区別し

seit 1989, in: Frank Möller und Ulrich Mählert, hrsg., Abgrenzung und Verflechtung, Berlin 2008, S.125f.
(18) Kocka, op.cit., S.550.
(19) Ralph Jessen, Die Gesellschaft im Staatssozialismus, in: Geschichte und Gesellschaft, H.21, 1995, S.110; Thomas Großbölting, Diktatorische Gesellschaftskonstruktion und soziale Autonomie, in: Heiner Timmermann, hrsg., Die DDR – Analysen eines aufgegebenen Staates, Berlin 2001, S.169.
(20) Hans-Ulrich Wehler, Diktaturenvergleich, Totalitarismustheorie und DDR-Geschichte, in: Arnd Bauerkämper u.a., hrsg., Doppelte Zeitgeschichte, Bonn 1998, S.347. なお、ヴェーラーは戦後史を扱った『ドイツ社会史・第5巻』で DDR をしばしば「ソ連帝国の属州」と呼ぶとともに、その支配構造を M. ウェーバーのいう「スルタン主義」と規定している。Hans-Ulrich Wehler, Deutsche Gesellschaftsgeschichte, Bd.5, München 2008, S.354f.

つつ全体主義論を活かしているのも関心を引かれる点であろう[21]。いずれにせよ、そうしたコッカの慎重な見解にしても、社会を覆い尽くす監視体制という認識などを全体主義論と共有している点で、シュタージ研究で代表的なJ. ギーゼケによる批判を浴びているのが実情なのである[22]。

その一方では、全体主義という表現はもとより、独裁という概念さえ使わない研究も存在している。A. マイヤーの言う「社会主義的身分社会」やR. ヘンリッヒの「後見的国家」などがその代表例である。無論、それらは独裁であることを明示的に否認しているわけではなく、例えば後者のように、プロイセンの権威主義体制との連続性を強調するところに力点があった。けれども、そうした把握には、「国民の継続的監視、統制、抑圧を含む人権の永続的な無視」や「SED レジームの民主主義的正統性の欠如」という「第2のドイツ国家の生存の基礎」を軽視しているという批判が浴びせられたのは避けがたかったであろう[23]。その意味で、DDR をナチに続く「ドイツにおける第2の独裁」と捉える点では広範な共通了解が成立しているといえよう[24]。

---

(21) Sigrid Meuschel, Überlegungen zu einer Herrschafts- und Gesellschaftsgeschichte der DDR, in: Geschichte und Gesellschaft, H.19, 1993, S.5f.; dies., Totalitarismustheorie und moderne Diktaturen, in: Timmermann, hrsg., op.cit., S.824ff.

(22) Jens Gieseke, Einleitung, in: ders., hrsg., Staatssicherheit und Gesellschaft, Göttingen 2007. DDR 研究者による全体主義論批判も一様ではないが、代表例として、メアリー・フルブルック、芝健介訳『二つのドイツ』岩波書店、2009 年、59 頁以下参照。また、ナチ体制との相違を重視して、DDR を全体主義と捉えることに批判的な見解として、以下を参照。Richard J. Evans, Zwei deutsche Diktaturen im 20.Jahrhundert?, in: Heiner Timmermann, hrsg., Die DDR in Europa – Zwischen Isolation und Öffnung, Münster 2005, S.38f., 45; Wolfgang Schuller, Deutscher Diktaturenvergleich, in: Heiner Timmermann, hrsg., Die DDR – Analysen eines aufgegebenen Staates, Berlin 2001, S.850f. 因みに、東ドイツの体制をどのように規定するかの議論を整理した日本での論考として、仲井斌『ドイツ史の終焉』早稲田大学出版部、2003 年、第4章がある。

(23) Günther Heydemann, Die Innenpolitik der DDR, München 2003,S .62. なお、ゲルト＝ヨアヒム・グレースナー、中村登志哉・ゆかり訳『ドイツ統一過程の研究』青木書店、1993 年、47 頁参照。

(24) Jürgen Kocka, Bilanz und Perspektiven der DDR-Forschung, in: Deutschland Archiv, H.5, 2003, S.766. この点はヴァーグナーとシュルツも確認している。た

また全体主義に関しても，研究動向を展望するなかで A. バウアーケンパーが「全体主義論の分析上の限界」を論じていることにみられるように，「全体主義モデルのような広く普及した大理論は，学問上，記述，分析および説明の適切な可能性を提供するにはもはや不十分なことは明瞭である」と指摘されているのが現状である[25]。その当否は別にして，例えば 1998 年に K. ヤーラウシュが全体主義概念を排しつつ，政治的抑圧と社会的配慮の両面を同時に捉えるために「福祉独裁」という規定を提起し，翌年に M. ザブロウがこれをも批判の対象に加えつつ「合意独裁」という見方を示したのは，そうした理論的状況の認識に基づいていたと考えられる[26]。

以上，簡単に眺めただけでも，DDR の支配体制を巡って様々な見方が提示されており，議論が錯綜しているのは明らかであろう。そうした状態に至った原因の一つは，十分な実証的研究を踏まえずに，あるいは特定の断面に関心を集中させながら，一気に全体の見取り図を描こうとする無理にあると考えられる。理論的概念を彫琢し，それを用いて対象を把握することは重要であり必要だが，現実に深く分け入る作業が欠落した時，不毛な概念論争に迷い込み，地上から離れた真空状態で空中戦を演じる結果になりやすい。そしてこの危険は DDR に関する実証的研究の蓄積が乏しいわが国ではとくに大きいといえよう。

---

だ，W. ヴィッパーマンのように，ナチ独裁とは同一視できないという留保を付す者もある。Hans-Jürgen Wagener und Helga Schultz, Ansichten und Einsichten, in: dies., hrsg., Die DDR im Rückblick, Berlin 2007, S.16; Wolfgang Wippermann, Dämonisierung durch Vergleich, Berlin 2009, S.8f., 116.

(25) Arnd Bauerkämper, Die Sozialgeschichte der DDR, München 2005, S.55f.; Heydemann, op.cit., S.64.

(26) Konrad H.Jarausch, Realer Sozialismus als Fürsorgediktatur, in: Aus Politik und Zeitgeschichte, B20/1998, S.33f.; Martin Sabrow, Der Konkurs der Konsensdiktatur, in: ders. und Konrad H.Jarausch, hrsg., Weg in den Untergang, Göttingen 1999, S.90f. なお，D. ホフマンたちは DDR を「独裁的福祉国家」と命名し，E. ヴォルフルムは近著で「独裁的福祉国家」という規定と並んで「福祉独裁」に肯定的に言及している。Dierk Hoffmann und Michael Schwartz, Einleitung, in: dies., hrsg., Sozialstaatlichkeit in der DDR, München 2005, S.2; Edgar Wolfrum, Die DDR: eine Geschichte in Bildern, Darmstadtf. 2008, S.73.

このような認識に基づき，本書では主にドイツ統一後に公表された研究や資料を用い，DDRに実在した生身の人間に即して，その現実に接近している。無論，1700万人が暮らしたDDRという世界は限りなく広く，政治と経済から文化や社会に至るまで考察すべき問題はいくつも存在している。そのなかで本書では，既述のように，主として支配体制を照射する観点から，最大の暗部・恥部と呼ぶべきシュタージに重点的にメスを入れている。同時に，その際に政治犯と呼ばれる人々をはじめとして，抵抗などのために犠牲になった側に視点を据え，彼らの悲運を光源にする形で独裁体制に光を当てているところに本書の特徴があるといえよう。

## 2. 本書の構成

　それでは各章の主題などについて簡単に説明しておこう。

　ドイツ内部国境とベルリンの壁での犠牲者については，分断による悲劇の象徴とされながらも，実は人数すら確定していない。第1章では彼らを銃撃した警備兵に対する発砲命令書問題を中心に据え，しばしば存在が否定されてきた命令が文書として不完全ではあれ存在する事実を指摘する。同時に，その「発見」をめぐって生じた混乱に言及し，シュタージ文書管理機関の問題にも光を当てる。中心になるのは越境を企てた者が射殺された事実だが，この章ではそれが一切の逃亡を許さない政治的意思の下で非人道的な国境管理が行われた結果であることを述べている。とりわけシュタージは越境阻止を徹底するために警備兵自身を監視する要員を秘密裏に配置したほどである。多数の市民が犠牲になったのはそうした厳重な護りのゆえであり，そこに表出しているDDR指導部の堅い意思の帰結にほかならなかった。内部国境とベルリンの壁での犠牲者の数を検討し，それを手掛かりにしてこの章では人命よりも体制の守護が優先したことを解明している。

　これに関連して第2章では，いわば補論という意味で，壁での犠牲となった最初と最後の青年について紹介している。数多くいる犠牲者の中からこの2人を選んだのは特別な意図によるのではなく，文字通り最初と最後になったからにほかならない。また人となりや動機などを把握する若干の資料が存在することも選択した理由の一つである。壁で殺害されたのは統計に示される数字としての1人ではなく，生身の人間であり，家族もあれば希望も抱いていたという当然の事実が有する重みを忘れないためである。これによって

幼いころからの夢を打ち砕いたベルリンの壁の残虐さが一端なりとも感じとれよう。また併せて，壁での殺人の罪を問われた国境警備兵に対する裁判に目を向けると同時に，DDR からの脱出を試みて失敗した人や合法的出国の可能性が出てきた時期に多くの出国申請者が現れたことに触れ，射殺されたのは犠牲者の氷山の一角にすぎず，出国申請のゆえに差別を甘受したケースなどを含めると被害者の裾野が広かったことも指摘している。

次に第 3 章では DDR 成立期の政治的抑圧の態様を考察している。ここでは一般に政治犯と呼ばれている人々に的を絞り，SED の事実上の一党独裁のレジームに実際に反対したかどうかを問わず，反体制という嫌疑を招くことが致命的な結果に至った実例を追跡している。同時に，それを通じて，普通の市民があらぬ疑惑を避けるために自分の穴に深く潜りこまざるを得なかったことを説明している。この観点から光を当てているのは，反対派という本来の意味での政治犯ではなく，自治体の SED 幹部との軋轢のために容疑をかぶせられて見せしめ裁判にかけられ，実刑に服したり，あるいは処刑されたケースである。強固な独裁体制を構築しようとするほど末端では支配が恣意的になることや，独裁の道具となった司法が形骸でしかなく，合法性の体裁を繕う装飾にすぎないことなどがそれによって明らかになるはずである。

続く第 4 章では，その延長で，等しく「政治犯」であっても実際に一党独裁体制に対する抵抗運動を行った三つのグループに焦点を当てている。ここで俎上に載せているのは，DDR が発足して間もない 1950 年代に各地で形成されたグループである。その中心になったのは，いずれも若い上級学校の生徒たちだった。彼らは東ドイツを占領したソ連を後ろ盾にして SED が独裁体制を固めていくのに反対し，あるいは冷戦の激化に伴い再び戦争の危機が迫るなかで，平和を希求して抵抗に動いたのである。しかし，政治的反対派を許容しない独裁体制は彼らを名ばかりの裁判にかけて厳罰に処し，一部の青年は死刑に処されたのである。死刑を免れた場合でも刑期は長く，西ドイツに「自由買い」で引き渡された者を別にすれば，大半の若者のその後の人生は茨の道にならざるを得なかった。因みに 1950 年代に「政治犯」として処罰された上級学校の生徒は 1200 人に達するといわれており，そうした青年の広範な抵抗は SED の独裁体制が支配の正統性を確立できず，司法を道具にした実力による支配だったことを雄弁に証明している。

こうした青年たちと同様に，しかし違った形で反体制の活動を行った 2 人

の人物を第5章では取り上げている。DDRの支配層から見ると，DDRから逃亡し，西ベルリンを拠点にして共産主義体制を攻撃するのは裏切り者であり，危険な破壊分子にほかならず，排除されなければならなかった。そのためにシュタージは総計で400人とも600人ともいわれる西側の市民の拉致を実行し，あるいはDDR訪問の機会に拘束して国内に閉じ込めたのであり，その一部については容赦なく殺害したのである。東ドイツに関する研究の進捗にもかかわらず，頻発した拉致の実態解明はあまり進んでいるとはいえない。そのため，ここでの考察は2人の人物に限らざるを得なかった。いずれにせよ，冷戦による緊張が厳しい時代だったとはいえ，拉致・殺害が国家意思によることは稀であり，これを国家テロと呼ぶなら，その犠牲者の生涯を見つめることによって，過去の薄闇に沈みかけているドイツの東西分断がいかに異常で過酷な事態だったかを再確認できよう。

　第6章ではDDRの最後の「政治犯」に目を向けている。ここではDDR末期に脱出を試みた1人の人物に焦点を絞り，脱出を願望するようになった契機を具体的に追跡するとともに，シュタージの最終局面にも同時に論及する。DDRに背を向けて西ドイツに逃亡する市民の流れは二つのドイツの建国当時から存在した。それを断ち切るために最後の手段として断行されたのがベルリンの壁の構築だったのは周知のとおりである。しかしそれによって脱出の願望までもが根絶されたわけではない。DDRの最終段階での脱出の動機に関しては，拙著『統一ドイツの外国人問題』の第6章で戦後ドイツ史の中のユーバージードラーを論じた際，調査結果を紹介する形で言及した。ここではそれを補う意味で特定の人物に即して検討している。そこからは1975年の全欧安保協力会議（CSCE）の最終文書の意義や，DDRが経済的苦境の打開のために西側の援助を仰ぎ，その過程で人的交流のパイプが拡大したことが大きな意味を有したことが浮かび上がるはずである。同時にまた，ベルリンの壁の崩壊後に解体されたシュタージが，組織としてはもはや存在しないにもかかわらず，なおしばらく「政治犯」を威圧しつづけ，恐怖の的としてその心理のなかで生きていたことにも触れる。

　そうした国家テロの主体であり，人権抑圧の装置だったシュタージについては，わが国では堅実な研究が極めて乏しい。この点を考慮しつつ，第7章ではシュタージの多年にわたるリーダーだったヴォルフの個人史に注目し，その経歴からシュタージに迫っている。ヴォルフは「顔のない男」と呼ばれ，

西側の情報機関で怖れられたが，ユダヤ系，共産主義者の父，亡命先のソ連での成長など，彼の生涯を振り返ると，最初から波瀾のコースが定められていたようにも映る。この章では，等しく社会主義建設の理想に燃えて東ドイツに行きながら，ヴォルフとは逆に反体制派となったビアマンとの対比などを交えつつ，権力中枢に昇り詰めたヴォルフの人生を見つめなおしている。DDR で輝かしいキャリアを誇った彼は，統一後のドイツで刑事被告人に転落したが，そうした変転に彩られた彼の生涯にはドイツ現代史の幾重もの屈折が映し出されているからである。

ところで，DDR の外国人政策についてはわが国では知られておらず，情報は皆無といってよい状態だと思われる。そこで第 8 章では，西ドイツにおける外国人労働者の搾取を糾弾した東ドイツでどのような政策が採られていたのかを究明している。西ドイツで外国人労働者が就労していたことはよく知られている。ガストアルバイターというドイツ語がわが国で特別な説明をつけずに頻繁に使用されていることや，ギュンター・ヴァルラフの問題作『最底辺』が邦訳されていることなどがそれを示している。けれども，これと対照的に，東ドイツに外国人労働者が存在した事実はほとんど知られているとはいえない。この点はわが国に限られたことではなく，当のドイツでも，とりわけ西ドイツ地域ではわが国と大きな相違は存在しないといってよい。実は労働力不足に苦しんだ DDR では社会主義の国際的連帯の美名の下に社会主義の友好国から外国人労働者が導入された。けれども，彼らに対しては西ドイツに劣らない差別的な処遇が国策として行われたのである。その実態は美名で覆われていただけにますます恥部というほかないように思われる。この章ではそうした隠された現実があったことを明らかにし，建前の裏側に存在していた DDR における外国人の悲惨な実情を照射している。

最後に終章では，東ドイツ地域に浸透するオスタルギーに目を向けるとともに，DDR の国家の性格をめぐる「不法国家」論争を追跡する。また，それを踏まえつつ，DDR 研究の問題点と今後の方向について考察する。

## 3. 本書の視座と接近方法

以上で一瞥したトピックに即し，本書では総じて DDR の暗部と呼ぶべき諸側面を検討している。それらの多くは DDR においても公然化した場合の影響を顧慮して厳重に蓋をされていたが，国家としての DDR の消滅によっ

てようやく明るみに引き出すことが可能になった。これを踏まえ，統一後に公表された資料や研究を利用しつつ，その暗部を究明することに本書の重心は置かれている。

　DDR の暗部について語るとき，すぐに思い浮かぶのはスポーツ王国としての DDR の虚実であろう。1968 年のメキシコ・オリンピックで DDR は人口が 4 倍弱の西ドイツよりも多くの金メダルを獲得して西側世界を驚嘆させたが，国際舞台での目覚ましい活躍はその後も続いた。1976 年と 1988 年には金メダルでアメリカを凌ぎ，1984 年の冬季オリンピックではソ連をも上回ったのである。こうして DDR の国際的名声は高まったが，しかしその華々しさには裏面があった。国際社会での声望を明るい部分だとすれば，その裏には暗くて隠された部分があったからである。この点についてはベルリンの壁崩壊直後にわが国でも興味深いドキュメントが公刊されているが[27]，大きな暗部の一つは，競技スポーツに国威をかけたために極度のエリート教育が行われたほか，1966 年以降はドーピングが恒常化したことである。すなわち，有望な予備軍の青少年に対しビタミン剤と偽ってステロイドという薬物が与えられ，その影響で DDR のスポーツ選手は体毛が濃く声が低くなるなどの変調が起きただけでなく，後になって健康面で様々な被害に苦しむことになったのである。もう一つは，特定の競技スポーツが「スポーツ 1」に格付けされて優遇された代わりに，サッカーを除くとその他の多くの種目が冷遇されたばかりか，スポーツ自体が国民生活の中に普及しなかったことである。スポーツの大衆化のためには例えば市民の身近にプールや運動場を設けることが必要になるが，そうした施設は DDR では乏しかった。それどころか，スポーツに不可欠な運動靴は「欠乏社会」の DDR では普通の市民には入手の難しい貴重品だったといわれる[28]。憲法の美文に反してこのような現

---

(27) 長谷川公之・山本茂『衝撃　東独スポーツ王国の秘密』全国朝日放送，1990 年。同書 20 頁には DDR がオリンピックで獲得したメダル数が主要国と対比して示されている。

(28) Jutta Braun, Jedermann an jedem Ort, in: Thomas Großbölting, hrsg., Friedenstaat, Leseland, Sportnation?, Berlin 2009, S.177ff. 因みに，2009 年 11 月 3 日からの『朝日新聞』に「消えぬ薬の傷」と題してドーピングを「東独の国家犯罪」と断じた興味深い連載があり，それとの関連で，唐木国彦の論考も参照に値する。同「『社会主義スポーツ』の崩壊」同編『スポーツは誰のために』所収，大修

実が生じたのは，社会主義建設に国民を動員し，同時に内外に向けて社会主義の成果を誇示する必要があったからにほかならない。スポーツで栄光に輝いた選手はスポーツ英雄として賞賛されたが，英雄が労働，政治，宇宙の領域などでも作られて宣伝されたのは，そうした事情を物語っている[29]。

　スポーツに見出される以上のような実態と並び，東欧圏で経済の優等生といわれながらもDDRでは環境破壊が深刻だったこともまた今日では知られている[30]。これらはいずれもDDRの明暗といえるし，あるいは虚実とも呼ぶことができよう。そして明るい部分が長く印象付けられ，その裏側が隠蔽されてきたことを考えれば，明の部分は伝説に化していたともいってよいであろう。2009年9月にT. グロスベルティング編の『平和国家，読書大国，スポーツ国民？』と題した一書が公刊され，堅実な研究実績のある顔触れの論考が集成されているが，それに「試験台の上のDDR伝説」という副題が付けられているのは，このような観点からである[31]。そこではDDRの虚像と実像について多面的な検討が行われ，「伝説」を一掃する努力が払われていて，今日からDDRを振り返ろうとする時，多くの示唆と刺激を得ることができる。本書で試みようとするのも，この書とある意味で共通している。というのは，その主眼は，これまで虚像によって粉飾され，その意味で伝説に包まれてきたDDRの現実の姿を確かめることに置かれているからである。

　もとより，明暗と虚実は同じではない。たとえ隠されてきたとしても，実像は必ずしも暗部ばかりとは限らないからである。その意味で，本書で主としてDDRの裏面に焦点を絞るとしても，DDRの一切を暗色で塗りつぶすことは著者の意図するところではない。現在でもオスタルギーが語られるよう

---

　館書店，1995年，180頁以下。

(29) DDRにおける「英雄」の特徴につき，Rainer Gries und Silke Satjukow, Von Menschen und Übermenschen, in: Aus Politik und Zeitgeschichte, B17/2002, S.45f. 参照。

(30) 統一後に明らかになった環境汚染に関しては，前掲拙著『統一ドイツの変容』84頁以下参照。なお，DDRの環境問題の貴重な研究として，Jörg Roesler, Umweltprobleme und Umweltpolitik in der DDR, Erfurt 2006 がある。

(31) Großbölting, hrsg., op.cit. 同様に，P. ベンダーの論考も伝説の解体を意図していて筆致が鋭いが，対象に据えられているのがもっぱら政治に関わるテーマであり，視野が狭小という感が否めない。Peter Bender, Die doppelte deutsche Geschichte, in: Martin Sabrow, hrsg., Grenzen der Vereinigung, Leipzig 1999, S.73ff.

に，温もりのある人間関係や女性の自立をはじめとして，失業がないこと，物乞いやホームレスがいないこと，治安が良好なこと，社会保障が整備されていることなど，懐かしく記憶され，あるいは西ドイツより優れていたと評価されるような東ドイツのポジティブな側面が存在し，そこで暮らした普通の市民の脳裏にしっかりと刻み込まれているのは確かな事実だからである。この点は，一例として 2009 年 3 月に発表された調査結果を見れば明瞭になる。それによれば，保健制度や教育制度のような DDR の成果は維持したほうがよかったと思う東ドイツ地域の市民は 84% に達し，そう思わないと答えたのは 12% にすぎなかった。またその成果を破壊する形で西のシステムが押し付けられたと感じている東の市民は 50% に上ったのである[32]。

もちろん，例えば多くが良かったと思っている保健制度についていえば，DDR 末期の 1989 年に病院が平均で築後 60 年以上の老朽施設だったし，人口比で見たベッド数も少なく，手術の設備も西ドイツに比べて大きく劣っていたのは事実である[33]。しかしそれでも無料で誰もが医療を受けることができ，国営化された病院が利益優先ではなかったのは確かであり，社会に広く安心を提供していたことも等しく重要な事実といえよう。この点に関し，DDR では社会政策に様々な意義が与えられたが，体制安定化機能は一貫していたとした上で，D. ホフマンたちはこう記している。DDR では後半期になると社会政策は「所得と消費を含む国民のあらゆる物質的生活関係を制御するスーパー政策」に格上げされた。「社会政策は社会的平等というイデオロギー的に導き出された理想を実現する手段と見做され，SED の社会主義の観念の核心になったのである[34]。」確かに彼らが巧みに言い表しているように，「DDR の『福祉国家』が優勢な『ワークフェア国家』に従属していた」事実は銘記されるべきであろう。しかし，DDR における社会政策は決して内実の伴わ

---

(32) Liberales Institut der Friedrich-Naumann-Stiftung, Deutscher Wertemonitor, Potsdam 2009. なお，DDR のプラス面に関しては DDR で長く暮らした斉藤の印象記が参考になる。斉藤瑛子『世界地図から消えた国』新評論，1991 年，57 頁以下。

(33) Alexander Wendt, Ein Paralleluniversum namens DDR, in: Focus vom 31.3.2009. さらに雇用や年金などの問題点に関しては，Dierk Hoffmann, Der Schein der sozialen Sicherheit, in: Großbölting, hrsg., op.cit., S.230ff. 参照。

(34) Hoffmann u.a., op.cit., S.2.

ない空疎な標語ではなかった。また、だからこそDDRは「相対的安定期」を迎えることができ、ナチ・レジームとは違って比較的長く存立することが可能になったともいえよう。もっとも、ヴェーラーやリッターが口を揃えるように、そのような社会政策が経済的合理性を欠き、DDRを財政的に破綻させる要因になったことを看過してはならないが[35]、いずれにせよ、そうした事実を直視するところから、DDRに肯定面は存在せず、あるとすれば今日の不満を土壌にし、それを過去に投影して作り上げられた蜃気楼や幻影だとする立場を本書ではとらない。オスタルギーに問題が多いのは間違いないが、現実的根拠が存在するのであり、過去への錯視や幻想として一蹴するのは同様に問題が多いといわねばならないのである。

　ここで敢えてこのような指摘をするのは、オスタルギーを虚妄として片付けようとする傾向が依然として存在するからである。例えばK.シュレーダーはオスタルギーについて次のように記している。「統一後における自分自身の、あるいは全般的な生活状況に対する不満が増すのに応じて、多くの東ドイツ人の間ではDDRの像が美化されており、ポジティブな面が強調される反面で、ネガティブな側面は沈黙され無視されている[36]。」このように記したうえで、シュレ

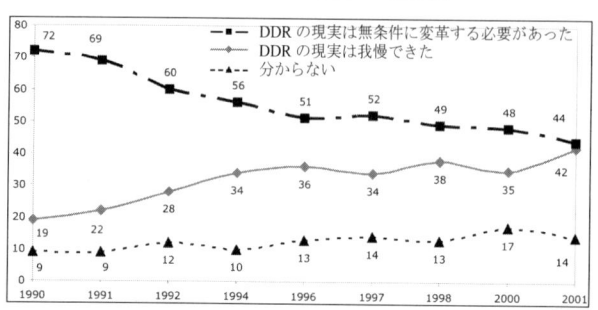

図序－1　DDR変革の必要性

（出典）Klaus Schroeder, Ostalgie und Glorifizierung, in: Wolfgang Schuller u.a., Mythen und Unwissen, Sankt, Augustin 2009, S.23.

(35) Wehler, Gesellschaftsgeschichte, Bd.5, op.cit., S.344f.; Gerhard A. Ritter, Traditionen und Brüche, in: Dierk Hoffmann u.a., hrsg., Vor dem Mauerbau, München 2003, S.36f. DDR社会政策の体制正当化機能など3つの政治的機能のほか、その成果と矛盾の簡潔な分析として、Manfred G. Schmidt, Sozialpolitik in Deutschland, Wiesbaden 1998, S.113ff. 参照。

(36) Klaus Schroeder, Ostalgie und Glorifizierung, in: Ders.und Wolfgang Schuller, Mythen und Unwissen, Sankt Augustin 2009, S.22. この見方は、マスメディアで

ーダーは図序
－1に示した
DDR変革の必
要性に関するア
レンスバッハ研
究所の意識調査
の結果を掲げて
いる。東ドイツ
地域では西に比

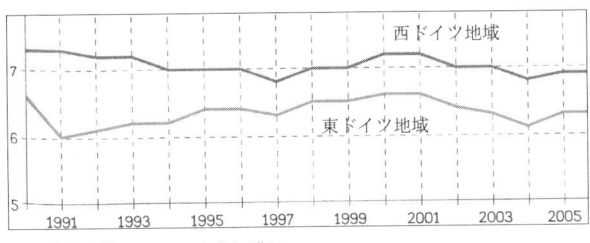

図序－2　全般的満足度

0＝全く不満　10＝完全に満足
(出典) Statistisches Bundesamt, u.a., Datenreport 2008, Bonn 2008, S. 409.

べて生活に対する満足度が低く，しかも差が縮まる兆候が認められないことは図序－2を見れば明白だが，これを念頭に置きつつ図序－1を見る限り，東ドイツ地域の現状に対する不満の高まりに応じて変革が無条件に必要だったという意見が下降線を辿っているのは間違いない。けれども，そのことは，シュレーダーの文章から看取されるように，オスタルギーが現状不満の単なる関数であり，不満が少なければ霧散する幻影にすぎないかのような見方を裏打ちするわけではない。彼が旺盛な著述でそうした見解を繰り返し披瀝するのは，「多くの東ドイツ人がDDRとその独裁的性格に対するあらゆる批判を自分自身の人格と生きてきた人生に対する攻撃と見做す」ようになる反面で，「SED国家の没落を残念に思わず，あるいは後になって歓迎する者がDDRに関する公の場での発言を差し控える」ようになったという彼自身の現状把握と危機感に基づいているように思われる[37]。けれども，オスタルギーに関するシュレーダーの見方は実証されないばかりでなく，厳然たる反証が提示されている。彼が上記の文章を記したのは2009年半ばのことだが，それから間もない同年11月25日付『フランクフルター・アルゲマイネ』紙に公表されたアレンスバッハ研究所の最新の調査では次のような結果が得られたからである。すなわち，図序－1に示した2001年までに比べ，「DDRの現実は無条件に変革する必要があった」という回答は45％で変わりがなかったが，それに反して，「DDRの現実は我慢できた」は23％に低下し，ほぼ

---

　大きな反響を呼んだ調査データを加えた著書でも展開されている。Monika Deutz-Schroeder und Klaus Schroeder, Oh, wie schön ist die DDR, Schwalbach 2009.
(37) Deutz-Schroeder u.a., op.cit., S.7f.

半減したのである。これを踏まえれば，東ドイツ地域の現状に対する不満がDDRの美化に直結するという単純な因果関係の図式が成り立たないことは明白といえよう。

その一方で，仮にDDRに関する批判的言説の減退というシュレーダーの認識が正しく，彼を動かす危機感が空回りしているのではないとした場合でも，やはりオスタルギーに関する彼の見方が正しいことにはならない。東ドイツ地域の市民は現在によって規定される曖昧模糊とした過去を生きてきたのではなく，DDRの時期に紛れもなく現実の生活を経験したからである。同時にまた，それゆえにこそA.レオが強調するように，立場の相違を超えて，DDRの消滅を記憶に強く焼き付いた「断絶」として経験したのであった[38]。無論，しばしば「転換」と表現されるベルリンの壁崩壊からドイツ統一に至る出来事をどのように呼ぶかについてすら東ドイツの市民の間に一致が見出されないことが示すように，その経験の仕方が多様だった点は留意を要する。レオたちのチームはテューリンゲン州をフィールドにして丹念な調査をしているが，それによって確かめられた要点の一つは，東の「すべてのドイツ人が同じ考えと内容を結び付ける客観的な出来事としての転換というものは存在しない」ことだった[39]。とはいえ，均質ではないその「転換」を挟みつつ，それ以前の時期を彼らがそれぞれDDRの社会で過ごしたのは，やはり軽視できない事実だといわねばならないのである。

アーベとホフマンがかつてのDDR市民にインタビュー調査をしているのは，このような見地からである。彼らは記憶が「主観的で選択的な構成過程の帰結」であることを確認したうえで1922年から1934年の間に出生した世代を対象にして調査を進めたが，それによってDDRにも「黄金期」や「良き歳月」，「最良の時期」が存在し，市民を引き寄せる「統合力」があったことが確かめられた。すなわち，結論的にいえば，DDRはその歴史を通じて常に暗黒で，市民に疎遠であったのではなく，「日常経験のレベルで，世代と社会的ミリューの相違に応じてDDRはそれぞれ異なる時期に統合力の

---

(38) Annette Leo, Keine gemeinsame Erinnerung, in: Aus Politik und Zeitgeschichte, B40-41/2003, S.28.

(39) Agnes Arp und Annette Leo, hrsg., Mein Land verschwand so schnell…, Bonn 2009, S.195.

ある国だったことが確証された」のである[40]。しかしながら，その一方では，1980年代にDDRの統合力が衰え，どの集団にとっても「良き歳月」ではなくなっていたことも同時に明らかになった。この認識に基づき，アーベたちは，DDRにおける抑圧の記憶が強調される陰で，「良き歳月への記憶がノスタルジーという嫌疑を受ける」ことに異議を唱え，DDRの統合力や集団と時期による経験の相違の根拠を追究することが重要だと指摘している。

　この問題提起は，もう一つの論点とも関わっている。それはDDRで暮らした市民の日常と体験が別の面でも決して一様ではなかったことである。本書の関心から重要になるのは，抑圧による被害に直接にか，あるいは明白に遭った人々と間接的もしくは目に見えない形で遭った人々が存在することである。この点に関し，S.ヴォレはシュタージに焦点を絞りつつ，次のように記している。「1989年以前に人はシュタージについて何を知っていただろうか。その知識を持ちながらどのように暮らしたのだろうか。毎日不安のなかで，近しい者への不信のなかで過したのだろうか。それともシュタージは張子の虎，冗談で吹き飛ばせる案山子だったのだろうか。」このように問いかけながら彼はこう書いている。「一方には，スパイと密告に対する不安，不自由と絶えざる後見の感情，壁とシュタージ監獄についての記憶がある。けれども他方には，一見するとこれらのものには無縁だった生活への記憶がある。多くの人は，壁をめぐらせ，細かく監視するが，配慮のいき届いた国家を記憶している。多くの人は今日，党とその要求は，そしてまたシュタージは遠くにあり，意識的に事を構えないかぎり，圧力を加え，不安にさせることはほとんどなかったと語るのである[41]。」この文章に圧縮して示されているように，一口にDDRといっても，その体験には大きな隔たりがあり，抑圧に晒されて不安の中で生きた人々とほとんど圧迫を感じないまま過ごした

---

（40）Thomas Ahbe und Michael Hofmann, „Eigentlich unsere beste Zeit": Erinnerungen an den DDR-Alltag in verschiedenen Milieus, in: Aus Politik und Zeitgeschichte, B17/2002, S.13, 22. 併せて，インタビュー調査に基づき，適応と抵抗に着眼して3つのタイプを区分しているレオの研究も参照に値する。Annette Leo, Das Bild der DDR und des realen Sozialismus, in: Bernd Faulenbach u.a., hrsg., Zweierlei Geschichte, Essen 2000, S.260ff.

（41）Stefan Wolle, Leben mit der Stasi, in: Helga Schultz und Hans-Jürgen Wagener, hrsg., Die DDR im Rückblick, Berlin 2007, S.80.

人々が同時に存在したのである。

　こうした問題を重視する点では K.-H. ヤグーシュも共通している。彼がいうように、「東ドイツ人の大半は政治的理由で刑務所に入れられたり、職業的な不利益を被ったり、国境地帯から強制的に立ち退かされたり、強制的集団化の被害に遭ったのではなかった[42]。」ヤグーシュによれば、そうした体験を有するのは DDR 市民の 10% 以下だと推定される。この人々にとっては DDR はあからさまな抑圧体制だったが、その他の 90% 以上の人々にとっては必ずしもそうではなかった。それゆえにこそ彼は普通の市民が多かれ少なかれ苦痛を感じた経験を想起することが肝要だとして、その事例を多数列挙している。選挙の際の投票の強制と見張られていることへの不安から記入台に行くのを避けたこと、ピオニールや自由ドイツ青年団への加入の子供のころからの強制、党や政府の政治声明に対する支持の集会やデモなどに参加することへの強制、食料品の苦情を言い、西のテレビの視聴を話題にし、あるいは政治的ジョークをとばす際に抱く不安、低家賃だが家屋が老朽化して快適さがないこと、車を購入するのに 10 年以上待たねばならないことなどである。抑圧の明白な現実を暴露するだけではなく、むしろ普通の人々が経験したこれらの事実を明確にすることが、「SED 独裁を麗しく語る」ことに対する歯止めとして重要だとヤグーシュは考えるのである。

　DDR の普通の市民の経験を重視するこの指摘は重い意味を有している。そこでは抑圧の犠牲や被害に遭った人々と窮屈だが安心して暮らせた人々の両方に眼差しが向けられているからである。抑圧をネガとし、温もりのある暮らしをポジとすれば、これらは全体として東ドイツの光と影と呼べるが、そうした二面性は東ドイツへの視座に関わる基本的な問題といえよう。この点を考えるとき、M. フルブロックの指摘が参考になる。彼女によれば、DDR について争いあう二つの語り口が存在する。一つは「完全に普通の生活という語り口」で、そこでは安心と親密が主旋律になる。もう一つは「権力と抑圧の語り口」であり、猜疑心や恐怖に彩られた物語が基調になる。彼女の認識では、統一以降、前者は後者によってかき消され、それが話される場合にはすぐに「政治的弁解や懐古的なノスタルジーだとして拒絶され

---

(42) Karl-Heinz Jagusch, Vom Schönreden der SED-Diktatur, in: Gerbergasse 18, H.4, 2008, S.40.

る」のが一般的だった。「東ドイツに関する文献で最大の関心が払われてきたのは，ソ連の戦車，境界上の壁，失敗した経済を伴った閉ざされた独裁の中での陰気な生活の側面だった」からである[43]。この点を踏まえ，「二つの語り口がいかにして可能なのかを理解することが重要である」とフルブロックは強調しているが，重心の位置が時とともに変わり，二つの語り口の優劣に変化が起こっていることを付け加えるなら，この主張は正当であり，傾聴に値する。

　もっとも，彼女自身は，「DDR に関する歴史的著作の大部分は，DDR の目につく遺産に有罪を宣告するか正当化しようとして，公然とであれ暗黙にであれ，政治的に規定されている」という認識に基づき，「政治化されたDDR のモデル，すなわち全体主義のモデルに対して，経験的に基礎づけられた代替的な解釈」を提供する意図を表明している。けれども，そのような動向に対しては，DDR を無害化する歴史修正主義の潮流に沿い，歴史学が「支配と抑圧のアパラート」から目を逸らして，「支配の歴史から離れて日常史に向かっている」という手厳しい批判が，例えば東ドイツ出身の若手政治学者M．リューマンによって行われていることを看過してはならない。これと同じ歩調でK．シュレーダーもまた，かつて P.C. ルッツが提唱し西ドイツで主流だった「DDR のいわゆる体制内在的考察」とは「名称が違っているにせよ，改めて社会と日常が前景に押し出され，支配構造がなおざりにされている」と警告を発している[44]。DDR 研究を牽引する一人であるクレスマンは 1999 年にこの分野で「支配システムの政治史が前面に立っているのは疑問の余地がない」と述べ，「SED 支配，シュタージ，抵抗などこの面ではす

---

(43) Mary Fulbrook, Ein ganz normales Leben: Alltag und Gesellschaft in der DDR, Darmstadt 2008, S.8. なお，M. ザブロウは「告発的姿勢」と「負担軽減的姿勢」の二つを分け，K. ヤーラウシュは三つの論じ方を区分して「告発のディスクルス」，「弁明のディスクルス」，「中間のディスクルス」と名付けているが，いずれも論者の意図を重視しすぎている嫌いがある。仲井，前掲書 121 頁以下，Martin Sabrow, Die DDR in der deutschen Geschichte, in: Ulrich Pfeil, hrsg., Die DDR und der Westen, Berlin 2001, S.23f 参照。

(44) Fulbrook, op.cit., S.9; Michael Lühmann, Rosa-rote Scheinwelt, in: Die Zeit vom 17.8.2007; Klaus Schroeder, Der nostalgische Blick auf die DDR, in: Bernhard Vogel, hrsg., Standort: Neue Bundesländer, Sankt Augustin 2009, S.23.

でに多くのことがなされている」と指摘したうえで,「私には依然としてかなりの欠落が社会史と日常史の領域にあると思われる」ので研究の重心を後者に移すように提唱したが[45],リューマンたちの矛先がそうした主張に向けられているのは多言を要しないであろう。しかし,そうしたリューマンたちの議論に対しても,「日常史と社会史の分析がDDRの矮小化への寄与になる」というのは承服できないとして反論が加えられている。「支配の歴史だけではなく,東ドイツ国家における日常もまた,すなわち両者ともが東ドイツの真剣な解明には必要である。独裁という条件下での余暇生活,社会的ネットワーク,セクシュアリティ,サブカルチャーを究明することのどこが誤っているというのだろうか。」このようにC.バンゲルは反論しているが,その口調は日常史の必要を説くT.リンデンベルガーのそれに酷似している。例えば彼はこう論じている。「歴史的研究と公共的議論の対象としてのDDRはスターリン主義的活動家によって動かされた党と国家制度のセット以上である。……権力保持者の小集団に対してと同じくらいそこで生活していた人々に考慮を払ってはならない理由などはどこにも存在しない[46]。」このような立論に見られるように,二つの語り口があることが確認されても,それらの関係については立場が分岐しているのが実情なのである。

　こうした議論を総合的に考慮したうえで,本書ではフルブロックと基本的に同一の視座に立脚している。すなわち,本書では,抑圧と抵抗という注目を浴びがちなドラマだけに視線を向けて「権力と抑圧の語り口」に偏るのを避けるように心がけた。その意味で,テーマとしては明示的に取り上げていなくても,東ドイツにおける光の側面にも目を配りつつ,バランスに注意を払いながら検討を加えたつもりである。もちろん,主題に据えたのがシュタージや政治犯なので,暗黒面ばかり強調しているという印象を拭えないかもしれない。しかし,それは本書の意図ではないし,また同

---

(45) Christoph Kleßmann, Aufgaben zeitgeschichtlicher DDR- und Deutschlandforschung, in: Heiner Timmermann, hrsg., Die DDR – Politik und Ideologie als Instrument, Berlin 1999, S.876.

(46) Christian Bangel, Stasi, Mauer, Stacheldraht, in: Die Zeit vom 17.8.2007; Thomas Lindenberger, Everyday History: New Approaches to the History of the Post-War Germanies, in: Christoph Kleßmann, ed., The Divided Past, Oxford 2001, p.45.

時に，たとえそうした虞が残るとしても，国家意思に基づく政治的暴力の実態は正視すべきであり，それが全体主義ともいわれる DDR の支配体制の実相だった以上，麗しい記憶によって曇らされてはならないと考えている。数々の授賞に輝いた F.H. ドナースマルク監督の映画『善き人のためのソナタ』(原題『他者の生活』)や A. ファンダーの話題作『監視国家』(原題『Stasiland』)で描かれていたのは，西側の体制下で自由を享受していた者には想像を上回る暴虐の世界のように見えるが，しかしそれは決して架空の世界ではなく，紛れもない現実だったのである。

とはいえ，これらの作品に関しても，反響が大きかっただけに，批判の余地があることを付け加えておいたほうがよいであろう。『善き人のためのソナタ』では主人公の監視を担当するシュタージ将校に心の変化が起き，主人公である劇作家の行動を見逃すに至るが，しかし，クナーベが注記しているように，シュタージの拘置施設である「ホーエンシェーンハウゼンに囚われた者の誰一人として，シュタージの将校が秘密裏に助けてくれたという経験を有してはいない」事実に留意する必要がある。そうした事例が皆無だったとは断定できないにしても，存在しても例外だとみなければならないのである。「現実への関与のない物語」や「シュタージ・メルヘン」などと一部で厳しく批評されるのは，そこに起因している。同様にファンダーの著書に関しても，例えば，DDR の社会では「誰もが他のみんなのことを疑い，その疑いによってもたらされる不信感が社会における存在の基盤になっていた」という文章に代表されるように，過度の単純化という問題点がある。もしこの言葉の通りだったら，統一後のシュタージ文書の閲覧により，職場の同僚や親しい友人・知人がシュタージの非公式協力者として監視し密告していたことを知っても，あれほど大きなショックは起こらなかったはずであろう[47]。

それはさておき，本書では暗黒面を故意に大写しにしているのではなくても，それを描くためにいくつかの事例を抽出しているから，その点に関する説明が必要であろう。これは接近方法に関わる問題だといえるが，これを考えるとき，F. ヴェアケンティンの警告に耳を傾けるべきであろう。彼がいう

---

(47) Hubertus Knabe, Einführung, in: ders., hrsg., Gefangen in Hohenschönhausen, Berlin 2007, S.19; Lühmann, op.cit.; アナ・ファンダー，伊達淳訳『監視国家』白水社，2005 年，43 頁。

ように,「若干の事例を手掛かりにして SED 国家における政治的司法に関する認識を伝えようとする企ては, 政治的プロパガンダ的理由に基づき, 事例の選択を通じて, 消滅した国家の法的現実に合致しない恐怖の構図を描いているという非難に直ぐに晒される」が[48], 本書の場合も事情は共通しているからである。個別の事例に照明を当てるという接近方法をとる限り, こうした非難は原理的には避けることは不可能であろう。したがって, 事例の選択が恣意性を免れるためには多様なケースに目を配り, 視界を拡大することによって個々の事例の位置を見定める作業を繰り返す以外に信頼性を高める方途は存在しないと考えられる。DDR の政治的司法をテーマにしたヴェアケンティンの書で性質の異なる 22 のケースが取り上げられ, そのうちで出国に関する例が 4 つ, 共和国逃亡が 3 つ, 反国家的煽動が 2 つなどとなっているのは, このような観点からである。本書でベルリンの壁での犠牲者, 政治犯, 抵抗運動, シュタージの拉致・殺害などそれぞれ性質の違う独裁体制の犠牲者を区分したうえで, 各々について複数の事例を俎上に載せたのは, 資料面の制約もさることながら, 同じ考慮に基づき, 事例選択の適切さを高めるためにほかならない。もちろん, 本書の中で登場する人物よりも一層主題に適合した人物や事件が存在する可能性が残っているのは当然といわねばならない。またその反面で, 遙かに多くの人々の記録が本書では論及されず, 結果的に黙殺されたかたちになっている。しかし, それは無視を意味するのではなく, それぞれの事例の意味付けの際に論及する社会的文脈の中にいわば匿名のまま埋め込まれているのであり, 可能な限り視野に収めて活用していることも付言しておきたい。

　これと並んでもう一つ断っておかねばならない論点がある。それは用語の問題にかかわる。DDR における反対派や抵抗運動に関する研究を見渡しつつ, R. エッカートはそれらの概念が無限定に使われていることを厳しく批判している。そこでは無反省な立場を代表するものとして A. ミッターや S. ヴォレが俎上に載せられ, 非体系的なそれとして K. シュレーダー, S. モ

---

(48) Falco Werkentin, DDR-Strafjustiz in Horrorperspektive?, in: Politische Strafjustiz in der früheren DDR, zusammengestellt durch die Landesjustizverwaltungen der Länder, Berlin, Brandenburg, Mecklenburg-Vorpommern, Sachsen, Sachsen-Anhalt und Thüringen, o.O. 2000, S.13.

イシェル，K. ヤーラウシュなどの名前が挙げられている[49]。確かに異端者，市民イニシアティブ，社会的拒否者，受動的抵抗などの概念が混在している状況は大きな問題であろう。その限りでは「方法的に無限定な収集と記述の立場の人たちも類型の形成を回避できない」というエッカートの指摘は当たっている。けれども「理論形成が可能になるまでには研究はまだ長く経験的な素材を必要とする」という立場を一蹴するのも同様に問題がある。というのは，DDR における独裁による市民の苦しみには多様な形態や強弱の差があり，それらを洗い出す作業はなお継続することが求められるからである。その意味では性急な類型化には危険が付きまとい，かえって見落とされる部分が生じることにもなりかねない。こうした認識に基づき，本書では抵抗運動や反対派の厳密な区別をせず，むしろ抵抗や被害にみられる主要な形態を描写することに意を払っている。

## 4. 本書の意義

以上で説明したのが本書の概略である。ここで照射するのは過去に沈みつつある東ドイツの断面であり，その意味では本書は歴史的研究である。しかし他方で，消滅した東ドイツが単純に無に帰したのではなく，過去が現在にも生きていることを考えれば，現代ドイツが多面的で複雑な相貌を呈していることが明白になるであろう。同時にまた，それを捉えるためには歴史的なアプローチや視点が求められることも明らかであろう。例えば福祉国家の縮小と再編をめぐる新たな対抗関係は，他の先進国にも共通する新自由主義的色彩の改革路線の是非が主軸になっているといえるが，その過程で縮小路線を担う社会民主党（SPD）の左側に新勢力が台頭し，左翼党に結集して支持を拡大している事実は[50]，東ドイツ地域を地盤とする民主社会党（PDS）という，消滅した東ドイツの独裁政党に淵源を有する政党とその歴史的背景を抜きにしては説明できない。実際，2009 年 9 月の連邦議会選挙では SPD が得

---

(49) Rainer Eckert, Widerstand und Opposition: umstrittene Begriffe der deutschen Diktaturgeschichte, in: Ehrhart Neubert und Bernd Eisenfeld, hrsg., Macht-Ohnmacht-Gegenmacht, Bremen 2001, S.29f.

(50) この点につき，さしあたり，拙稿「ドイツの月曜デモ（2004 年）に関する一考察」『社会科学論集』44 号，2006 年参照。

票率を前回より 10% 以上減らして 23% にまで落ち込んだのに反して，左翼党が 11.9% を獲得して大躍進を果たしたのである。こうした事実は，とりもなおさず，先進諸国を横断する構造的な分析だけでは今日のドイツを把握するのに不十分であり，ドイツ現代史の文脈に即したアプローチが不可欠であることを示唆しているであろう。

　歴史的な観点が重要であることは，とりわけドイツで重いテーマである過去の克服の問題に集中的に表れているのは改めて指摘するまでもあるまい。またそれとの関連では，極右勢力の存在が他国以上にドイツでは重大になり，ある意味で過敏な反応が見られるのは，ナチスの影の清算が国是ともいうべき位置を占め，優先度の高い政治的テーマになっているという事情があるからにほかならない。しかし，ドイツ統一後の今日では，崩壊した DDR でシュタージを梃子にして過酷な人権抑圧が行われたのが周知の事柄になったことを反映して，社会主義統一党による独裁と抑圧の解明と並び，責任の追及が過去の克服の課題に含まれるに至っている。その意味で，現代のドイツでは二重の過去の克服が問われるようになっていることは，ほとんど説明を要しないであろう。

　本書では統一後にドイツが直面した第二の過去の克服という課題を見据えつつ，なかでもシュタージに関わる問題群に視線を注いでいる。これと同じ関心から出発して，ポーランドやチェコなど東欧諸国をも視野に収めつつローゼンバーグは，精力的な調査に基づいて優れたルポルタージュ作品を世に問うているが，東ドイツを論じた際に過去の克服に関連して彼女は次のように記している。「ベルリンの壁が崩壊してからの数年間に，旧東ドイツ市民の過去と取り組みたいという願望は，告白と涙のうちに一気に噴き出てきた－その勢いがナチス時代の後より激しいのは，被害者がドイツ人で現に生きているからであり，ほかの東欧圏諸国より激しいのは，ファイルが開示された結果，シュタージのスパイが被害者から身を隠せないからである。ドイツ人は共産主義の過去の妄執に囚われ，そのように囚われていることに囚われている[51]。」

　この一文には統一後の東ドイツ地域の情景が的確に描写されているといえ

---

(51) ティナ・ローゼンバーグ，平野和子訳『過去と闘う国々』新曜社，1999 年，529 頁。

よう。けれども，その書が刊行されてから10年以上が経過した現在では若干の補足と修正が必要になっているのも確かであろう。その第一点は，改めて指摘するまでもなく，「共産主義の過去の妄執」に囚われていたのは，主として東ドイツで生きてきた市民であって，ドイツ人全体ではないことである。実際，「連邦共和国のドイツ人の無関心は最初からDDRのドイツ人につきまとってきた」といわれるように[52]，統一が果たされてからも西ドイツの人々は東ドイツの過去にほとんど無関心だったし，現在でも基本的に無関心であるといって大過ない。もっとも，より正確にいうならば，一定の関心は当然存在しており，その強弱の変化を指摘するべきかもしれない。この点に関し，例えばクレスマンは2001年にこう記している。「DDRは存在していた当時よりも終焉してからより大きな公共の注目を受けたということがしばしば強調されているが，その通りである。しかしドイツ統一から10年が経過して社会の関心は減退している。DDRの歴史との取り組みの景気は不況とはいわないまでも景気後退を示している[53]。」ここで指摘されている関心の全般的低下は随所に表れている。そのことは，例えば，抑圧体制の被害者が東ドイツでの悲痛な体験を語り，その暗黒を訴えても反響が乏しいのを慨嘆している様子を見れば明白であり[54]，詳しく説明するには及ばないであろう。そうした無関心ないし関心の希薄さは統一が西ドイツの拡張として実現された結果にほかならないが，東ドイツの人々の目には西ドイツ人を意味する「ヴェッシー」の傲慢の表れとして映っているといえよう。

　第二点は，他の東欧諸国とは異なり，DDRが冷戦下の最前線国家であるだけではなく，西ドイツと分断された国家であり，社会主義を存立根拠としたために，反対勢力を根絶し市民を監視するための高度な「監視国家」を作り上げたことである。例えばハンガリーから社会主義を取り去っても国家は残るが，DDRの場合，社会主義を消去したら国家自体が消滅せざるをえなかったのである。それゆえに社会主義を守護するためにDDRでは多大の努

---

(52) Bangel, op.cit.

(53) Christoph Kleßmann, Der schwierige gesamtdeutsche Umgang mit der DDR-Geschichte, in: Aus Politik und Zeitgeschichte, B30-31/2001, S.3.

(54) Annegret Schirrmacher, Das schweigende Klassenzimmer, in: Frankfurter Rundschau vom 6.11.2007.

力が傾けられるのと同時に，その裏側で抑圧の規模が拡大することになった。慢性的な品不足の中で食品の低価格が維持される一方で，それを消費する600万人もの市民の監視ファイルをシュタージが作成し，ナチ体制下で猛威を揮ったゲシュタポを遙かに上回る巨大組織に発展したのは，そこに主要な原因がある。事実，協力者を除き，ドイツ国内でゲシュタポは7千人の職員だったが，人口が1700万人のDDR国内でシュタージは最終局面で9万人もの職員を抱えていた[55]。また，シュタージに相当する治安機関の規模は，人口1000人当たりでソ連では1.8人，チェコスロヴァキアでは1.1人だったのに対し，DDRでは5.5人にも達したのである[56]。このようなシュタージの社会を覆い尽くす監視体制のために被害者が膨れ上がったが，加害の側ばかりでなく，被害の側でも人数が大量だったことが，ドイツ統一後に過去の解明が重大な政治的テーマになり，また解明を求める声が広範に巻き起こった背景にある。

しかしながら他面では，統一後に湧きだしたそうした願望が近年では静まったというにとどまらず，雲散霧消したとの印象すら生じさせる状況が現出している。そしてこれが補足の必要な最後の点である。実際，開示されたシュタージのファイルを閉じるべきだという主張はもはや珍しいものではなくなっている。過去の解明の意義やシュタージに焦点を合わせる問題設定自体が昨今では論争的になってきているのである。

そうした変化が起こった背景には重要な問題が伏在している。周知のように，現代のドイツでは，経済のグローバル化などに押されて社会国家の縮小と再編が進行している。これに伴って，貧富の格差，ドイツ人と移民との亀裂に加え，東西間の溝が依然として解消されず，三重の亀裂が顕在化している。そのなかで，社会意識の面で第三のそれを映し出しているのが既に触れたオスタルギーにほかならない。自分の若い日々を懐旧する心理は一般的な現象であり，特に問題になるものではない。またドイツ統一の現状に対する失望や不満が安心して暮らせた日々を思い起こさせるのも理解できなくはない。しかし，懐かしむ過去がDDRとなると，事柄は単純ではなくなる。なぜなら，郷愁の中でDDRが美化され，暗黒面が蔽い隠されたり，矮小化さ

---

(55) Knabe, Einführung, op.cit., S.16.

(56) Jens Gieseke, Die Staatssicherheit: Schild und Schwert der Partei, Bonn 2000, S.7.

れるという問題が生じるからである。例えば2009年3月にSPD所属の州首相や左翼党の幹部がDDRは不法な国家ではなかったと主張した時、多方面から批判の声が噴出して論議が巻き起こった[57]。3月16日付『ヴェルト』紙によれば、その際に東ドイツ地域の市民に対して行われた世論調査では41％がこの発言に同調し、不法国家という見方を支持したのは28％にとどまった。西ドイツ地域ではDDRが不法国家だったというのは常識化しているから、この対照は現代ドイツの主要な分裂を象徴している。そしてこの分裂はまた懐旧的心情の浸透によって真実が糊塗される危険が増大していることをも暗示しているといえよう。

そうした危惧を強めるデータはほかにも存在している。同じ2009年6月には連邦交通省が世論調査機関EMNIDに委託した調査結果が公表された。それはベルリンの壁崩壊から20年が経過した時点でどのような意識を一般市民が有しているかを確かめるものだった。『DDRにおける平和革命後の20年』と題した報告書は、しかし懸念を和らげるどころか、ますます深めることになった。例えば「DDRには主として悪い面があった」とするのは西ドイツ地域では26％だったが、東ドイツ地域では僅か8％にすぎなかった。また「DDRには良い面よりも悪い面のほうが多かった」と考えるのは西では半数を上回る52％に上ったのに、東では32％にとどまった。他方、「DDRには悪い面より良い面のほうが多かった」と見るのは西では13％にすぎないのに反し、東では49％でほぼ半数に達したのである[58]。これらの数字には東西ドイツ市民の意識の亀裂が鮮明に浮かび上がっているが、その他の問いでも結果は同様だった。こうしたデータに照らす限り、平和革命を達成したにもかかわらず、東ドイツ地域の市民の間ではもはやDDRの暗黒面は希薄になってきており、記憶に深く刻まれているとはいえない状況が現出しているといわなくてはならないであろう。定評ある映画『グッバイ、レーニン』

---

(57) Erwin Sellering, DDR war kein totaler Unrechtsstaat, in: Frankfurter Allgemeine Zeitung vom 22.3.2009.

(58) Bundesministerium für Verkehr, Bau und Stadtentwicklung, 20 Jahre nach der friedlichen Revolution in der DDR, Berlin 2009, S.18. これに加え、Sozialwissenschaftliches Forschungszentrum Berlin-Brandenburg, Sozialreport 2008: Daten und Fakten zur sozialen Lage in den neuen Bundesländern, Berlin 2008 参照。

をもじり，オスタルギーが広がっている光景を C. カッペスは「グート・バイ・レーニン」という見出しで伝えているが[59]，共産主義が改めて容認されつつある雰囲気を的確に言い表しているといえよう。

このように東西ドイツが意識面で分裂している現実を見るにつけても，現代ドイツの政治を論じるには DDR を視野に入れた歴史的な視角が必須になるといえよう。しかし同時に，そうした歴史的視点を交えつつ全体像を描くにはなお多くの論点の検討が求められるといわねばならない。本書の主題に即していえば，シュタージを含めて東ドイツの実像を解明するための取り組みがこれまでにドイツでは着実に進められてきた。その蓄積に基づき，既に手堅い DDR 研究書が刊行されるようになっているばかりでなく，シュタージが作成・保管していた文書を利用した抑圧の具体的な研究も今ではかなりの数に上っている。さらにそれらの研究を支える資料や証言も多数公表されており，もはや 1 人の人間では見渡すことが不可能な分量に達している。実際，事実上の一党独裁体制の内部構造をはじめとして，個々の主要な政策決定の過程，1953 年の労働者の反乱を筆頭にした主な出来事，職場，家族，女性，教育，余暇など社会主義の下での日常生活の諸側面のように主題は多岐に亙り，研究は現在では多方面に分化しているのである。

こうした事実に照らせば，現代ドイツに組み込まれた主要な構成部分である東ドイツの輪郭を描くだけでも際限のない労力を要するといわねばならないであろう。その意味では本書でカバーできているのは東ドイツの限られた側面でしかない。けれども，前述したように，わが国では東ドイツはほぼ完全に過去の領域に押しやられ，関心が希薄になっている現在，こうした小著であっても忘却の大波に抗するのになにがしかの寄与をなしうると考えている。本書は現代ドイツ研究の一環であり，その意図は消去されかけている記憶を呼び覚まし，沈黙を強いられてきた声を一部であっても書き留めておくことに尽きる。いずれにせよ，現代ドイツの実相を把握するためにも，かつまた独裁体制が作り出す抑圧と監視のシステムを知るためにも，終わってしまったと考えられがちな東ドイツに眼差しを向けることには依然として重要な意義が存するのである。

---

(59) Christoph Kappes, Gut bei Lenin, in: Süddeutsche Zeitung vom 19.8.2007.

# 第1章　ベルリンの壁・ドイツ内部国境の越境者問題
— 2007年8月の発砲命令書論議に即して —

## 1. はじめに

　多くの人々の意表をつき，社会主義統一党（SED）に指導された東ドイツ政府がベルリンの壁の建設に着手したのは1961年8月13日のことだった。2009年の現在から見れば，それから半世紀近い歳月が流れたことになる。この間にベルリンの壁が象徴していた東西ドイツの分断と米ソ対立を頂点とする冷戦体制は消滅した。けれども，ベルリンの壁による物理的な分断は消えても心の壁によって東西ドイツがいまだに隔てられているのも冷厳な現実である。

　そうしたなか，2007年8月にベルリンの壁建設の記念日が迫った時点で一つのセンセーションが持ち上がった。それは一通の文書が発見されたことによるものである。『フォークス』誌はそれを「爆発力の大きな文書」と呼んでいるが，実際，マスメディアの報道振りを見れば，公表された時点での反響がかなり大きかったのは間違いない。というのも，その文書には，東西ドイツの内部国境に配置された東ドイツ（DDR）の一部の国境警備兵に対して，逃亡を図る者のなかにたとえ女性や子供がいても，必要なら警告なしでもためらわずに発砲せよという命令が記されていたからである。逃亡を阻止し，越境者を逮捕する手段という発砲の意味付けがなかったことに照らすと，犠牲になるのがたとえ子供であっても，その命令は射殺を容認することを含意していると解されたのである。

　これまでは1974年にDDRの国防評議会で「逃亡を阻止するため，容赦

なく発砲する」と決定されたことが知られていた[1]。結果的には重病のために裁判は中止されたものの、統一間もないドイツでDDRの最高指導者だったホーネッカー元国家評議会議長が被告席に立たされたのは、この決定に参画しており、その責任が問われたからだった[2]。さらにそれ以前にも、次のような訓示が存在することが知られていた。すなわち、「境界侵犯者を武器を使って止めるとき、諸君が銃撃するのは兄弟姉妹ではない。共和国を棄て、人民の権力を裏切り、人民の権力を侵す者は兄弟ではありえない。裏切り者に対して人間的な温情を示すことは全人民に対して非人間的に振舞うことなのである[3]。」この訓示は1963年のものであり、語調は厳しくても、越境者の射殺を警備兵に求めたり、あるいはそれを公然と容認していたわけではなかった。またその点では、上記の国防評議会の決定も同一線上にあった。そうした文脈で眺めた場合、発見された命令文書は注目に値したのである。

ドイツ現代史に重くのしかかるホロコーストについては、ヒトラーによるユダヤ人大量殺戮の明確な命令があったのか、あったとすればいつなのかが熱い関心の的になってきた[4]。これと同列に並べることはできないとしても、後述するようにドイツ内部国境とベルリンの壁で射殺された東ドイツ市民が少なくないことから、発砲命令書の有無もまた注目を集めてきたことがセンセーションの背景にある。本章ではこの発砲命令書に焦点を当て、いくつかの角度から考察を加えることにしたい。すなわち、最初に内部国境とベルリンの壁に関し、逃亡を阻止するためにどのような体制が組まれていたかを振り返っておこう。次いで、命令書をめぐっていかなる紛争が生じたのかを跡付け、さらにシュタージ文書問題の文脈に即してその意義を考究することにしよう。またこれに続き、発砲命令に関連して、ベルリンの壁と内部国境を越えようとして命を落とした犠牲者が実際にどれほどの数に上るのかに関し

---

(1) Stiftung Gedenkstätte Berlin-Hohenschönhausen, Die vergessenen Opfer der Mauer: Flucht und Inhaftierung in Deutschland 1961-1989, Berlin 2001, S.23.
(2) 本書第2章参照。
(3) Stiftung Gedenkstätte Berlin-Hohenschönhausen, op.cit., S.24 より引用。
(4) この問題に関しては、さしあたり、芝健介『ホロコースト』中公新書、2008年、248頁以下、永岑三千輝「独ソ戦・世界大戦の展開とホロコースト」『ロシア史研究』82号、2008年参照。

て若干の検討を行いたい。そして最後に，物議を醸した発砲命令書が DDR を懐かしむオスタルギーが語られる現状でいかなる意味を有するかという点に論及したいと思う。

## 2. 2007年8月の発砲命令書問題

2007年8月11日，ドイツの主要なメディアは一斉に発砲命令を記した文書が発見されたことを報じた。シュタージの略称で恐れられた国家保安省の文書を管理する機関はトップの名前をとってビルトラー庁と呼びならわされているが，壁の建設から46年が経過して，そのビルトラー庁のマグデブルク支所で貴重な文書が見つけ出されたのである。

この文書が重大なのは，これまで射殺の許容を含む無警告の発砲命令を裏付ける証拠がなく，また，ベルリンの壁開放当時の SED 書記長 E. クレンツや同政治局員 G. シャボフスキのように，東ドイツで指導的地位にあった人々が一様にその存在を否定するか，自分は関知していないと主張しているため，壁や内部国境での警備兵による逃亡者殺害に対する責任の所在が十分に明確とはいえなかったことが背景にある。実際，2人とも警備兵が実行した逃亡者殺害の責任を問われ，ベルリン地方裁判所で被告席に立たされたが，審理の過程で法的責任を否認する弁明を展開している。それらは1996年2月26日と28日の『フランクフルター・ルントシャウ』に再録されているが，クレンツの弁明の見出しが「国境での死者はどれも私を動揺させた」，シャボフスキのそれが「壁での死者を思うと責任と恥辱を感じる」となっているのは，道義的な責任は認めているからにほかならない[5]。

考えてみれば，国境警備部隊が DDR の軍事組織の一部である以上，明示的な命令や許可がないのに射殺を含む銃撃を警備兵が自分の一存で行うとは到底思われない。兵士の任務遂行には命令が不可欠であり，必須の条件だからである。同様に，影響の大きさを考慮すれば，DDR の最高指導部が関知

---

(5) 今回の発砲命令書に関するクレンツとシャボフスキの発言につき，さしあたり，Süddeutsche Zeitung vom 12.8.2007; Frankfurter Allgemeine Zeitung vom 12.8.2007 参照。なお，裁判では1997年8月に前者に6年半，後者に3年の自由刑の有罪判決が言い渡された。Christina Bollin und Peter Fischer-Bollin, Mauer, in: Werner Weidenfeld und Karl-Rudolf Korte, hrsg., Handbuch zur deutschen Einheit 1949-1989-1999, Frankfurt a.M.1999, S.550f.

しないまま，支配中枢のどこかから発砲命令が発せられたということも想像しがたい。自国民の殺害が重大な政治的結果を伴うことは当然予想されるからである。その意味では，エンジカートが指摘するように，「DDR 国境では明らかに命令は受け取られたが，しかし，その命令は誰も下していない」というのが発砲をめぐるこれまでの状況だったといってよい[6]。そうした事情に照らせば，発見された文書により DDR の指導部にいた人々の嘘を暴き，法的責任を追及する道が開けるという期待が強まったのは当然であろう。事実，ビルトラー庁の広報責任者は，これまで武器の使用は逃亡を阻止するための「最終手段」と見做されてきたから，これと異なる文書の出現によって DDR 国境での悲惨な出来事の解明は新たな質を帯びることになると期待を込めて発表したのである[7]。

　マグデブルクで見つかったのは，国境警備部隊の一部に宛てた 1973 年 10 月 1 日付の命令書であり，7 頁からなっている。その中で特に問題になったのは次の部分である。「国境侵犯者の奸計を打ち破り，計画された国境侵犯を挫折させるために彼らを追い詰め，ないしは抹殺するように諸君の単独行動の戦闘員およびチェキストとしての能力を用いることは諸君の義務である。……国境破りが女性と子供を伴って行われる場合でも，そしてこれは裏切り者がこれまでにしばしば使ってきた方法であるが，その場合でも諸君は銃器の使用をためらってはならない[8]。」つまり，この命令書は警備兵の一部に女性や子供に対しても発砲を義務づけており，警告なしで発砲したり，あるいは射殺する結果になっても，それは任務の履行として容認されることを伝えていたのである。ビルトラーがこの文書を「著しい野蛮さ」の証明だと呼んだのは，理由のないことではないであろう。

　これまでも DDR では内部国境やベルリンの壁を越えようとする逃亡者に対する発砲が許容されていたことは知られていた。分断国家に特有なこれら

---

(6) Peter Ensikat, Populäre DDR-Irrtümer, Berlin 2008, S.173.

(7) Die Zeit vom 12.8.2007. なお，ドイツ内部国境とベルリンの壁での殺人に関する DDR 指導者と国境警備兵に対する裁判については，近年の事例を伝える Frankfurter Allgemeine Zeitung vom 6.8.2004 u.9.11.2004 のほか，森千春『「壁」が崩壊して』丸善，1995 年参照。

(8) 命令書の抜粋は，Frankfurter Rundschau vom 13.8.2007 に掲載されている。

の国境を通常の国境と同一だと考えるなら，不法な越境者に対して権限のある警備隊員が最終手段として銃器を使用することは他国でも公認されている一般的な措置であろう。その意味ではDDRにおける発砲命令は特に異例とはいえない。しかし，DDRの場合，発砲の主たる対象が外部から侵入しようとする者ではなく，内部から西側に脱出を図る越境者だったこと，また，その越境を阻止する政治的意思が徹底していたという二つの点で特異だった。ベルリンの壁や内部国境が外部よりもむしろ内側に向かって堅固に構築されており，しかも多数の要員を配置し，巨額の費用と最新技術を投じて厳重に守られていたのは，そのことを証明している。事実，T. アマーによれば，国境警備部隊の総計は5万人とされ，国境線上の施設や自動射撃装置などの設備に要した費用は，1961年から1989年までに総額で230億マルクはくだらなかったと推定されている[9]。これらの点に表出している国境防護の徹底性は，S. ヴォレがいうように，DDR逃亡が「政治的もしくは世界観的に動機づけられていない場合でも社会主義システムの否定のもっともラディカルな形態[10]」だったことに照応しているといえよう。

　発砲問題に関して言えば，ベルリンの壁が建設された直後の1961年8月22日にSED政治局は国境警備部隊に対する発砲命令を決定し，翌日の機関紙『ノイエス・ドイッチュラント』に声明として掲載された。そのなかで国境警備兵に対し，「DDRの法律の遵守を保証し，必要な場合，労働者と農民の権力の法律を足で蹂躙しようとする者たちに武器を用いて秩序を守るように呼びかける」ことは義務だと明記されていた。また10月6日には国防省から「国境を西側地区へ突破しようとする武器を持った者の逮捕もしくは抹殺のために」銃器を使用することを許可する指示が出されていたのである[11]。

---

(9) Thomas Ammer, Flucht aus DDR, in: Deutschland Archiv, H.11, 1989, S.1206. 1988年のDDRの国家予算では内部国境に22億東ドイツマルクが充てられたが，文化予算は29億東ドイツマルク，DDRが誇るスポーツのそれは10億東ドイツマルクだった。Robert Lebegern, Mauer, Zaun und Stacheldraht: Sperranlagen an der innerdeutschen Grenze, Weiden 2002, S.6. なお，拙著『統一ドイツの外国人問題』木鐸社，2002年，449，489頁参照。

(10) Stefan Wolle, Der Weg in den Zusammenbruch, in: Eckhard Jesse und Armin Mitter, hrsg., Die Gestaltung der deutschen Einheit, Bonn 1992, S.101.

(11) Manfred Kittlaus, Schießbefehl, in: Rainer Eppelmann u.a., hrsg., Lexikon des

これらの決定や指示を踏まえ，DDR では国境警備に当たる兵士に向けた「国境勤務規定」のほかに 1982 年 5 月 1 日施行の「国境法」があり，「DDR の国境を確保し，国境の侵犯を許さず，DDR の主権領域への挑発の拡大を阻止する」ことが警備兵の任務として定められていた。そしてこの任務の遂行に関連して「銃器使用規則」が定められており，また国境法にも銃器の使用に関する規定があった。それによれば，発砲は人に対する実力行使の極端な措置であり，携行する物や動物に対する実力のような他の措置が期待される効果を生まない場合にだけ正当だとされていた。すなわち，銃器使用に先立ち，「止まれ，国境警備兵だ，動くな」という警告を発しなければならず，これが守られない場合には，空中に向けて警告射撃をしなくてはならなかった。この警告射撃が無視されたら，次に「止まれ，国境警備兵だ，動くな，さもないと銃撃する」と警告し，それでも効果がなければ，越境者の足を狙って発砲することとされていた。しかも，そのような条件での発砲も，越境者が外見から子供と判断される場合には禁止されていたし，青少年あるいは女性と見られる場合には極力避けるべきだとされていた。つまり，発砲は最終手段として認められてはいたが，射殺は明文では認められてはいなかったのである。

　発砲に関する以上のような規定は DDR の法令として拘束力を有しているはずだった。しかし国境警備部隊には内部的な指令があり，その内容は上記の法令とはかなり異なっていた。そのため，法令は表向きの装飾に過ぎず，少なからぬ犠牲者が生じたことに見られるように，国境警備の実態は遥かに過酷なものになった。

　ベルリンに壁が築かれた直後の 8 月 22 日に西ベルリン市長 W. ブラントは国境警備兵に対して「自分の同胞を撃ってはならない」と訴えた。これに対する SED 書記長 W. ウルブリヒトの記録に残された言葉は次のようなものだった。「多くの者はドイツ人はドイツ人を撃てないという。しかしドイツ帝国主義を支持するドイツ人を我々は撃つだろう。挑発を行う者は撃たれるのだ。」東西間の境界を認めない者は自動的に帝国主義の支持者と見做され，第三次世界大戦を引き起こそうと企んでいるとされたから，この銃撃の意思

---

DDR-Sozialismus, Bd.2, Paderborn 1997, S.680. なお，Frankfurter Allgemeine Zeitung vom 11.8.2007; Der Spiegel vom 12.8.2007 参照。

は強固なものだった。この意思表明の翌日には，それまでは将校とパトロール隊員だけに渡された弾薬が警備兵全員に配られた。そして第2章で詳述するように，その次の日8月24日には24歳のG. リトフィンがウルブリヒトの発砲命令によるベルリンの壁での最初の犠牲者になったのである。

これに続き，1961年9月14日付の「DDRの西部国境の安全確保に関する命令」では「逃亡兵に対しては警告と威嚇射撃なしに銃撃すべきである。また連邦共和国への逃亡によって拘束を免れようとする逃亡者には威嚇射撃の後で狙いを定めて銃撃してよい」と記されていた。さらに同年10月6日にH. ホフマン国防大臣が国境警備部隊に対して，警告と警告射撃の後，他の方法で逃亡者を捕捉できない場合，直ちに銃器を使い，射殺することを警備兵に対して許可するだけではなく，義務づける指令を発した。そして1969年10月には国防評議会書記の職にあり，かつて壁の建設を陣頭指揮したホーネッカーが次のように表明した。「国境の突破は絶対に認められないということが追求されねばならない。……依然として銃器は容赦なく使用されねばならない。銃器を効果的に使用した同志は称賛されねばならない。」この言葉のとおり，DDRでは逃亡者に対する銃撃によって国境破りを阻止した警備兵は栄誉に輝き，その上に報奨金も受け取ったのである[12]。

それにもかかわらず，内部国境とベルリンの壁を監視する警備兵の間では発砲に対する躊躇が広く見られたといわれる。この点に関し，ベルリンの壁に関するある著作には次のように記されている。「SEDは支配の終焉に至るまで，多数の兵士が武器を使用するのをためらい，逃亡を図る者の傍らを意図的に狙って発砲し，国境勤務を西側への逃亡に利用するという問題に直面した。『効果的な』武器使用の心構えの頻繁な欠如は，時間の経過の中で権力保有者を繰り返し次の必要の前に立たせた。それは，現行の銃器使用の規定が『階級的に』どのような意味を有しているかを兵士と将校に対して説明するという必要である[13]。」

---

(12) Die Welt vom 14.8.2007. DDRの発砲命令の推移を跡付けたこの記事には，「いかなる国境侵犯者も生きて西ベルリンに達してはならない」などのSED幹部の激烈な言葉が引用されており，その一つである「発砲しない者は裏切り者だ」という言葉が見出しに使われている。

(13) Stiftung Gedenkstätte Berlin-Hohenschönhausen, op.cit., S.22.

逃亡を試みた者の死は，栄誉を授けてまで兵士を鼓舞した結果であり，報奨金の代償だったといえよう。少なくとも彼らの死には極力避けられなければならない重みは与えられていなかった。1970年代に国境警備兵は勤務に就く前の点呼の際に上官から国境侵犯者を殲滅せよという指示を受けていたことが確認されている。また1982年以降は点呼の間に「国境侵犯者は拘束するか，さもなければ殲滅せよ」と口頭で発砲命令が与えられたという。国境侵犯者の死は，DDRの汚辱と見做された国境突破の成功に比べれば許容可能な範囲にあったのである。

## 3. シュタージ問題とビルトラー庁

DDRの国境警備はこのように表向きは犠牲者を極力出さない方針を掲げつつ，実質的には過酷な命令に基づいて行われた。内部国境とベルリンの壁での死者が少なくなかった主要な原因はこうした命令にある。マグデブルクで2007年8月に発見された文書は，逃亡を許さないというDDR指導部の断固たる意思を表し，国家の威信を優先して人命を軽視する国境警備のあり方を裏付けるものだったから，大きな注目を浴びることになった[14]。けれども，それには他の点でも重要な意義があった。シュタージ文書管理機関の手で公表されたことが暗示しているように，発砲命令の文書にシュタージが関わっていたことがそれである。

本来，DDRの国境警備兵は，国防評議会，国防省，国家人民軍，国境警備部隊という系列の末端に位置している。けれども，実は今回の文書はSED政治局や国防省などから発せられたのではなく，国家人民軍と国境警備隊の監視を任務とするシュタージ第1局から発出されたものだった。そして宛先も一般の国境警備部隊ではなく，その中に配置されたシュタージのメンバーに宛てたものだった。シュタージは1968年12月に第1局の内部に特別部隊を創設し，その隊員として訓練した正規の職員に通常の警備兵の制服を着せて国境警備部隊に潜入させ，国境の監視よりもその任に当たる警備兵の動静

---

(14) 東西ドイツの統一条約ではDDRの法律の有効性を認めることが定められていたが，こうした逸脱の点から命令書はDDRの法規に違反しており，それに基づく行為は訴追可能だとする主張が出ている。Frankfurter Allgemeine Zeitung vom 14.8.2007.

を監視していたのである。特別部隊の規模は明らかではないが，発足当初は30人程度，後にも50人から70人程度と見られているから[15]，5万人といわれる国境警備部隊に比べればかなり小規模だったといってよいであろう。

　もちろん，特別部隊以外にもシュタージとその協力者が国境警備隊にいたことは指摘するまでもない。むしろその存在のために特別部隊が小規模で済んだとも考えられる。正確な数字はこれまでのところ明らかになっていないが，国境警備隊の要職にいたある人物は，4人のうちの1人がシュタージへの情報提供者だったと証言している。またある部隊のかつての司令官は，隊員220名のうち，少なくとも40人はシュタージのために働いていると推測していたという[16]。これらの数字が誇張だとしても，国境警備の任に就いていたシュタージ関係者が決して少なくなかったことは間違いないであろう。

　ところで，このような特別部隊が設置されたのにはそれなりの理由があった。今日までに判明している限りでは，壁が作られてから数カ月のうちに70人の警備兵が西に逃げ，1971年から1974年までに144人の国境警備兵が西側に逃亡した。また総数では2800人以上が逃亡したといわれる[17]。一般論として言うなら，警備をすることは弱点を把握したり，チャンスを見つけることでもあったから，警備兵の逃亡が生じても不思議ではない。しかし，信頼に足る人物としてDDRで選りすぐられた若者が西側へ遁走することは，DDR指導部にはやはり由々しい事態と受け止められたであろう。事実，警備兵本人は気付かなかったが，「彼らの故郷の警察やシュタージは，当人を徴用の候補にあげたとき，その性格，家族構成，付き合っているグループなどについて詳細な報告をしていた。家族がその地に深く根を下ろし，友人関係が堅く，精神的にも安定し，対立を招く可能性のない，堅実な人間が選ばれた」のである[18]。西ドイツから見れば実直で従順なタイプの警備兵たちは

---

(15) Frankfurter Allgemeine Zeitung vom 15.8.2007; Peter Joachim Lapp, Verwirrung um den Schießbefehl, in: Deutschland Archiv, Jg.40, H.5, 2007, S.779.

(16) ティナ・ローゼンバーグ，平野和子訳『過去と闘う国々』新曜社，1999年，420頁。

(17) ZDF-Heute vom 11.8.2007.

(18) ローゼンバーグ，前掲書400頁。この点はF.ペツォルトによっても大筋で確認されており，したがって，「党員中の党員，エリート中のエリートで固めた国境警備軍兵士」と仲井がいうのは正確ではない。Frank Petzold,

軽蔑の対象でしかなかったが，東ドイツの指導者には最も頼りになるはずの集団だった。その上，東ドイツでは警備兵を対象にして隊員教育のために多数のプロパガンダ映画が製作され，任務の意義を叩き込んだ。そこでは必要ならば自分の母親でも射殺せよと教えられたのである[19]。このような人選と隊員教育が実施されたことを考えれば，警備兵の逃亡が深刻な問題と感じられたのは理解できよう。このため，警備部隊では兵士が互いに意を通じあわないようにする工夫がなされ，頻繁に配置場所を変えたり，勤務の際の兵士の組み合わせが固定しないようにするなどの措置がとられていたことが知られている。国境警備部隊へのシュタージ職員の潜入にはこのような事情が存在し，これを背景にして上記の命令文書が作成されたのである。

こうして文書の発見は，多くの犠牲者を生んだ国境警備の残忍さと子供でも容赦なく射殺するシュタージの野蛮さという二重の問題をあぶりだし，センセーショナルに報じられた。例えば8月11日の『ヴェルト』の記事には次のようなリードが付けられている。「ビルトラー庁はドイツ内部国境での死の銃撃に関する書類でのシュタージの命令を初めて発見した。それによると，シュタージは国境で単独行動する戦闘員を養成していた。彼らは兵士が逃亡するのを阻止することを任務としていた。」一方，同日の『ツァイト』ではリードにこう記されている。「DDR指導部は命令の存在を常に否認した。DDRからの逃亡者に発砲せよという命令は決して存在しないというのである。いまや反対のことを証明する文書が発見された。」

これら二つを見比べれば，前者がシュタージに，後者が国境警備に力点を置いていることは明白であろう。同じ8月11日の『フランクフルター・アルゲマイネ』はビルトラーの言葉として，「当時の政治的に責任のある人々によって命令は依然として否認されているから，文書は重要である」と発見の意義に触れ，続けて，「我々はDDR独裁の解明の終結にはまだ当分は達しないだろう」という彼女の発言を載せている。同様に，ビルトラー庁の

---

Aspekte der Auswahl und Kontrolle von Grenzsoldaten durch das Ministerium für Staatssicherheit, in: Heiner Timmermann, hrsg., Die DDR – Politik und Ideologie als Instrument, Berlin 1999, S.544f.; 仲井斌『もう一つのドイツ』朝日新聞, 1983年, 189頁。

(19) Katja Iken, Der Schlag hat gesessen, in: Der Spiegel vom 18.4.2008.

広報責任者も文書の発表の際に「DDR の歴史はまだしばらくは最後まで語られないだろう」とコメントしたことを同日のドイツ第二テレビ (ZDF) は伝えている。たしかにビルトラーが率いる管理機関になお爆発力の大きい重要な文書が埋もれているならば，現在も手付かずのままになっている膨大な文書の整理と事実解明の作業は今後も継続されなければならない課題であろう。実際，ビルトラー庁が保管するシュタージ文書の3分の1はDDR消滅から20年近い歳月が流れた今も山積みのままといわれるのが実情なのである[20]。

しかしながら，たとえそうした現実を考慮に入れたとしても，本書第6章で紹介しているとおり[21]，実質的な封印につながりかねない連邦文書館へのシュタージ文書の移管など管理機関の閉鎖も視野に入れた議論が高まっているという政治的文脈や，ベルリンの壁建設記念日の直前の公表というタイミングを考え合わせると，今回の文書の発見には最初から何らかの意図が働いていたと推測されてもあながち的外れとはいえなかった。8月13日付『シュピーゲル』は文書を「センセーションを巻き起こす資料」と評したが，反響の大きさを考えて『ヴェルト』が早速文書の信憑性の検証にとりかかったのは，おそらくそうした判断に基づくものであろう。その結果，文書公表の翌日の同紙で看過しがたい事実が報じられた。「発砲命令の文書はすでに長く知られていた」という見出しで文書が新発見ではないことが明らかにされたのである。「シュタージ文書を管理するベルリンのビルトラー庁は長らく知られている発砲命令をセンセーショナルな資料と呼んだ。これにより，同庁は批判者の間でますます信頼を失った。すでに10年前に文書は一冊の本に公表されていたのである[22]。」この報道を受け，同日に『シュピーゲル』が，「文書は最も適切な時点に出現した」と皮肉りつつ，壁の記念日がめぐってきた「チャンスをマリアンネ・ビルトラーは威信を引き上げる登場のために利用した」と批判を加えたのは当然の成り行きだったといえよう。

その後の調査で明らかになった事実に照らせば，初めての重大な資料の発見というビルトラーたちの発言が誤認ないし虚偽であったことは間違いな

---

(20) Frankfurter Allgemeine Zeitung vom 12.8.2007.

(21) 本書205頁以下参照。

(22) Die Welt vom 12.8.2007.

い。ただその誤りがビルトラー庁の置かれている苦境を打開する方策として意識的に喧伝されたのか，それとも確認作業にミスがあり，軽率さの結果だったのかは速断できない。

　それはさておき，本来，命令書は写しを含めて複数存在するはずであろう。けれども，現在では何通が作成されたかはもはや確かめることは不可能といわねばならない。この点を別にすれば，1974年12月3日付の命令書でマグデブルクのものとほぼ同文の文書が最初に見つかったのはドイツ統一から間もない1993年のことであり，今から10年以上も前に遡る。ただこの文書には公式のものであることを示すレター・ヘッドがないだけではなく，署名もなかったので信頼性に問題があり，おそらくそれが一因になってほとんど話題にならなかった。けれども1996年に見つかった第2の命令書は裁判所にも資料として送付された点から見て信用できると判断されたものであり，それゆえにまた1997年に公刊されたM.ユット編『資料で見るDDR史』にも収録された[23]。これによりそれは一般の目にも触れることになった。今回マグデブルクで発見された文書は，したがって第3の命令書ということになる。さらにこれに続き，4日後の8月15日にはケムニッツ支所でも第4のそれがみつかった[24]。こうしてこれまでに合わせて4部が発見されており，第3のそれが最初ではないことから，ビルトラーがセンセーショナルに公表した政治的意図が詮索され，非難が浴びせられることになった。

　批判は多方面から放たれた。政治家ではDDR出身でCDU・CSUの連邦議会副院内総務A.ファーツが文書の誤認をしたビルトラー庁の仕事の怠慢を指弾し，同党の対極に位置する左翼党の副院内総務B.ラメロウや文化政策責任者L.ヨヒムゼンは同庁の存在の正当化のために文書を手段化したと激しく非難した。これに対し，やはりDDR出身で2006年秋に同庁に対する批判が高まったときに庇う側に立った連邦議会副議長W.ティールゼ(SPD)

---

(23) Matthias Judt, hrsg., DDR–Geschichte in Dokumenten, Berlin 1997, S.469. ただし，採録されているのは一部だけである。なお，この書は5万部刷られたので，命令書は広く知られていたはずだと『シュピーゲル』は指摘している。Der Spiegel, Nr.34, 2007, S.40.

(24) Frankfurter Rundschau vom 15.8.2007; Frankfurter Allgemeine Zeitung vom 15.8.2007.

は再びビルトラーを擁護し，同庁の任務がいかに重要かを認識すべきだと主張した[25]。

　一方，学界からはベルリン自由大学の SED 国家研究グループを率いる K. シュレーダーが，ビルトラー庁が多額の公金を費消しているのに成果が乏しいことなどを指摘して文書を連邦文書館に移管すべきだと論じ，歴史家で SPD 歴史委員会の委員長を務めた経歴のある SED 独裁解明財団副理事長 B. ファウレンバッハも大筋でこれに同調した。他方，シュタージの拘置施設だったホーエンシェーンハウゼン記念館の館長である現代史家 H. クナーベは，ビルトラーの今回の失敗はコミュニケーションの問題であって，過大評価すべきではないとして彼女を守る姿勢を見せた[26]。これらの議論では同時にシュタージ文書の移管問題にも焦点が合わされた。というのは，同文書の管理はビルトラー庁の存立基盤であり，それを連邦文書館に移すことはその権限の削減にとどまらず，廃止問題にまでつながる可能性があったからである。けれども，シュタージ文書の開示と利用という観点からは移管論にも熟考に値する論点が含まれていたことは否定できない。その意味では，シュタージ文書移管問題を巡る関係者の対立に関して，論争する双方に往々にして「即物性」が欠如し，「シュタージ解明の将来をとりわけ文書の制度上の帰属で考える点で病んでいる」というメーラートたちの批評は当たっているといえよう[27]。

　それはともあれ，批判に応じるなかでビルトラーは，保管する文書から明るみに出る多くの新事実に日常的に接するので，発砲命令書が 1997 年に公表済みだったことを失念しており，誤認に基づいた評価をしたことを認めた。また記念日に合わせたかのような文書公表のタイミングに関しては，この時期になるとマスメディアから新事実についての照会が多く，それに応えた結果だとして，いずれも他意はなかったと弁明した。さらに 8 月 17 日付『ヴェルト』のインタビューでは，すべての責任を引き受ける覚悟であることも表

---

(25) Die Zeit vom 13.8.2007; Die Welt vom 13.8.2007; Der Spiegel vom 12.8.2007.

(26) Der Spiegel vom 14.8.2007; Süddeutsche Zeitung vom 14.8.2007.

(27) Ulrich Mählert und Manfred Wilke, Die Auseinandersetzung mit der SED-Diktatur seit 1989, in: Frank Möller und Ulrich Mählert, hrsg., Abgrenzung und Verflechtung, Berlin 2008, S.134.

明した。しかし，批判の高まりに照らすと，こうした釈明が受け入れられたとはいえないように思われる。ビルトラー庁の存立基盤ともいえるシュタージ文書法の改正が難航の末，失効寸前の 2006 年暮れに漸く決着したのは，同庁の活動に対する抵抗や不信があったからだが，底流に存在するそうした不満に文書公表での失策が油を注ぐ形になったといえよう。いずれにせよ，8 月 14 日に『フォークス』が報じたように，擁護論よりは「ビルトラー庁の無力化を求める声」が大きく，2006 年末にシュタージ職員だった者を約 50 人も雇用していた失態で窮地に陥ったのに続き[28]，同庁の信用が一段と損なわれたのは間違いない。その結果，8 月 14 日付『フランクフルター・ルントシャウ』が指摘するように，期せずして「1961 年 8 月 13 日の壁建設の記念日に合わせてシュタージ文書官庁の将来に関する論議が燃え上がった」のである。こうして見ると，破壊力の程度はともあれ，ほぼ確実に政治的爆弾を包含しているシュタージ文書の今後の扱いや，その管理を委ねられているビルトラー庁の廃止もしくは縮小をめぐる問題が，これから政治的論争の焦点の一つになるのは確実といえよう。

　ビルトラー庁の今後に関するそうした議論の底流には，DDR の過去の解明をどのように続けるのか，あるいは幕を引くのかという問題がある。今回の文書論議の終幕時に『シュピーゲル』のインタビューに応じる形で歴史学界の重鎮 H.-U. ヴェーラーが発言したのはそうした文脈においてであり，彼は失策を重ねるビルトラー庁に苦言を呈しながらも，DDR を「多くの人命を犠牲に供した殺人レジーム」と呼び，「DDR 解明の幕引きを望む声」は不当で「致命的」だと断言した[29]。けれども，こうした論調は必ずしも有力とはいえないのが近年のドイツの現実であるように見受けられる。ビルトラーは論議が鎮静した 9 月に改めて DDR 解明の継続の重要性を強調し，そのためには 2019 年まではビルトラー庁は必要だとの持論を展開している[30]。また K.-H. バウムも，2007 年半ばに公表された，ビルトラー庁の廃止を視野に入

---

(28) Die Welt vom 13.12.2006; Frankfurter Allgemeine Zeitung vom 1.12.2006 u.17.6.2007; Der Spiegel vom 9.7.2007.

(29) Hans-Ulrich Wehler, Von einem Schlußstrich kann keine Rede sein, in: Der Spiegel vom 17.8.2007.

(30) Die Welt vom 12.9.2007.

れた三つの提言を批判的に検討し，同庁の保管するシュタージ文書を「連邦文書館に移管することはDDR解明に反する致命的なシグナルになり，一種の幕引きになる」とする一方，それは「DDRはそんなにひどくはなかったという標語に従ってDDRの過去をできることなら書き換え，少なくともソフトに見せようとする人々を強める」だけだと警告している[31]。いずれにせよ，著名なシュタージ研究者であるJ. ギーゼケも指摘するとおり，シュタージ文書という「この遺産の徹底的解明が行われないことに強い関心を持つ人びとが少なくない」のが現実であり[32]，ビルトラー庁の存廃問題はこの事実を念頭において慎重に議論されるべきであろう。しかし同時に，『ヴェルト』が指摘するように，同庁が「ドイツでもっとも費用の嵩む文書館」である点や，保管する文書への外部からのアクセスが困難なことなど，ビルトラー庁が重大な問題を抱えているのは否定できず，いくつかの見直しが必要とされていることも確かであろう[33]。発砲命令書を巡る紛争にはそうした問題への不満も下地になっていたのである。

## 4. 壁と内部国境での犠牲者

今日のドイツでは，以上で見てきたように，ビルトラー庁の存廃論議とも絡まりつつ，発砲命令書の問題は統一から20年近くを隔てて改めて話題になった。それでは発砲命令に関連して，ベルリンの壁と内部国境では実際にどれだけの犠牲者が生じたのであろうか。次にこの問題に目を向けよう。

この点を考える前提として，ベルリンの壁や内部国境がどのように構築されていたかを一瞥しておくのが便利であろう。それらは厳重さでは無比といわれるほどの障壁であり，今後も匹敵するものが出現することは考えにくいからである。

図1-1と図1-2は両者を概観したものである。内部国境にせよ壁にせよ，それらは時とともに強化されたので，どの時点の様子を描いているのかが明

---

(31) Karl-Heinz Baum, Eine Art Schlußstrich: Zur Debatte um die Zukunft der BStU, in: Deutschland Archiv, Jg.40, H.4, 2007, S.589.

(32) Jens Gieseke, Schild und Schwert der Partei, in: Friedrich-Ebert-Stiftung, Büro Leipzig, hrsg., Im Visier der Geheimpolizei, Leipzig 2007, S.21.

(33) Die Welt vom 23.8.2007.

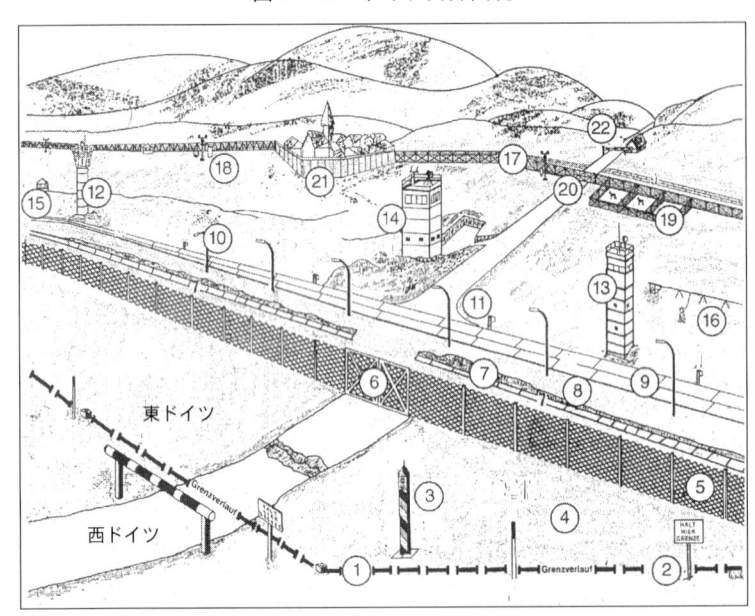

図1-1 ドイツ内部国境

| | | | |
|---|---|---|---|
|①|境界石のある国境線|⑫|監視塔（円形　直径1m）|
|②|国境の杭（一部に国境という表示あり）|⑬|監視塔（四角形　一辺2m）|
|③|DDRの国境柱石（主権を示す黒赤金の三色塗り）|⑭|司令所|
|④|DDRの「前に突き出た主権領域」|⑮|監視小屋|
|⑤|国境柵|⑯|パトロール犬待機所|
|⑥|通路の門|⑰|国境標識・防止柵|
|⑦|車両阻止の塹壕|⑱|配電装置|
|⑧|コントロール帯|⑲|パトロール犬放し飼い所|
|⑨|走行道|⑳|通用門|
|⑩|照明灯|㉑|コンクリート製遮断壁|
|⑪|通話設備|㉒|国境地帯通用路の検問所|

（出典）Robert Lebegern, Mauer, Zaun und Stacheldraht: Sperranlagen an der innerdeutschen Grenze 1945-1990, Weiden 2002, S.48.

確になっていない点に問題があるのは否定できない。例えば内部国境の変遷についてはR. レーベゲルンが検討しているが，彼によれば，1952年までの緑の国境，61年までの建設，70年までの先端技術の投入，89年までの拡充，翌90年に終わる崩壊の5期に区分できるからである[34]。この点の詳細はここでは省略し，壁や内部国境が完成した段階での図を一見しただけでも，国境

---

(34) Lebegern, op.cit., S.17ff.

図1-2　ベルリンの壁

① コンクリート板壁
② コントロール帯
③ 照明灯
④ 車両阻止の塹壕
⑤ 走行道
⑥ 監視塔
⑦ パトロール犬走行設備
⑧ 通過者をつまずかせるため地上すれすれに張った有刺鉄線の通報設備
⑨ 境界線通報柵
⑩ 遮断機（保護地帯との境界）

（出典）Peter Feist, Die Berliner Mauer 1961-1989, Berlin 1997, S.14f.

地帯に帯のように築かれたコンクリート壁や金属柵を乗り越えるのがきわめて難しかったことは容易に察知できよう。それらは監視塔とパトロール隊員，パトロール犬によって昼夜を分かたず見張られており，地雷や自動射撃装置が備え付けられていた上に，発見されれば銃撃を浴びたからである。

　これらの障壁のために逃亡には死の危険がつきまとい，実際に越境に失敗して死亡した犠牲者が生じたのは避けられなかった。その数についてはこれまでもたびたび語られてきたが，しかし，正確な人数を確認するのは実はきわめて難しい。死亡した者に限っても，越境を試みた内部国境や壁の現場で絶命した人々ばかりではない。銃撃や地雷のために負傷した後に搬送先で死に至ったケースが多くあるのは当然であり，それ以外にも事故のために落命したケース，闇から闇に葬られたケースなどがあるからである。さらに越境者による攻撃で殺害されたり事故死した国境警備兵をも犠牲者に含めるか否かは微妙な論点として残るであろう。

　このように内部国境と壁での犠牲者と一口に言っても種々の分類が可能であるだけではなく，必要でもある。その意味で誰を犠牲者と考えるかという

点と，犠牲者の分類という点に関わる基準の問題がある。しかしこれに加え，どんな機関が犠牲者を把握していたかという調査機関の問題がある。共産主義体制の非人道性を告発する政治的狙いを持つ団体を含め，西ドイツでは内部国境の犠牲者に対する関心は強かった。その一端は，ドイツ統一直後の 1991 年半ばに『シュピーゲル』が「ドイツ人の死の国境」と題した連載を始めたことに表れている[35]。けれども西側から犠牲者の存在を把握するには大きな限界があった。たとえ発砲などの事実が確認されても，それによって実際に犠牲者が生じたかどうか，犠牲者がいる場合でも後方に運び去られた後にどうなったかは追跡が困難だったからである。壁際で失血するままにされた犠牲者の存在は，西側から撮影された写真が公開されたことから国境警備の残虐さのシンボルとして話題になり，なかでも 1962 年にベルリンの壁を乗り越えようとして射殺されたペーター・フェヒターが警備兵によって壁際から運ばれる写真は有名だが[36]，そうした目の届く現場での死亡よりも実際は搬送先で絶命した者のほうが多かったことはほぼ確実であろう。そうだとすれば，その把握が困難な西ドイツでは正確な情報を期待することは無理だったといわねばならない。

　他方，不法な越境を銃器の使用を含む実力で阻止しようとした DDR にも信頼できる数字は存在しなかった。ヘルトレたちが指摘するように，「DDR 国境での銃撃と死亡がとくに緊張緩和の時期には国際世論でよい反響を得られないことを SED 指導部は意識していた。それゆえに同指導部は国境警備部隊とシュタージと一緒になって可能ならばいつも死亡例を秘匿し隠蔽しようと試みた。多くの場合，これは犠牲者の家族に対してすら行われたのである[37]。」実際，「死体すらシュタージのもとで跡形もなく消えてしまった」のが現実であり，「残された家族は身内の死亡の事情をしばしば 1990 年

---

(35) 連載の開始は，Der Spiegel, Nr.26, 1991 である。

(36) Thomas Flemming und Hagen Koch, Die Berliner Mauer: Geschichte eines politischen Bauwerks, Berlin 2001, S.26; Bernd Eisenfeld und Roger Engelmann, 13.8.1961: Mauerbau: Fluchtbewegung und Machtsicherung, Berlin 2001, S.107.

(37) Hans-Hermann Hertle und Gerhard Sälter, Die Todesopfer an Mauer und Grenze, in: Deutschland Archiv, Jg.39, H.4, 2006, S.667.

代になって初めて知る」ことになったといわれる[38]。そうした実情からも推し量れるように，DDR では犠牲者に関する一元化された情報は存在しなかった。たしかに国境警備隊，人民警察，シュタージなどで個別ケースに関する記録が作成され，その一部は統一後の今日まで残されている。しかしそれは完全な形では保存されていないこと，複数の機関にバラバラに存在することなどのために全体を見渡せる状態には到達していない。東西ベルリンの通過点だったチェックポイント・チャーリーを保存しドイツ分断を後世に伝える博物館にして運営している「8月13日作業グループ」と称する民間団体は，現存する資料を調べ，いまもなお犠牲者の正確な数を突き止める努力を続けているが，発表される数字が毎年のように増えていくのはそうした事態を反映しているといえよう。

　これらの困難を勘案すると，これまでに提示されている犠牲者の数は最終的なものではなく，いずれも暫定的な数値と考えるのが適切であろう。無論，だからといって種々の機関によって明らかにされた数字がかなり食い違っているのに，いずれも同等の信頼性を有していると見做すのも早計といわねばならない。この点を掘り下げて検討したのはヘルトレたちである。彼らは各種の機関が示している犠牲者の数字を整理するとともに，それぞれの機関の調査目的を点検し，犠牲者に数えられる人々の範囲を問題にしている。そこで俎上に載せられているのは，DDR における政治暴力を掌握するために1961 年にザルツギッターに設置された政府機関「州司法行政捕捉センター」，上記の民間団体「8月13日作業グループ」，西ベルリン警察，統一後の 1991年にベルリンに設置された調査機関「政府犯罪・統一犯罪中央捜査グループ（略称 ZERV）」，ベルリン検察庁，現代史家 W. フィルマーと H. シュヴァンの共同著作の 6 つである。

　ヘルトレたちによれば，これらのうちで最後のものは人民警察と国境警備隊のそれまで秘密にされていた資料を用いた最初の成果であるが，犠牲者の分類がなされていない上に，バルト海で漂着した遺体のように由来の不明な死者も算入されている点に問題がある。また「8月13日作業グループ」のそれは，越境と無関係なケースが加えられているほか，資料の精査がなされ

---

(38) Hans-Hermann Hertle, Die Berliner Mauer: Monument des kalten Krieges, Bonn 2007, S.104.

ておらず，列挙された犠牲者に氏名が欠落しているだけでなく，死亡原因に疑問符が付けられているなど多くの点で信頼性に問題があるという[39]。これに対し，西ベルリン警察や「州司法行政捕捉センター」の活動を引き継いだZERVの調査はDDRに残された膨大な資料を精査しているだけに信頼度が高いとヘルトレたちは判断しているように思われる。「政府犯罪・統一犯罪中央捜査グループ（ZERV）」というのは，DDRの過去を刑事面から解明し，犯罪の責任者を訴追することを目的にして1991年9月にベルリン警察に付設され，2000年12月に廃止された組織である。このグループは経済犯罪に関しては，シュタージ幹部のA. シャルク＝ゴロドコフスキーが率いた対外貿易機関（略称KoKo）の不正蓄財や武器の取引などを暴くとともに，政府犯罪の面では，西ドイツからDDRへの580件の拉致，シュタージによる50件の委託殺人などを明るみに出した。こうした政府犯罪の一環として，内部国境とベルリンの壁における越境者の犠牲も調査対象になったのである。

とはいえ，ZERVの調査にも問題があるとヘルトレたちは指摘している。越境者の死亡につながった事故が除外され，逆に殺害の容疑のある事例が数えられているからである。これに比べればベルリン検察庁のデータは確実性が大きいとヘルトレたちは考えている。というのは，そこでは裁判を視野に入れ，立証の可能性が考慮に入れられているからである。しかし他方で，刑事訴追を目的としているところから，他者の関与が証明され，刑法上処罰できる死亡に限定されているという限界があり，いわば最小の数字にならざるをえなかったところに問題が残っていると彼らは述べている[40]。

こうした検討の結果，「批判的な問いかけに対して持ちこたえられる，DDRの国境レジームの信頼でき，検証可能で資料に基づいた決算はまだ存在しない」とヘルトレたちは結論づけている[41]。彼らが指摘するように，内部国境とベルリンの壁での犠牲者の数を確定するためにはその範囲などを明確化することが前提になる。しかしDDRの政治暴力の認識に関わる事柄で

---

(39) Hertle u.a., op.cit., S.669, 673. 因みに，2002年8月14日付『朝日新聞』は，「旧東西ドイツ境界　越境挑んだ死者985人」という見出しで同作業グループの発表を短く伝えている。

(40) Ibid., S.670f.

(41) Ibid., S.674.

あるだけに，見解の一致を見るのは容易ではないであろう。そうした事情を踏まえ，あくまで暫定的な数字という限定を付した上で，ここではベルリン検察庁の最小の犠牲者数と「8月13日作業グループ」が挙げる最大のそれの二つを掲げておくことにしよう。

表1－1　実力行使によるDDR国境地帯の立証可能な死者数

|  | 1961年8月12日以前 | 1961年8月13日以降 | 総数 |
|---|---|---|---|
| 国境警備兵による銃撃及びその他の実力行使 | 101 | 136 | 237 |
| 中部地域（ベルリン） | 23 | 86 | 109 |
| 北部地域 | 45 | 26 | 71 |
| 南部地域 | 33 | 24 | 57 |
| 地雷の炸裂 |  |  |  |
| 合計 | － | 33 | 33 |
| 北部地域 | － | 18 | 18 |
| 南部地域 | － | 15 | 15 |
| 総数 | 101 | 169 | 270 |

（出典）Staatsanwaltschaft Berlin, Stand: 9.6.2000 (Hans-Hermann Hertle und Gerhard Sälter, Die Todesopfer an Mauer und Grenze, in: Deutschland Archiv, Jg. 39, H.4, 2006, S.671 より引用).

表1－1に示したベルリン検察庁の集計では，DDRが建国された1949年からベルリンの壁が崩壊した1989年までの50年間に総数で270人が内部国境か壁を越えようと試みて失敗し，落命した。そして彼らが非運な死に至ったのは，警備兵による銃撃や境界に設置された自動射撃装置もしくは地雷のせいだった。すなわち，銃撃による死者は237人，自動射撃装置などの犠牲になったのが33人である。またベルリンの壁で命を落としたのは86人だった。そのほかに死亡には至らなかったものの，地雷などで253人が負傷し，そのうち152人が越境者，101人が警備兵だったという。

他方，表1－2の「8月13日作業グループ」の2005年の統計では総数で1135人が犠牲になった。これはベルリン検察庁の数字の4倍以上にもなる。その特徴は数値が年々増大している点にある。そうした結果になっているのは，調査の進行によるだけでなく，詳しいデータの存在しないケースも犠牲者に算入していることにある。しかしDDRからの逃亡と出国を詳細に検討したB.アイゼンフェルトが1999年に発表した論考で914人という

表1－2　1961年8月13日作業グループの犠牲者統計

| 年度 | 1961年8月13日以前 | 以降 | 総数 |
|---|---|---|---|
| 1992 | 34 | 338 | 372 |
| 1993 | － | － | 588 |
| 1995 | 144 | 681 | 825 |
| 1997 | 160 | 756 | 916 |
| 2000 | 192 | 765 | 957 |
| 2001 | 193 | 767 | 960 |
| 2002 | 357 | 628 | 985 |
| 2003 | 363 | 645 | 1008 |
| 2004 | 378 | 687 | 1065 |
| 2005 | 407 | 728 | 1135 |

（出典）Hertle u.a., op.cit., S.672.

数字を示し[42]、『境界』の著者である J. リッターたちが957人という人数を掲げていることなどを考慮すると[43]、その人数があながち誇張とは言い切れないのも確かであろう。

　因みに、2007年11月4日付『ジュートドイッチェ』は「死んだと思われていた者の多くはまだ生きている」という見出しで、ベルリンの壁記念館のプロジェクト・チームとポツダムの現代史研究センターの協力による研究成果の一つとして新たな数字を伝えている。「ドイツ内部国境での死者の正確な数は11月9日の壁崩壊の18周年直前になっても確定されないが、しかしこれまで想定されていたよりも明らかに少ない。」その理由は、「従来、犠牲者に数えられていた人々の多くが死んではいない」ことにある。この点についてプロジェクト・チームのリーダーである M. ノーケは次のように語っている。「我々はこれまで、DDR の国境機関によって射殺されるか、逃亡途上で他の仕方で死亡した者の数は1,000人程度としてきた。しかし実際にはその数は600人から800人の間で動くだろう。……我々は現在各自の生活史を追跡しているが、それにより死亡したと信じられていた者の多くが存命であることが確かめられている」からである。

　ノーケのこの指摘は極めて興味深いが、いずれにせよ、犠牲者数がこのように不確定であり、その上、公表されている数字に大きな開きがある以上、的確な評価は難しい。200人台ならば比較的少なかったということも可能であろうし、1,000人を上回ればやはり多かったという印象を拭えないからである。またこの点とも関連して、逃亡を阻止するために巨額の費用と人員を要した内部国境とベルリンの壁は所期の効果が上がったといえるかどうかについても見解は分かれるであろう。たしかにベルリンの壁だけで見ても、死者のほかに7万2千人以上の人々が逃亡に失敗して拘束され、実刑に処された。M. ヴィルケたちはこの人々こそ「壁の犠牲者の最大の集団」だと呼んでいるが[44]、その大量さに照らせば、障壁に大きな効果があったことは否定

---

(42) Bernd Eisenfeld, Flucht und Ausreise: Macht und Ohnmacht, in: Eberhard Kuhrt, hrsg., Opposition in der DDR von den 70er Jahren bis zum Zusammenbruch der SED-Herrschaft, Opladen 1999, S.401.

(43) Jürgen Ritter und Peter Joachim Lapp, Die Grenze, Berlin 2001, S.168.

(44) Stiftung Gedenkstätte Berlin-Hohenschönhausen, op.cit., S.7.

できない。けれども，その一方では，車に隠れたりトンネルを掘ったりするなど様々な工夫を凝らしつつ，逃亡に成功した人々がいたのも事実なのである。ともあれ，ユーバージードラーの高波のためにDDRが失血状態に陥り，それがドイツの情勢を不安定化し，ひいてはヨーロッパの安定を脅かしていたことを想起するならば，東西ドイツ間に築かれ厳重に監視された強固な境界が市民の逃亡を食い止め，あるいは逃亡を思いとどまらせることによってDDRを安定化させた事実が確認されなければならないであろう。西ベルリンを取り巻く壁と内部国境の頑丈な障害物は，そこで斃れた市民の命を代償にし，逃亡に失敗して処罰された人々の苦悩を養分にしつつ，国家としてのDDRの不可欠な支柱になったのである[45]。

もちろん，内部国境やベルリンの壁が堅固に構築され，発砲命令を受けた警備部隊によって守られていたためにDDRが失血死を免れたというためには，DDRからどれだけの市民が逃亡したかを確かめておく必要がある。この問題については拙著『統一ドイツの外国人問題』（木鐸社　2002年）の第

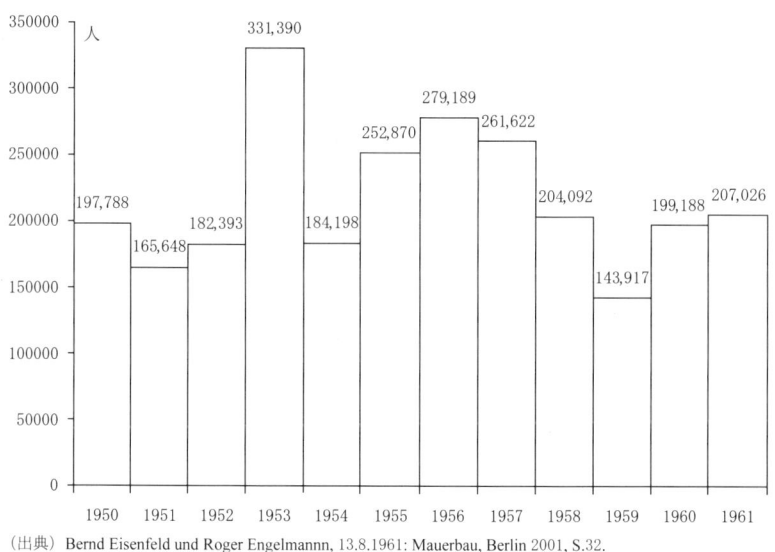

図1－3　DDRからの逃亡者数（1950～1961年）

| 年 | 人数 |
|---|---|
| 1950 | 197,788 |
| 1951 | 165,648 |
| 1952 | 182,393 |
| 1953 | 331,390 |
| 1954 | 184,198 |
| 1955 | 252,870 |
| 1956 | 279,189 |
| 1957 | 261,622 |
| 1958 | 204,092 |
| 1959 | 143,917 |
| 1960 | 199,188 |
| 1961 | 207,026 |

（出典）Bernd Eisenfeld und Roger Engelmann, 13.8.1961: Mauerbau, Berlin 2001, S.32.

---

（45）前掲拙著483頁，および仲井，前掲書58頁。

7章「戦後ドイツ史の中のユーバージードラー」で詳説したので再論は避け，要点だけを述べておきたい。

DDR建国の翌年1950年からベルリンの壁によって最後の抜け穴が塞がれた1961年までにDDRから西ドイツに逃亡した人数は年度ごとに見ると図1－3のとおりになる。10年余りの間に総数で261万人もの市民がDDRに背を向けたことになり，無許可で出国すればDDRで新設された共和国逃亡罪で罰せられるにもかかわらず，膨大な市民がそのリスクを冒して西ドイツに移住した。この流出の大波は，1800万人程度の人口で発足したDDRにとっては，目標である社会主義の実現どころか，国家の存亡にすら関わる深刻な事態だったことは容易に看取できよう。同時にまた，DDRの歴史に照らせば，逃亡者の増減が1952年の「社会主義の建設」の宣言や翌年6月17日の民衆的反抗のようなDDR国内の政治的動向と密接に結びついていることも明白であろう[46]。その数は1961年までは毎年10万人を下回ることはなく，危機を迎えた1953年には30万人すら超えたのである。

ところが壁が築かれた年を境にして逃亡する人数は急減した。表1－3はベルリンの壁が崩壊した1989年までの毎年の人数を示している。1988年までの30年近い期間の合計はわずか62万人にとどまっているのが一つの特徴であり，大量脱出が生じた1989年の34万人は1年間だけでこの人数の半分を上回っているのがいま一つの特徴といえよう。この期間にDDRを去って西ドイツに移住した人々はいくつかの集団に分類されるが，そのうちで特異なのは，最小の集団である「自由買い」された人々の存在であろう。彼らは反体制活動や逃亡の失敗などのためにDDRの官憲によって「政治犯」として拘束された後，西ドイツ政府に水面下で売り渡され，DDRの外貨稼ぎに不本意ながら寄与させられた人々である[47]。それによってDDRが代金として獲得した総額はハードカレンシーである西ドイツ・マルクで35億マルクにも達し，外貨不足に苦しむDDRにとっては貴重な収入になった[48]。同時に，

---

(46) 同書436頁以下参照。

(47) 大きなグレーゾーンのあるDDRの「政治犯」に関しては，本書第3章参照。また，いわゆる「自由買い」については，クライン孝子『自由買い』文芸春秋，1987年参照。

(48) Hertle, op.cit., S.117.

表1－3　1961年以降のユーバージードラーと逃亡者

| 年　度 | 総　数 | ユーバージードラー | 第三国経由などの逃亡者 | 国境・壁を越えた逃亡者 | 自由買いされた政治犯 |
|---|---|---|---|---|---|
| 1961 | 52,324 | 約 700 | 43,117 | 8,507 | |
| 1962 | 21,356 | 4,615 | 10,980 | 5,761 | |
| 1963 | 42,632 | 29,665 | 9,275 | 3,692 | |
| 1964 | 41,876 | 30,012 | 8,709 | 3,155 | |
| 1965 | 29,552 | 17,666 | 9,557 | 2,329 | |
| 1966 | 24,131 | 15,675 | 6,720 | 1,736 | |
| 1967 | 19,573 | 13,188 | 5,182 | 1,203 | |
| 1968 | 16,036 | 11,134 | 3,767 | 1,135 | |
| 1969 | 16,975 | 11,702 | 4,080 | 1,193 | |
| 1970 | 17,519 | 12,472 | 4,146 | 901 | |
| 1971 | 17,408 | 11,565 | 5,011 | 832 | |
| 1972 | 17,164 | 11,627 | 4,292 | 1,245 | |
| 1973 | 15,189 | 8,667 | 4,680 | 1,842 | |
| 1974 | 13,252 | 7,928 | 4,355 | 969 | |
| 1975 | 16,285 | 10,274 | 5,338 | 673 | |
| 1976 | 15,168 | 10,058 | 4.500 | 610 | |
| 1977 | 12,078 | 8,041 | 3,316 | 721 | |
| 1978 | 12,117 | 8,271 | 3,385 | 461 | |
| 1979 | 12,515 | 9,003 | 1,768 | 463 | 1,281 |
| 1980 | 12,763 | 8,775 | 2,552 | 424 | 1,012 |
| 1981 | 15,433 | 11,093 | 2,599 | 298 | 1,443 |
| 1982 | 13,208 | 9,113 | 2,282 | 283 | 1,530 |
| 1983 | 11,343 | 7,729 | 2,259 | 228 | 1,127 |
| 1984 | 40,974 | 34,982 | 3,459 | 192 | 2,341 |
| 1985 | 24,912 | 18,752 | 3,324 | 160 | 2,676 |
| 1986 | 26,178 | 19,982 | 4,450 | 210 | 1,536 |
| 1987 | 18,958 | 11,459 | 5,964 | 288 | 1,247 |
| 1988 | 39,832 | 29,033 | 9,115 | 590 | 1,094 |
| 合計 | 616,751 | 382,481 | 178,182 | 40,101 | 15,287 |
| 1989 | 343,854 | | | | |
| 総数 | 960,605 | | | | |

(出典)　Jürgen Ritter und Peter Joachim Lapp, Die Grenze, Berlin 2001, S.167

彼らの売却はDDRにとって危険分子の排除を意味したから，自由買いにはいわば一石二鳥の効果があったのは指摘するまでもない。因みに，2007年の統一記念日の前後に最大の話題になったのは，『チェックポイント・チャーリーの女』という一人の女性の回想録がテレビ・ドラマ化され，ドイツ第一公共放送（ARD）で9月30日と10月1日に放映されたことだった。この実話では，逃亡に成功した父親のいる西ドイツへ脱出するのに失敗し刑に服した主人公の女性が西ドイツに「自由買い」され，DDRに残された子供と合

流するためチェックポイント・チャーリー近くで執拗な抗議を続けた結果，政治家を動かして再び子供も金銭で買いとられるという，壁と内部国境によって引き裂かれたある家族の3世代に亙る悲劇が描かれている[49]。

それはともあれ，このような最小の「自由買い」に対し，最大の集団は，正規の許可を受けて移住した狭義のユーバージードラーと呼ばれる人々であり，年金生活に入った高齢者が中心だった。彼らは現役を退き，「労働者と農民の国」を支える戦力ではなくなっていたから，その送り出しがDDRの負担軽減につながっていたことは指摘するまでもない。DDRでは人は稼働能力のある間は有用なので拘束されたが，引退して無用になると拘束を解かれ，出国の自由を享受できるようになったわけである。同時にまた，1961年以前にDDRを去った人々では若者や働き盛りの人々に重心があったが[50]，この事実に照らせば，大きな変化が生じているのは明白であろう。

一方，内部国境もしくはベルリンの壁を突破した者は1961年以後には総数でわずか4万人にまで激減している。とくに1962年以降にベルリンの壁を越えて西ベルリンに逃亡したのは総数で5075人を数えるにとどまり，1967年以降は毎年ほぼ2桁のレベルで推移したことに見られるように，減少が著しい。これに代わったのは第三国経由などで逃亡した人々であり，18万人を数えて内部国境などの越境者を大きく上回る結果になった。そのなかには正式に旅行許可を得てDDRを出国し，そのまま帰国しなかった市民が多数含まれている。彼らはDDRでは「滞留者」と呼ばれており，第三国経由などでの逃亡者のうちの68％を占めていたともいわれている[51]。DDRで正式の旅行許可を得るには「DDRに対する忠誠」と並び，「堅固な思想的・物質的・家族的紐帯」が必要とされ，具体的には財産のほかに子供やパートナーを一種の人質としてDDRに残しておかなければならなかった。このような重い代償を払った人々が第三国経由などの逃亡者の数を押し上げたが，いずれにせよ，内部国境などを越境した集団との数字上の逆転には，境界上の障害物が逃亡を阻む効果が大きかったことが反映されているのは確実であ

---

(49) 『チェックポイント・チャーリーの女』に関しては，フランクフルトに滞在中だった藤沢利治・法政大学教授からご教示を得た。記して感謝したい。

(50) 前掲拙著431頁以下参照。

(51) Stiftung Gedenkstätte Berlin-Hohenschönhausen, op.cit., S.27, 31.

ろう[52]。

ともあれ，全体としてみれば，1961年を境にしてDDRから西ドイツに逃亡することが著しく困難になったことをこれらの数字は物語っている。逃亡を図る人々が第三国経由の方法を選ばざるをえず，内部国境やベルリンの壁を迂回したことは，それらが高く聳えて突破を阻んでいただけでなく，発砲命令を受けた警備兵によって監視され，死の危険が付きまとっていたことを証明しているといえよう。この意味で，ブラント政権の東方政策の立役者だったE. バールが，1997年の論説で，「発砲命令はDDRの生存の基礎だった」とし，鉄条網やコンクリート壁のような物理的な障害物だけがDDRの支えだったのではないと指摘しているのは正しい[53]。

## 5. 結び

以上で見てきたように，ドイツ内部国境とベルリンの壁ではDDR側から越境しようとして少なくとも200人以上が死亡した。この人々は政治的自由ばかりか，出国の自由すら認めないDDRの抑圧体制が生んだ犠牲者の典型といえよう。しかし，被害に遭ったのは命を落とした人々だけではない。禁止されている共和国逃亡を図った人々を含め，何らかの政治的理由で犯罪者とされ，刑に服した人々は総数で25万人に及ぶといわれるからである。DDR不法体制の被害者と呼ばれるこれらの人々に対しては，2007年7月に被害を補償する意味で被害者年金を支給する法律が成立した。しかし，ドイツ統一から20年近くがすでに経過しているだけでなく，受給要件を充たすのは4万人程度とされており，問題が残っているのは否定できない[54]。

しかし，それ以上に大きな問題は，彼らが嘗めた苦しみに対する理解が乏

---

(52) 内部国境上の鉄条網や壁がDDR市民には逃亡阻止とDDRへの封じ込めの役割を果たしたとしても，西ドイツから見たイメージは違っていた。1958年から連邦全ドイツ問題省が毎年発行した冊子『ドイツの真ん中で』を手がかりにしてM. ウルリッヒは，内部国境が与えた当初の脅威感が次第に緩んでいったことを実証している。Maren Ullrich, Zur Darstellung der deutsch-deutschen Grenze in der Bundesrepublik, in: Deutschland Archiv, Jg. 39, H.4, 2006, S.607ff.

(53) Egon Bahr, Der Schießbefehl war eine Existenzgrundlage der DDR, in: Frankfurter Allgemeine Zeitung vom 17.5.1997.

(54) Pressemitteilung der Bundesregierung vom 6.7.2007; ZDF-Heute vom 13.6.2007.

しく，関心も低調なことであろう。長く沈黙を守ってきた被害者の一部は今では高齢になったこともあり，自分の体験を語ろうとするようになっている。けれども，DDR とは異なり，自由と繁栄を謳歌してきた西ドイツ地域では彼らは「至るところで無知と無関心にぶつかる」のが通例であり，その一端は A. シルマッヒャーが『フランクフルター・ルントシャウ』紙上で伝えているフランクフルトの事例などから看取できる[55]。

一方，東ドイツ地域では，貧しくても温もりのある DDR での暮らしを懐かしむオスタルギーと呼ばれる心情が，ドイツ統一の現状に対する不満を土壌にして広く浸潤している。オスタルギーが語られるようになったのは，統一から 10 年もたたない 1990 年代後半の頃からだが，昨今では様々な現象に見て取ることができる。食品をはじめとする DDR を偲ぶ種々のグッズの売れ行きが好調なこと，DDR 当時の制服を着用したコンサートが催されていること，そして例えばドイツ第二テレビ (ZDF) が 2003 年 8 月に放送したオスタルギー・ショーを東ドイツ地域の市民の 3 分の 1 が視聴したことなどが代表例として挙げられよう[56]。このようなオスタルギーの広がりは，存立当時に DDR が市民の広範な支持を欠落した人工的な国家だったことを踏まえて，DDR は国家として消滅した後に初めて成立したとも一部で評されているほどであり，「DDR の追憶は好景気である」という K. クリストフの指摘には十分な根拠があるといえよう[57]。

---

(55) Annegret Schirrmacher, Das schweigende Klassenzimmer, in: Frankfurter Rundschau vom 6.11.2007.

(56) Susanne Arlt u.a., Ostalgie als Wirtschaftsfaktor, Deutschlandfunk-Nachrichten vom 3.10.2007; Christoph Kappes, Gut bei Lenin, in: Süddeutsche Zeitung vom 20.8.2007. いわゆる DDR グッズについては，Hans-Michael Kloth, Das ABC des Ostens, in: Der Spiegel vom 9.6.2009 参照。

(57) Klaus Christoph, Ostalgie : Was ist das eigentlich?, in: Deutschland Archiv, Jg.39, H.4, 2006, S.681f. なお，オスタルギーに関しては，Thomas Ahbe, Ostalgie: Zum Umgang mit der DDR-Vergangenheit in den 1990er Jahren, Erfurt 2005 の詳しい検討のほか，拙著『統一ドイツの変容』木鐸社，1998 年，136 頁以下，木戸衛一「ノスタルジーか自己エンパワーメントか」高橋秀寿・西成彦編『東欧の 20 世紀』所収，人文書院，2006 年，239 頁以下参照。また DDR での生活実態の一端につき，石井聡「東ドイツにおける工業労働者の社会的結合」『歴史

東ドイツ地域の高い失業率に代表される物質面での東西間の格差だけではなく，オスタルギーに表出している心理面でのこうした懸隔が依然として埋まっていないのがドイツの現状にほかならない。この点を考慮するなら，過ぎた時代を懐旧するオスタルギーを背景にして東ドイツ地域の市民の間で崩壊した DDR が美化され，輝きを増していても決して不思議ではない。2007年 9 月に公表されたある世論調査によれば，消滅から 20 年近くになっても DDR は多くの東ドイツ市民の心のなかで「好ましい記憶」としてとどまっている。すなわち，東ドイツ地域での調査では，64% の市民が DDR に対する「どちらかといえばポジティブな記憶」をもち，反対に「どちらかといえばネガティブな記憶」をもつのは 17% にすぎなかった。DDR を好ましく回顧する傾向は特に女性で強く，男性の 58% に対し，女性の 69% が「社会主義を好感を抱きつつ追憶している」のが現実であり，東ドイツ地域の市民のもとで DDR が総じて美しく描き出される傾向が確認できよう[58]。

　これと関連して，いま一つの世論調査も波紋を広げた。2007 年 11 月の『シュテルン』46 号には同誌の委託で調査機関フォルサが行った東西ドイツの意識調査の結果が報じられており，回答者の 21% が東西間に壁があるほうが良いと答えたからである。その背景には，政治システムへの不満が西で 34%，東で 55%，職を失う不安がそれぞれ 42% と 56% となったように，依然として東西には顕著な懸隔が存在していることがある。また同時期の『シュピーゲル』45 号も東西間の意識の相違を特集しているが，調査機関 TNS の世代を区別した種々のデータに基づき，統一後に成長した若者での接近を指摘しながらも，結論としてはやはり「統一された国についてはいまなお語ることはできない」と明言している。

　一方，オスタルギーとは別に，青少年の間では DDR に関する知識が欠如していることも重大な問題として浮上している。その実情を浮き彫りにした筆頭に上がるのは，K. シュレーダーを中心とするベルリン自由大学の SED 国家研究チームであろう。同チームは 2007 年に東西ドイツ地域の四つの州で調査を実施したが，その対象になったのは総計で 5 千人を超す 9 年生から

---

　　学研究』833 号，2007 年参照。

（58）Der Tagesspiegel vom 9.9.2007. さらに次の論考も参照に値する。Gunnar Hinck, Ostdeutsche Marginalisierung, in: Deutschland Archiv, Jg.40, H.5, 2007, S.808ff.

11年生までの生徒だった。この大掛かりな調査により，青少年の間でDDRに関する知識が大幅に不足しているだけでなく，DDRが美化される傾向すらあることが明らかにされたのである。この結果については，無論，マスメディアでもかなりの反響がみられた。例えば『シュピーゲル』は「連邦宰相ホーネッカー，SED党首アデナウアー」，「ホーネッカーの楽園のような独裁」，「DDRはなんと素晴らしかったことか」などの見出しで驚きを交えつつその一端を伝えている[59]。実際，ベルリンの生徒を例にとると，アデナウアーは西ドイツの政治家かDDRの政治家かという設問では西ドイツの政治家57.7%，DDRの政治家30.1%という回答であり，ブラントについてもほぼ同様の答えだった。また，DDRの社会主義はまずく実行されたが良い理念だったかという設問では，「はい」が37.6%，「いいえ」が30.4%という結果であり，プラスの評価がマイナスのそれを上回ったのである[60]。青少年のこのような現状が憂慮の念を引き起こしたのは当然であり，粘り強く続けられてきたナチスの過去の克服に加え，DDRの過去の克服が未解決の大きな課題として再確認されることになったのである。

　2007年8月に話題を呼び，ビルトラー庁の存立を揺さぶりさえした発砲命令書は，このような状況で出現したのであり，今では消滅したドイツ内部国境とベルリンの壁に漂っていた死の恐怖をあらためて呼び覚ました。それは，たとえ当初喧伝されたような新発見ではなかったとしても，オスタルギーによって曇らされ，軽視されがちになったDDRの暴力的支配の一面を見せつけたのである。この点で，センセーショナルにマスメディアの前に発砲命令書を提示したビルトラー庁の真意がどこにあったにせよ，その失策が封印されかけているDDRに関する負の記憶を呼び戻し，それとの取り組み方に一石を投じる結果になったのは間違いない。『ジュートドイッチェ』のコラムニストH. プラントルが，内部国境や壁での殺人の裁判で「発砲命令の存在に裁判官は疑いを持っていなかった」ので，新発見かどうかには関係なく，今回の文書には法律的には意味がないとする反面で，「それにはもっぱら政

---

(59) Der Spiegel vom 9.11.2007 u. 27.12.2007.

(60) 報告書は3分冊で同年11月に公表されたが，ここでは立ち入る余裕がない。Klaus Schroeder u.a., Das DDR-Bild von Schülern in Berlin: Das DDR-Bild von Schülern in Brandenburg: Das DDR-Bild von Schülern in Nordrhein-Westfalen.

治的な意義がある。それはDDRレジームの腕づくという核心に再び目を向けさせた」と記しているのは，恐らくこのことを指している[61]。誤った発表のために「シュタージの解体機関は自己の今後の存続を確保するためにあらゆるセンセーションを歓迎するという印象」を生み[62]，ビルトラー庁の信用は一段と損なわれたが，広い文脈で見れば，その失策にも，埋没しかけていた発砲命令書を世論の中に再浮上させ，DDRにおける支配の冷酷さに関心を喚起するという成果があったといってよい。

　それにとどまらない。シュタージによって西側からDDRに拉致され，刑罰に服した経歴のある著名なDDR研究者K.W.フリッケが憂慮するように，オスタルギーの浸透に助けられてDDR抑圧体制の中枢にいて統一後にパージされたかつてのシュタージ関係者の発言力がこのところ強まってきているのが現実であり[63]，この点は2007年に開催された第18回バウツェン・フォーラムでのシンポジウムの席上で司会者のA.エーバーハルトが警戒を促したことからも推察できよう[64]。実際，その一端はシュタージの対外諜報部門の元高官がシュタージが平和確保に貢献したと公言していることからも看取できる。2007年11月に開催された会合で発言したのはマークス・ヴォルフの後任でシュタージの最後の外国情報本部長だったW.グロスマンだが，彼はその際，シュタージは対外諜報活動で拉致や殺人をしていないばかりか，「集めた情報を人道的目標に反する目的のために乱用したことはない」とまで主張している[65]。これは見方によっては歴史の偽造であり，この点をとらえて新たな歴史修正主義の台頭を警告する声が聞かれるようになっている。ドイ

---

(61) Heribert Prantl, Des Regimes brachialer Kern, in: Süddeutsche Zeitung vom 14.8.2007.

(62) Ensikat, op.cit., S.172.

(63) Karl Wilhelm Fricke, Die Schönfärber verhöhnen ihre Opfer, in: Frankfurter Rundschau vom 16.11.2007. また，Die Welt vom 17.1.2008にも同様の報道がある。なお，併せて本書第6章207頁以下参照。

(64) Andreas Eberhardt, Widerstand, Repression, Flucht und Hafterfahrung, in: Friedrich-Ebert-Stiftung, hrsg., op.cit., S.51f.

(65) Annette Ramelsberger, Helden wie wir, in: Süddeutsche Zeitung vom 19.11.2007; Frankfurter Allgemeine Zeitung vom 20.11.2007; Die Zeit vom 17.11.2007. なお，ヴォルフに関しては，本書第7章のほか，熊谷徹『顔のない男』新潮社，2007年参照。

ツ現代史家のクレスマンはSEDの後継政党である民主社会党（PDS）の幹部会員ペーター・ポルシュがベルリンの壁を平和維持に貢献したとして正当化したことにつき，「明らかにいまなお消滅していないSEDの歴史解釈の一部」であり，「立ち入った議論に値しない」と述べる反面で，現代史の「政治的道具化」の危険を早くも2001年に指摘している[66]。また同じ立場から現代史家M. ザブロウは，2006年3月に催されたホーエンシェーンハウゼン記念館での討論集会でかつてのシュタージ幹部がシュタージ弁護論を展開したことを取り上げ，「元シュタージ将校のあらゆる不法意識の欠如したスキャンダラスな登場」に注意を促している。というのは，そこには，DDRを崩壊させたかつての市民運動の「革命の追憶」とDDRエリートが抱く西による「併合の追憶」との歴史像をめぐる「激化しつつある競争」が映し出されているためである[67]。これらを踏まえれば，上記のシュタージ関係者たちの活動の公然化は，歴史修正主義が勢いを増しつつあることを示しているといえよう。実際，そうした動きは出版物やテレビ番組などで表面化してきているのであり，これを一口で言うなら，シュタージの復権と呼ぶことができよう。そうした動向に照らすとき，皮肉にも今回のビルトラー庁の失策には重要な意義が生じているのは間違いない。なぜなら，社会主義の名の下に人権を抑圧し人命を軽んじたDDRの暗部に期せずして光を投じる結果になり，警鐘の音量を高めたといえるからである。

---

(66) Christoph Kleßmann, Der schwierige gesamtdeutsche Umgang mit der DDR-Geschichte, in: Aus Politik und Zeitgeschichte, 30-31/2001, S.3f.

(67) Martin Sabrow, Historisierung der Zweistaatlichkeit, in: Aus Politik und Zeitgeschichte, 3/2007, S.20.

# 第 2 章　ベルリンの壁の犠牲者
― 最初と最後のケース ―

## 1. 論議の中の犠牲者

　2009 年はベルリンの壁が崩壊して 20 年, 2010 年は東西ドイツの統一から 20 年に当たる。そのため両年にはドイツ現代史のみならず, 世界史的な意義を有するこれらの出来事に関連した記念日が連続することになる。しかしその第一弾ともいえる 2009 年 2 月 5 日は思いのほかひっそりと過ぎた。それは 1989 年 2 月 5 日の出来事が今では多くの人々の記憶の片隅にしか残っていないからであろう。その出来事というのは, ベルリンの壁が崩壊する 9 カ月前に国境警備兵の銃撃によって壁で最後の犠牲者が出たことである。クリス・ギュフロイという青年がその人である。淡々と日常が流れたのは 8 月 24 日も同じだった。この日はベルリンの壁の最初の犠牲者が生じたことで知られている。本章ではベルリンの壁の最初と最後の犠牲者に光を当てるが, 彼らがマスメディアの世界でもほとんど想起されないのは, 壁の崩壊までよりも崩壊後の現代史の重みが大きいことを示しているといえよう。「壁の犠牲者の章は東ドイツが残した最も悲劇的な遺産である」としながら, O. ゲアスが「転換後に壁の犠牲者を追憶するために存在する空間は小さい」と記しているのは[1], 決して誇張ではないのである。
　ところで, 第 1 章で論じたように, 「最も悲劇的」といわれるにもかかわらず, ベルリンの壁での犠牲者の数は調査機関によって異なっており, 定説

---

(1) Oliver Gehrs, Die Stille nach dem Schuß, in: Bundeszentrale für politische Bildung, hrsg., DDR, Bonn 2009, S.23.

といえるものは存在しない。それは正確な事実確認が難しいという理由によるだけではない。C. ブリオンがいうように、「ベルリンの壁で何人が死亡したかという問題は多年にわたって研究者と SED の被害者との間のイデオロギーに彩られた論議の的になってきた」という事情があるためである[2]。しかし、これら以上に本質的な理由が存在することを見逃してはならない。この点について、2006 年 34 号の『ツァイト』紙上で E. フィンガーはこう記している。「我々はおそらく今後とも正確な犠牲者の数を得ることはないだろう。というのは、暴力的な性格と犠牲者の存在をまるごと隠蔽することは独裁の本性に属しているからである。それゆえに歴史家たちはこれからも紛らわしい文書のメモ、消滅した調書、虚偽の事故報告書と取り組まねばならないだろう[3]。」

もちろん、そうはいっても犠牲者数は不明として扱われてきたわけではない。しばしば使われているのは、138 人という数字である。例えば壁の建設が着手された日である 8 月 13 日にスターリン主義被害者連合 (略称 VOS) が東ドイツにおける抑圧を忘却に委ねないために毎年集会を催しているが、その場でもこの人数が挙げられ、参加者の男女が交互に犠牲者全員の名前、死亡日時などを読み上げている[4]。そこで犠牲者に数えられているのは、警備兵の発砲によって落命した人、壁の一帯に敷設されている地雷で死亡した人、東西ベルリンの境界であるシュプレー川や運河で溺死した人であり、実数はもっと多いと推定されるが、最低でも 138 人というのが共通認識になっている。したがって、この見方からすれば、ギュフロイはその最後、すなわちベルリンの壁での 138 人目の犠牲者ということになる。

その一方で、2009 年 8 月にポツダムの現代史研究センターとベルリンの壁記念館のスタッフが各種の資料の精査とインタビューなどをもとにした新たな調査結果を一書にまとめて公表した。犠牲者 1 人 1 人について人物像をまとめたこの書は正確さの点で抜きん出ており、今後の議論で重要な位置を占めると考えられるが、それによると、死者の総数は 136 人になるという。

---

(2) Constanze von Bullion, Licht auf dem Todesstreifen, in: Süddeutsche Zeitung vom 12.8.2009.

(3) Evelyn Finger, Wo viel Opfer, da viel Diktatur?, in: Die Zeit, Nr.34, 2006.

(4) Hauke Friedrichs, Lautstark gegen die Ostalgie, in: Die Zeit vom 13.8.2009.

図2－1　連邦議会近くの犠牲者追悼の十字架

これには逃亡の意図がないのに誤って殺害されたり事故で死亡したりした30人が含まれているほか，逃亡者や逃亡を幇助する者の反撃などによって死に至った8人の国境警備兵も数えられている[5]。この点は壁の犠牲者の定義に関わる問題であり，とくに警備兵を含めることには疑義が呈されている。例えばベルナウアー通りにあるベルリンの壁記念館では犠牲者を追悼する趣旨で2009年中に1人1人の人物像を記した「記憶の窓」を設置することが計画されているが，そのなかに警備兵が入っていないのは，彼らを犠牲者とは見做さない立場の故である。けれども，警備兵を殺害した逃亡幇助者が西側で裁判にかけられたことが示すように，見方によっては警備兵も犠牲者であり，とりわけ逃亡を図る市民に発砲することに関しては，阻止しなければ厳罰に処せられたにもかかわらず，これをためらい，あるいは故意に標的から外すなどの対処をした者がいた事実を踏まえれば，彼らを犠牲者から除外することに疑問が残るのも確かであろう。2009年8月13日付『ジュートドイッチェ』紙に掲載された「誰もが追憶に値する」という論説でT.デンク

---

(5) Zentrum für Zeithistorische Forschung und Stiftung Berliner Mauer, hrsg., Die Todesopfer an der Berliner Mauer 1961-1989, Berlin 2009, S.15f.

ラーが「記憶の窓」を批判しているのは[6]，このような立場からである。

　ところで，最後の犠牲者に関して正確を期していえば，ギュフロイの後にも東西間の越境を企てて死亡した東ドイツの市民がいる。名前をヴィンフリート・フロイデンベルクといい，3月8日に熱気球で東ベルリンから脱出しようと試み，ツェーレンドルフまできて墜落して死亡したのである[7]。その意味では，ドイツ分断の最後の犠牲者というならば，それに当たるのはフロイデンベルクであり，現にポツダム現代史センターの上述の書では犠牲者の最後に位置づけられている。因みに，ギュフロイより1カ月余り前の1月13日にはインゴルフ・ディーデリヒスという25歳の青年が越境を試みてやはり事故で死亡している。また銃撃に限れば，4月8日に越境しようとした東ベルリン出身の2人の青年が威嚇射撃を受けて逮捕される事件が起き，これがベルリンの壁における最後の発砲になったとされている[8]。

　それはともあれ，2009年2月5日の前後には若干の新聞に壁での射殺という痛ましい出来事を追憶する記事が掲載された。けれども，事件から丁度20周年を迎えたにもかかわらず，『シュピーゲル』のような代表的な週刊誌や『フランクフルター・アルゲマイネ』紙のような主要な全国紙には関連記事は載らなかった。このことは，既述のように，その悲劇に対する記憶が薄れてきており，もはや一部の人の脳裏に焼き付けられているだけになっている証左であろう。実際，2007年8月に『フランクフルター・アルゲマイネ』紙上でR. メンヒは「ほとんど忘れられた境界上の事件」という見出しの記事を載せ，「壁での死者の名前を誰が覚えているだろうか。それはごく僅かな人たちの集合的記憶に刻み込まれているだけである」と記している。また同時に，「1990年から2005年までの壁での銃撃者裁判の間に，殺害された者の遺族，すなわち父と母，妻，友人たちにはほとんど注意が払われなかったことが明白になった」ことを指摘し，記憶が風化しつつある実情を伝えて

---

(6) Thorsten Denkler, Des Erinnerns ist jeder würtig, in: Süddeutsche Zeitung vom 13.8.2009.

(7) Martin Ahrends u.a., Winfried Freudenberg, in: Zentrum für Zeithistorische Forschung u.a., hrsg., op.cit., S.434ff.

(8) Hans-Hermann Hertle, Die Berliner Mauer, Bonn 2007, S.109; Thomas Flemming und Hagen Koch, Die Berliner Mauer, Berlin 2001, S.115.

いる[9]。

　この点に照らすと，例えば『フォークス』誌上で A. フーラーがギュフロイについて執筆した記事は貴重なものだったといえよう。というのは，彼は見出しに「転換は 9 カ月遅すぎた」とつけ，事件の概要を伝えながら，21 歳の若者の早すぎた死を哀惜しているからである[10]。無論，それによってベルリンの壁が招いた悲劇の記憶がどれだけ呼び覚まされたかは定かではない。ともあれ，以下ではこの記事をはじめとして，若干の資料を参照しつつ，ベルリンの壁での最後の悲劇を概観してみることにしよう。またその事件を孤立化させるのを避けるため，続けて最初のそれについても論じよう。その上で警備兵に対する裁判などに言及し，最後に悲劇の意味を考えてみることにしたい。

## 2. クリス・ギュフロイ

　周知のように，冷戦の最中の 1961 年に構築されたベルリンの壁は東ドイツでは「反ファシズム防護壁」と呼ばれていた。それは，「西の軍国主義者，報復主義者，独占資本家から国民を守るための近代的な平和の国境，反帝国主義の防壁」だと説明されたのである。一方，西ドイツからみると，それは「1700 万のドイツ人の意思に反して建てられた恥辱の壁」であり，ケネディ大統領の弟ロバート・ケネディ司法長官が 1962 年に西ベルリンを訪問した際に述べたように，「自国民を中に閉じ込めるために障壁を築かなければならない政治体制は人類史上はじめて」であることに照らせば，共産主義の非人道性の極致にほかならなかった[11]。そうした政治的色彩を取り除いても，ベルリンの壁はグロテスクな物体だった。E. ヴォルフルムがいうように，「西ベルリンからみると壁は 1980 年代に世界中の多数の芸術家が自分を永遠に残すための色とりどりのキャンバスだったが，東側では死の地帯が最新の電気的機材で完璧化されていた」からである[12]。それでは東西の体制が激しく

---

（9）Regina Mönch, Die fast vergessenen Grenzfälle, in: Frankfurter Allgemeine Zeitung vom 13.8.2007.

（10）Armin Fuhrer, Die Wende kam neun Monate zu spät, in: Focus vom 5.2.2009.

（11）永井清彦『現代史ベルリン』朝日新聞社，1990 年，134 頁。

（12）Edgar Wolfrum, Die Mauer: Geschichte einer Teilung, München 2009, S.10.

図2-2　クリス・ギュフロイ

衝突するこの壁で最後に死んだギュフロイとはどのような人物なのであろうか。

クリス・ギュフロイは1968年にポーランドとの国境に近い東ドイツ北部のパゼヴァルクで生まれた[13]。5歳のときに彼が母親とともに転居して成長したのは東ベルリンであり，運動の才能があった彼は選ばれてヨハニスタールのスポーツ学校に通った。オリンピックで多くのメダルを獲得したことで知られるように，DDRでは競技スポーツの振興は国威をかけた主要事業であり，スポーツ学校で学ぶことはエリート予備軍に編入されることを意味した。そのことは，フィギュア・スケートで輝かしい成績を収めたカタリーナ・ビットが8歳で普通校からスポーツ学校に移ったことに示されている。しかし1985年に学業を終えると1987年までギュフロイは給仕としての職業訓練を受けた。というのは，スポーツ学校に続いて国家人民軍の将校になる道が用意されていたが，これを拒否したために上級学校への進学の道が閉ざされたからである。そうした事例はほかにも存在する。J. レーゼは3度目の試みで逃亡に成功した若者について伝えているが，その若者は信仰心の篤い家庭で育ち，官製少年組織のピオニールなどに加入しなかったために大学はもとより上級学校に進むことも許されなかった。同様に，A. レオがインタビュー調査した1961年生まれの男性も学校当局からやはり将校の道を推薦されたが，これを拒否したために進学してグラフィックを学ぶ可能性が奪われた。ただ，この人物の場合はのちにDDR逃亡を考えたものの，親友が失敗して逮捕されたことから断念し，DDRの最終局面で反対派として活動を始めた点にギュフロイとの

---

(13) 以下のギュフロイに関する記述は，Hans Michael Kloth, Kugel ins Herz, in: Der Spiegel vom 4.2.2009; Sven Felix Kellerhoff, Der sinnlose Tod des DDR-Bürgers Chris Gueffroy, in: Die Welt vom 5.2.2009; Kerstin Decker, Freiheitsträume, in: Der Tagesspiegel vom 5.2.2009; Fuhrer, op. citのほか，Udo Baron und Hans-Hermann Hertle, Chris Gueffroy, in: Zentrum für Zeithistorische Forschung Potsdam u.a., hrsg., op.cit., S.429ff. などに基づいている。

違いがある[14]。いずれにしても，DDR では進学の際に国家と社会主義への忠誠や従順が重要な条件とされており，それを満たさないかぎり，本人の希望や能力は意味を持たなかった。そればかりか，この条件に反すると進学の断念だけでは済まず，差別さえ受けたのであり，ギュフロイはこの段階で出世の道から転落したといえよう。

　職業訓練の場所はシェーネフェルト空港にあるホテルだった。しかし，そこでも彼は腐敗が横行しているのを目の当たりにし，不満を募らせたという。少年の頃には，東ドイツでスポーツ選手が子どもたちのヒーローだったことを反映して，世界的な体操選手になることを夢見ていた。しかし彼にはそのほかにアメリカに行きたいという希望と自由の中で暮らしたいという願望があった。彼は親しい人に DDR ではいつも後見を受け，自分で物事を決められないと不満を洩らしていた。職業訓練中に上司と衝突したのも，腐敗への怒りと拘束への反感からだった。そのために彼は DDR から出国したいと考え，その願望は友人の中に出国に成功した者があったのでますます強まった。さらに 1988 年秋に彼には徴兵により国家人民軍に召集されることが定められていたが，その時期は都合により 1989 年 5 月に延期されていた。したがって，兵役に就く前に DDR を逃れることを彼は計画したのである。

　もちろん，理論上は出国許可を申請するという道がギュフロイにも開かれていた。また現実に 1980 年代の DDR では西ドイツへの経済的依存度が高まるにつれ，その見返りとして人的交流が拡大し，出国申請が許可されるケースも増えていた。けれども，それでもなお申請が認められる可能性は低かったばかりでなく，申請しただけで職業面，私生活面で差別や嫌がらせを覚悟しなければならないことは公然の秘密だった。そのため，彼は一度も出国許可の申請はせず，最初から逃亡を企てたのである。

　その逃亡計画はテューリンゲンで国境警備兵として勤務している友人からもたらされた情報によって具体化した。それは，ベルリンの壁と内部国境での発砲命令が撤廃されたというものである。それが本当なら仮に越境に失敗しても逮捕されるだけで済み，銃撃されることはないことになる。無論，共

---

(14) Jonas Reese, Per Anhalter in den Westen, in: Süddeutsche Zeitung vom 3.11.2009; Annette Leo, Das Bild der DDR und des realen Sozialismus, in: Bernd Faulenbach u.a., hrsg., Zweierlei Geschichte, Essen 2000, S.262.

和国逃亡はDDRでは重罪であり，長い刑期と苦難の人生しか待ち受けていなかったが[15]，少なくとも射殺されることがないことは恐怖心を緩めたであろう。また2月上旬にはスウェーデン首相のDDR訪問が予定されており，訪問期間中はとくに安全だと予想された。これらの情報は後から見れば間違っていたが，ギュフロイの願望を強め，逃亡への勇気を奮い立たせることになった。こうして1989年2月5日の夜にギュフロイは職業訓練を通じて親しくなったクリスティアン・ガウディアンとともにDDR逃亡を決行するにいたったのである。

母親のカリンはその夜11時半過ぎに自宅の居間で銃声を聞いた。彼女の住まいはトレプトウのジュートオスト・アレーにあり，ベルリンの壁に近かったからである。しかし銃声には驚かなかった。というのは，逃亡者が実際にいた場合はもちろん，そうでない時にもしばしば警備兵が発砲していたからである。そもそもカリンは息子が不法越境を計画していることを知らなかった。ギュフロイは周囲にプラハに旅行にいくと語っていたからである。だから，その夜に銃撃を浴びていたのが，息子のクリスであるなどとは彼女は夢にも思わなかったのである。

その夜，9時に住まいを出た2人の若者は，厳しい寒さの中をトレプトウの家庭農園地区で腹ばいになり，周囲の様子をうかがいながら東西ベルリンの境界に向かってゆっくりと進んでいた。彼らの計画は東ベルリンのトレプトウから西ベルリンのノイケルンへと，シュプレー川の支流のブリッツァー運河を伝って脱出することだった。この地点が選ばれたのは，運河の幅が10mに満たないからだったであろう。また監視塔からも距離があり，塔の上から発見されにくいと思われたのも一因だったと推測される。このように脱出に適した場所で3時間かけて彼らは最後の金網の柵の手前まで辿り着いたのである。すでに難関の壁を越え，この地点まで到達したことで計画は成功するように思われた。しかし5メートル離れた柵に近付いた時，警報が鳴り響いた。25m間隔で設置された258番照明灯と261番照明灯の間にはこの夜，徴兵で国境警備に配属されていた4人の若い警備兵が配置されていたが，最初に2人の警備兵が警報に気付き，ギュフロイたちに向かって銃撃した。2

---

(15) Stiftung Gedenkstätte Berlin-Hohenschönhausen, hrsg., Die vergessenen Opfer der Mauer, Berlin 2001, S.33.

人は柵に沿って駆け出し，持参した携帯用の梯子を使ってこれを乗り越えようとした。この時，さらに2人の警備兵が加わって発砲した。銃弾は頭をかすめて柵に当たり，ガウディアンがほとんど柵を越えそうになった時に足に命中した。それとほぼ同時にギュフロイが突然倒れた。警備兵インゴ・ハインリヒが撃った2発の弾が彼の足に当たり，3発目の弾丸が狙い通りに胸を撃ち抜き，心臓を引き裂いたのである。これによりギュフロイはしばらくして絶命した。距離は40メートルもなかったから，至近からのこの発砲は処刑に等しかったとも評されている。

図2－3　ギュフロイが撃たれた付近の監視塔

ガウディアンは負傷したが，生命に別状はなく，地上に横たわっているところを警備兵に逮捕された。転落したのが東ベルリンの側だったからである。駆け寄ってきた4人の警備兵は2人に「豚野郎」という罵声を浴びせ，「動いたら引き金をひくぞ」と威嚇した。また警備兵の1人は仲間が制止するまで，瀕死の重傷で呻いているギュフロイの体を調べた。負傷して動けなかったガウディアンは，しかし意識を失う最後の瞬間に身分証明書を柵の向こう側に放り投げた。その結果，事件と犠牲者の名前が西側で知られるところとなった。実際，銃声を聞いて西ベルリン側に様子を見守った住民が存在したので，DDR外務省は西側メディアの照会に対して曖昧な回答で隠蔽しようとしたものの，隠し通すことはできなかった。2月7日付の西ドイツのマスメディアは，約10発の銃声を聞き，生死不明の2人が運ばれるのを目撃したという住民たちの証言に基づいて一斉に事件を報じたのである。

　ギュフロイとガウディアンが銃撃されたのは23時40分ごろであり，トラバントに押し込められて2人は警備隊の本部に連行された。呼び出された警備隊の医師が0時15分にギュフロイの死亡を確認した。負傷したガウディアンは簡単な手当てを受けた後，すぐに国境警備隊ではなくシュタージによる取り調べを受けたが，逃亡の企てについて彼は一切語ろうとしなかった。これに対し，自供しない限り，怪我の治療をしないと脅迫されたばかりか，殴られたり蹴られたりしたという。3週間後，パンコウの地区裁判所で彼は不法越境未遂の罪で3年の自由刑の判決を受けた。そしてライプツィヒでの月曜デモの高揚とDDRに君臨したホーネッカーの失脚という激動の渦中にあった1989年10月17日に彼の身柄はいわゆる自由買いで西ドイツ側に引き渡されたのである。

　既述のように，ギュフロイの母親のカリンは銃声を聞いたものの，それが息子の死を意味していたことは夢想だにしなかった。それどころか，クリスは母親から離れて独り暮らしをしていたから2日たっても彼女は息子の悲劇を知らなかった。この日，制服をまとった男が玄関口に現れ，「事態の解明」のためにアレクサンダー広場の警察署まで同行するように彼女に告げた。この言葉が人民警察ではなくシュタージに特有の用語であることは一部で知られていたが，その時に彼女が判別できたかどうかは不明である。警察署では1時間半にわたって息子について聴取された。しかしまだその死については知らされなかったので，何が問題になっているのか彼女にはわからなかっ

た。クリスの死亡を告知されたのは聴取が終わろうとしていた時であり,「軍事施設への襲撃」で命を落としたと告げられた。この表現もまた越境での死亡を意味するDDR特有の言い回しである。彼女は崩れ落ちそうになったが持ちこたえた。息子を殺害した国家の手助けを拒否したのである。

　2月21日に西ベルリンで発行されている『ベルリン新聞』紙上にクリス・ギュフロイの死亡公告が掲載された。そこではベルリンの壁や銃撃には言及されておらず,ただ彼の死は「私たちすべてにとって不可解である－彼はまだとても若かったのに」とだけ記されていた。そして23日にバウムシューレンヴェーク墓地で埋葬することが告げられていた。この公告に関してはシュタージの大臣ミールケがホーネッカーに送った書簡の中で,シュタージがそれを阻止しようと試みたが失敗したと述べられており,母親カリンと家族のDDR国家に対する精一杯の抵抗が表れている。その上,カリンは身内,友人,職場の同僚たちに2月5日の夜に何が起こったかを語っており,銃撃による殺害をもはや秘密裏に片づけることができなくなっていたことも彼女の怒りの結果だった。

　こうして事件は西側の知るところとなり,埋葬式当日には100人もの市民が参列したうえ,墓地の周辺を立ち入り禁止にしたにもかかわらず,西ドイツのメディアが取材に押しかけた。また同時刻に銃撃現場の運河を挟んだ西ベルリン側では追悼のための十字架が設置された。こうして関心が高まった結果,DDR指導部は壁での殺人に対する西側諸国の批判に晒された。そのため,ペレストロイカに乗り遅れて低下していたDDRの国際的威信が一段と損なわれただけでなく,経済の慢性的停滞に苦しみ,西側からの借款に対する依存を深めていたDDRにとって事件は手痛い一撃にもなったのである[16]。1989年4月3日に「不法越境阻止のための銃器の使用に関する指示」が最高指導者ホーネッカーの了解のもと,国防相の口頭の命令によって撤廃され,国境警備兵に発砲が許されるのは緊急避難の場合に限定されたのは[17],ギュフロイ事件が引き起こした波紋の帰結だったのである。

　ところで,銃撃した4人の警備兵には当初,ギュフロイの死は知らされず,

---

(16) Flemming u.a., op. cit., S.115.

(17) Peter Joachim Lapp, Verwirrung um den Schießbefehl, in: Deutschland Archiv, H.5, 2007, S.775.

2人の逃亡未遂の若者は負傷しただけだと思っていた。1人が死亡したことを彼らが知ったのは事件から数週間後に新聞に小さな記事が出たためだった。国境警備兵の逃亡を防止するために兵士の配置は頻繁に変えられており, 4人は事件までは互いに知らなかったが, 事件後に間もなくばらばらに転属させられた。同時に, 彼らが事件当日に任務に就いていたことを示す記録や, その部隊に所属していた記録など射殺の証拠となるものがすべて破棄された。

それにもかかわらず, 内部国境とベルリンの壁は依然として国家としてのDDRの存立基盤になっていたから, 結果的に殺人行為になったとしても共和国逃亡を阻止した国境警備兵は任務に忠実だったとされ, 処罰されるのではなくて, 反対に表彰されなければならなかった。また逃亡者を見逃したり, 発砲しても故意に狙いを外したりした場合には警備兵自身が懲罰を受けたから, 逃亡阻止に成功した警備兵に対する表彰の必要性はますます大きくなった。こうして記録が隠滅される反面で, 4人の警備兵は国境警備隊の功労賞を授与され, 各自が150マルクの報奨金を受け取った。しかし悲劇から9カ月後にベルリンの壁が開放され, 国家としてのDDRが翌年に消滅すると, 彼らの行為に対する評価も一変した。後述するように, 1991年に4人はベルリンの裁判所で被告席に立たされ, 壁での殺人の罪を問われることになったのである[18]。被告は全て職業軍人ではなく徴兵により国境警備隊に配属された若者であり, 電気工インゴ・ハインリヒ (26歳 年齢はいずれも初公判当時), 機械工マイク・シュミット (26歳), 電気工アンドレアス・キューンパスト (27歳), 電気工ペーター＝ミヒャエル・シュメット (26歳) である。

いわゆる「ベルリンの壁」裁判ではDDRの最高指導者だったホーネッカーたちをはじめとして, 中間的地位の者, 末端の兵士までが裁かれた。またその裁判には統一でDDRを事実上併合した西ドイツによる勝者の裁きという批判があり, DDRの国内法規に従った行為を統一後に不法として処断することに疑問が投げかけられた。そうした批判の当否はともあれ, 法廷の場で4人は責任を追及されたのである。このように命令に従った4人はドイツ統一後にそれなりの苦労を嘗めたが, 一方, 4人の上官であり, トレプトウ地区の国境警備隊の政治将校だったS.ヒュープナーは罪に問われなかった。

---

(18) 森千春『壁が崩壊して』丸善, 1995年, 124頁。

そればかりではない。身替わりの早かった彼は，DDR の守護から転じて今では連邦警察の幹部に納まっているといわれている。

存命ならば35歳の誕生日に当たる2003年のその日にギュフロイが射殺された場所に追悼のための板状の墓碑が設置された。これによって彼はドイツ分断の歴史的事実とともに長く記憶されることになった。しかし彼自身はベルリンの壁の犠牲者としてそれが崩壊する9カ月前に21歳の若さでこの世から去ってしまった。そして彼の悲劇は追憶のための努力に反して忘却の波に包まれようとしているのが昨今の状況だといえよう。

## 3. ギュンター・リトフィン

ところで，ギュフロイが最後の犠牲者だとすると，最初の犠牲者は誰であり，またいつ頃その悲劇は発生したのだろうか。関連してこの点についても簡単に触れておこう。

旧東ベルリンにある一つの通りが2000年にリトフィン通りと改称された。それはギュンター・リトフィンという人物が育った場所だからである。改称に際しては住民から反対があり，とくに東ドイツの独裁政党だった社会主義統一党（SED）を継承する民主社会党（PDS）の人々からはリトフィンは国家を裏切った犯罪者だという声が上がった。というのは，リトフィンこそベルリンの壁の最初の犠牲者であり，東ベルリンから西ベルリンへ逃亡しようとして射殺されたので，東ドイツを支持する立場からみれば裏切り者に映ったからである。

図2－4　ギュンター・リトフィン

リトフィンが東西ベルリンの境界で銃弾に斃れたのは，ベルリンの壁の建設が着手されて11日目の1961年8月24日のことだった。1937年生まれの彼はその時まだ24歳の若さだった[19]。裁縫師としての職業訓練を修了し

---

(19) 以下のリトフィンに関する記述は，Thomas Klug, Der Jugendliche Günter Litfin ist das erste Maueropfer, in: Deutschlandfunk-Nachrichten vom 24.8.2001; Barbara Hans, Tod durch fremde Hand, in: Der Spiegel vom 2.9.2007 のほか，Christine

たリトフィンは西ベルリンのツォー駅に近い流行服飾専門店に勤務していたが，病気の母親と同居していた関係で住居は東ベルリンのヴァイセンゼーにあった。当時約9万人の東ベルリン市民が西に職場を持っていたといわれるが，リトフィンもその1人として毎日境界を超えて通勤していたのである。職場が西ベルリンである上に，退廃的な仕事に従事しているという理由で彼には疑惑の眼差しが向けられていたが，その疑惑は政治的に信頼できない家庭の出自であることによって一段と濃厚になっていた。食肉マイスターだった彼の父親は戦争終結後，CDUに入党し，1948年に同党が独立性を失い，幹部が西に逃れたあとは，SEDの衛星政党になったCDUを支持するのを拒否した。彼は地下に潜って東のために西ベルリンで会合を続けたCDUに忠実だったのである。息子のギュンターも西に移ったCDUの東における非合法なメンバーだったとされるが，真偽は確かではない。ただ，C. ブレヒトはリトフィンの簡単な伝記のなかで，彼の「家族はDDR創設と社会主義建設を受け入れないミリューに根ざしていた」と記し，1957年にギュンターと弟は，ブロック政党になったDDRのCDUとは異なり，東ベルリンで非合法に活動していた西ベルリンのCDUに入党したと断定している。

　1961年夏，リトフィンは西ベルリンに移住することを計画し，職場の近くのスアレス通りに新たな住居を見つけていた。8月12日にそこで弟とともに彼は夜遅くまで部屋の整理をし，深夜になってSバーンで東ベルリンの自宅に帰った。それは後からみると，東西ベルリンを結ぶ最後の電車になった。13日には西ベルリンに行くことは不可能になっていたからである。この日の早朝に後年東ドイツに君臨することになるホーネッカーの指揮のもと，周到な準備の上で壁の建設が始まったのである。これによりリトフィンは文字通り一夜にして職を失い，人生設計も狂ってしまった。とくに彼は西への移住を計画していたから，それを突如阻止されたことへの怒りがどれほど大きかったかは察するに余りある。リトフィンはしかし簡単には移住を諦めなかった。それどころか，すぐに彼は自転車で壁の建設現場を見て回った。それは彼が西への脱出を即座に決断し，もっとも容易に越境できる地点を探るためだった。彼は家族にはその決意を一言も洩らさなかったが，母親や弟

---

Brecht, Günter Litfin, in: Zentrum für Zeithistorische Forschung Potsdam u.a., hrsg., op.cit., S.37ff. による。

は彼の企図を察知していたとハンスは伝えている。

　8月24日の夕方4時過ぎにリトフィンはベルリン・シュパンダウ運河の岸をフンボルト発着場に向かって人目を避けて歩いていた。少し先にはSバーンのレールター駅の近くに係船場があり，その上には11日前に閉ざされた東西の境界をまたぐ形でSバーンの橋がかかっていた。運河の水面は他の場所よりも広くて140メートルの幅があったが，向こう岸は西ベルリンのイギリス地区だった。そこで飛び込んでいたなら，水泳に自信があったリトフィンはおそらく逃亡に成功していただろうといわれる。しかし彼はそこでは運河に入らず，桟橋のある橋のたもとまで歩いた。その時，橋の上から「じっとせよ」という声が突然飛んできた。橋には交通警官が配置されており，リトフィンは見つかってしまったのである。しかし彼はその命令には従わず，桟橋まで走って運河に飛び込んだ。そして右手に橋を見ながら向こう岸を目指して泳いだのである。これに対し，警官はリトフィンを制止しようとして何度も発砲した。そして彼が岸から20メートルほど離れたところで別の警官が自動小銃で目の前を威嚇射撃した後，リトフィンに命中させたのである。弾は首から顎を貫通し，リトフィンの体は水中に没した。

　銃声を聞きつけて対岸には西ベルリン市民が300人も集まった。その環視のなかで2時間後にリトフィンの死体が引き揚げられた。数日後に80人ほどの関係者が列席して彼の遺体は埋葬されたが，ベルリンの壁の建設に伴う最初の犠牲者は大きな反響を東西に巻き起こした。西側では共産主義とその国境監視の非人間性が証明されたという論調が中心であり，越境を企てて落命したリトフィンは自由のための闘士だったように描かれた。これに反し，東ドイツでは最初は事件について沈黙が守られたが，1週間するとSED機関紙『ノイエス・ドイッチュラント』で報じられた。しかしその報道は越境者の射殺の正当化とリトフィンに対する誹謗中傷で埋められていた。そこではまず，不法な越境を阻止するために世界のどこでも警備の兵士や警官は武装していることが指摘され，「国境を実力で突破する試みに対して彼らが武器を使用したのは，義務を遂行したまでである」として，射殺を東ドイツに限られない一般的な国境警備の一環だと強調している。その一方で，西ベルリンの流行服飾専門店で働いていたことを理由にしてリトフィンは同性愛者だったと決めつけられた。そしてこの性癖のために彼は堕落・腐敗した人間になっていたが，それは西側の汚濁した世界の影響を受けた結果だとされた

のである。さらにリトフィンには出国ビザを申請する道が開かれていたとも主張された。実際にはそれは理論上の可能性でしかなく，出国が認められる可能性は皆無だったことを考えれば，自国民を閉じ込めた壁を正当化する詭弁にすぎなかったのは明白であろう。むしろ，壁によって自国民を閉じ込めるという世界に類例のない措置が銃撃による死の危険を冒してまで「国境を実力で突破する試み」を生み出したのであり，ベルリンの壁が一般的な国境とは違い，分断国家の一方が他方への市民の移動を阻止するという比類のない性格を有していた点にこそ問題の核心が存在していたのである。

なお，リトフィンが非業の死を遂げた5日後に第2の犠牲者が発生した。8月29日にローラント・ホフという27歳の若者がやはり泳いで逃亡しようとして銃撃を浴び，死亡したのである。場所はテルトウ運河であり，アメリカ地区を目指したホフは警備兵の銃弾に斃れたのである[20]。一方，銃撃や地雷によらない死者はリトフィン以前に2人いる。1961年8月19日に壁際の住宅で暮らしていた47歳のルドルフ・ウァバンが死亡したのである。彼は

図2−5　リトフィンの追悼碑

---

(20) Frederick Taylor, The Berlin Wall, London 2007, p.388f.

同居者たちとともに逃亡を図り，西側に属すベルナウアー通りに窓からロープで降りようとしたが，誤って転落したのである。同様に 22 日には 59 歳のイダ・ジークマンが同じく窓からベルナウアー通りに飛び降りて逃亡しようとしたものの，着地に失敗して死亡した[21]。ベルリンの壁建設直後の 2 人の死は事故死に数えられるが，壁に起因する逃亡に伴う悲劇であることから，壁の犠牲者に含まれるのは当然であり，例えばベルリン市当局の文書ではこの人たちもその列に加えられている[22]。また，リトフィンが死亡した現場には，追憶のために現在では石碑が据えられている。同様に，近くのキーラー通りにあった監視塔は市当局によって保存されていたが，弟のユルゲン・リトフィンの努力で 2003 年から兄の死とベルリンの壁を記念する数少ない博物館として使用されるようになったことを付け加えておこう[23]。

## 4．その他の犠牲者と責任追及

　ここまでベルリンの壁が作られた 1961 年に最初に死亡したリトフィンと壁が崩れた 1989 年に最後に命を落としたギュフロイについて見てきた。彼らはいずれも壁を乗り越えようとして銃弾を浴びたが，この 2 人が悲劇に見舞われた年度の中間点に当たる 1975 年には東ドイツから逃亡しようとしたのではないのに死に至った事例が発生した。これも広い意味では壁の犠牲に数えられるので，ここで簡単に触れておきたい[24]。

　1975 年 5 月 11 日の日曜日，今日ではトルコ系移民が集中していることでよく知られているクロイツベルク地区で事件は起こった。トルコ系移民の子どもで誕生日を迎えたばかりの 5 歳の子どもがプレゼントのボールで近所の子どもと遊んでいた。名前はチェティン・メルトという。場所はシュプレー川の川べりであり，そこでは川の水面は東ベルリンに属し，岸からが西ベルリンだった。たまたまボールが岸の斜面を転がり，それを追いかけた子どもは棒で止めようとしたが，バランスを崩して川に転落したのである。子ども

---

(21) Zentrum für Zeithistorische Forschung u.a., hrsg., op.cit., S.34ff.; Taylor, op. cit, p.279.

(22) Presse- und Informationsamt des Landes Berlin, Die Mauer und ihr Fall, Berlin 1994, S.27.

(23) Martin Jander, Orte der SED-Herrschaft Berlin, Berlin 2007, S.34.

(24) Martin Ahrends, Tod an der Mauer, in: Die Zeit, Nr.12, 2009.

は水泳ができなかったので救助が必要であり，通行人がいたら簡単に助けることが可能だった。その点からみると，水面が東ベルリンの一部だったことは子どもにとって死刑判決に等しかった。というのは，川は警備兵によって監視されており，岸から飛び込めば不法越境と見做されたからである[25]。

そうした事情から，通行人は身動きが取れず，近くの橋上にいた警備兵に援助を呼びかけると同時に，西ベルリンの消防にも通報した。駆け付けた消防隊は警備兵と話したが，無駄に終わった。警備兵も迂闊に川に入って西側の岸に近づくと，逃亡と見做される危険があったからである。こうして数時間が無益に経過し，ようやく東ベルリンの潜水夫が川から引き揚げた時には，子どもはすでに絶命していた。その場所は西ベルリンに属する岸からほんの数メートルのところだった。引き揚げは両親と多数の群衆が見守る中で行われ，遺体が上がると岸に運ぶように呼びかけたが，これも無駄だった。遺体は警備艇で運ばれ，東ベルリンで検死を受けた。その後，東西ベルリンの検問所を通って両親のもとに返されたのである。

1975年のこの子どもの死は確かに事故に数えられよう。事実，それは先述した138人という壁の犠牲者には含まれていない。けれども，ベルリンの壁がなく，あるいは少なくとも境界線が水面の真ん中にあったならば，簡単に救助できた事故であり，子どもは死なずに済んだはずであろう。そして実はこの死亡事故は初めてではなく，4件目であり，前年の1974年6月15日にもやはりクロイツベルクに住むイタリア系移民の6歳になる子どもがシュプレー川で水死する事故が発生していたのである[26]。そのため，救助に動かない警備兵の姿に怒りを募らせた西ベルリン当局は川岸を封鎖する挙に出た。それを受け，東ベルリンも協議に応じ，警報装置を設置するとともに救援を行うことで東西ベルリンは合意した。この合意のプロセスは明らかになっていないが，同年には人権の尊重を謳った全欧安保協力会議のヘルシンキ最終文書が署名され，東ドイツも人権重視を国際的に公約したことが一因になっていたと考えるのが自然であろう。いずれにしても，リトフィンとギュフロイの中間時点で発生したベルリンの壁の犠牲者は，それを乗り越え東ド

---

(25) Udo Baron u.a., Cetin Mert, in: Zentrum für Zeithistorische Forschung u.a., hrsg., op.cit., S.365ff.

(26) Zentrum für Zeithistorische Forschung u.a., hrsg., op.cit., S.358ff. 参照。

イツからの逃亡を図って死亡したのではなかったのである。

　次にもう一点，ベルリンの壁での犠牲者に関連する問題に論及しておきたい。それはリトフィンたちに発砲した国境警備兵をはじめとする関係者の責任追及であり，具体的には壁での殺人に関する法的責任を問う裁判のことである。

　周知のように，戦後の西ドイツではナチス・ドイツの「過去の克服」が長く重い課題になっていた。しかしドイツ統一に伴い，これにはもう一つの「過去の克服」という課題が加わった。東ドイツの独裁体制下で統一ドイツの土台となるべき憲法的価値が蹂躙されてきたからである。そして統一を果たしたドイツでこの課題との取り組みを象徴したのが，壁での殺人をめぐる裁判だった。この裁判には，事実上東ドイツを飲み込んだ西ドイツが自分たちの価値観に基づいて東ドイツの過去を断罪するという側面があり，東ドイツ地域の市民の多くにとっては割り切れなさが残った。実際，被告席に立たされたのは東ドイツ出身者だったのに対して，罪を追及する検察官も裁きを下す裁判官も西ドイツ出身だったことを考えれば，公平性に疑義があったのは否定できないであろう。

　遡及効をはじめとする種々の法律上の論点を別にすると，壁の裁判には二つの注目点があった。ドイツ内部国境にせよベルリンの壁にせよ被害者が生じたケースは本来ならすべて裁判の対象になるべきだったが，犯罪の立証が可能とされる事件だけが取り上げられたのが一つである。もう一つは，実行犯である末端の警備兵と並び，最高責任者であるホーネッカーもまた責任を問われたことである。

　メディアの注目を浴びたのは，ギュフロイに対して発砲し殺害に及んだ事件である。それは同時に壁での殺人を扱う裁判の第1陣でもあった。ベルリン地裁で開かれた法廷で被告席に立ったのは，シュタージによる秘密裏の人物調査を踏まえて徴兵で国境警備部隊に配属された，特に目立つところのない東ドイツの普通の若者4人だった。初公判が開始されたのは1991年9月だったが，その時点で26歳の電気工インゴ・ハインリヒ，27歳の電気工アンドレアス・キューンパスト，26歳の機械工マイク・シュミット，26歳の電気工ペーター＝ミヒャエル・シュメットが殺人の罪で起訴されたのである。彼らは異口同音に命令に従うことは義務であり，発砲は義務の履行だったと主張したが，それは同時にこの裁判の中心的争点でもあった。検察側は

正常な判断力と人間としての良心があるなら,発砲命令に従うことの是非は識別できたはずだと主張し,命令を守ったことの誤りを追及した。これに対し,弁護側は検察側の主張は普通の人間に英雄になれと要求しているのと同じだと反論し,英雄にならなかったことを裁くのは不当であると主張したのである[27]。

判決は1992年1月に下ったが,ギュフロイの上半身を狙い,命中しやすいように膝をついて発砲して致命傷を与えたハインリヒは禁固3年半の実刑となった。一方,ギュフロイたちの頭上を目がけて撃ったキューンパストには禁固2年の実刑が言い渡されたが,執行猶予が付けられた。またシュミットとシュメットは無罪とされた。前者は部下に撃てと言っただけで引き金をひかなかったのが理由であり,後者は足を狙って撃ったので殺意は認められないと判断されたからである。このベルリン地裁での第一審の判決は上訴され,1993年3月に上訴についての判決公判があった。ハインリヒについては量刑に問題があるとしてベルリン地裁に差し戻されたが,キューンパストは狙いが遠くだったので殺意はないとして無罪とされた。またシュメットの無罪はそのまま支持されたが,シュミットの場合は殺意の有無の確認が必要という理由で差し戻された。これらの判決は総じて軽いといえ,殺人という重罪が問われているにもかかわらず,命令に従ったという事情を考慮したのは間違いないと思われる。

いずれにせよ,裁判はここでも決着せず,1994年3月の連邦裁判所の判決でようやく終結した。結果は刑罰が一段と軽減され,ハインリヒは2年の保護観察にとどまった。またシュミットは無罪とされたので,4人のうちで有罪とされたのは1人だけということになった。このように一審判決に比べて軽い刑になったのは,第一線の警備兵の責任を問うことに対する疑義と並び,西ドイツの裁判官が東ドイツ人を被告席に立たせた勝者の裁きという批判を考慮したためだと思われる。ともあれ,刑は軽減されたにせよ,裁判所が発砲の根拠とされた東ドイツの国境法は人権を侵害する法律であって無効という立場を明示し,この観点から被告たちを裁いた事実は重い意味を持つ。一つには,4人の国境警備兵の裁判を突破口にして壁と内部国境での殺人に関する裁判が続けられることになったからである。また今一つには,第一線

---

(27) ティナ・ローゼンバーグ,平野和子訳『過去と闘う国々』新曜社,1999年,397頁。

の警備兵を発砲命令で縛った東ドイツの指導者の責任が問われることになったからである。

　消滅した東ドイツで指導部の頂点に立っていたのは，多年にわたり国家評議会議長を務めたホーネッカーだった。彼は解任から半年ほど経った1990年4月に東ドイツ国内のソ連軍の病院に逃げ込み，ドイツ統一後の91年3月からはモスクワのチリ大使館に匿われたが，1992年7月に身柄がドイツ側に引き渡された。これに伴い，彼はベルリンの拘置所に収監され，かつての最高権力者は刑事被告人になった。壁での殺人で起訴されたのはホーネッカーだけではなかった。ケスラー元国防相，シュトフ元首相，シュトレーレッツ元国防次官，アルブレヒト元ズール地区党第一書記など合わせて6人の指導者が法廷に立たされたのである。ただミールケ元シュタージ大臣のみは壁での殺人の罪ではなく，ナチス前夜の警察官殺害という，通常ならば時効が成立しているはずの犯罪で起訴された。

　裁判に当たり，検察側は1974年に東ドイツの国防評議会が下した，逃亡を阻止するために容赦なく発砲するという決定に彼らが参画したことを重視し，ベルリンの壁とドイツ内部国境で発生した12件，13人の殺人に絞って起訴した。そのなかには東ドイツの刑法では既に時効が成立しているケースも含まれた。独裁体制下では壁などでの殺人を立件することが不可能だったことを理由にして時効を認めない方針をとったからである。これにより裁判を通じて壁での殺人の経緯と責任の解明がなされることが期待された。けれども，1992年11月に裁判が始まって間もなく，肝臓癌の悪化のためにホーネッカーに対する公判を続けるのは困難になり，ベルリン憲法裁判所の指示で93年1月に裁判は中止された。これを受け，死期の近い彼は妻と娘のいるチリへの出国を許され，その地で翌年5月に死去した。同様に元首相の要職にあったシュトフも病気で裁判から脱落した。こうして壁と内部国境での殺人について第一線の国境警備兵は法的責任を問われたのに反し，最高権力者を裁く道は閉ざされ，刑事責任を追及する機会は永遠に失われた。ただ残った指導者たちの裁判は続けられ，1993年9月16日に判決が言い渡された。ケスラーは求刑10年に対し禁固7年半，シュトレーレッツは求刑10年に対し禁固5年半，アルブレヒトは求刑8年に対し禁固4年半であり，全員が有

罪判決を受けたのである[28]。

　これと並行する形で、ギュフロイを死に追いやった国境警備兵の裁判を突破口にして、次々とかつての警備兵が被告として法廷に立たされた。そして、その一連の裁判ではベルリンの壁における最初の犠牲者であるリトフィンを殺害した2人の警官も裁かれたのである。1997年に宣告された判決では、ヘルベルト・プラウルに1年半、ハインツ・ライヒェルに1年の禁固が言い渡された。こうして2人は有罪とされたものの、判決ではこの刑に執行猶予が付けられたため、彼らは刑務所に収監されなかった。その点で、ギュフロイ裁判の場合と同様に、有罪という外形は示されても実質となる刑罰は軽かったといえ、結局、銃撃した者の誰一人として服役しないで終わった。これに照らしても、壁での殺人を裁いた裁判の主たる標的が東ドイツの指導者たちに絞られていたことは明白であろう。

　ともあれ、裁判が継続していた1999年の時点におけるボリンたちのまとめによれば、それまでに第一線の警備兵とその上の指導部を含めて226人が起訴され、公判が開かれた。そのうちで78人に対して有罪が宣告された一方で、45人が無罪とされた。また起訴された警備兵の総数は111人であり、禁固刑に処されたのはそのなかの僅か2人だけだった。61人には有罪であっても執行猶予が付けられ、44人の元兵士は無罪になったのである[29]。一方、それから10年経過した2009年にポツダム現代史研究センターが中心になってハンドブックを編集したが、それに付された総説によると、兵士のような実行犯だけでなく、指示した幹部、協力者など広く壁殺人に関与した罪で起訴された総数は246人であり、132人が有罪判決を受けた。そのうちの10人がSED指導部のメンバーであり、42人が国境警備隊ないし国家人民軍の幹部だった。これに対し、一般の警備兵で有罪になったのは80人であり、数としては多かった。けれども、刑罰の面で大きな開きがあった。国防評議会のメンバーだった者は60カ月から80カ月の懲役、SED指導部にいた者は36カ月から78カ月の懲役、国家人民軍・国境警備隊幹部は12カ月から

---

(28) 森，前掲書，120頁。

(29) Christina Bollin und Peter Fischer-Bollin, Mauer, in: Werner Weidenfeld und Karl-Rudolf Korte, hrsg., Handbuch zur deutschen Einheit 1949-1989-1999, Frankfurt a.M. 1999, S.550.

78 カ月の懲役に処された。しかし，兵士の場合，執行猶予が大多数だったのに加え，ほとんど執行されずに終わった刑期も 6 カ月から 24 カ月にとどまったのである[30]。

## 5. 若干の考察：結びに代えて

　以上でベルリンの壁における最初と最後の犠牲者についてそのプロフィルを簡単に紹介しつつ，死亡に至った経緯などを辿ってきた[31]。一つの都市を引き裂くベルリンの壁は東西陣営の対立という冷戦のシンボルであったが，同時に，ドイツ分断の象徴でもあった。本章で光を当てた 2 人の人物は，分断国家の一方で育ったのであり，いずれも壁の向こうに行きたいと望み，正規のルートでは叶えられないために非合法な手段に訴えた結果，死に追いやられたのである。確かに東ドイツの法律ではベルリンの壁を許可なく超えるのは違法であり，禁じられていた。しかし，人権の観点からみるなら，東ドイツを出たいという市民の願望を蹂躙し，出国の実力行使に銃弾で応じる国家が不法でなかったとはいえないであろう。ベルリンの壁の構築は西側世界を驚愕させたが，そこでの犠牲は東ドイツの対外イメージを著しく損なった。壁自体がグロテスクな存在だったが，それには死の臭いが染み付いたからである。もっとも，自国民を閉じ込めた壁によって東ドイツがようやく国家として安定するようになったことは別著で指摘したとおりであり，それによってヨーロッパを危機に晒したドイツ問題の重圧が軽減されたことは冷厳な事実として確認されなければならないであろう。その意味では，ヨーロッパの安定は犠牲者を生みだす壁の上で保たれたのであり，東ドイツの市民を代償にして獲得されたのである。

　ところで，東ベルリンから西ベルリンへの逃亡はもっぱらベルリンの壁を乗り越えて行われたわけではない。実はベルリンの壁をよじ登るのは危険が

---

(30) Zentrum für Zeithistorische Forschung u.a., op.cit., S.24f.

(31) 壁での犠牲者の詳細なプロフィルはほとんど見当たらないが，1963 年にやはりシュプレー川を泳いで越境しようとして射殺された K. シュレーターについてはプロフィル，DDR での射殺の法的処理，埋葬，遺族，統一後の裁判などに光を当てた冊子が存在している。Die Landesbeauftragte für die Unterlagen des Staatssicherheitsdienstes der ehemaligen DDR in Sachsen-Anhalt, Tod in der Spree, Magdeburg 2001.

図2−6　保存されたベルリンの壁に描かれた絵

大きいために，むしろ他の方法で越境するケースのほうが遥かに多かったのが事実だった。この点に関しては，車を改造して身を隠したのをはじめ，トンネルを掘ったり，あるいは熱気球で上空を越えるなどの様々な手段が使われたことがベルリンの壁に関する著作で度々紹介されている。また，人の意表を衝いた数々の方法がチェック・ポイント・チャーリーの脇のベルリンの壁博物館に展示されているだけでなく，壁崩壊の20周年が近付いた2009年秋には，例えば9月1日付『フランクフルター・アルゲマイネ』紙や11月3日付『ジュートドイッチェ』紙などでDDR逃亡の成功例が詳しく報じられている[32]。

　数あるなかの一例として，冷戦をテーマにした2008年の『シュピーゲル』特別号にヴォルフガング・エンゲルスが寄せている手記が興味深い。1943年生まれの彼は，国家人民軍の兵士として1961年にベルリンの壁の建設に従事した。しかし，それから2年もたたない1963年4月17日にエンゲルスは担当の装甲車を駆って検問所を突破し，西ベルリンへの脱出を果たしたのである[33]。また，1978年8月30日には，給仕として働いていた33歳のアレクサンダー・ティーデが東ベルリンとワルシャワの間を飛んでいたポーランドの旅客機を乗っ取り，西ベルリンのテンペルホーフ空港に強行着陸させた。2008年11月11日に『フォークス』はこれを「最も大胆不敵なDDR逃亡」と名付けて詳しく伝えているが，それによると，この事件で西ベルリンに到着した乗客の中にはそのまま西側に居着いたDDRの家族もあり，ティーデに感謝しているという。もっとも，このような手段が例外的であるのはいうまでもないが，いずれにしても，越境のために壁を迂回したケースが多かった事実に留意する必要がある。例えば，バルト海を泳いで西ドイツに逃げ込む企てが頻繁に実行され，かつてシュタージ文書管理機関を率いたJ．ガウクは5000人がこれを試みたとしつつ，しかし成功したのは200人を下回り，死者も相当数いると推定している[34]。さらにこれらの点と並んで，ベルリン

---

(32) 加えて，Hertle, op.cit., S.72ff.; Flemming u.a., op.cit., S.48ff. 参照。

(33) Wolfgang Engels, Mit dem Panzer durch den Todesstreifen, in: Spiegel Spezial, Nr.3, 2008, S.74f.

(34) Joachim Gauck, Die Flucht der Insassen, Berlin 2009, S.8; Christian Kamp, Der Freischwimmer, in: Frankfurter Allgemeine Zeitung vom 1.9.2009.

の壁を越えようと企てた市民の多くが銃撃で命を失ったわけでもないことも注意を要する。実際には越境に失敗して拘束され，刑務所に入れられた者のほうが命を落とした者より遙かに多かったのである。あるデータによれば，1963 年の DDR における受刑者 14000 人のうち半数以上の 8000 人は逃亡を試みて失敗したり，逃亡を幇助した者だったのである[35]。

もちろん，DDR から西ドイツへの脱出はベルリンの壁を跨ぐ形で東西ベルリン間で行われただけではなかった。ベルリンの壁の越境はドラマティックではあるが，逃亡はむしろドイツ内部国境や第三国経由で試みられたのである。例えば内部国境の突破に関して 2007 年 11 月の『シュピーゲル』に R. シンツェルという人物が詳細な手記を寄稿しているが，1963 年当時に 17 歳だった彼が 2 人の友人とともに地雷が埋設してあることを知らないまま，鉄条網を越えてテューリンゲンから西ドイツに脱出するのに成功した経過は，今日からみると実話とは思えないほどスリリングに感じられる[36]。このケースのようにベルリンの壁や内部国境を越えて逃亡に成功したのは壁構築の 1961 年から東欧変革が始まる直前の 1988 年までで 4 万 101 人だったが，一方，第三国経由などの脱出者は 17 万 8182 人を数え，前者の 4 倍以上だったのである[37]。

もっとも，第三国経由の場合でも常に安全だったとは限らない。同じく 2008 年 1 月の『シュピーゲル』では，ソフィアで資料調査を行った政治学者 S. アペリウスの手により，1966 年に安全だと思われていたブルガリアからギリシャに抜ける計画だった 2 人の東ドイツの青年がシュタージに察知されて消息不明になった経緯が掘り起こされている[38]。また 2008 年 5 月 5 日付『ジュートドイッチェ』紙と 2009 年 11 月 4 日付『ツァイト』紙では，同じ経路で 20 歳と 21 歳の 2 人の若者が 1979 年に越境を試みて銃撃を浴び，瀕

---

(35) ローゼンバーグ，前掲書 399 頁。

(36) Rainer Schinzel, Durch Stacheldraht und Minenfeld, in: Der Spiegel vom 8.11.2007.

(37) これを伝える例として，機械製造を学んだのに進学を拒否され，1964 年にユーゴスラヴィアを経由して西ドイツに逃亡するのに成功した E. ラシュケの手記がある。Erhard Raschke, Meine Flucht 1964 aus der DDR in den Westen, Magdeburg 2000.

(38) Stefan Appelius, Das Rätsel der verschwundenen Leichen, in: Der Spiegel vom 12.1.2008.

死の重傷を負った事例と 1988 年に 26 歳の繊維労働者の青年が銃撃によりブルガリアで死亡したケースが詳しく報じられている[39]。これらの例に見られるように，第三国経由であっても，逃亡が発覚して拘束されたり，生死の危険に陥っただけではなく，死に至るケースも存在したのである。シュタージ文書管理機関に所属する M. タンチャーの調査報告によれば，1971 年から 1988 年までの間に東欧圏の国を経て逃亡に成功した DDR 市民は 6000 人であり，2 万 5000 人が未然に拘束されるか越境を阻止された。また，ブルガリア経由では 2000 人から 4500 人が逃亡を図ったと推定されている[40]。いずれにせよ，ベルリンの壁の過酷さとそこでの犠牲者の悲劇に引きずられて，越境は東西ドイツの間，それどころか主として東西ベルリンの間で行われたとの印象を抱きがちだが，上記の数字に照らせば，そうした想像が事実から懸け隔たっているのは明白であろう。

　他方，ギュフロイやリトフィンのように，ベルリンの壁にせよ内部国境にせよ不法な越境を企てて死に至った事例はいくつも存在している。けれども，その人数がどれほどなのかは，意外にも今日なお判明していない。第 1 章ではこの点に関して検討し，様々な機関や団体が公表している数字を紹介したが，200 人台から 1,000 人前後までかなりの幅がみられるのが現状といわねばならない。また壁や内部国境で非運に斃れたのは脱出を図った人々に限られなかった。警備兵で逃亡を試みた者は少なくなかったが，その場合には武器を携帯していることが示すように，境界を守護する警備兵の側にも反撃を浴びて犠牲者が生じたからである。さらに東ドイツからの逃亡を幇助するグループがいたことが知られているが，その一部も死に至ったことは，「自由買い」で西ドイツに引き渡されたのちに 31 人の逃亡幇助に従事し，最後はシュタージの罠にかかって 1976 年に射殺された M. ガルテンシュレーガー

---

(39) Cathrin Kahlweit, An der Grenze des Lebens, in: Süddeutsche Zeitung vom 5.5. 2008; Martin Athenstädt, Maueropfer ohne Mauer, in: Die Zeit vom 4.11.2009.

(40) Monika Tantzscher, Die verlängerte Mauer: Die Zusammenarbeit der Sicherheitsdienste bei der Verhinderung von „Republikflucht" über andere Ostblockstaaten, in: Heiner Timmermann, hrsg., Die DDR – Erinnerung an einen untergegangenen Staat, Berlin 1999, S.116; Uwe Müller, Ein Held im Kampf gegen Mauer und Stacheldraht, in: Die Welt vom 12.8.2009.

の例を見れば明白であろう[41]。因みに，逃亡幇助者として知られるH.リヒターは33人を逃がした実績があるが，1975年に失敗して逮捕され，反国家的人身取引の罪で15年の刑を受け，翌76年にはR.シューベルトが同じ罪状でやはり15年の刑を宣告されている[42]。もっとも，他方にはもっぱら金銭的目的で逃亡幇助に従事した者もおり，その一部も捕まったが，K.W.フリッケが強調するように，そうした人々まで抵抗者の列に加えることはできないであろう[43]。いずれにせよ，数字に幅はあるものの，1700万人の人口を擁した東ドイツで越境のために相当数の市民が命を落としたことは間違いないが，犠牲者の規模を大きいとみるか小さいとみるかは評価の分かれる点であり，速断することはできない。

けれども，犠牲者から目を離し，禁止されている共和国逃亡を図った人々を含め，何らかの政治的理由で犯罪者とされ，刑に服した市民にまで視界を広げるなら，犠牲者の位置づけが可能になるように思われる。そうした人々は総計で25万人に上ったとされ，東ドイツ脱出に失敗した市民がかなりの部分を占めていたのは確実と見られている。この点を考慮すれば，死亡した犠牲者はそのごく一部であり，逃亡失敗者という氷山の一角にすぎないといえよう。さらに第三国経由を中心に逃亡に成功した人々をこれに加えた場合，成否を問わず脱出を試みた市民は総計で40万人程度に達すると推定されている。

また上記のように1975年のヘルシンキ最終文書に東ドイツが署名し，人権尊重を国際公約したのを契機にして出国の可能性が現実味を帯び，これを受けて出国申請が急増した。表2－1が示すように，初めての申請者の数は1977年の8400人から10年後の1987年には4万3200人に達したのである。この事実は，生命の危険の伴う不法越境は諦めても，合法的で安全が保証されているなら東ドイツを離脱したいと望む市民がかなりの規模で

---

(41) Stefan Wolle, Michael Gartenschläger, in: Ilko-Sascha Kowalczuk und Tom Sello, hrsg., Für ein freies Land mit freien Menschen, Berlin 2006, S.119ff.; Andreas Frost, Michael Gartenschläger: Der Prozess, Schwerin 2002, S.8f.

(42) Stiftung Gedenkstätte Berlin-Hohenschönhausen, op.cit., S.30.

(43) Karl Wilhelm Fricke, Fluchthilfe als Widerstand im Kalten Krieg, in: Aus Politik und Zeitgeschichte, B38/1999, S.9f.

存在していることを明るみに出した。

　無論，旅行の自由や国籍離脱の自由がほとんど自明な権利になっている西側諸国と違い，申請した全員が出国を許可されたわけではなかったのは指摘するまでもない。それどころか，申請自体を断念したり取り下げたりするように職場や学校などで様々な圧力が加えられたことが今日では知られている。

表2−1　国外出国申請と出国許可

（単位：1000人）

| 年度 | 出国申請 | 初回申請 | 申請撤回 | 出国許可 |
|---|---|---|---|---|
| 1977 | − | 8.4 | 0.8 | 3.5 |
| 1978 | − | 5.4 | 0.7 | 4.9 |
| 1979 | − | 7.7 | 4.3 | 5.4 |
| 1980 | 21.5 | 9.8 | 4.7 | 4.4 |
| 1981 | 23.0 | 12.3 | 5.0 | 9.2 |
| 1982 | 24.9 | 13.5 | 6.5 | 7.8 |
| 1983 | 30.4 | 14.8 | 5.6 | 6.7 |
| 1984 | 50.6 | 57.6 | 17.3 | 29.8 |
| 1985 | 53.0 | 27.3 | 11.3 | 17.4 |
| 1986 | 78.6 | 50.6 | 10.8 | 16.0 |
| 1987 | 105.1 | 43.2 | 12.8 | 7.6 |
| 1988 | 113.5 | 42.4 | 11.7 | 25.3 |
| 1989（6月30日まで） | 125.4 | 23.0 | 1.4 | 34.6 |

（出典）Falco Werkentin, Recht und Justiz im SED-Staat, Bonn 1998, S.102.

確かに出国を申請すること自体は適法だったが，東ドイツを嫌っていることの表明と見做され，重罪である共和国逃亡を目論む容疑者として扱われることになった[44]。事実，シュタージはこの問題を担当する「中央調整部」（BKG）という部局を設置し，地区の行政機構に配置された地区調整部はシュタージ，人民警察，内務部を調整して申請者を締め付けたのである。そのために申請を提出する場合には，重大な不利益を被る覚悟をしなくてはならず，厳しい決断を迫られた[45]。表2−1に見られるように，申請の撤回が多かったのはその結果にほかならない。出国を希望する動機については，自由な暮らしへの渇望から西ドイツの豊かさへの憧れに至るまで幅広くあり，改めて検討を要する。同様に，出国申請者を最初の市民運動と見做す立場がある一方で，DDRにとどまり，その改革を目指した人々からはエゴイスティックと見られていたのも事実であり，「幻滅した出国者と変化を望みとどまる人たちとの摩擦」が存在することにも注意が必要であろう[46]。い

---

(44) アナ・ファンダー，伊達淳訳『監視国家』白水社，2005年，52頁。

(45) Der Berliner Landesbeauftragte für die Unterlagen des Staatssicherheitsdienstes der ehemaligen DDR, Diesseits und Jenseits der Mauer, Berlin 1998, S.15.

(46) Matthias Schlegel, Rübermachen oder bleiben, in: Die Zeit vom 27.7.2009.

ずれにしても、ベルリンの壁や内部国境で非業の死を遂げた犠牲者を出国希望者と見做し、その広い文脈に位置付けるならば、自国民を実力で閉じ込めた東ドイツは国民から広範に支持されていたとはいえない事実が浮き彫りになる。壁の犠牲者には広大な裾野が存在していたことになるからである。

もちろん、他方には不法越境など夢にも思わず、出国の申請すら考えもしなかった多数の東ドイツ市民が存在したことを忘れてはならない。いかなる国家といえども、不法越境に伴う危険に対する恐怖心だけで長期にわたって支配を続けることはできないのは自明であろう。実際、M. フルブロックが強調するように、「壁で囲まれた国家の、望ましくないが消し去りがたい境界の内部で、大抵の人々はできるだけ快適で楽しく健康的な生活を送ることに関心を向けていた」のが現実だったのである[47]。この点に照準を合わせれば、東ドイツが国家として市民から忠誠と支持を集めていたメカニズムを分析する必要が生じる。その場合、なによりも東ドイツの光の側面に視線を向けることが重要になる。すなわち、表向きは完全雇用で失業者がおらず、ホームレスや物乞いなども存在しなかったこと、充実した託児制度のために子どもがいても女性が安心して働け、宣伝ほどではなくても男女の同権が進んでいたこと、品質や供給は劣るが食品の価格や住居の家賃が低い水準に抑えられていたことなど、総じて社会主義の成果といわれる特色に的を絞り、それらがどのようにして実現されていたのかが検討されなければならない。それは同時に、統一から20年近くになる今日、東ドイツ地域に広がっているいわゆるオスタルギーの問題とも重なる。ベルリンの壁での犠牲者を振り返る時、不本意な死を悼むことに終わらせるのではなく、その背景と文脈を追跡するならば、消滅した東ドイツの現実を冷静に把握する道が開かれると同時に、ベルリンの壁に代わって近年強まりつつある東西ドイツ間の心の壁の理解にもつながると思われるのである。

---

(47) Mary Fulbrook, The People's State: East German Society from Hitler to Honecker, New Haven 2005, p.18.

# 第3章　1950年代初期のDDRの「政治犯」
— 二つの事例 —

## 1. シュタージと「政治犯」

　1990年に消滅した東ドイツ（DDR）で共産党に当たる社会主義統一党（SED）が複数政党制の建前の裏で実質的な独裁を行っていたことはよく知られている。しかし言論統制や監視システムなどそれが具体的にどのように組織化されていたかになると，現在もなお必ずしも明確な像は得られていないように思われる。それが全体主義的独裁だったと規定できるのか否かについても議論は分かれており，その性格づけも決して簡単ではない。とはいえ，憲法の美文とは反対に，東ドイツに西側のような政治的自由が存在しなかったことについては異論はない。そしてその抑圧体制の要に位置していた装置が国家保安省（通称シュタージ）だったということについても，大方の認識は一致しているといえよう。

　しかしながら，シュタージが残した膨大な監視報告ファイルが引き起こした衝撃の大きさとは裏腹に，その抑圧の仕組みについてはいまだ十分に解明されているとは言い難い。なかでも普通の市民の間ではシュタージの影は感じとられてはいても正体がつかめなかったから，シュタージがどれほどの威圧感を与えていたのかは確認が難しい。一例としてピオニールや自由ドイツ青年団に属している子どもがいる場合，その前で親が政権や指導者の批判を口にすることは危険を伴ったが，そのリスクにどこまで実体が伴っていたのかや，それによってどの程度自制が働いていたのかといった点は簡単には把握できないからである。実際，一般市民のなかではシュタージを話題にすることすら憚られていたために，1970年代に数年間東ベルリンの大学に留学

した筆者の知人は，その存在に全く気づかなかったほどであり，1980年代に東ベルリンで一時期暮らした知人も同様だった。ただ1980年代末になるとさすがにひび割れが目立つようになり，そのころ東ドイツに滞在した日本人研究者にも警戒が必要だという認識をもった人もいる。いずれにせよ，仲井斌の著書『もうひとつのドイツ－ある社会主義体制の分析』(朝日新聞社1983年)を除けば，DDR消滅以前にわが国で出版されたDDRに関するいくつかの著作でシュタージに触れていないのは決して偶然ではない。仲井が批判するように，当時のわが国の「東ドイツ・ロビーを構成する学者集団は，この国を労働者，農民の小天国のごとく描いた」が，これに反し，仲井自身はDDRの権力構造を解剖し，シュタージにも照明を当てたために好ましからざる人物というレッテルを貼られてDDR入国を拒否された[1]。このことは，DDRに受け入れられるには一定の人物評価が条件になっていたことを見事に証明している。そしてシュタージに関して言えば，わが国でそれについての言及がなされなかったのは，同国での滞在を許可された研究者の多くがマルクス主義へのシンパシーのために体制の恥部から目を逸らしていた結果だと考えられるのであり，これに加えて，シュタージが巧妙に姿を隠していたためにその片鱗しか視界に入らなかったためだというべきであろう。ドイツ統一からまもなく，わが国では広瀬毅彦，斎藤瑛子，三宅悟などがDDRを扱った著作を世に送り，その中で体験記の体裁でシュタージに触れているが[2]，このような文脈で見るなら，それらはいずれも貴重な証言になっているといえよう。

　こうして見えないところから監視し威圧することによって東ドイツの抑圧体制は成り立っていたといえるが，無論，他面では公然たる暴力が用いられたのはいうまでもない。その暴力の犠牲になったのが「政治犯」と呼ばれる人々にほかならない。彼らは国内で独裁体制に何らかの形で反旗を翻し，あるいは西ドイツへ逃亡を図ることで東ドイツに背を向けたために拘束され，処罰された人々である。けれども，それだけならある意味で事柄は単純だと

---

(1) 仲井斌『現代ドイツの試練』岩波書店，1994年，7，23，34頁。
(2) 広瀬毅彦『夢みる東ドイツ』実業之日本社，1990年，84頁以下，斎藤瑛子『世界地図から消えた国』新評論，1991年，148頁以下，三宅悟『私のベルリン巡り』中公新書，1993年，204頁以下。

いえるかもしれない。なぜなら，実は「政治犯」のなかには実際に独裁体制に対する抵抗を行った人々ばかりでなく，単に反対派だと疑われただけで処罰された人々が少なからず含まれているからである。実際，ベルリンの壁が構築されて東ドイツ市民が最終的に内部国境の中に閉じ込められてからは，法律上は認められている出国の申請をしただけで反対派の容疑を受け，なかには刑罰に処された市民もいたが，そうした人々は一般には政治犯とは呼べないであろう。その意味で政治犯には大きなグレーゾーンが存在するのであり，そこに的を絞ることによって抑圧体制の底辺が照射できるように思われる。以下で紹介する二つの事例は厳密には「政治犯」とは呼べないケースであるが，かえってそこから普通の市民の目に映った抑圧の具体的構造が浮かび上がってくるといってよいであろう。

　ところで，この問題を考える際に予め留意しなければならない点がある。それは東ドイツには公式には政治犯は存在しなかったことである。G. フィンによれば，すでに1951年にDDRの司法大臣が政治犯という用語の使用を禁止した。そして上記の意味での政治犯を指す語として，1956年以降は「刑事的およびその他の犯罪者」，1972年からは「政治的および刑事的犯罪者」という表現が使われた。これらの用語に置き換えることによって政治犯の存在が糊塗され，DDRには体制反対派による政治的犯罪が存在しないものとされたのである[3]。無論，その裏では政治的犯罪を隠蔽しない国々以上に政治犯に対する仮借ない弾圧が繰り広げられた。そしてその徹底性はグレーゾーンを拡大する結果になり，政治犯とはいい難い市民を巻き込むことになったのであった。本章で光を当てるのはそうした人々である。

## 2. ハンス＝エーバーハルト・ツァーンの場合

　最初の事例はハンス＝エーバーハルト・ツァーンに関するものである。
　『シュピーゲル』2006年8年14日号にはシュタージに関する記事が掲載されている[4]。シュタージというのは，既述のように，崩壊した東ドイツに存在した国家保安省の通称である。シュタージは東ドイツの事実上の独裁政

---

(3) Gerhard Finn, Politische Häftlinge, in: Rainer Eppelmann u.a., hrsg., Lexikon des DDR-Sozialismus, Bd.1, 2.Aufl., Paderborn 1997, S.366.

(4) Der Spiegel, Nr.33, 2006, S.58ff.

党である社会主義統一党（SED）の「盾と剣」として自己規定し，全国に監視網を築いて国民に恐れられた機関である。その威力の強さは，東ドイツの崩壊を引き起こしたデモの波が最初に押し寄せたのが，社会主義統一党の建物ではなく，シュタージだったことに表れている。しかしそのシュタージも東ドイツの消滅とともに歴史の舞台から姿を消した。『シュピーゲル』の記事はその解体したはずのシュタージが特殊な仕方でしぶとく生き残っていることに焦点を当てたものである。

　話が私事に及ぶが，そのページを開き，1人の老人がベンチのような台に腰掛けている写真を見たとき，どこかで会ったような気がした。そして記事を読み進めてやはり一度言葉を交わしたことのある人物であることが判明した。老人はハンス＝エーバーハルト・ツァーンといい，報道時に78歳で，ベルリンにあるシュタージの拘置施設だったホーエンシェーンハウゼン記念館で案内人として働いている。

　筆者が初めて彼に出合ったのは，2000年に同記念館を訪れた折だった。ゲシュタポ本部の牢獄の残骸である「テロルの地勢学」や，東西に分断されていたベルリンの通過地点だったチェックポイント・チャーリー，あるいはE. ミールケが大臣として長く君臨したかつてのシュタージ本部などはいつも見学者が多いが，今は記念館になっているホーエンシェーンハウゼン拘置施設は訪れる人はまばらで，筆者が見学したときも人影はほとんどなかった。この点はその後に変化したようであり，訪れるたびに見学者が増えているように感じられる。とくに2008年に出かけた時には日曜だったせいで数台のバスが止まっており，待合室として使われている売店は満員の盛況だった。実際M. ヘラーの伝えるところでは，2007年に20万8千人もの人が施設を見学しており，近年では学校の授業の一環として子どもたちが集団で訪れるケースが増えているという[5]。さらに2009年3月にはSPD所属のゼリング・メクレンブルク＝フォアポンマーン州首相がDDRを不法国家とすることに疑問を呈したのを発端に不法国家論争が燃え上がり，これを背景にDDR出身のメルケル首相が同年5月5日に現職の首相として初めて同記念館を訪れた。彼女がその際にDDRは不法国家だったとの認識を公言し，DDRを美化する風潮を戒めたことは，訪問自体が一種のデモンストレーショ

---

(5) Martin Heller, Palast des Psychoterrors, in: Der Spiegel vom 18.10.2008.

ンだったことを物語っている[6]。本書第 6 章で触れるように，2006 年に現職のケーラー大統領が訪問して記憶の風化に危惧を表明し，2009 年には記念館長 H. クナーベに市民的勇気を讚える連邦功労賞を授与したこととも重なり[7]，メルケルのこの示威行動は記念館の知名度を一段と押し上げたと思われる。もっとも，A. フーラーが報じるように，見学者が増えるのにつれて運営コストも増大し，寄付を募らなくてはならないところまで財政的窮迫が深まっていることも看過できない[8]。なお，2004 年に出版されたアンドレア・シュタインガルト『ベルリン 記憶の場所を辿る旅』や同じ年の A. カミンスキー編『記憶の場所』などが記念館を取り上げていることなども，知名度上昇の一助になったと思われる[9]。しかし同時に，前者の書では「ソ連の拷問監獄」という見出しが付けられており，シュタージの拘置施設だったことが付随的にしか扱われていないところに難点があることも付言しておかねばならない。施設はソ連よりも遙かに長くシュタージが使用し，東ドイツの多数の市民を苦しめたことこそ核心的問題なのである。

　それはともあれ，初めて訪れた折には見学の手順について特に指示のようなものはなかったので近くの建物から見学を始めようとしたとき，少し向こうに数人のグループをみかけた。近づいてみると 1 人の老人が施設の説明をしているので，これ幸いと許可を得てグループに入れてもらった。その後，拘置所で見学者には 1 人も遭わなかったから，スタートのところで出合えた

---

(6) Armin Fuhrer, Geschichtsstunde bei der Kanzlerin, in: Focus vom 5.5.2009. 首相の記念館訪問を伝える政府発表は「不法を決して忘れない」と題されている。Pressemitteilung der Bundesregierung vom 5.5.2009.

(7) 11 月 13 日に行われた勲章授与の際の挨拶でケーラーは，DDR には何千人もの政治犯が存在し，「国家権力がシステムとして人間から権利と尊厳を奪った」としたうえで，クナーベを含む 12 人の功労者に対して「法治国家にもまして独裁の下で求められた勇気」を称賛している。また同日の『ターゲスシャウ』はこれを「ケーラーが DDR の美化を警告」という見出しで報じている。

(8) Armin Fuhrer, Stasi-Aufklärer in Not, in: Focus vom 10.8.2009.

(9) アンドレア・シュタインガルト，谷口健治ほか訳『ベルリン 記憶の場所を辿る旅』昭和堂，2006 年，110 頁以下。Anette Kaminsky, hrsg., Orte des Erinnerns: Gedenkzeichen, Gedenkstätten und Museen zur Diktatur in SBZ und DDR, Leipzig 2004, S.62ff.

のはまことに幸運だった。

　説明は始まったばかりで，尋ねると以前この拘置所に収容されていた経験の持ち主だった。彼は取調室でシュタージがいかに巧妙な方法を駆使していたかや，身動きすらできそうにない狭い運動スペースで収容者がどのように身体運動をしていたかなど，経験のある者にしか分からないようなことを含め懇切丁寧に施設の説明をしてくれた。その後確認したところによると，案内人として活動しているのはいずれも収容された体験のある人たちだということであり，説明に迫真性があるのは当然であることが分かった。出掛けた際には通常の刑務所に似ているような想像をしていたが，広い意味での政治犯を収容したのだから，シュタージの拘置所がそれとは性格も構造も全く違うことを彼は強調していた。現に刑務所とは異なり，120にも上る取調室やそこに通じる長い廊下に特殊な仕掛けがあるだけではなく，自白を強要するための拷問室も存在している。地下に案内されて目にしたのは図3－1のような独房がずらりと並んだ異様な光景であり，窓の全くない空間でコンクリートが照明に冷たく照らし出されている圧迫感は今も忘れられない。そのときは案内してくれた老人の名前をききそびれてしまったが，それがツァーン氏だったのである。たしか説明のついでにボランティアで案内をしている

図3－1　地下の独房（ホーエンシェーンハウゼン拘置施設）

と話していたように思うが，記憶は定かではない。

　同じ拘置所の一角にパンフレットなどを置いているスペースがあり，そこも閑散としていたので，係の男性からもゆっくり話を聞くことができた。さすがにアジアからの見学者は珍しいらしく，いろいろと教えてくれた。日本の大学生よりはずっと年上だが，彼はベルリン工科大学に通い，反ユダヤ主義の研究で著名なリュールプ教授の下で現代史を学んでいるということで，東ドイツにある他の拘置所も含め，抑圧システムの概略を説明してくれた。また帰り際には何点かの資料を提供してくれた。それらは一般に市販されていないから貴重な価値があり，その後，各地の拘置所を訪れるときに役立った。

　それはさておき，『シュピーゲル』の記事ではツァーン氏と並んで国家保安省の最後の次官を務めた W. シュヴァーニッツにも光を当て，シュタージの犠牲者であるツァーン氏のようなかつての収容者が驚くべきことにシュタージの正当化に利用されていることが報じられている。ここではしかしその点は省略し，ツァーン氏が不当に拘束されたことにだけ触れておこう。

　以下で依拠するのは，Hans-Eberhard Zahn, Haftbedingungen und Geständnisproduktion in den Untersuchungs-Haftanstalten des MfS, 4.Aufl., Berlin 2005 および, ders., Das Spitzelnetz, in: Hubertus Knabe, hrsg., Gefangen in Hohenschönhausen, Berlin 2007 の二つである。前書はベルリン市シュタージ文書管理特別代表部のシリーズの一冊であり，残念ながら市販されていない。しかし，代表の名前をとり，通称でビルトラー庁（以前はガウク庁）と呼ばれる連邦政府シュタージ文書管理特別代表部のシリーズと同じく，このシリーズもシュタージを支柱とした東ドイツの独裁体制を解明するのに不可欠な著作だといっても決して過言ではない。ツァーンの書もシュタージ犠牲者の多くの事例が集められていて興味深い内容を含んでいるが，特に貴重だと思われるのは，自伝的な叙述の部分である。

　ハンス＝エーバーハルト・ツァーンがシュタージに捕らえられたのは，1953 年 11 月 14 日のことである。1928 年にシュテティン（現在のポーランド領シュチェチン）で生まれた彼は，戦争が終わるとベルリン自由大学で数学と物理学を学んだ。周知のように，ソ連の占領下に置かれた東ベルリンのベルリン大学ではソ連型の共産主義教育が強制されたため，それに反対する教授と学生が 1948 年に西ベルリンにベルリン自由大学を開設した。まだベルリンの壁は存在せず，東ベルリンから通う学生もいたが，学生の中にはソ

連地区に家族を残している者が多数おり，まだ廃墟が片付かず物資も不足していたので，家族の世話をする必要が大きかった。これを支援するために一般学生委員会（ASTA）に社会部門が設けられたが，学業の傍らでその活動を支える援助者のネットワークでツァーンは支援に従事した。彼らは東ベルリンなどに残した家族に金銭などを届けたのである。

　1953年は建国間もない東ドイツが最大の危機に直面した年である。6月17日に建設労働者を中心にノルマ引上げ反対を引き金とする騒乱が発生したのである。これに驚愕したSED指導部は強引な社会主義建設の方針を変更する一方で，体制の引き締めを進め，騒乱関係者を厳しく処罰した。この過程で1950年に設置されたシュタージの役割が拡大し，組織も膨張を始めたのである。

　ツァーンがシュタージに捕らえられたのは，まさにこのような時期だった。彼は東ベルリンのヨハニスタールに住む友人宅へスクーターで向かう途中だった。その友人は数時間前に西側のエージェントの容疑でシュタージに逮捕されていたが，そこへツァーンが現金で67,000東ドイツ・マルクと住所録の入ったカバンを運ぼうとしていたのである。現金は学友たちから東ドイツの家族を援助するために託されたものだった。彼らは小さな慈善団体のように組織されていて，センターに金銭を預けると学生の1人がそれを東ベルリンの郵便局に運び，そこから家族・親類などに送金する仕組みになっていたのである。この日にこれを担当したのがツァーンだった。彼は東ドイツでの反体制派を支援したり，破壊工作を行ったのではなく，またスパイ活動をしたのでもなかった。彼は通常の配達人のように預かった現金を東ドイツに残る家族の手元に届けようとしたのであり，その行動に反DDR，反社会主義という意図はなかったのである。

　その日，ツァーンは路上で2人の男に呼び止められ，持ち物を調べられた。そして身分証明書を取り上げられて手錠をかけられた上，抵抗したら射殺すると脅されてそのままシュタージに連行された。最初に連れて行かれたのはプレンツラウアー・アレーにあった拘置施設である。彼が所持していたのは大金であり，住所録も持っていたから，彼は大物スパイと見做された。取調べは最初は3夜にわたって続けられ，夜が明けると地下の独房に戻されたが，数時間ですぐに叩き起こされた。これはシュタージがソ連から継承したいわゆる睡眠剥奪であり，取調べの基本的方法だった。またその一方では，すべ

てを告白すればすぐに西ベルリンに返してやるという甘言も弄された。それでも何も白状しなかったので取調べは長期化した。尋問に当たるのは特別に訓練されたシュタージの職員であり，狭い一室でマン・ツー・マンで行うのが原則だった。また連日の取調べは心理的・肉体的拷問に等しかった。数カ月たったころ，ツァーンは絨毯が敷き詰められ，ルネッサンス様式の書棚のある豪奢な部屋に呼ばれた。そこではソファーに座った彼にコーヒーとタバコが差し出された。彼に相対した男は歴史の発展法則を説き，平和と進歩に貢献するように説得したが，かたわらの若い男は老人になるまで外に出られないぞと脅迫した。ツァーンはシュタージの取調べは硬軟の手法の使い分けだと見学のおりに強調したが，その一つの方法を彼は身をもって体験したのである。

その後，ツァーンはベルリン市裁判所で裁判にかけられた。そして1954年9月に軍事スパイの罪で7年の懲役刑を宣告されて服役した。収容されたのは，ベルリンのルンメルスブルク，ブランデンブルク，バウツェンそしてホーエンシェーンハウゼンのシュタージ拘置所に付設されている労働収容所である。この間に彼は衣類の仕立て，トラクター製造，翻訳などの作業に従事した。1958年9月から翌年10月まで過ごしたホーエンシェーンハウゼンの労働収容所では囚人同士の接触が許されていたばかりか，プールがあり，喫煙もできたので，ツァーンは最初はわが目を疑い，東ドイツが政敵を処する仕方を改めたのだと錯覚した。しかし，それは大きな誤りであることがやがて判明した。彼が囚人仲間に語ったことが管理者に筒抜けだったからである。ツァーンによれば，その労働収容所の囚人たちは密告者であり，収容所はスパイを養成する場所だったのである。

労働収容所では月に一度手紙を書くことも許されていた。彼は逮捕されるまで共同生活していた女友達に手紙を送った。1959年のある日，収容所の幹部である2人の将校に呼ばれ，その際に女友達についてひどい侮辱を受けた。これに対し，ツァーンは将校に罵りの言葉を投げつけたので21日間狭くて光のない懲罰房に押し込められたが，そこで彼女の死を知ることになった。彼女に出したはずの手紙が投げ込まれ，そこに手書きで受取人死亡と記されていたからである。事実，彼女はSバーンに身を投げて自殺していたのである。

この出来事から1年ほどして刑期が満了し，ツァーンは1960年11月21

図3-2 バウツェン拘置施設の内部

日にバウツェンで出所した。S. クレヴィンによれば、ザクセン州の小都市バウツェンは「DDRにおける政治的迫害と拘束のシンボル」になっている町であり、その地名には「シュタージ監獄のイメージ」が固着している[10]。

(10) Silke Klewin, Bautzen, in: Martin Sabrow, hrsg., Erinnerungsorte der DDR, München 2009, S.43, 54.

というのは，その地には一般にバウツェンⅠとバウツェンⅡと呼ばれる二つの拘置施設があったからである。町はずれにある前者は1904年にザクセン王国の刑務所として建設され，第三帝国崩壊後にソ連によって第4号特別収容所として使用された後，東ドイツに引き渡されてからは刑務所として使われた。特別収容所だったのは1945年5月から1950年3月までの5年ほどだったが，しかし期間は短くても，収容された人たちの苦悩の重さから「黄色の悲惨」の別称で怖れられた。B. イェッケルによれば，73人が銃殺され，2708人がその他の理由で死亡し，2万7285人が生き延びたと記録されているが，かつての収容者は死者の数はもっと多かったと証言しているという[11]。一方，町の中心部近くにある後者はシュタージの拘置施設であり，多くの政治犯が送り込まれたのはこの場所だった。今日，東ドイツの抑圧を追憶する施設として公開されているのはこちらだが[12]，ツァーンが閉じ込められていたのは前者であり，通常の刑務所としてドイツ統一後の現在も使用されている。

　バウツェンⅠを出所する際にツァーンには一通の証明書が手渡された。そこには彼が自由の身になったことだけではなく，指定された経路で最短時間で東ドイツを立ち去るべきことが書かれていた。彼は国外追放の処分を受けたのである。反体制派の歌手ビアマンの国籍剥奪による追放に代表されるように，分断国家である東ドイツには反対派弾圧の手段として，政治的に好ましからざる人物を西ドイツへ追放に処すという方法があり，著名な東ドイツの知識人などが幾人もその対象になった。ツァーンはいわばその先例になったのであり，指定された列車は16時23分発だった。こうして出所後，彼は即刻西ベルリンに移ることになったのである。西ベルリンに住み着いた彼は，ベルリン自由大学で長く中断したままの学業を再開し，心理学を専攻した。そして修了後も引き続き1993年の退職まで大学教員としてそこで勤務

---

(11) Burghart Jäckel, Zur Entstehung des Rufs der Justizvollzugsanstalt Bautzen, Bautzen 2006.

(12) Gedenkstätte Bautzen, Stasi-Gefängnis Bautzen II, Bautzen o.J. なお，DDR各地に存在したシュタージ拘置施設の手引きとして次のものがある。Ehemalige Untersuchungshaftanstalten des Ministeriums für Staatssicherheit der DDR, zusammengestellt von Johannes Beleites, Berlin 2000.

し，傍らで学問の自由を守るための活動に従事してきた。現在ツァーンはホーエンシェーンハウゼン拘置施設を保存するベルリン＝ホーエンシェーンハウゼン記念館顧問会議の副委員長を務めている。

因みに，ホーエンシェーンハウゼン拘置施設に収容された経験のある人々は，記念館の館長を務める歴史家のH. クナーベによると，1951年から1989年までの全期間で2万人に上る。著名な人物では，ルドルフ・バーロ，ヴァルター・ヤンカ，ユルゲン・フックス，ヴォルフガング・ハーリッヒなどが含まれるが[13]，いずれもツァーンより後のことである。また，収容者のうち，ツァーンを含む23人の略歴を今では記念館のサイトで見ることができる。同じく，同記念館が編集した次の2書にも多くの事例が収められている。 Gedenkstätte Berlin-Hohenschönhausen, hrsg., Inhaftiert in Berlin-Hohenschönhausen, Berlin 1997; Dies., hrsg., Die vergessenen Opfer der Mauer: Flucht und Inhaftierung in Deutschland 1961-1989, Berlin 2001. これらで証言している人々がホーエンシェーンハウゼン拘置施設に収容されていた時期は1950年代初期から廃止直前の1980年代末期までに亙っていて大きく異なっている。けれども，それだけにかえってDDRの抑圧体制を通史的に捉える上で参考になる点が多い。例えば収容者に対する扱いは初期には物理的な意味で残虐だったが，時間が経過するにつれてソフトになり，心理面が重視され巧妙になったことなどが把握できるからである。

一方，ホーエンシェーンハウゼン拘置施設の来歴にも興味深いものがある。その建物は第三帝国の崩壊まではナチ民族福祉団の給食センターとして利用されていた。しかし敗戦とともにソ連軍に接収され，1951年にシュタージに引き渡される以前にはソ連によって悪名高い「特別収容所」として使用され，東ドイツ全域に設置された10カ所の特別収容所システムの第3号として位置付けられていた。また特別収容所が閉鎖された後はソ連の中央拘置施設として使われた[14]。DDR建国期に当たるこの時期の暴虐は凄まじかったが，

---

(13) Hubertus Knabe, Einführung, in: ders., hrsg., Gefangen in Hohenschönhausen, Berlin 2007, S.14.

(14) Gedenkstätte Berlin-Hohenschönhausen, Informationen zur Gedenkstätte Berlin-Hohenschönhausen: Die MfS-Untersuchungs-Haftanstalt, 3.Aufl., Berlin 1998; Martin Jander, Berlin (Ost), Berlin 2003, S.76ff.; ders., Orte der SED-Herrschaft Berlin,

それを象徴するのが，ナチ関係者や戦争犯罪人ばかりでなく，ソ連支配と共産主義の反対者と目された人々を閉じ込めて多数の犠牲者をだした特別収容所と 1950 年にこれらの人々を司法的外観を取り繕って一括処理したいわゆるヴァルトハイム裁判だといってよいであろう[15]。因みに，J. ベライテスの推計では，特別収容所第 3 号には累計で約 2 万人が収容され，そこで死亡したのは 9 百人から 3 千人だったという[16]。

　バウツェンを頂点とする特別収容所システムは東ドイツ時代にはタブー扱いされ，長く沈黙に包まれてきた。しかし，統一による東ドイツの消滅を契機にようやく光が当てられるようになった。例えばその全体像を扱った著作として，Peter Reif-Spirek und Bodo Ritscher, hrsg., Speziallager in der SBZ, Berlin 1999 がある。また個々の特別収容所についても研究が公表されており，Peter Erler und Thomas Friedrich, Das sowjetische Speziallager Nr.3, Berlin 1995 は，ホーエンシェーンハウゼン特別収容所に焦点を絞っている。これらはようやく封印を解かれて自由な論議が可能になり，資料などへのアクセスにも道が開かれたことによって得られた成果であり，残された資料や関係者の証言などを踏まえたそうした調査・研究の蓄積により正確な実像が浮き彫りになると期待される。一例として収容者数に関して 1990 年代初期にソ連が公表した数字では，1945 年から 1950 年までの期間に 12 万 3 千人のドイツ人が収容され，4 万 3 千人が死亡したとされているのに対し，西ドイツでは収容者 26 万人，死者 5 万人から 8 万人という推計が長く有力だったが，この点についての精度の高い数字がいずれ明らかになり，特別収容所としてのホーエンシェーンハウゼンの役割も明確になるものと思われる。またシュタージに引き渡さ

---

Berlin 2007, S.42ff.

(15) ヴァルトハイム裁判の全容に関しては，Norbert Haase und Bert Pampel, hrsg., Die Waldheimer Prozesse, Baden-Baden 2001 参照。因みに，当時のホーエンシェーンハウゼンとバウツェンでの収容者の悲惨な状態を伝える手記はいくつも存在している。その例として，Karl Heinz Reuter, Opferweg eines Fünfzehnjährigen durch die Lager des NKWD und der Stasi, Magdeburg 2002, S.41f., 54ff.; Heinz Schwollius, Aus der Todeszelle in die Hölle von Bautzen, Berlin 2007, S.24f., 46ff. 参照。

(16) Johannes Beleites, Einmalige Untersuchungshaftanstalten des Ministeriums für Staatssicherheit der DDR, Berlin 2000, S.10.

れてからは，拘置施設としての存在自体が秘密にされ，地図上からも抹消された[17]。ベルリン北東部の住宅地の一角にある拘置施設は四方を高い塀と監視塔によって囲まれており，異様な雰囲気を漂わせているが，東ドイツ時代にはそこは一般市民が近付くことを許されない立入禁止地区となっていたのである。

## 3. ヨハン・ムラスとエルンスト・ヴィルヘルムの場合

　東ドイツ消滅後に残された膨大なシュタージ文書を管理するため，ドイツ統一後に連邦政府にはDDR末期の市民運動家だったJ.ガウクを代表とする機関が設置された。一般にガウク庁の通称で呼ばれているのがそれである。現在はDDR出身で同盟90・緑の党の代表を務めたことのあるM.ビルトラーがこれを率いているが，ブランデンブルク州を除き，連邦と並ぶ形でベルリンを含め旧東ドイツ各州にも同種の機関が設けられている。スタッフの規模や活発さに大きな開きがあるものの，これらの機関には調査・研究部門も併設されていて，そこからDDRの抑圧体制の実態に迫る貴重な文献が送り出されている。その中には当然ながら政治犯を扱ったものが相当数含まれており，個人ファイルのコピーや本人の証言で生々しい事実が明らかにされている。もっとも，一部を除き，上で見たツァーンの書と同様にそれらは市販されていないから，価値の大きさにもかかわらず，どれだけの人の目に触れているのかは明らかではない。本来ならばそれらの中から数点を取り上げるのが望ましいが，紙幅の都合でここではテューリンゲン州のシュタージ文書管理機関が2005年12月に作成した100頁足らずの著作を紹介することにしたい。処刑された2人の人物に関する次の書がそれである。Paul Hoffmann, Politische Todesurteile gegen Johann Muras und Ernst Wilhelm 1952 und die Rehabilitierung 1991, Erfurt 2005. また併せて次の著作にも2人に関連する記述が含まれているので目を向けることにしよう。Andrea Herz und Wolfgang Fiege, Untersuchungshaft und Strafverfolgung beim Staatssicherheitsdienst Erfurt/Thüringen: Die MfS-Haftanstalt Andreasstraße 37, Erfurt 2000.

　前者の著者であるホフマンは研究者ではなく，2人の知己であり，以下で

---

(17) Peter Erler und Hubertus Knabe, Der verbotene Stadtteil: Stasi-Sperrbezirk Berlin-Hohenschönhausen, Berlin 2005.

述べる事件の現場に居合わせ，裁判にも証人として出廷した当事者の1人である。したがって，この書でホフマンが主要な資料を公開し，事件とその顛末を綿密に跡付けてはいるものの，やはりそこには彼の立場によるバイアスがかかっていると考えるべきであろう。一方，後者はテューリンゲン州のシュタージ文書管理機関のスタッフとして調査に当たっているA.ヘルツの手になるものである。彼女にはこれまでにも貴重な著作を公表した実績がある。しかも，以下で用いる著作もこれまでと同様に資料の厳密な考証に基づいているので，ホフマンの著書よりも信頼性が高いと考えてよいであろう。

　ホフマンの著書のタイトルにあるムラスとヴィルヘルムは，A.ゾビクという人物を政治的理由から殺害した廉で1952年5月17日にミュールハウゼンの裁判所で死刑判決を受け，同年9月6日にドレスデンでギロチンによって処刑された無名の市民である。関係者の努力により，DDR崩壊から間もない1991年6月6日にゲラの地区裁判所で彼らに対する判決は政治的な不当判決だとして無効とされ，名誉回復が果たされた。とはいえ，死んだ者はもはや帰ってこない以上，この事件は関係者の間に深い傷痕を残す結果になった。政治的死刑に至ったこの事件で問題となるのは，政治的に歪められた捜査と裁判が如何にして行われ，「司法殺人」がどうして可能になったのかを究明することであろう。

　事件を再検討することができるようになったのは，処刑から40年近くが経過した1989年のことだった。この年に司法を含むDDRの抑圧体制が瓦解し，裁判資料にアクセスする可能性が開かれたからである。この司法犯罪に直接に関与した裁判官や検事などは起訴状や判決文で特定されている。しかし責任は彼らにだけあるのではなく，著者のホフマンは精神的父としてスターリン，背後の人物としてDDRの指導者だったウルブリヒトやピークなどの名前を挙げ，社会主義体制の問題として捉えるべきだと指摘している。というのは，ゾビク殺害事件が発生した1952年はDDRで「社会主義の建設」が宣言され，社会主義に反対する人々に対する弾圧が「階級闘争の強化」の名目で強められていた不穏な時期だったからである。事実，生産協同組合への農地の集中のような集団化がこの年に着手され，西ドイツへの逃亡者の増大と内部国境の通行阻止措置に見られるように，国内には不満が充満していた。そしてこれを押さえ込むために強権が発動され，司法もこれに動員された。というのは，司法に独立性がなく，文字通り支配の道具として機能して

いたからである[18]。例えば 1952 年から 55 年までに DDR では 62 人が死刑に処され，そのうちの 51 人は 1952 年に処刑されたのである。DDR では死刑は 1987 年まで認められており，調査で明らかになった限りでは，1961 年までにシュタージ関係で 64 人が処刑されたという。

　ここで事件のあらましを述べておこう。

　事件の舞台になったのは，テューリンゲンの地方都市ノルトハウゼンに近いオーバーゲブラという村だった。村には農民のほかに鉱山で働く労働者が暮らしていた。鉱山では戦時期に坑道が弾薬貯蔵倉庫として利用されたという。一方，戦後になると人民所有企業ゴンマーン地質調査会社が進出し，その手で原油や銅の掘削が行われていた。こうして鉱山のほか掘削事業に携わる労働者が村に住んでいた。

　ところで，当時はかつてのドイツ東部領土から追い出された追放民が各地に流入し，住宅や物資の配給で旧来の住民との間に対立が生じていたが，人口が千人強のオーバーゲブラも例外ではなかった。これに加え，社会主義統一党が村の政治を牛耳り，住民が意思表明の機会を事実上奪われていたことも険悪な空気に拍車をかけていた。このように同党による独占的支配の基盤がなお固まっていないなかで事件の日 1952 年 4 月 30 日が巡ってきたのである[19]。

　この日の夜，翌日のメーデーを祝うために村の居酒屋に労働者が集まった。著者ホフマンに協力したヴィルヘルムの妹 E. ベーニングもこれに参加していて一部始終を目撃することになった。8 時頃には公式の行事は終わり，引き続いて気楽な飲み会となった。10 時を回るころにはその場の空気は盛り上がり，「山からは水が音を立てて流れる」という歌が唱和された。しかし歌が終わった途端，雰囲気は一変した。鉱山の監視員ゾビクが入り口とストーブの間に倒れ込んだからである。居合わせた労働者たちは彼をテーブルの上に寝かせ，村の看護師が駆けつけるまで人工呼吸を行った。注射をし，しばらく心臓マッサージを行った看護師が死亡を告げたとき，はじめて居酒屋に

---

(18) Karl Wilhelm Fricke, Opposition und Widerstand in der DDR-Strafjustiz, in: Aus Politik und Zeitgeschichte, 39/1996, S.31.

(19) 背景となる DDR 初期の経済情勢に関しては，白川欽哉「ソ連占領下の東ドイツの経済構造」『秋田経済法科大学経済学部紀要』39 号，2004 年参照。

は騒ぎが広がり，どこからともなく「人殺しだ」という声が聞こえた。その時，ヴィルヘルムが鼻から血を流しながら通路を通って背後の出口から出て行く姿が目撃された。

　西側との緊張が高まっていたその当時，西ベルリンのアメリカ占領地区放送局のRIASや西ドイツの諜報機関による破壊工作への警戒が呼びかけられていたが，その文脈で翌朝8時にはゾビクの死はファシストの仕業だとする発表が行われた。ここで重要になるのが，ゾビクがSEDの積極的な活動家だった事実であり，そのためにゾビクに対する殺人行為がSEDに対する攻撃や社会主義建設の破壊工作と二重写しになりやすかったことである。もちろん，ゾビクの遺体がまだ温かい時点での断定が予断に基づいていたのは明白だったが，ひとたび殺人だと発表され，そのニュースがノルトハウゼン一帯を越えて広がると，SEDへの忠誠を表明するために様々な企業や機関から抗議の決議が寄せられ，犯人を厳罰に処す要求が高まった。また新聞もファシストの野蛮な殺人だと大々的に書き立て，反感を煽り立てた。政治的プロパガンダの結果であるにもかかわらず，これらの声は裁判でも引用され，弁護士が判決に対する異議申し立ての中で判決に重大な影響を与えた可能性があると指摘したほどだった。

　こうして一夜にして流れが出来上がり，政治的殺人だとする見方が固まったが，その背後で町と村を支配するSEDの政治的意思が働いていたのは推測に難くない。この点を考慮すれば，現場にいた労働者たちがもはや見たままの真実を語ることができなくなったのは当然だったろう。それは病死や自然死ではなくて殺人でなければならず，ファシストによる犯罪でなくてはならなかったからであり，それを否定することはファシストの協力者という嫌疑を招きかねない危険が生じたからである。DDRが崩壊した直後に目撃者の1人に面会したベーニングによれば，居酒屋の向かいに住んでいた彼は事件の夜に居酒屋の前で喧嘩があり，それを窓越しに目撃したということだった。当時，居酒屋に喧嘩は付き物であり，ヴィルヘルムが鼻から血を流していたのはその喧嘩のためだったとも考えられる。一方，人工呼吸などをした際にゾビクの死体からは血は出ておらず，喧嘩の跡も見られなかったし，ゾビクが倒れたときにヴィルヘルムとムラスは近くにはいなかったという証言がある。

　後に明らかになったところでは，ゾビクは心臓疾患のためにブライヒェ

ローデの病院で度々入院治療を受けていた。また駆けつけた村の看護師は同病院の医師を呼んだが，彼は死亡診断書に心臓病を死因だと記載した。しかし裁判の過程でこの診断書は無効とされ，新しいものに差し替えられた。それによれば，ゾビクは背中を蹴られており，後頭部に打撲の跡があったとされた。

　事件発生から間髪をおかずにシュタージが乗り出し，じきにヴィルヘルムとムラスを逮捕した。彼らが容疑者にされた背景には，村の幹部から疎まれていたという事情があった。例えば1922年生まれのヴィルヘルムは腕の良い機械組立工で尊敬を集めていたが，その一方でSEDの衛星政党と化したキリスト教民主同盟（CDU）の事業所支部長として日頃からSED所属の村長のやり方を公然と批判し，その体面を傷つけるなどして反感を買っていたのである。実際，両名は反社会主義を唱えたり，それを行動に移したりした人物ではなく，その意味で「社会主義の敵」では決してなかった。またゾビク殺害はファシストによる犯行とされ，判決ではヒトラー・ユーゲントの所属がファシストである根拠の一つとされたが，一定の年齢に達した少年は自動的にそれに組み込まれたから，これがファシストである証拠にはなりえなかった。つまり，反社会主義でもファシストでもないにもかかわらず，村の幹部の不興を買っていたことがSED活動家殺害の容疑者に仕立て上げられる下地になったのであった。

　この点との関連で参考になるのは，東ドイツ建国前後の村落において「悪質な村長の事例」が数多く報告されているという指摘である。それによれば，供出のごまかし，物資の不当配分，議事録の改竄による着服，入植地の不当取得，村民不当逮捕示唆，虐待など「村長の悪業」が頻発しており，それを告発する文書がいくつも残されている。「しかも，そうした村長はおおむねSED党員」であったという[20]。当時，土地改革で作り出された新農民の村落統合が進まず，「村政の機能不全」が農村部で大きな問題になっていたが，オーバーゲブラも類似した状況にあったと考えてよいであろう。そうだとするなら，2人が標的になった背景には村政をめぐる紛争があったと推定して大過ないと思われる。

---

(20) 足立芳宏「戦後東ドイツ農村の土地改革・集団化と村落」『歴史と経済』47巻4号，2005年，54頁。

それはともあれ、逮捕された2人はエアフルトのシュタージ拘置所に送られ、そこで取調べを受けた。取調べの際、少なくとも5月3日から4日にかけての夜には彼らが暴行を受けたことが確認されている。取調べの責任者はヴィルヘルムを「労働者の殺人者」、「ファシストの豚」と罵倒し、拳で顔面を殴りつけたし、ムラスはバケツで頭に水を浴びせられたのである。この一点からだけでも、捜査が予断を挟まずに進められたとは考えられないが、これに続く裁判も公正とは程遠いものだった。
　ここで注意を要するのは、DDRではSED支部、シュタージの地方支部、地区の検察庁とくにその政治犯罪部、地域の人民警察がつながっており、さらに裁判所も独立していなかった点である[21]。それらの連携の具体的な仕組みはまだ十分に解明されていないが、残された資料によって裏付けられる。例えば忠順さが審査済みの裁判官であっても、好ましくないと判断されるとSED支部もしくは司法省によって懲戒されたのである。
　この点を踏まえつつ、裁判を一瞥しよう。ゾビクの死から12日後、担当検事ピールの発言が1952年5月12日付『人民』紙に掲載された。「捜査は既に完了した。事実ははっきりしており、審理のために十分な調書が整っている。」「あらゆる敵に対し容赦なく厳しく対処する。」この言葉どおり、直ちにノルトハウゼンから40キロほど南西のミュールハウゼン地方裁判所で公開の審理が始まった。当時でも裁判の準備が僅か12日間でなされるのは異例であり、専門家である法曹関係者ばかりでなく、一般の人も驚かせた。それだけでなく、弁護に当たる側が裁判の用意を整え、証人たちと話し合う時間と可能性が奪われる結果にもなった。これらの事実は、事件が単なる殺人事件として裁かれるのではなく、当時しばしばみられたいわゆる見せしめ裁判になることを予想させるものだった。
　裁判は図3-3が示すように動員で駆りだされた多くの市民が傍聴する法廷で行われ、裁判官の背後にはDDRの3人の指導者、すなわち左からSED書記長ウルブリヒト、DDR大統領ピーク、DDR首相グローテヴォールの大きな肖像が掲げられていた。またその上には、「我々の民主的な司法の判決はドイツ人民の判決である」という標語が大書されていた。けれども、「民

---

(21) Andrea Herz, Nicht-im Namen des Volkes: Politisches Strafrecht in der DDR 1949-1961, Erfurt 2008, S.12.

図3-3 ムラスたちの裁判の光景

(出典) Paul Hoffmann, Politische Todesurteile gegen Johann Muras und Ernst Wilhelm 1952 und die Rehabilitierung 1991, Erfurt 2005, S.23.

主的な司法」の美名とは裏腹に，捜査の過程で事情聴取を受け，被告に有利な証言ができる何人もの人たちは法廷に呼ばれなかった。一方，後にDDRの司法大臣になり，「血に飢えたヒルデ」として恐れられたヒルデ・ベンヤミンの姿があり，裁判の進行を見守っていた。

　この裁判の頂点は一つの証言を巡るやりとりにあった。検察側の証人として出廷した人物が，「今晩，共産主義者を叩き殺してやろう」とヴィルヘルムが叫んだと証言したのである。これに対し，居酒屋で事件のときにその人物の隣に座っていた証人が聞いた覚えはないと述べると，検事は「それではあなたは被告以上に泥酔していたのだ」ときめつけた。そしてこれに対する抗弁は不穏当と見做されて裁判官の警告で遮られた。そればかりか，その証人はその後，所属していたCDUから叱責され，いつ襲われるか分からない不安におののきながら暮らさなければならなかった。また居酒屋の女主人はヴィルヘルムが「一つの民族，一つの帝国，一人の総統」と叫んだのを聞かなかったと証言したが，検事の追及を受けて彼女は痙攣を起こしたように泣きわめき，ほとんど錯乱状態に陥った。こうした例に見られるように，裁判全体を通じて真実を語ろうとする証人は排除されるか，威圧に晒されたのであり，弁護人がゾビクの本当の死因について疑問を投げかけたことと，ヴィ

ルヘルムを陥れた証人に対する尋問で信憑性を潰したことを除けば，公正の確保とは程遠い形で裁判は進められたのである。

　ゾビク事件の裁判は見せしめが狙いだったので殺害の政治的動機が証明されなければならなかったが，それを否定する証人によって立証は不完全に終わった。それでもなおファシストの仕業だとする説明を貫き，宣伝する必要があったから，裁判は被告に有利な材料を無視し，検察側の主張に一方的に沿いながら，一気に判決にまで突進した。こうして事件発生から僅か半月あまりの 1952 年 5 月 17 日に早くも判決が言い渡されたのである。

　判決の全容が明らかになったのはドイツ統一により DDR が消滅してからである。判決は 6 月 4 日から法的に有効になると注記したうえで，2 人の被告を死刑に処すとしていた。上記の裁判の経過から極刑は十分に予測されたが，注目されるのは，他の見せしめ裁判と同じく判決理由の内容である。そこには政治裁判に特有の文面と構成が見出されるからである。

　「ドイツ民族はドイツの統一と公正な平和条約のための重大な闘争の真っ只中にいる。」これが判決理由の冒頭の文章である。これにドイツの内政・外交上の状況に関する長い文章が続いている。その後で 2 人の被告の犯行に関して認定された事実が述べられているが，そこでも繰り返し「民主主義の敵」，「戦争推進者」などの表現が登場し，全体が政治的プロパガンダになっていることが明白である。例えば冒頭の一文の後には次のような文章が来る。「西ドイツで戦争推進者は協力者を見出した。アデナウアー，レーアおよびドイツ民族のその他の人間の皮を纏った敵たちはますます再軍備を進め，ドイツ人を大砲の餌食に使わせるためにアメリカに用立てている。全ドイツ民族はこれに対して正当に抵抗している。しかし自らの目的を達するためにアメリカはこの抵抗を打ち砕くべくあらゆる試みを行っている。……挑発とサボタージュによってドイツ民主共和国で騒擾を引き起こす目的をもつ多数の組織が育てられている。RIAS を頂点にして西ドイツの放送局は，絶えざる煽動でこれらの組織を支援している。」このように判決理由はアメリカと西ドイツの戦争推進者と協力者が東ドイツで「平和と豊かさのための闘い」を押し潰そうと画策しているとしたうえで，その文脈に 2 人の被告の犯行を位置付けている。そうした理由づけに照らせば，裁判が文字通り見せしめのための政治劇だったのは明瞭であろう。

　被告側は直ちに控訴したが，6 月 4 日にエアフルト上級地方裁判所はこれ

を棄却した。そして刑が確定し，事件発生から4カ月後の9月6日には死刑が執行された。こうして事件は僅か4カ月でサイクルを閉じ，東ドイツで生きる多くの人々の脳裏に一つの重要な教訓を刻み込みながら，次第に過去の薄闇の中に埋もれていった。事件が掘り起こされ，その真相に今一度光が当てられるまでには40年近い時間が必要とされたが，それはムラスたちを強権によって葬りつつ構築された東ドイツの独裁体制が瓦解するのを待たなければならなかったからである。社会主義の名による独裁が存在する限り，事件を明るみに出し，真相を突き止めることは不可能だったのである。

因みに，基本法で死刑を否定した西ドイツと対照的に，東ドイツには死刑制度が存在していた。それが廃止されたのは，末期の1987年7月のことであり，国内政治的配慮によるのではなく，外交的な計算がその主要な動機だった。というのは，1975年のヘルシンキ最終文書で東ドイツは署名国の一つとして人権の尊重を国際的に公約していたのに加え，1980年代になると経済的苦境を打開するため西側からの借款に依存するようになり，対外的なイメージを改善する必要に迫られたからである。死刑廃止を決断したのは最高指導者であるホーネッカーであり，その右腕でシュタージを長年率いていたミールケは廃止に反対だったといわれる。現に彼はシュタージ幹部の前で必要とあらば裁判所の判決がなくても処刑せよと明言していたのであり，形ばかりの司法的手続きすら軽視していたのである[22]。

無論，死刑廃止に当たっては人道的配慮を重んじたという表明がなされたが，それは表向きの理由にすぎなかった。実際，廃止が発表されると，東ドイツ国内には驚きが生じたといわれる。なぜなら，廃止になる以前でも死刑の執行は反響を恐れて世論に対してはもちろん，遺族や関係者に対しても隠蔽されていたからである。すなわち，心臓疾患による死亡など虚偽の死亡原因が伝えられ，遺体もすぐに焼却され，匿名のまま葬られたのである。このため，一般の東ドイツ国民は自国に死刑制度が存続していることをほとんど意識していなかったのであり，したがって国内状況に照らせばこの時点での廃止の必要性は乏しかったといえよう。その意味で，廃止の直後の9月にホー

---

(22) Hans Michael Kloth, Der Henker kam von hinten, in: Der Spiegel vom 13.7.2007. 当時のDDRの状況に関しては，ヘルマン・ウェーバー，斎藤哲・星乃治彦訳『ドイツ民主共和国史』日本経済評論社，1991年，153頁以下参照。

ネッカーの初めての西ドイツ公式訪問が予定されていたことを考えるなら，死刑廃止はとりわけ西ドイツの世論を好転させる材料として使われたことは明白といわねばならないであろう。

なお，これまでに判明している限りでは，東ドイツで最後の政治犯として死刑に処されたのはヴェルナー・テスケという39歳の男であり，死刑が執行されたのは1981年6月26日である[23]。しかし東ドイツ時代には彼の妻には知らされず，初めて妻がそれを知ったのは，ベルリンの壁が崩壊した後の1990年のことだった。シュタージの大尉だったテスケは，社会主義を守護すべき立場にあったにもかかわらず，シュタージの資料を隠匿したうえ，西ドイツの情報機関である連邦情報庁（BND）に渡そうとしていたという容疑で逮捕され，外部を遮断した2日間の即決裁判で極刑に処されたのである。実際にはテスケにはBNDとのコンタクトはなかったとされるから，テスケの処刑は秘密の即決裁判が真実の解明を軽んじるものであることの例証になった。そこでは政治的方針が重視され，国家あるいは社会主義に対する裏切りや背信の疑いをかけられると，真偽を確かめないまま，公正な裁判抜きで厳罰に処されるのであり，この点では30年の時間で隔てられていても，ムラスたちの悲運とテスケのそれは共通していたといえるのである。

## 4. 政治犯と「くぼみのある社会」

東ドイツで政治犯として服役した過去をもち，シュタージの鋭い告発を行ってきた人物の筆頭にあがるのは，おそらくカール・ヴィルヘルム・フリッケであろう。1950年のいわゆるヴァルトハイム裁判で有罪とされて獄死した父をもち，本人も1955年にシュタージによって西ベルリンから東ベルリンに拉致され，1年以上ホーエンシェーンハウゼン拘置所に閉じ込められた後，スパイ罪で4年の懲役を強いられたからである。しかし本章ではそうした著名な人物は避けて，むしろ無名な人々に焦点を定め，ベルリン市とテューリンゲン州のシュタージ文書管理機関が公刊している著作を利用して，政治犯の二つの事例に照明を当ててみた。それを通じて浮かび上がったことや注目点などをここで簡単にまとめておこう。

最初にDDRの政治的司法を解明するため，シュタージのみならず，SED

---

(23) Chris Melzer, Nachschuß ins Hinterhaupt, in: Stern vom 22.6.2006.

地方支部，検察庁，裁判所，人民警察などの資料を精査し，その一部を編集したA. ヘルツの文章を記しておこう。民主的社会における司法の原則，すなわち，「どの容疑者も逆のことが証明されるまでは無罪と見做されるということはDDRでは当てはまらなかった。反対である。あらゆる容疑者は逆のことが証明されるまでは予め有罪と見做された。さらにその際，弁護を受ける権利は否認された。シュタージの拘置施設ではDDRの法律に照らしてすら違法な方法で取調べが行われた。初期のDDRの法的実践は階級司法だっただけではなかった。例えば見せしめ裁判や宣伝的で悪評高い判決文の形で，責任ある地位の者によってあからさまに威嚇し規律化する教育手段として利用されたのである[24]。」

　DDR司法の核心を衝くこうした記述を踏まえるとき，すぐ前に人々の脳裏に刻まれたと指摘した教訓について説明するのがよいであろう。その教訓とは次のことである。それは，社会主義に反対の者に対してはもとより，それを支持する者に対しても，SED支配に対して反抗的な態度をとることが処刑までをも含む重大な不利益を招くということである。本章で一瞥した見せしめ裁判の結果，死刑に処された2人の人物が本当に社会主義の敵対者といえるか否かは極めて怪しい。既に指摘したように，彼らがSED所属の村の幹部の反感を買っていたのは確かだとしても，反社会主義の行動をした形跡はないからである。また先に瞥見したツァーンにしても，社会主義を嫌って西ベルリンでベルリン自由大学に通った人物であっても，逮捕された東ドイツで不法を働いたわけではないし，社会主義に敵対する活動をしたのでもなかった。にもかかわらず，彼は現金と住所録の所持でスパイの疑惑を招き，7年の懲役刑に処される結果になった。これらのことが意味するのは，明確に社会主義に反対する行動だけではなく，その疑いを招くこと自体が厳罰に直結するということにほかならなかった。

　この関連では，2006年2月27日の『ターゲスシャウ』が詳しく報じている，ブロック政党に変質する以前のCDUや自由民主党（LDP）の立場を守っていために死刑やシベリアでの強制労働に処された3人の市民の悲運も注目に値しよう。シュヴェリーン付近に住む3人は経歴，年齢，立場が違っていたが，事実上の一党独裁に追随しなかった点で共通していた。しかし，積極

---

(24) Herz, op.cit., S.12.

的に SED 支配に反対したわけではなく，抗議を試みたり，抵抗運動を企てたりもしなかった。だから，家族はもとより，本人にも逮捕された理由が分からず，裁判で誤りが証明されるという期待をつないだが，結局，弁護人や証人のいない即決裁判で有罪判決が言い渡された。このようにして 3 人が「政治犯」に仕立て上げられて辛苦を強いられたのは，反対行動を起こす危険があると見做され，その脅威を未然に封じるという予防的措置のためだった。その場合，わずかな疑惑だけで逮捕の十分な理由になったのである。この点でシュヴェリーンの 3 人の運命はムラスなどと類似しているといってよいであろう[25]。

　このような事例も視野に収めるなら，あらゆる抵抗の萌芽を早期に実力で圧殺し，同時にみせしめによって市民を威圧することに DDR 指導部が躍起になっていたことが浮かび上がってこよう。DDR 初期は冷戦が朝鮮半島で熱戦に転化した緊迫した時期であり，反共で固まった西ドイツと DDR は最前線で対峙しなければならなかった。その上，ソ連の後押しで成り立っている SED 支配には広範な支持が欠如していた。そのような DDR の国内状況を M. フルブロックは「冷たい内戦」とさえ呼んでいる[26]。そうした不安定な情勢下で，彼女が指摘するように，DDR では「不安と仮想敵への偏執病的な恐れによって，それに備える監視抑圧機構が生じ」たのであり，「階級敵は至る所で活動している，学校でも，事業所でも，路上でも」という「パラノイア・メンタリティ」が指導部を特徴づけた[27]。反対派に対する予防的措置が無実の「政治犯」を作り出し，独裁の支柱としての司法が見せしめ裁判で

---

(25) DDR での「政治犯」を裁いた裁判の多くの実例が次の書に収録されている。Bundesministerium der Justiz, hrsg., Im Namen des Volkes?, Leipzig 1994; Politische Strafjustiz in der frühen DDR, dargestellt an ausgewählten Einzelschicksalen, zusammengestellt durch die Landesjustizverwaltungen der Länder Berlin, Brandenburg, Mecklenburg-Vorpommern, Sachsen, Sachsen-Anhalt und Thüringen, o.O. 2000; Gedenkstätte Berlin-Hohenschönhausen, hrsg., Politische Verfolgung in der DDR, Berlin 2003.

(26) Mary Fulbrook, Herrschaft, Gehorsam und Verweigerung, in: Jürgen Kocka und Martin Sabrow, hrsg., Die DDR als Geschichte, Berlin 1994, S.78.

(27) メアリー・フルブロック，芝健介訳『二つのドイツ』岩波書店，2009 年，131 頁。Fulbrook, op.cit., S.78.

市民を萎縮させたのは，その結果だったのである[28]。

それはともあれ，ムラスたちに対する司法の対応を見る限り，どの程度の効果があったかは定かではないにしても，RIAS をはじめ西ドイツの放送を聴くことがいかに危険を伴うかを一般市民に思い知らせるのに裁判が一定の役割を果たしたのは間違いない。またこれを広く捉えれば，西側とのなんらかの接触が疑惑を招き，奈落に陥る危険があることを痛感させ，自己抑制に導いたのも確かであろう。東ドイツを旅行して町の広場などで道行く人に話しかけるのが憚られた経験のある日本人は少なくないであろうし，市民の側にも関わりを極力避けようとする様子がみてとれたのは，個人レベルの問題などではなく，監視の目を警戒し，疑いを招くのを恐れるのに十分な抑圧体制があったからだと考えられる。

さらにまた，証人に対する威圧に見られるように，「民主的な司法」という標語に反し，東ドイツでは公正裁判は期待できないことが示されたのも見逃せない。とりわけシュタージの手に身柄が渡れば助かる道はないと信じ込ませる効果があったのは，処刑された 2 人の悲劇ばかりでなく，ツァーンの非運もまたよく示している。G. ガウスが東ドイツを「ニッチ社会」と命名したように，SED の活動家や出世志向の一部の人々を除き，DDR では多くの市民は上辺では体制に順応しつつ，自分の小さな殻に閉じこもって暮らしていたといわれる。またこの点について P. ベッツは，「DDR には私的領域が全くなかったかのように DDR 歴史学ではこの主題はほとんどいつも無視されてきた」と指摘すると同時に，ガウスのテーゼを批判的に継承しつつ，「社会的相互行為が厳格に監視されている世界では多くの人にとって私的領域は個人性，異質な意見，自分のアイデンティティ形成のための最後の退却場所だった」と記している[29]。この最後の逃げ場は，ニッチというよりは無数に

---

(28) クレスマンは初期の「DDR における政治裁判の犠牲者数は正確には把握できない」とした上で，懲役刑などに処された者のうちで「政治犯・経済犯の割合がどのくらいであったかはわからない。いずれにしても，その境界線は曖昧であった」と記しているが，そうした「曖昧さ」に DDR 司法の特徴が表出しており，その背景を確かめることが重要だといえよう。クリストフ・クレスマン，石田勇治・木戸衛一訳『戦後ドイツ史』未来社，1995 年，302 頁。

(29) Paul Betts, Alltag und Privatheit, in: Sabrow, hrsg., op.cit., S.316. C. シュタヴェノウも「私的なニッチへの退却」を指摘しつつ，その空間は「要求され

存在した小さくて目につかないくぼみに喩えるのが適切であろう。その意味で，DDR社会は「ニッチ社会」というよりは「くぼみのある社会」と呼んだほうが真実に迫っているように思われる。

ともあれ，DDRでそうした「私生活への逃避」が広範に見られたとすれば，その主要な理由が次の点にあったのは今や明らかであろう。それは，普通の市民にとってはDDRには自分の身の安全を確保する術がなかったことである。A.ファンダーは話題作『シュタージランド』（邦訳『監視国家』白水社）のなかで，「裁判官は判決の内容から懲役期間に至るまでシュタージから指示をうけ」，「弁護士，裁判官，全てが国家の中に組み込まれていた」と記しているが，弁護士をも一括するこの言葉が言い過ぎだとしても，司法の独立性が保障されず，裁判官が党の忠実な僕である以上，「個人が国家から身を守ることなど不可能だった」というのは真実に近かった[30]。たしかにDDRも名目上は法治国家に違いなかったが，ピーチュが力説するように，それは西側におけるような法の支配を意味するのではなく，社会主義発展の歴史的必然性に寄与し，進歩の道具となる社会主義的合法性を指していたのである[31]。そうした事情を考慮すれば，多数の人々が表面上はSED支配に従順のように装いながら，政治的アパシーの中で生きるのがもっとも安全だと考え，いわば精神的二重生活を続けていたのは不思議ではない。そしてゾビク事件での典型的な見せしめ裁判は，他の同種の裁判とともにこのような風潮を広げるのに一定の貢献をしたのは，今日から振り返って確実だと思われるのである。

この点に関しては，わが国の推理作家である松本清張にまつわる戦前期の

---

　　た政治的義務の公式の履行に対する対価」だったと述べている。Christoph Stawenow, Warum ist Deutschland noch nicht zusammenwachsen?, in: Deutschland Archiv, H.5, 2009, S.782.

(30) アナ・ファンダー，伊達淳訳『監視国家』白水社，2005年，53，129頁。DDRにおける司法の独立性欠如の要点については，Dieter Strempel, Politische Steuerung der Justiz in der Deutschen Demokratischen Republik, in: Heiner Timmermann, hrsg., Die DDR-Recht und Justiz als politisches Instrument, Berlin 2000, S.30f. 参照。

(31) Henning Pietzsch, Die DDR-ein Unrechtsstaat?, in: Gerbergasse 18, H.2, 2009, S.3ff.

エピソードが参考になる。作家になる前の若き日の松本は，共産党弾圧が熾烈化した1929年に「赤狩り」によって故郷の小倉で検挙された。その当時，松本の父親は飲食店を経営していたが，官憲を恐れて松本の蔵書をことごとく焼いてしまったのである。この一件について保阪正康は次のように記している。「これは，当時の日本の庶民が共産主義思想，あるいは共産主義が勃興してきたときに特高がどのように弾圧するか，その仕組みを知り始めたころで，まず恐怖というのが先立っていたことを物語っている。松本の父は，その誰もが持つ最初の恐怖で社会的な関心の広がりを狭めていった[32]。」ここでの共産主義を反共産主義に，また松本の父を東ドイツの一般市民に置き換えれば，ゾビク事件の意味が理解できよう。

　その一方で，政治をめぐって形成された「くぼみのある社会」が経済面での私生活中心主義と符合していた点にも留意すべきであろう。ここでもわが国の観察者の記録が役立つ。DDRを訪問したソ連研究者の袴田茂樹はある家庭に招かれた時の印象をこう綴っている。「この住まいの全体の調和のとれたシックなセンスといい，この立派な料理といい，かつてのドイツの高いレベルの『プロフェッショナリズム』を感じさせられるのであるが，このドイツ人がどうしてあのトラバントのようなひどいものを作りうるのか，その点がどうも合点がいかない。……この国でもやはり自動車工場のような『公』の職場では人々は本気で生きていないということなのだ[33]。」労働英雄を仕立て上げ，その偉業を賛美する政府の宣伝にもかかわらず，ソ連などと同様にDDRでも労働者の勤労意欲が低く，工場の機械や集団農場のトラクターは粗雑に扱われたが，他方で粗末な住まいや菜園がよく手入れされていたことはDDRを訪れた多くの人が気づいたことであろう。この面では抑圧ではなく利害が中心になるが，集団化と国営化を基軸にして上からの計画で動く社会主義の経済システムがそこで暮らす市民を私生活に埋没させていたことも，DDRの見落とせない一面だったのである。

　もっとも，私生活への逃避が社会の基調になったからといって，人々があらゆる面で窒息状態にあったかのように考えるならば行き過ぎといわねばならない。慢性的な物不足を特徴とするDDRで日常生活を送るためには相互

---

(32) 保阪正康『松本清張と昭和史』平凡社，2006年，50頁。

(33) 袴田茂樹『深層の社会主義』筑摩書房，1990年，186頁。

に援助しあうことが必要とされたし，利益主張が完全に封じ込められていたわけではなかったからである。例えば様々な消費物資はもとより，家財や車，あるいは住居の補修に必要な資材は容易に入手できなかったから，互いに融通し，助け合う関係が形成されたし，職場では労働組合とはいいながらSEDの事実上の下部組織になった自由労働総同盟（FDGB）に依存できなかったため，それに代わってノルマや労働条件に関して作業班が労働者の利益代表機能を担っていたのである。そればかりではない。M. フルブロックが強調するところでは，1960年代後半以降になると，支配の安定化とともに「コミュニケーションの儀礼化の過程が緩慢に進行した」結果，「社会的，政治的にいささかも活動的ではない市民たちもまた口を閉ざしていることは必要とされなくなった」といわれる。その意味で，管理と統制が徹底していたように見える「くぼみのある社会」にも互いが支え合う自主的な社会関係が形成されたのであり，競争と自助が優先される西ドイツでは経験できない人間的な温もりとして意識に刻まれていた事実に注意を払う必要がある[34]。そうした現実的背景を抜きにしては，統一からしばらくして東ドイツでオスタルギーすなわちDDRへのノスタルジーが広がった現象は理解不可能であろう。先述の書でファンダーは，DDR社会では「誰もが他のみんなのことを疑い，その疑いによってもたらされる不信感が社会における存在の基盤になっていた」と記しているが[35]，傾聴に値する指摘だとはいえ，やはり過度の単純化という疑念を払拭できず，割り引いて受け取るべきであろう。

　それはさておき，本章で取り上げた二つの事例にシュタージが登場するとしても，1950年に発足したばかりのシュタージが最初から密度の濃い監視

---

(34) Mary Fulbrook, Ein "ganz normales Leben"?, in: Heiner Timmermann, hrsg., Das war die DDR, Münster 2004, S.124. フルブロックはこうした側面を拡大して，DDRの支配構造を「参加独裁」と規定しているが，その適否に関しては慎重な考慮が必要とされよう。Mary Fulbrook, The People's State: East German Society from Hitler to Honecker, New Haven 2005, p.14, 292f. なお，作業班については，石井聡による綿密な検討がある。石井聡「東ドイツにおける日常生活世界」『大原社会問題研究所雑誌』552号，2004年，同「東ドイツにおける工業労働者の『社会的結合』」『歴史学研究』833号，2007年。加えて，木村明夫「東ドイツ『壁がん』社会の消費構造」『西洋史学』229号，2008年参照。

(35) ファンダー，前掲書43頁。

網を市民の上に張り巡らせていたと考えるのは適切ではない。確かにシュタージは東ドイツの末期には９万人の専従職員を擁し，それを大きく上回る非公式協力者を抱えるまでに成長した。けれども，J. ギーゼケの研究によれば，「階級闘争の激化」が唱えられて人員が増強された 1952 年に 8800 人，1950 年代半ばでも約１万５千人の専従職員がいたにとどまり，決して巨大な機構にはなっていなかった[36]。その意味で，「くぼみのある社会」はいまだ形成途上にあり，後に見られるような形姿をとってはいなかった点に留意が必要であろう。むしろ，それゆえにこそ司法を通じて死刑を含むあからさまな暴力が行使されたというべきであり，監視網が整備され，それを支柱の一つにして体制自体が安定化してからは抑圧はよりソフトになったといってよいであろう。事実，フォルンハルスたちがいうように，「初期の DDR を特徴づけた国家と社会の改造のための公然たるテロと過酷な抑圧政策は 1961 年のベルリンの壁構築に伴って終結した」のであり，その意味で，R. ラシュカの表現を使えば，1970 年代以降に DDR には抑圧体制の面で「相対的な正常性の時期」が訪れたのであった[37]。実際，1970 年代に国連加盟や CSCE メンバー国として DDR が国際社会で認知されると，シュタージは国際法上の規制や国際人権団体による監視を顧慮し，逮捕・監禁・拉致などの直接的な方法を抑制するようになったのである。

　他方，「くぼみのある社会」の形成については，1953 年６月 17 日に発生し，瞬く間に東ドイツ各地に飛び火した騒乱が極めて重要な位置を占めている事実も看過できない。その詳細にはここでは触れないが，それがその後の SED 独裁体制に明確な刻印を残したのは間違いないからである[38]。その騒乱は，一方では，あまりに過重な労働ノルマを強いれば抵抗と反乱が起こりうることを DDR 支配層に教え，一種の恐怖心を植え付けた点で画期的だった

---

(36) Jens Gieseke, Die DDR-Staatssicherheit: Schild und Schwert der Partei, Bonn 2000, S.19f.

(37) Clemens Vollnhals und Jürgen Weber, Einleitung, in: dies., hrsg., Der Schein der Normalität, München 2002, S.11; Johannes Raschka, Einschüchterung, Ausgrenzung, Verfolgung, Dresden 1998, S.7.

(38) 事件の詳細に関しては，Ilko-Sascha Kowalczuk, Das bewegte Jahrzehnt, Bonn 2003, S.48ff. のほか，星乃治彦『社会主義国における民衆の歴史』法律文化社，1994 年参照。

し，他方，普通の市民の視点からは，SED 独裁の背後にソ連の強大な軍事力がある限り，反乱は成功しないことを教訓として残したからである。さらに SED が推進する社会主義の建設に反対する者にとっては，まだ完全には閉じられていない内部国境を越えて西ドイツに逃亡するという選択肢が存在しており，これが無謀な反乱に駆り立てるエネルギーを減殺していたことも見逃せない。いずれにせよ，1950 年代初期の一連の見せしめ裁判の影響が大きかったとしても，それだけで「くぼみのある社会」が形成されたと考えるのは性急すぎるといわねばならない。6 月 17 日の騒乱の後に吹き荒れた参加者に対する処罰とそれを受け入れざるを得ないことによる諦念，ベルリンの壁の建設を事実上黙認した西側に対する不信感と SED 独裁体制と折り合いをつけて生き延びるしか道がないという諦念，「接近による変化」をモットーとするブラント東方外交の成功で東ドイツが安定し，自由化が当面は遠のいたことによる諦念など，東ドイツの市民が積み重ねた諦念が「くぼみのある社会」の基層に堆積していることを見失ってはならないのである。ベルリンの壁の建設後に東ドイツでは「壁病」と呼ばれる心理障害が広がったといわれるが，それはこの諦念の一つの表現であり，「くぼみのある社会」の底部に澱んだ鬱屈した心情が表出したものといえよう。オリンピックで金メダルに輝き，銀盤の女王として一世を風靡した DDR 出身のカタリーナ・ビットは半生記のなかで DDR の日常に触れ，「自由に旅行できる人が少ないとか，物が少ないとか，物々交換するとかいったことにもう国民は慣れっこでした。東独で毎日のように使われていた言葉がそれを表現していました。『どうしようもないさ』」と記しているが，その諦めは日用品の不足など物質面の原因によるだけではなく，政治的な原因からも発していたのである[39]。

## 5. 二つの問題点と今後の課題：結びに代えて

　以上で東ドイツの「政治犯」に関し，二つの事例とその注目点などを検討してきた。ここで取り上げたのは初期の事例であり，DDR が国際的にも承認されて安定化した 1970 年代以降とはひとまず区別すべきであるが，それ

---

(39) カタリーナ・ビット，畔上司訳『メダルと恋と秘密警察』文芸春秋，1994 年，28 頁。壁病については，永井清彦『現代史ベルリン』朝日新聞，1990 年，176 頁参照。

らが独裁体制下で「政治犯」と呼ばれた人々の原型を示しているのは確かであろう。F. ヴェアケンティンのまとめでは，東ドイツが存在した40年余りの期間には総数で約25万人の市民が政治的犯罪を理由にして拘束され，刑に服したといい，クナーベは20万人から25万人だったと述べている[40]。そのうちでほぼ半数は東ドイツからの逃亡を図ったためにシュタージの拘置施設や刑務所に押し込められたのであり，この人々も東ドイツでは紛れもなく政治犯だった。DDR逃亡は刑法上の犯罪だったし，DDR国家に対する反逆ないし裏切りという重罪だったのである。もっとも，ヘルツが指摘するように，ベルリンの壁が作られる1961年まではスパイやサボタージュに政治犯の重心があり，逃亡は二次的な意義を有するにとどまったが，それ以後はDDR逃亡が前面に出るという変化があったことにも注意を払うべきであろう[41]。いずれにせよ，これらの点を考慮するなら，東ドイツでは政治犯の外延が人権の保障された国々における通念より遙かに広かったというだけではなく，いわば恣意的に政治犯が作り出されたという意味でその輪郭が不分明だったところに特徴があるといえよう。政治的立場がどうであれ，東ドイツが標榜する社会主義に敵対し，それを何らかの方法で実行に移した人々が本来なら政治犯と呼ばれるはずだが，根拠の不確かな密告によって政治犯とされた人々がそのなかに相当数含まれているのは確実であり，現実には「政治犯」の範疇から外れるケースが少なからず存在したとみられるのである。

　他方，本章で光を当てたのとは異なるタイプの「政治犯」が同時期に存在していたことも指摘しておいたほうがよいであろう。彼らは統治される側にいた普通の市民ではなく，むしろ統治に協力する立場にいた人々である。SEDの事実上の独裁が確立される過程でCDUや自由民主党（LDP）などが衛星政党に化したのは周知の通りだが，その過程で「政治犯」とされた党員が少なくなかったのである。S. ズッコートが言うように，「この時期に政治的理由で迫害されたCDUやLDPの党員の総数はもはや確かめられない」が，近年の調査によれば，1945年から1961年までに政治的理由で逮捕された東のCDU党員だけでも確認しうる限りで1,972人に上るといわれ，ノイバー

---

(40) Falco Werkentin, Recht und Justiz im SED-Staat, Bonn 1998, S.99; Knabe, op.cit., S.15.

(41) Herz, op.cit., S.14.

トは両党で数千人が逮捕され，長期間服役するか強制労働を強いられたとしている[42]。

これに加え，支配し抑圧する機構の中枢にいた人々で「政治犯」になった者も存在する。例えば古くからの共産党幹部でSEDの政治局員も務めたP. メルカーは最高指導者ウルブリヒトと対立してL. バウアー，W. クライケマイヤーなどとともに1950年にSEDを除名され，1952年にシュタージに逮捕された。容疑はアメリカのスパイと接触していたことだった。またDDRの通商大臣の要職にあったK. ハマンは計画的な物資供給に対するサボタージュの廉で1952年12月に逮捕された。さらに1カ月後には外務大臣G. ディティンガーがスパイ容疑で拘束され，これには一連の逮捕が続いた。これらの幹部が本当にDDRに敵対的な行動をしていたのかどうかは定かではない。ただ明確なのは，当時，朝鮮半島での戦争勃発に見られるように冷戦が過熱していたのに加え，1952年にはSEDの第2回党協議会で社会主義の建設が宣言され，併せて階級闘争の激化が唱えられていたことが背景にあり，党の頂点から末端にまで及ぶ大規模な粛清が強行されていた点である。この粛清では支配の確立に伴って膨れ上がったSEDから10万人を大きく上回る党員が除名されたが，その点を考慮するなら，政策の失敗や停滞がすべてスパイによる破壊工作や西側への協力者のサボタージュのせいだとされ，スケープ・ゴートが仕立て上げられたのはほぼ間違いない。またその過程で，ウルブリヒトを中心にした指導部に対立する幹部に階級敵の汚名が着せられて排除されたのも確実であろう。ウェーバーやノイバートはこれらの人々を「党内反対派」と命名しているが，東欧圏の国々と同様にDDRでも指導部内の争いを解消し，党のスターリン主義化を徹底する必要に合わせ，支配機構の心臓部にいる者のなかから「政治犯」が作り出されたのである[43]。

それはともあれ，考察を結ぶに当たって最後に留意を要することが二つあ

---

(42) Siegfried Suckut, Parteien in der SBZ/DDR 1945-1952, Bonn 2000, S.89.

(43) Gieseke, op.cit., S.19; ウェーバー，前掲書262頁: Neubert, op. cit, S.61f. この問題に関しては，ヴァインケの論考が圧巻である。Annette Weinke, Die Instrumentalisierung von Staatssicherheit und Justiz für die Zwecke der innerparteilichen Säuberungen 1949-1954, in: Heiner Timmermann, hrsg., Die DDR–Politik und Ideologie als Instrument, Berlin 1999, S.507ff.

る。本章では本人もしくは関係者が著した著述に依拠している点，および僅かな事例を扱っているだけという理由から問題が残っていることである。前者については記述や資料操作の主観性や一面性という問題点が指摘できよう。また後者ではどこまで結論の一般化が可能かという問題がある。無論，これらの点に注意を促すとしても，そうした著作の意義を軽んじるわけではない。ギーゼケがいうように，「市民運動や犠牲者に近い研究によって，迫害，監視，抵抗がすべての次元にわたって再び歴史学的な意識の世界に入ってきた」ことは間違いないからである[44]。

　まず第一の点については，「書き留められた追憶は完全性を主張しないし，ましてや学問的な調査の成果だなどとは主張しない」という，ザクセン＝アンハルト州のシュタージ文書管理機関の著作に序文を寄せたE. アールベルクの言葉がそのまま当てはまる。記述は今では確かめられない記憶に大きく依存しているし，利用されている資料についてもシュタージ文書のようなものが含まれていて貴重だとはいえ，必ずしも精査されているとはいえないからである。アールベルクは手記について，「確かにいくつかのエピソードや記憶は開示されたシュタージ文書や裁判資料で名前と出来事が追体験できる」ようになったことに注目している。けれども，彼女も指摘するように，やはりそれらが基本的に「年金を受け取る年齢に達した当事者の若いころの体験についての遅まきの回想」であることを確認しておくことが必要とされよう[45]。一見すると確実で信頼できるように思える体験や記憶であっても，そこには問題が潜んでいるのであり，この点についてはメディアと関わらせた次のような一般的な指摘が留意されるべきであろう。「国民的出来事はドキュメンタリー映画やテレビ・ニュースで繰り返し流されている。さらにその時代を扱ったドラマや小説も数多く流通している。そうしたメディアによって整理され再編された『記憶＝歴史』の上で，私たちは自分の体験を

---

(44) Jens Gieseke, Zeitgeschichtsschreibung und Stasi-Forschung, in: Siegfried Suckut und Jürgen Weber, hrsg., Stasi-Akten zwischen Politik und Zeitgeschichte, München 2003, S.223.

(45) Edda Ahrberg, Vorwort, in: Landesbeauftragte für die Unterlagen des Staatssicherheitsdienstes der ehemaligen DDR in Sachsen-Anhalt, hrsg., Vom Roten Ochsen geprägt: Lebensumstände politischer Häftlinge von 1944 bis 1956, Magdeburg 1996, S.4.

位置づける。同時代を生きた人間の記憶も，そうしたメディアが再編した『歴史化した記憶』の枠組みから自由には存在しえない[46]。」

　これに対し，第二の事例の問題に関しては，市販されている多くの著作に加え，前述した各州のシュタージ文書管理機関から被害者自身の手記や研究者の著述がいくつも送り出されているので，それらによって今日ではある程度まで補うことができる。それどころか，それらを合わせれば，「シュタージに監視されていて，開示後に自分の文書を閲覧したかつてのDDR市民が書いた，多かれ少なかれ個人的な色彩のケース叙述のほとんど見渡しがたい数」に嘆息に近い声さえ聞かれるほどである[47]。例えば1999年にエーバーハルトが記しているところによれば，その時点ですでに「調査の限りでは，SBZのソ連の特別収容所とDDRの収容所におけるかつての虜囚によって240以上の本が刊行されているが，それらのうちで評価を得，あるいは知られるようになったのはごく僅かである」のが現実だったといわれる[48]。その中からあえて2，3の例を挙げるなら，手記ではメクレンブルク＝フォアポンマーン州の管理機関が編んだ，„Opfer der SED-Herrschaft aus Mecklenburg-Vorpommern erinnern sich an die Jahre 1945 bis 1989"（Schwerin 2001）に11のケースが収められていて貴重であり，ザクセン＝アンハルト州のそれから出ている „Betroffene erinnern sich" シリーズの一冊である，„Vom Roten Ochsen geprägt"（Magdeburg 1996）にも7人の体験が収録されているので一読に値する。また研究では，ベルリン市の管理機関から世に送られた，Jutta Braun/Nils Klawitter/Falco Werkentin, Die Hinterbühne politischer Strafjustiz in den frühen Jahren der SBZ/DDR（Berlin 1999）などが重要であろう。

　被害者の立場からの著述は苦悩に満ちた体験のゆえに同情を誘い，上記の

---

(46) 佐藤卓己『8月15日の神話』筑摩書房，2005年，27頁。A. エーバーハルトも同趣旨の指摘をしている。Andreas Eberhardt, Erzählte und geschriebene Lebensgeschichte, in: Friedhelm Boll und Annette Kaminsky, hrsg., Gedenkstättenarbeit und Oral History, Berlin 1999, S.129ff.

(47) Gieseke, Zeitgeschichtsschreibung und Stasi-Forschung, op.cit., S.221. なお，ギーゼケはアールベルクと同様に，それらが「DDRの回顧的な脱正当化の努力」の文脈にあるとしながら，学問的信頼性がかなり限られていると述べている。Ibid., S.222f.

(48) Eberhardt, op.cit., S.132.

アールベルクが警告するように，被害者を無意識に「普通の人間」ではなく「殉教者」に仕立て上げる傾向を招きやすい。それだけに，これらの著作を渉猟し，視角の制約や内容の信憑性などを冷静に比較検討する作業が必要とされるのであり，そうした努力を重ねれば，DDR の抑圧体制を客観的に把握する可能性が開かれると思われる。同時に，そうしたアプローチによって，機構の面に関心が傾斜している嫌いのある研究動向に引きずられず，抑圧体制をいわば市民の目線に立ち底辺から捉えることもできるであろう。ドイツ統一によって東ドイツ地域の多数の市民がようやく掴んだと思った豊かさは，たちまち大量失業の色濃い影に蔽われた。そしてそのフラストレーションや2級市民という屈辱感を土壌にして，物質的には貧しくても生活が安定しており，競争ではなく助け合いが広く見られた東ドイツ時代を懐かしむ「オスタルギー」すら近年では広がっている。こうした事情を考慮するなら，感傷によって美化されがちな東ドイツの負の側面を明確にしておくことの重要性は一層高まっているといってよいかもしれない。

# 第 4 章　DDR 初期の抵抗運動
— 三つのケース —

## 1. はじめに

　米ソを主軸とする冷戦が激化し，ドイツ分断が決定的になったのを反映して，1949 年に西ドイツと東ドイツが相次いで建国された。これに伴い，反共主義が吹き荒れる西ドイツからソビエト占領地区ないしは略称で SBZ，あるいは単に地区を意味するツォーネとだけ呼ばれた東ドイツでは，1952 年に開催された社会主義統一党（SED）の会議で社会主義の建設の方針が決定され，公式に国家目標に据えられた。同時にまた，それと並行する形で政治と経済のシステムのスターリン主義化が強権的に推進された。こうしてナチ時代と同様に言論の自由などが封じられたのに加え，それまでに実施された大土地所有の解体に続いて農業の集団化などが推し進められたのである。

　無論，東ドイツ地域の人々がそうした事態を唯々諾々と受け入れたわけではない。一方では多数の市民が口ではなく足によって DDR の支配体制に反対を表明した。東から西に逃亡する大規模な人の流れが生じ，高低の波動を伴いながら連綿と続いたのである。その性格は複雑であり，社会主義に敵対する人々が多数に上ったのは当然としても，他方には社会主義者でありながら逃亡した人々も少なからず含まれていた。実質的な独裁政党として DDR を支配したのは SED だったが，東ドイツ地域の社会民主党が共産党に合体されて 1946 年に SED が成立し，まもなく社共対等の原則が反故にされた時，これに反対した社会民主党員が西ドイツに逃亡した事実を想起すればここでは十分であろう。

　もちろん，他方には DDR にとどまり，スターリン主義化に対して抵抗を

行った人々も存在していた。その点では，DDR 末期にハンガリーなどを経由して逃亡する動きと国内で民主化を求める市民運動が相乗的に拡大したのと類似している。違っているのは，DDR 初期にはそれらがいずれも抑え込まれたことであり，その梃子になったのが，今日では存在がよく知られるようになったシュタージである。DDR 建国当時から抵抗グループは各地にいくつも形成されたが，これまでに個々の事例について研究が進められているものの，現在のところなお極めて不十分な状態にあるといわねばならない。そうした状況を考慮し，ここでは三つの事例を紹介することにするが，それは同時に DDR 初期の「政治犯」に関する第 3 章の補足でもある。というのは，そのうちの一つはやはり「政治犯」として裁かれ，1950 年代初期にソ連で銃殺刑に処されたドイツ人に関する事柄だからである。

## 2. DDR 初期の政治的暴力

　DDR 建国初期に政治的暴力の嵐が吹き荒れたことは，第 3 章で取り上げた事例で示したとおりである。そこではあえて無名の人物に光を当てたが，政治的暴力の代表例と呼ぶべきなのは，やはりヴァルトハイム裁判であろう。ドイツの敗北後，東ドイツ地域を占領したソ連は，1950 年に非ナチ化の名目で各地に設置していた特別収容所を全て閉鎖する方針を決定し，収容していたナチ活動家，戦争犯罪人，反社会主義ないし反ソ分子たちを DDR 側に引き渡した。これを受けて DDR 政府が約 3400 人の「犯罪人」をザクセンの小都市ヴァルトハイムに集め，即決で処罰したのが世に言うヴァルトハイム裁判である。

　裁判とはいうものの，その実態が法治国における通常のそれから懸け隔たっていたことはいうまでもない。そのことは，裁判が行われたのが 1950 年 4 月 21 日から 29 日までの 10 日足らずという短期間であった点に如実に示されている。実際，大抵の場合，審理は数分間で片付けられ，ソ連側が作成した裁判資料の検証も行われなかった。また，わずかな例外を除くと，被告をサポートすべき弁護人のような関係者の立ち会いも認められなかった。さらに裁判を進めた裁判官と検事はソ連占領下での速成教育で養成され，なによりも SED に忠実な人物たちだった。こうして即決裁判の結果，32 人が死刑の判決を受け，1,829 人が 15 年から 25 年の懲役に処される一方，5 年以下の刑期だったのは僅かに 14 人だけという史上稀に見る暴虐な「裁判」

が行われたのである。戦時期に R. フライスラーの率いる名ばかりの民族裁判所で抵抗運動参加者が裁かれ，プレッツェンゼーなどで処刑されたことはよく知られているが，10年も経たないうちにそれに類似した名目だけの裁判が発足したばかりの DDR で再現されたのである。

　このように DDR の建国初期に司法に名を借りた政治的暴力が吹き荒れたが，実はヴァルトハイム裁判以外にも同種の政治的惨劇が繰り広げられた。それは最近になってようやく全容が明らかになった出来事である。

　バウツェン記念施設とフリードリヒ・エーベルト財団の協力で1990年のドイツ統一以来続けられているバウツェン・フォーラムは2006年で17回目を数えるが，5月4日と5日の両日に開かれた今回のフォーラムでは「不法国家の民主主義者たち」というテーマが取り上げられた。この場では著名なドイツ現代史家ヘルマン・ウェーバーの「強制統合と国民戦線の間の SBZ/DDR の政治システム」と題した講演と質疑などが行われた。しかし，筆者から見て圧巻と映るのは，むしろ付随的な行事の方である。すなわち，「バウツェン記念施設での特別行事」の名目で行われた展示とそれを巡る証言などがそれである。その展示には，「モスクワで銃殺されて：モスクワ・ドンスコエ墓地に眠るスターリン主義のドイツ人犠牲者1950－53年」というタイトルがつけられている。

　この展示ではこれまで埋もれていた政治的暴力の多くの実例が掘り起こされて紹介されている。それはドイツ連邦政府の基金で運営されている SED 独裁解明財団がロシアの民間団体「メモリアル」やドイツの研究機関「事実とファイル」と協力して続けてきた調査の成果である。その経緯については調査に携わった J. ルドルフがフォーラムの場で説明しているのでここでは省略するが，これらの関係機関の努力により，社会主義建設という大義の陰で1950年代初期にモスクワで銃殺刑に処されたドイツ人のうち，927人がドンスコエ墓地に埋葬されている事実が確かめられ，彼らが銃殺されるに至った経緯が突き止められたのである。銃殺されたドイツ人の多くは東ドイツ地域を占領したソ連の軍事法廷で死刑を宣告され，モスクワに移送されたうえでソ連の情報機関 MGB によって銃殺された。ほとんどの場合，容疑とされたのは西ドイツもしくは西側情報機関のためのスパイ活動や DDR 国内における破壊活動だった。処刑された927人のうち女性は60人で少なかった。しかし，生徒，実習生，大学生などが約290人も含まれており，25歳

以下の若者が全体の 35% を占めていた。

　成果の全容は展示と同じタイトルで，A. ロジンスキほか『モスクワで銃殺されて』(2005 年) と題してメトロポル出版社から公刊されている。またそれに引き続いてルドルフの尽力により，ベルリン出身の犠牲者に関する著作とザクセン出身者に関する著作が『モスクワで処刑されて』という類似の表題で送り出された。しかし，フォーラムの席ではこれらに収録されていない事実も明らかにされた。ルドルフが報告でナチの地区組織の活動家や国防軍の将校だった人物など処刑された幾人かの事例を取り上げたが，それと並んで生き残りの 1 人である G. シュマーレが証言し，処刑された若者についての生々しい実例を語ったのである。

　このシュマーレの証言に関しては，E. ハイツァーの小冊子『アルテンブルクでの抵抗 1948 − 1950 年』(2006 年) や S. リュッデマンの著書『スターリンに抗する 50 ヘルツ』(2007 年) などによって信憑性が裏付けられる。またそこに登場する人物の略伝は，ロジンスキたちの前記の著作だけでなく，A. ザクゼほか編『銃殺刑の判決を受けて』(2006 年) でも確認できる。そこで，これらに依拠して DDR 成立期のアルテンブルクにおける抵抗運動とそれに纏わる悲劇に光を当てることにしよう。

## 3. アルテンブルク・サークル

　第三帝国が崩壊し，東ドイツ地域がソ連軍に占領された後も，ソ連を後ろ楯とする共産党が住民の間で優位を占めていたわけではなかった。そのために支持者の多い社会民主党が共産党に合体されて 1946 年に SED が設立されたのである。党名が社会主義統一党とされたのはこうした経緯を示しており，対等な合同を装うためだった。社会民主党の内部にはこの強制的合同に反対するかなりの党員がおり，確約された対等の原則がすぐに蹂躙されることを危惧したが，事態はその通りに進行した。また社会主義への特殊なドイツの道という理論もすぐに放棄された。1948 年に米英仏 3 カ国の占領下にある西ドイツで断行された通貨改革とその直後に始まったベルリン封鎖で東西間の緊張が高まったが，そうした情勢下の 1949 年初頭に開催された第 1 回党協議会でこの変更に決着がつけられ，同時にスターリン主義化が開始された。すべての組織が上部機関の指導下に置かれるという民主集中制が組織原則とされ，規律が強化される一方で，反共主義者の K. シューマッヒャーに代表

される西ドイツのSPDが社会民主主義の真実だとして反共勢力の一翼と見做された社会民主主義との闘争が掲げられ，合同で組み込まれた社会民主党の勢力は骨抜きにされた。事実，コヴァルチュクによれば，1948年から1950年の間に約20万人のかつての社会民主党員がSEDから排除されたほか，5千人以上が逮捕され，数百人が東ドイツの監獄やソ連の労働収容所で命を落とした。さらに1949年10月のDDR建国に伴って「民主ドイツ国民戦線」が結成され，これによって共産党系が中心になったSEDの指導的役割が確立されるとともに，それまでに既に名目だけになっていた複数政党制は完全に形骸化された。このような動きの中で抗議や抵抗に立ちあがる市民が出現したが，その中心になったのは若い大学生や生徒たちだった。ナチ独裁の生々しい経験を踏まえて，独裁体制が再来するのを恐れ，強く拒否したからである。アルテンブルクでの抵抗グループもまた，こうして民主主義が幻影に化していくなかで形成されたのである。

　シュマーレによれば，ドイツの敗戦後，ライプツィヒの南に位置し，テューリンゲン州に属する小都市アルテンブルクの上級学校ではソ連型の独裁体制の是非を議論する生徒と教師からなるサークルが形成された。第三帝国の瓦解から日が浅く，ナチの犯罪が鮮烈だったことを背景にして，全体主義的独

図4-1　アルテンブルクの上級学校

裁の再来を憂える気持ちが共有されていたからである。教師ではW. オスターマンとS. フラクが中心になり，生徒ではJ. ブレーデルとJ. グリュンヴェーデルが核になった。授業では民主主義の精神的基礎とともに，ナチに類似した抑圧体制が出現しつつあることが間接的な形で問題とされた。彼らの周辺ではいわれのない逮捕が相次いだばかりでなく，時には忽然と人が姿を消してしまったために，ソ連の支配とそれに支えられたSEDへの権力集中は新たな独裁体制の出現を予感させたからである。

　その際，アルテンブルクだけでなく，他の地域の青年にとっても格別の意義をもったのは，白バラ運動で知られるショル兄妹の行動だった。この点について抵抗運動参加者のA. バイヤーは次のように回想している。「1943年の彼らのビラを読むと，ナチ・レジームとスターリン主義の類似性がとりわけ明瞭になった。ナチ党をSEDに，ヒトラー・ユーゲントを自由ドイツ青年団に，ゲシュタポをシュタージに置き換えればよいからである。ナチ独裁に対する政治的抵抗はこうして我々には全く別の光の中に浮かんできた。克服された過去はもはや問題ではなく，現在の政治的発展が問題だということである。」このようにしてSEDが推進した反ファシズムのプロパガンダは白バラを梃子にして逆効果をもたらした。ヴェアケンティンが指摘するように，「ショル兄妹との取り組みは新たな一党独裁に対して目を見開き，正確にする」役割を果たしたからである。こうした背景からアルテンブルクでは1949年春までに民主主義を唱える二つのグループが形成されたが，互いに面識があることから緩やかな接触が維持され，やがて合体した。教師のオスターマン，フラクのほかに生徒のH.J. ネーターが中核になり，グループには20人余りが参加していた。

　活動としてはビラを作って撒くこと，ポスターを貼ること，西ベルリンから密かに持ち込んだパンフレットを配布することが中心だった。例えば彼らが作成したポスターの左右には公認の青年組織である自由ドイツ青年団（FDJ）とヒトラー・ユーゲントの若者が制服姿で描かれ，その上には「昔と今」と記されて両者の同一性が誰にもわかる構図になっていた。またアルテンブルクの目につく場所，なかでも支配権力の象徴であるSED支部の建物や警察署に自由を意味する大文字のFが描かれたステッカーが貼りつけられたりした。F.-W. シュロマンによれば，西ベルリンに本拠を置き，共産党支配に抗した「非人道性に対する闘争集団（KgU）」という組織が東ドイツ地域に

大量のビラなどを持ち込むと同時に、「東の地区の住民に対して到る所で秘密裏に自由のシンボルとしてFの文字を描きつけるように呼びかけていた」から、生徒たちの行動はこのアピールに呼応するものであったことは明らかだった。けれども、こうした生徒と教師の行動を校長のフォスは知っていたにもかかわらず、同じ立場から黙認していたという。

しかし、アルテンブルクのような小都市では住民が互いを知っているために体制を批判するビラ配りなどは危険が極めて大きかった。そのため、シュマーレにラジオ技術の知識があったことから、ラジオで宣伝を行う計画が立てられた。このため、学校の放送設備の一部が利用されたほか、無線機のある近郊の軍用飛行場をはじめとしてあちこちから必要な材料や部品がかき集められた。その結果、1949年春には態勢が整い、12月21日のスターリンの70回目の誕生日に催される祝典に合わせて放送を行うことに決定した。放送はブレーデルの家から行うことになり、アンテナの設置、機材の管理、マイク担当、家の見張りなどを分担した。そして当日、ピークDDR大統領の祝辞に割り込んで、政治犯の釈放や自由選挙を訴える放送を流したのである。電波が届いた距離は正確には分からないが、最大で30キロ先で受信できたといい、当時としては大きな成功だったとシュマーレは述べている。しかし、ハイツァーはほとんど誰も聞けなかったとし、放送は失敗だったと指摘していて、見方は分かれている。

関係者が逮捕されたのは1950年3月である。それまでの間にどのような活動が行われたかや、逮捕に至った経緯などにはシュマーレは触れていない。既にDDRが建国されていたにもかかわらず、逮捕された者の身柄はすぐにソ連軍に引き渡された。ソ連軍司令部で取調べを受けた後、当初は21人だった逮捕者のうち15人はヴァイマルのソ連軍中央刑務所に移送された。そして同年8月まで取調べが続けられ、9月8日に刑務所に付設された教会で15人の裁判が開始された。逮捕者たちの着席順はあらかじめ決められており、判決での刑の重さに対応していたことから、判決は最初から決まっていたとシュマーレは指摘している。

裁判では審理のために6日が費やされただけだった。しかも時間の多くは裁判長のとりとめのない話とその通訳で占められたうえ、被告には弁護人がつけられず、また審理で発言する機会も与えられなかった。こうした形ばかりの司法的手続きで9月13日には判決が言い渡された。被告たちは最高刑

である25年の強制労働を覚悟していたが、死刑は予期していなかった。死刑は1946年にソ連で廃止されていたことを彼らは知っていたからである。1950年初めにソ連でそれが復活したことはDDRでは周知されていなかったのである。グループの中心だったオスターマン、フラク、ネーターに銃殺刑が言い渡されたとき、被告席に驚愕が走ったのはそのためである。この予想外の展開から、引き続いて判決を受ける被告の誰もが自分も死刑に処されると思い込んだ。その結果、3人以外は5年から25年の刑になったのに、その宣告を被告たちは上の空で聞いたという。

この判決の数日後にもシュマーレの友人L.ハイネが銃殺刑を宣告された。この4人の死刑についてグループの関係者は減刑を期待していたが空しかった。オスターマンたち3人が判決から3カ月後の1950年12月に、そしてハイネが1951年4月にモスクワで銃殺刑に処されたことを生き残ったシュマーレたちが公式に確認できたのは、54年の歳月が経過してからだった。この知らせとほぼ同時の2004年には謝罪の言葉を添えないまま、名誉回復の文書がモスクワから送られてきた。

死刑を免れたシュマーレたちは、バウツェン、ヴァルトハイム、トルガウなどDDR国内の収容所を転々とした後、自由の身になった。とはいえ、収容所で彼らには苦しい経験が焼き付けられた。そこでは例えば奥行き33メートル、間口12メートルの空間に400人もの若者が押し込まれていたから、机やテーブルのスペースもなかったし、その上、飢餓と不衛生がひどかったからである。働くこと、読むこと、書くことは禁止されており、全員が栄養不足に苦しんだ。シュマーレ自身は体重が35キロまで落ちたという。「私の生涯でこの当時以上に多くを学んだことはない」と彼が語っているのは決して誇張ではないであろう。

以上で主にシュマーレの証言に基づき、銃殺刑に処されたアルテンブルクの4人の例に即して上級学校の生徒と教師による抵抗運動の一端を簡単に紹介した。次に抵抗運動のもう一つの事例として、ザクセン州の南西部に位置する小都市ヴェルダウにおけるそれを見ることにしよう。

## 4. ヴェルダウ・サークル

人口3万人ほどの地方都市ヴェルダウでは上級学校に在学する生徒を中心に若者が集まり、発足したばかりのDDRを批判する活動を行った。そのた

めに彼らは逮捕され，1951年に総計で130年の懲役刑に処されることになった。ヴェルダウの抵抗運動に関する唯一のまとまった著作は首謀者の1人とされるA. バイヤーの手になる本だが，それが『判決　130年の懲役』(2003年) と題されているのは，ここに根拠がある。また主としてDDRの政治的司法を研究しているF. ヴェアケンティンも著書『SED国家における法と司法』(1998年) のなかで生徒，学生，青年労働者などの抵抗運動の代表例としてヴェルダウのそれに論及しているので，それらに依拠して概略を描くことにしよう。

　ヴェルダウでの抵抗運動の契機になったのは，建国から1年ほど経った1950年10月15日に実施された人民議会選挙だった。1949年のDDR憲法は多くの条項でヴァイマル憲法をモデルにしており，言論，出版，集会，信教の自由などを保障すると同時に，選挙権についても「普通，平等，直接，秘密の選挙」を規定していた。しかしDDRでは1949年以降SEDの事実上の一党支配が確立され，政治権力が同党の指導部に集中されるとともに，他面では党内の民主主義が空洞化されたのであった。そしてこれに対応して，国民によって選ばれる代表はどのレベルであれ単なる外形にすぎず，代表として行動する自由は許容されなかったので選挙は有名無実となり，SEDの独裁を隠蔽する手段に化した。1950年の選挙を焦点に据えた論考でM. ビーネルトはDDRの歴史を「見せかけの選挙の歴史」と呼びつつ，「DDRにお

図4−2　ヴェルダウ・サークルの生徒たち (1950年のダンス会)

(出典) Ilko-Sascha Kowalczuk und Tom Sello, hrsg., Für ein freies Land mit freien Menschen, Berlin 2006, S.107. 数字のついている人物が抵抗運動関係者。

ける選挙とその実施の分野はSED独裁を理解する実り多い入口になる」と指摘しているが，1950年のそれは「DDRの選挙のモデル・ケース」になったのである。

　1949年のDDR建国とともにすべての政党と団体が結集した「民主ドイツ国民戦線」が結成された。そして1950年10月の人民議会選挙に向け，国民戦線は候補者の統一リストを作成することが同年5月に決定された。このことは様々な主張を持つ者が自由に立候補することが認められず，投票の際にも選択肢を奪われて国民がリストに対する賛否の意思表示しかできないことを意味したから，自由な選挙の実質的な否定にほかならなかった。最初はキリスト教民主同盟や自由民主党は統一リスト作成に同意しなかったが，SEDの圧力に屈して譲歩した。この点で，統一リストによって「これまでの複数政党国家は最終的な転換を遂げた」というH. ウェーバーの指摘は正しい。実際，選挙結果は投票率98%，有効投票の99.7%が統一リスト支持であり，国民戦線の候補者に反対したのは3万4千人にとどまるという形骸だけの選挙になり，人民議会とこれを操縦するSEDには民主主義的正統性は与えられなかった。そしてヴェルダウにおける若者の抵抗はこの弱点を鋭く衝いたのである。

　1951年の起訴当時に17歳から19歳の上級学校の生徒を主体とする若者たちは，アルテンブルクの生徒たちと同様にナチ支配とその蛮行の記憶が強烈であり，独裁を繰り返してはならないというのが行動の原動力だった。そのために最初は超党派的だった自由ドイツ青年団（FDJ）にも彼らの多くは積極的に参加し，新しい民主的な社会の建設に努めたのである。それだけにSED独裁体制が確立されていく過程は彼らに深い幻滅をもたらした。政敵が排除され，政治テロが横行し，言論が封殺されるのと同時に，学校では党の方針に合わない意見表明が禁止され，ナチと闘った共産主義者の献身的行動が美化されたからである。

　こうした情勢の下で実施された人民議会選挙に当たり，若者たちが行動を起こしたのは不思議ではなかった。彼らは選挙とは名ばかりの人民議会選挙に反対し，ボイコットを呼びかけるビラを密かに作成して配布し，あるいは町中の公共施設などに貼り付けた。例えばそこにはこう記されていた。「我々は皆，平和を，自由の中でのドイツの統一を希求している。人民の裏切り者をつまみだせ。選挙にノーで応えよ。」また近隣の町での同様の行動で逮捕

され，その際に警官に怪我を負わせたために上級学校生徒ヘルマン・ヨーゼフ・フラーデに対して裁判で死刑判決が下ると，グループはこれに抗議するビラを撒いたりしたのである。

彼らが共鳴したフラーデは1932年生まれで当時18歳の若者であり，戦後の困窮した家庭事情のため鉱夫としてソ連の所有となったウラン鉱山で働いたが，1950年に学業に復帰した。そして学校に戻ると直ぐに単独で人民議会選挙を告発する手製のビラを撒く活動を始めたのである。しかし，選挙前夜のビラ撒きの際に人民警察官に見つかり，もみ合いで警官をナイフで負傷させて2日後に逮捕された。しかし彼はシュタージの取調べに屈せず，裁判でも「正義は100パーセント私の側にあると信じる」と主張して節を曲げなかった。そのため，SEDによって動員された1200人もの傍聴者が見守る中で，1951年1月10日にフラーデを極刑に処す判決が言い渡されたのである。けれどもこの判決は憤激を引き起こし，西ドイツからの抗議の声などが加わったために執行が中止され，判決から10日も経たない1月19日に開かれた第二審の法廷で15年の懲役に軽減された。この減刑はもっぱら政治的考慮に基づくものであり，即座の変更である点でも司法の独立性の欠如を如実に示しているといえよう。けれども，このような譲歩にもかかわらず，フラーデ裁判を契機にSED独裁に反対するヴェルダウでの青年グループの行動はその後も数カ月続いた。彼らは政治テロに反対し，住民を監視するスパイ活動を告発したのである。

その間，当局は必死に捜査を続けたものの，犯行グループを突き止めることができなかった。しかし1951年5月18日から翌日にかけての夜間にパンフレットを戸別に配布していたケルナーとミュラーの2人が警官に捕まった。そのため急遽逃亡の方法と経路が話し合われたものの，実際に逃亡に成功したのは僅かだった。中心人物だったバイヤーは翌朝に2人の警官が自宅に来た時，庭伝いに逃げようとしたが失敗した。こうしてグループの主要な活動家はすべて逮捕され，その影響で次の日の学校では空席が目立ったのである。

19人の生徒，徒弟，労働者が起訴されたが，その中には18歳未満の若者が7人含まれていた。ツヴィカウで行われた裁判は1951年10月3日の午前10時に始まった。傍聴が許されたのは政治的に信用できる人々だけであり，被告の身内や友人は締め出された。また新聞報道も禁止された。起

表 4-1　判決の一覧

| 名前 | 年齢 | 懲役年数 |
| --- | --- | --- |
| ヨアヒム・ゲプラー | 18 | 15 |
| カール・ハインツ・エッカート | 16 | 14 |
| ゲアハルト・シュナイダー | 19 | 13 |
| テオバルト・ケルナー | 18 | 10 |
| ジグリット・ロート | 17 | 12 |
| ハインツ・ラッシュ | 18 | 10 |
| ヘルマン・クラウス | 18 | 6 |
| アヒム・バイヤー | 19 | 8 |
| ゲアハルト・ビュトナー | 16 | 6 |
| ゴットフリート・カルク | 18 | 5 |
| ジークフリート・ミュラー | 19 | 5 |
| ギュンター・フリッチェ | 17 | 7 |
| グドルン・プレーヤー | 17 | 2 |
| エトガー・ゲルトナー | 17 | 2 |
| マンフレート・シュテッツ | 24 | 3 |
| ギュンター・カーラー | 17 | 3 |
| アンネリーゼ・シュテッツ | 25 | 2 |
| ヴォルフラム・シュラー | 18 | 2 |
| ヴァルター・ダスラー | 31 | 5 |

(出典) Achim Beyer, Urteil:130 Jahre Zuchthaus, Leipzig 2003, S.14.

訴状には被告たちが連携してDDRに対する抵抗グループを作ったことだけではなく，西ベルリンを本拠とする「非人道性に対する闘争集団（KgU）」と連絡を取っていたとされ，その指示に従って煽動ビラを作成・配布していたとされた。そればかりではない。グループは「アメリカ帝国主義と再生しつつあるドイツ帝国主義のために第3次世界大戦になったらDDRとソ連に対しパルチザンとして武器を持って戦う用意があると表明していた」ことが罪状とされたのである。ここには事実と捏造が混合されているだけでなく，アメリカと西ドイツの帝国主義を敵視する政治裁判特有の論理が明確に示されているといえよう。

　それはともあれ，同日に裁判を知ったDDR首相でSPD出身のグローテヴォールは西側での反響を憂慮して司法大臣フェヒナーに直ちに連絡し，裁判を中止するように指示した。これを受けてフェヒナーは判決の言い渡しを延期させるために即座に局長をツヴィカウに派遣した。しかし彼が到着したのは判決が言い渡された後だった。というのは，判決はその日の夜，つまり即日に下されたからである。そのため，彼にできたのは，DDRの新聞では裁判について伏せる措置をとるように指示することだけだったが，それもまた手遅れであり，結局，裁判の情報は西側に洩れ，グローテヴォールの憂慮は現実になったのである。

　裁判のためにDDRの悪評が強まったのは，被告の大半が20歳にも達していないのに判決が厳罰を科すものだったからである。すなわち，18歳のゲプラーに対する15年の懲役をトップにして，16歳のエッカートに14年，

19歳のシュナイダーに13年，17歳のロートに12年などの刑罰が言い渡されたのである。こうして刑期を合算すると，前述したように19人で130年にも上る結果になった。さらに真実の発見に努めるべき裁判が1日で片づけられ，判決が即日で下されたことが裁判の公正さに重大な疑義を招いた点も重要であろう。予め判決が固まっていなければ，即決の刑罰の宣告は不可能だからである。いずれにせよ，被告の罪状や年齢などを勘案すれば，憤激が避けられなかったのは当然ともいえるが，同時にそうした裁判が強行されたところに内部国境を境にして西側と対峙していたDDRの国家存立にかかわる危機感が表出していることに注意を払う必要がある。

ところで，この裁判で看過できないのは，公判の1週間前に検察側と裁判官とが被告に対して少年法を適用しないことで合意していた事実である。そればかりか，量刑に関しても協議され，合意ができていたのである。しかもこの合意に関してはザクセンのSED指導部や東ベルリンのSED中央委員会の担当部局にも知らされていなかった。それはシュタージが調査したことのあるすべての事案について州の検察庁は司法省やSEDを含む上位部局に通知してはならないという指示がシュタージから出されていたためである。

「SEDの盾と剣」だと自称していたシュタージのこのような行動は問題になり，1953年の労働者の蜂起を経て，まもなく党に対してシュタージを従属させる措置が取られた。しかし，このプロセスで肝要なのは，刑罰の執行が政治的に有害な作用を伴うのを防止するため，10年以上の懲役刑が予定される場合にはSED中央委員会書記局に通知し，その決定を俟つものとされた事実である。ここには政治裁判のうち，重大だと判断される場合については，シュタージばかりでなく，SEDが直接に関与する方針が示されている。ヴェルダウの抵抗グループは民主主義的正統性を欠落したDDRの支配構造の問題点を浮かび上がらせただけでなく，今日からみると，裁判の公正さの欠如，検察と裁判官の癒着，シュタージと独裁政党の介入などDDRにおける司法の実態に迫る手掛かりを提供しているのである。

## 5. アイゼンベルク・サークル

最後に第3番目の事例として，アイゼンベルク・サークルと呼ばれるグループを一瞥しよう。

このグループに関してもアルテンブルクやヴェルダウのそれと同様に著作

の数は少ない。しかし，2007年に新装版が出たP. フォン・ツア・ミューレンの綿密な研究に加えて，グループの一員だったT. アマーの回顧が2008年に公表されたので，今では一応の輪郭を知ることが可能になっている。またDDRの抵抗運動史研究で知られるE. ノイバートが2005年にT. アウアーバッハと共同でテューリンゲン州における抵抗運動の通史を公刊したが，その中の数ページをこのグループに割いている。ここではこれら三つの文献に依拠

図4-3 アイゼンベルク・サークルのビラ

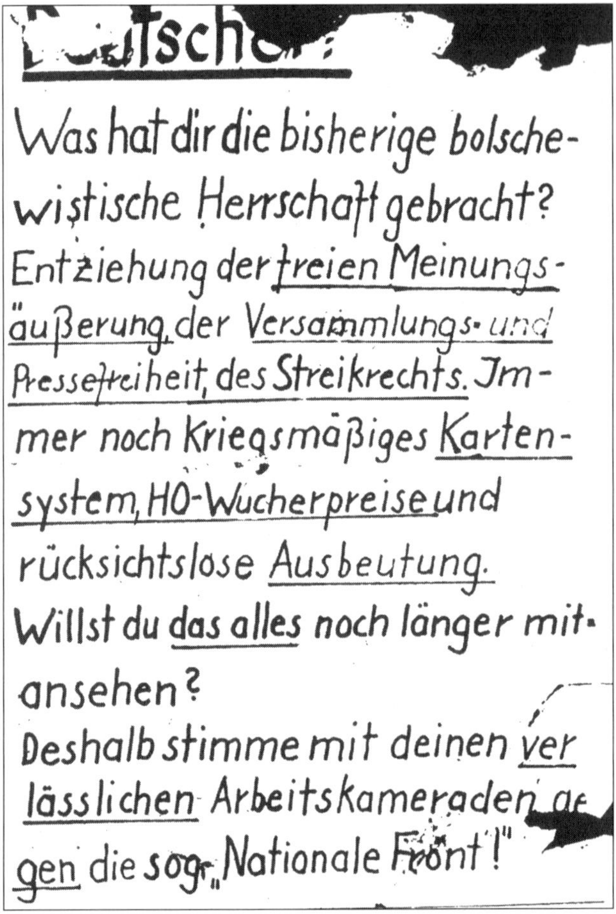

> utsche
> Was hat dir die bisherige bolsche-
> wistische Herrschaft gebracht?
> Entziehung der freien Meinungs-
> äußerung, der Versammlungs- und
> Pressefreiheit, des Streikrechts. Im-
> mer noch kriegsmäßiges Karten-
> system, HO-Wucherpreise und
> rücksichtslose Ausbeutung.
> Willst du das alles noch länger mit-
> ansehen?
> Deshalb stimme mit deinen ver
> lässlichen Arbeitskameraden ge
> gen die sog. "Nationale Front"!

（出典）Patrik von zur Mühlen, Der Eisenberger Kreis, Bonn 1995, S.37.

して概略を描くことにしたい。

イェナから20キロほど東に離れた小都市アイゼンベルクの上級学校では，1952年のSED第2回党会議で社会主義の建設が決議された後，その方針への支持を表明しない生徒が退学処分になった。この措置は生徒たちに強いインパクトを与えた。1953年6月17日に発生した騒乱の後も抑圧体制は緩和されなかったが，翌54年に生徒の間で人望のある教師がボイコット煽動の容疑で逮捕され，6年半の懲役に処されてそれが明確になった時，生徒の間で学校運営の問題を超えて広範な政治問題に関する議論が起こり，不法に対して抵抗すべきという合意が形成された。その際，中心になったのはアマーなど6人の生徒であり，ショル兄妹が模範とされたが，行動は慎重だった。彼らが最初の行動を起こしたのは，同年10月の人民議会選挙の時だった。彼らは選挙ボイコットを訴える図4－3のビラを作成して夜間に町の各所に貼り付けた。そこにはこう記されていた。「ドイツ人よ，ボルシェビキの支配は諸君に何をもたらしたか。自由な意見表明，集会と報道の自由，ストライキ権の剥奪である。未だに続く戦時のような配給制度，暴利に等しい物価，容赦ない搾取である。これからもそのままであることを望むのか。信頼できる仲間とともにいわゆる国民戦線に反対せよ。」

翌年も抵抗運動はビラを撒いたり，壁へのペンキによる標語の落書きなどの形で行われた。さらに1956年になると中心になった生徒たちはイェナ大学に進学したので，そこで活動が続けられた。その最大のものは，人民警察やSEDの下部組織が射撃訓練に使用していた施設を燃やして破壊したことである。これは西ドイツのNATO加盟と再軍備に対抗してDDRで計画された軍備増強に対する反対行動であり，注目を浴びたという点で成功だったといわれる。

同年にはソ連共産党大会でスターリン批判が行われ，ハンガリーやポーランドでは大規模な騒擾が起こった。その影響はイェナ大学に及び，基礎科目としてのマルクス・レーニン主義と必修外国語としてのロシア語に反対する声が噴出した。また各種の行事の際にも体制批判が行われ，DDRの欺瞞的な選挙の風刺劇などが学生食堂で催された。そしてヘルマンやシュトイデルなど中心的な学生がアイゼンベルク・サークルに加わった。だが，この頃，ハーリッヒやヤンカの逮捕に見られるように，SED指導部は体制の引き締めに乗り出し，スターリン主義的な路線を強化したのである。

図4-4　アイゼンベルク・サークルの主要メンバー

左からアマー，フレーメル，ヘルマン
（出典）Falco Werkentin, Recht und Justiz im SED-Staat, Bonn 1998, S.44.

　そうした背景のもとでアイゼンベルク・サークルに対する捜査も強められた。
　1958年2月にシュタージはこのグループをようやく壊滅に追い込んだ。グループの起点は1953年秋にあり，初期にシュタージはその存在を把握したものの，人物や拠点などを突き止めることができなかったため，4年半もグループは活動を続けたのである。当時秘密情報員（GI）と呼ばれ，のちに非公式協力者（IM）の名称で知られるようになった集団をシュタージは抱えていたが，その一員である神学生のJ. ケラーが1957年5月にグループのH. フレーメルとの接触に成功したことが捕捉の端緒になった。暗号名をゲオルグスというケラーの人物をよく調べないまま，フレーメルは彼を抵抗活動の列に加えようとしたのである。これによりケラーはグループに接近したが，当初は深くは潜入できず，断片しか把握できなかった。そのため，ゲラ地区のシュタージ幹部はベルリンの本部からの応援を得て捜査の作戦計画を立て，西側のジャーナリストを装った工作員を投入するなどして情報を集めた。また主要とみられた学生の部屋に盗聴器を仕掛けたりして捜査が進められた。1958年2月の最終局面に至るとケラーは寝返り，西ベルリンへの逃亡を計画するとともに，自分のそれまでの活動をアマーに告白したが，時はすでに遅すぎ，シュタージは中心人物の特定をはじめグループの全容を掴んでいた。こうして2月12日からの数日間に30人以上が逮捕されたのである。

全員がゲラのシュタージの拘置施設に収容され，独房に入れられた。取り調べは4月末まで続いたが，その間，睡眠妨害，脅迫，栄養不足などに苦しめられた。尋問でとくに重視されたのは背後の人物の存在だった。すなわち，DDR向けの西ベルリンの放送局RIAS，BBC放送，SPDオストビューローなどとの関係に焦点が絞られたのである。また反共団体である既述の「非人道性に対する闘争集団（KgU）」とのつながりにも重点が置かれた。これらのことは，DDR内部の抵抗運動の背後に西ドイツの組織があり，それによって操縦されているという見方をシュタージがしており，西ドイツを脅威と感じていたことを示している。またその一方で，質より量ともいうべき原則で罪状に関わらないことでも情報を収集して記録を積み上げたことは，ドイツ統一後にシュタージが残した膨大な書類の山につながることになった。

　裁判は四つの集団に分かれて行われた。その結果，秘密厳守を最優先したグループだったことを反映して，互いに面識のない被告が同一の法廷に立たされることにもなった。また傍聴が認められ，裁判は公開で進められたが，被告の関係者には傍聴は認められず，選別された人々に対してだけ許された点にも特徴があった。

　裁判は定められた手順に従って行われ，真実の発見は論外だった。それゆえ，被告たちには予定通りの筋書きで裁判が進行し，有罪判決が下ることは最初から見通せた。事実が歪曲され，証拠が捏造されることもしばしばであり，その点では検察官はシュタージ以上だった。例えばシュタージはフレーメルに対してスパイの容疑はないとしたのに，裁判ではスパイ行為が問われたりしたのである。ただ筋書きを描いたのがSED政治局なのか，シュタージ本部，あるいは地区の党事務局なのかなどの点は資料によって確定することはできないという。

　被告には弁護士が付けられたが，惨めな役割を演じるだけだった。証拠調べを申請したり，証人の尋問をすることができなかったからである。定められた筋書きを乱すことは弁護士に許されず，法治国の外観を取り繕うことだけが任務であり，被告のためにできたことは穏便な判決を望む弁論だけだったのである。

　判決の言い渡しは1958年9月27日から10月13日にかけて行われた。アマーには15年，ヘルマンとフレーメルにはそれぞれ14年の懲役刑だった。全体で24人の若者が有罪となり，刑罰は総計で114年半に及んだ。ほとん

どの判決は求刑通りであり，上下したのはわずかなケースだけだった。裁判の経過と刑罰は 1950 年代の類似の裁判とほぼ同じだったが，同時に，アルテンブルクの場合のように，しばらく前までは見られた死刑がなかった点が注目される。死刑判決が 1956 年から止んだ原因は明らかではないが，ミューレンは SED 指導部が政治犯の死刑で DDR が国際的に不利な立場に立たされるのを避けようとしたことが重要だったと推測している。因みに，服役したアマーはベルリンの壁構築後の 1964 年に西ドイツ政府によって買いとられ，自由の身となった。東西ドイツ間では「自由買い」の通称で知られる政治犯の取引が行われたが，彼はもっとも初期の事例になったのである。

それはともあれ，アイゼンベルク・サークルのメンバーに対する裁判は DDR における典型的な政治裁判だったといえる。政治に対する司法の独立が否定され，裁判の公平性が蹂躙されたからである。その結果，国家敵対的煽動や反逆などの恣意的に解釈された判決理由で政治犯とされた 24 人の若者は刑務所に送られ，それぞれに定められた刑期を過ごすことになった。確かに中にはアマーのように刑期の途中の 1964 年に西ドイツに自由買いされた者もいたが，それは例外だった。大多数はそうした幸運とは無縁だったばかりでなく，降りかかった苦難は刑期の満了とともに終結することもなかった。というのは，出所後も職業面や私生活でさまざまな差別がついてまわり，いやがらせを甘受しなければならなかったからである。さらにシュタージは検挙後もグループの残党がいると疑っていたから，活動を根絶する目的で政治犯の家族や友人たちに対してその後も多年にわたり監視を続けたのである。

一方，裁判が終結した後，イェナとアイゼンベルクの SED は若者たちの不法について宣伝し，銃，弾薬，爆発物などを展示して，あたかもグループがそれらを準備して暴力的破壊活動を計画していたかのように見せかけた。また裁判について RIAS や BBC などに情報を送ったグループの友人たちも起訴され，有罪となった。彼らの情報などに基づいて西ドイツの大学では学生の抗議行動が起こったが，そうした情報提供者に対する裁判が少なくとも三つ行われたことが判明している。アイゼンベルク・サークルに対する弾圧は，このようにして多数の犠牲者を生み，長く苦しみの尾を引きながら終結に向かったのである。

## 6. 結び

　以上でDDR初期の三つの抵抗運動について概観してきた。それらで中心になったのは上級学校や大学に通う生徒や学生であり，敗戦直後の激動期に多感な青年期を迎えた若い世代だった。彼らは廃墟になったドイツを目の当たりにし，ドイツ分断に向かう国際情勢に翻弄されながら，それでもなお民主主義実現への希望に人生を賭けたのである。もちろん，彼らが希求したのは民主主義だけではない。戦争がもたらした惨禍が生々しく，その元凶であるナチスによる独裁の記憶が鮮明だったことや，東西対立の激化が新たな戦争の危機を高めていたことを考えれば，独裁に反旗を翻すと同時に，迫りくる戦争に反対し，武器をとることを拒否することが差し迫った課題とされたのは当然であろう。最前線に位置する分断国家に生きる若者にとっては平和の達成は最優先の目標であり，平和と民主主義，独裁と戦争はそれぞれつながりあっていたのである。

　ところで，アルテンブルク，ヴェルダウ，アイゼンベルク以外にも地方の都市に多数の抵抗運動が存在していたことが今日では明瞭になっている。ギュストロウ，シュヴェリーン，ヴィッテンベルゲ，ミットヴァイダなどがその地である。また1950年代を通じてDDRでは総数で約1200人の生徒が政治的犯罪で有罪判決を受けたことが現在では知られている。一方，本章で扱った運動よりも先に青年層の抵抗運動が存在したことも見落とせない。その一例としてゲンティンでの事件があり，A. クロイツマンたちの著作で全容が詳しく描かれている。それによれば，少年兵として敗戦を経験し，失意の時期の後に民主主義への希望を持つようになったゲンティンの上級学校生徒たちが自治会を結成して生活改善と民主化のために活動したが，次第にソ連当局とSEDに対立した結果，1949年8月に7人が逮捕され，スパイ，非合法組織の結成，反ソ煽動の罪で合計170年の刑に処されたという。そうした事例と並び，さらに大学生による抵抗運動についても現在ではある程度知られるようになっている。例えば学生団体を巻き込んだロストック大学でのそれは一般学生の間にも支持の広がりがあり，SED系の学生組織や大学当局との闘争が長く続いた反面で，結果的に死刑に処された犠牲者を出すなど弾圧も厳しかったことがM. ハントシュックの丹念な資料調査によって掘り起こされている。それらの事実に照らすなら，分断国家としてのDDRの建

国と社会主義の建設の裏側には多大の苦痛と大きな犠牲が伴っていたことが一目瞭然になるであろう。

　無論，DDRと対峙していた西ドイツでも初期には民主主義の確立を謳いながらもナチズムの清算は建前に近く，遅々として進まなかったし，それどころか反共主義の嵐が吹き荒れていたから，政治的に重大な問題が存在していたことを見落としてはならない。西ドイツの民主主義が経済が好調な時にだけ安定する「晴天民主主義」と揶揄されたり，あるいは制度面での民主化が行われた1949年の「第一の建国」から区別して，それが定着した1960年代以降の「第二の建国」が語られたりするのはそのためである。けれども，シュピーゲル事件のような出来事があったにせよ，西ドイツでは言論の自由などが公然と蹂躙されたり，司法が政治に従属して抑圧の道具になったりすることがなかったことは確かであり，その観点から見たとき，DDRが支配体制としてはナチのそれと大差のない全体主義と映ったのは理解できなくはないといえよう。事実，差し当たり司法に限定していえば，DDRの司法大臣H.ベンヤミンは1961年に公然と階級闘争における司法の党派性を主張し，検事，弁護士，被告の対等性を否定したし，最高指導者W.ウルブリヒトもまた司法は「工業・農業などの社会主義的転換を援助」すべきであると公言し，司法を「階級闘争の武器」として位置づけたのである。これらの言葉がDDRにおける司法の現実を表していたことは，三つの抵抗グループの裁判で見てきたとおりであり，その点に照らせば，「SEDは司法を自己の政治的目標の達成のために利用すべき道具と見做していた」というフーラーの指摘は決して誇張ではない。DDRでは「法とは，特に政治的刑法においては，党が欲するものだった」のである。

　このような抑圧的体制の建設過程で非運に斃れたのが，例えばアルテンブルクの4人だった。また死者が出たという点では，ブランデンブルク州のヴェアダーにおける抵抗運動も忘れられない。そこでは12人の若者が有罪とされた上，9人に死刑判決，そのうち8人に対して死刑が執行されたからである。そうした悲劇は長く暗闇に沈んでいたが，前者についてはドンスコエ墓地に埋葬されたドイツ人犠牲者の足跡を掘り起こす中で，類似した多数の事例が最近になってようやく明るみに引き出された。ソ連が消滅し，DDRも崩壊したという条件の変化が決定的だったとしても，関係者の粘り強い努力がなかったなら，これらの死者たちは沈黙を続け，高齢に達した知人たちが

減っていくのに伴い，忘れ去られる運命にあったといえよう。その意味で発掘が行われたのはギリギリの時点だったのであり，困難が増しているにもかかわらず，悲劇を闇に葬るのを拒否する関係機関の姿勢は高く評価されて然るべきであろう。

　他方，アイゼンベルク・サークルについてはアマーを初めとして生き残りが証言を行っており，DDRの全体像を把握するのに貴重な貢献を続けている。それらはドイツ現代史に関する共有財産とされるに値するし，今後の研究でも活かされなければならないであろう。けれども，類似の抵抗運動がDDRの各地にいくつも存在したにもかかわらず，現状はいまだ十分には光が届かず，闇に埋もれる公算が小さくないといわざるをえないように思われる。確かに広く史料を渉猟した著作がこれまでにいくつか公刊されているのは事実である。例えばクレーニヒとミュラーの『適応・抵抗・迫害』，ノイバートの『DDRにおける反対派の歴史』などが通史としてあり，また個別の運動に関しては一例としてロストック大学のケースを主題とするハントシュックの著作がいまでは存在している。けれども全体的に見渡すなら，現時点では研究成果が寥々たる状況であることは否定しがたいといわねばならない。ナチズムについては記録と記憶の重要性は指摘するまでもないとしても，ヴァルトハイム裁判を含め，DDR初期に吹き荒れた政治的暴力が凄絶を極めた事実もまた忘却に沈められたり，歴史から抹消されてはならないであろう。それらもまたドイツ現代史について語る際には直視することが求められるのである。

### 参考文献

Thomas Ammer, Vor 50 Jahren: Verhaftungswelle in Jena und Eisenberg, in: Gerbergasse 18, H.1, 2008.

Achim Beyer, Urteil: 130 Jahre Zuchthaus, Leipzig 2003.

Michael Bienert, Wie demokratisch muss es aussehen? Die SED und die Inszenierung der Volkswahlen 1950 in der DDR, in: Susanne Muhle u.a., hrsg., Die DDR im Blick, Berlin 2008.

Wolgfang Eisert, Die Waldheimer Prozesse, Esslingen 1993.

Friedrich-Ebert-Stiftung, Demokraten im Unrechtsstaat, Leipzig 2006.

Karl Wilhelm Fricke, Hermann Joseph Flade, in: Ilko-Sascha Kowalczuk und Tom Sello, hrsg., Für ein freies Land mit freien Menschen, Berlin 2006.

Armin Fuhrer, Die DDR war ein Unrechtsstaat, in: Focus vom 24.3.2009.

Martin Handschuck, Aufbegehren, Ohnmacht, Nachhaltigkeit, in: Friedrich-Ebert-Stiftung, hrsg., Politische Strafjustiz 1945-1989, Schwerin 2008.

Enrico Heitzer, Widerstand in Altenburg 1948-1950, Erfurt 2006.

Andreas Hilger, Sowjetische Militärtribunale in der SBZ/DDR, in: Friedrich-Ebert-Stiftung, Verfolgung unterm Sowjetstern, Leipzig 2004.

Ilko-Sascha Kowalczuk, Von der Diktaturerrichtung bis zur Diktaturüberwindung, in: ders. u.a., hrsg., op.cit.

Antje Kreutzmann u.a., Widerstand junger Liberaler an der Oberschule Genthin 1947-1949, Magdeburg 1999.

Waldemar Krönig und Klaus-Dieter Müller, Anpassung Widerstand Verfolgung, Köln 1994.

Steffen Lüddemann, 50 Hertz gegen Stalin, Düsseldorf 2007.

Helmar Meinel, Mit einem Bein im Zuchthaus, in: Der Spiegel vom 7.4.2008.

Ehrhart Neubert, Geschichte der Opposition in der DDR 1949-1989, Berlin 1997.

Ehrhart Neubert und Thomas Auerbach, Es kann anders werden: Opposition und Widerstand in Thüringen 1945-1989, Köln 2005.

Frank Pergande, Vorbild waren die Geschwister Scholl, in: Frankfurter Allgemeine Zeitung vom 27.12.2001.

Arsenij Roginskij u.a., hrsg., Erschossen in Moskau. Die deutschen Opfer des Stalinismus auf dem Moskauer Friedhof Donskoje 1950-1953, Berlin 2006.

Jörg Rudolph, Totenbuch deutscher Opfer des stalinistischen Terrors auf dem Moskauer Friedhof Donskoje, in: Friedrich-Ebert-Stiftung, Verfolgung unterm Sowjetstern, Leipzig 2004.

Alexander Sachse, Jörg Rudolph und Frank Drauschke, Verurteilt zum Tode durch Erschießen. Opfer des Stalinismus aus Thüringen 1950-1953, Erfurt 2006.

Friedrich-Wilhelm Schlomann, Mit Flugblättern und Anklageschriften gegen das SED-System, Schwerin 1998.

Gerhard Schmale, Zeitzeugenbericht, in: Friedrich-Ebert-Stiftung, Demokraten im Unrechtsstaat, Leipzig 2006.

Hans-Joachim Veen u.a., hrsg., Lexikon Opposition und Widerstand in der SED-Diktatur,

Berlin 2000.

Patrik von zur Mühlen, Der „Eisenberger Kreis": Jugendwiderstand und Verfolgung in der DDR 1953-1958, Bonn 1995.

Ders., Vor fünfzig Jahren: Die Geraer Prozesse 1958 gegen Mitglieder des „Eisenberger Kreises", in: Gerbergasse 18, H.3, 2008.

Falco Werkentin, Recht und Justiz im SED-Staat, Bonn 1998.

Ders., Antikommunistischer Widerstand, in: Kowalczuk u.a., hrsg., op.cit.

ヘルマン・ウェーバー，斉藤哲・星乃治彦訳『ドイツ民主共和国史』日本経済評論社，1991年。

安野正明「ドイツ連邦共和国『第二の建国期』と『1968年運動』に関する若干の考察」『欧米文化研究』（広島大学）15号，2008年。

# 第5章　1950年代のシュタージ拉致・殺人事件
― リンゼとビアレクの場合 ―

## 1. はじめに

　緊張を強めていた米ソの冷戦が朝鮮半島で火を噴き，一部で熱戦になるほど激化した時期に分断国家として出発したばかりの東ドイツ（DDR）で国家保安省（通称シュタージ）は発足した。建国から1年たった1950年のことである。この時期的な符合だけでも治安機関であるシュタージが冷戦の申し子であることが容易に推察されよう。ただ発足当初は規模も小さく，権限も曖昧だったのに対し，その後は増殖を続け，巨大組織に膨れ上がった。すなわち，1100人で発足したシュタージは初期には内務省に併合されて組織的自立性さえ失ったことがあるのに，DDRが崩壊する頃になると9万人の専従職員と17万人にも及ぶ非公式協力者を擁する巨大な組織に膨張した。また他方では，西側でのスパイ活動と国内での防諜から政治犯の摘発，要人警護，国境検問にまでいたる広範な任務を引き受け，その権限も著しく拡張したのである。

　このような発展を念頭に置けば，当初のシュタージと末期のそれを単純に同一視するのが適切ではないのは明白であろう。以下で検討するように，例えばその任務遂行の仕方も初期には暴力的な面が目立ったが，DDRが安定した後半期になると国際世論を刺激することを警戒してソフトな方法に重心が移ったのであり，その点に照らしただけでも，シュタージを論じる場合，一貫性と変化という二重の視座が必要になるといえよう。抑圧方法の柔和化は B. ブービエなどによって指摘されてきたが，シュタージ研究者として知られるギーゼケはそうした観点からシュタージの歴史を4期に区分してい

る。1950年までの前史と解体過程に入った1989年以降を除き，1950年から1953年までの創設と建設の時期，1953年から1957年までのヴォルヴェーバーがトップにいた時期，1957年から1971年までの現代的情報機関への改造期，1971年から1989年までのホーネッカー時代がそれである[1]。以下ではこの時期区分を参考にしながら1950年代のシュタージの一つの断面に光を当てることにしたい。それはDDR敵対勢力を根絶する活動であり，具体的には近年ようやく真相が明らかになった2人の人物の拉致・殺害という凄惨な出来事である。シュタージは総数で約600人の市民を西ベルリンから拉致したとされており，1950年から1953年の間に170人が西ベルリンで拉致されたり東ベルリンの訪問で消息を絶つかしているが[2]，その中でも著名なのがリン

---

(1) Beatrix Bouvier, Verfolgung und Repression in der SBZ/DDR von den vierziger bis zu den sechziger Jahren und ihre Wahrnehmung in Ost und West, in: Friedhelm Boll u.a., Politische Repression in der SBZ/DDR und ihre Wahrnehmung in der Bundesrepublik, Bonn 1999, S.7, 9; Jens Gieseke, Das Ministerium für Staatssicherheit 1950 bis 1989/90, Berlin 1998, S.9ff. 日本人の手になるシュタージ関係の著作として，桑原草子『シュタージの犯罪』中央公論社，1993年，関根伸一郎『ドイツの秘密情報機関』講談社，1995年があるが，いずれも発展という視点は見られない。またDDRが「他人を監視し，他人から監視される社会」だったのは事実としても，非公式協力者つまり「一般市民の情報提供者は300万人から500万人に及ぶ」というのは，最大で1800万人の人口だったことを考えただけでも誇張といわねばならない。関根，同書189頁。一方，西尾幹二は抑圧形態の変化に言及しているものの，専従職員の全てが「スパイ専業者」だったとしている点に見られるように，シュタージの幅広い活動を看過している。西尾幹二『全体主義の呪い』新潮社，1993年，17, 125頁。例えばドイツ統一後に摘発されたシャルク＝ゴロドコフスキはシュタージの幹部として闇の対外貿易を担当し，不正蓄財したのである。

(2) Benedict Maria Mülder, Walter Linse – Umstrittener Namensgeber, in: Klartext vom 5.12.2007; ZDF-Aspekte vom 25.11.2005. フリッケに依拠して後述するキルシュも600人から700人としている。Benno Kirsch, Walter Linse 1903 –1953 – 1996, Dresden 2007, S.8. なお，政府犯罪・統一犯罪中央捜査グループ（ZERV）は総数で580件の拉致を確認しているが，他方，拉致を研究しているS.ムーレは被害者数を400人以上だとし，そのうちの半数以上は罠にかかって自発的に西側を去り，DDRで拘束されたとしている。Die Welt vom 15.9.2009.

ゼとビアレクの2人である[3]。そこで悲劇的な死を遂げたこの2人の経歴などを確かめ，事件の概要を描いてみることにしよう。

## 2. ヴァルター・リンゼ

　シュタージによって西ベルリンから拉致され殺害された2人に光を当てる際，最初に断っておかなければならないことがある。それは判明している部分が多いとはいえないことである。

　シュタージに関する研究は，ドイツ統一に伴って文書管理機関が設置されたことを足がかりにして次第に厚みを増してきている。とりわけ被害者や犠牲者の資料が公にされるようになり，驚くべき事実がいくつも明るみに出たことも手伝って関心が持続し，様々な側面からメスが入れられるようにもなっている。けれども，拉致・殺害に限るなら，検討は余り進んでいるとはいえないのが実情といってよいであろう。というのは，ここで取り上げる2人に関しても僅かしか文献は存在せず，その他の人物になると，管見の限りでは著作は皆無に近いからである。リンゼについては1999年にベルリン市のシュタージ文書管理機関から刊行されたマンペルの著作に加え，キルシュのそれが「政治的暴力の犠牲者追憶のためのザクセン州記念館財団」の負託によるシリーズの一冊として2007年に至ってようやく世に送られたにとどまる[4]。他方，ビアレクに関しては，ヘルムスとノアクの共著が1998年に出版されて以来，関連する著作は現れていないのが現状である[5]。そのため，

---

(3) 例えばリンゼが記憶されていることは，拉致から55年たった当日にドイツ・ラジオが「55年前にシュタージが西ベルリンの法律家ヴァルター・リンゼを拉致した」とのリードを付けて事件を放送していることから明らかであろう。Kirsten Heckmann-Janz, Todesopfer im Kalten Krieg, Deutschlandfunk-Kalenderblatt vom 8.7.2008.

(4) Siegfried Mampel, Entführungsfall Dr. Walter Linse: Menschenraub und Justizmord als Mittel des Staatsterrors, Berlin 1999; Kirsch, op.cit.

(5) Michael Herms und Gerd Noack, Aufstieg und Fall des Robert Bialek, Berlin 1998. ただし，後で触れるクリーアとレキシンがそれぞれビアレクに関する小論を執筆しているが，目新しい点は認められない。Freya Klier, Robert Bialek, in: Karl Wilhelm Fricke, Peter Steinbach und Johannes Tuchel, hrsg., Opposition und Widerstand in der DDR, München 2002, S. 210-215; Manfred Rexin, Verfolgte

図5-1　ヴァルター・リンゼ

逮捕前の1952年と処刑直前

現在でもシュタージによる拉致・殺害の全容は不透明なままであり、「シュタージの犯罪」解明には依然として空白部分が残されているといわねばならない。無論、長らく完全な闇に包まれていたことを思えば、上記の3冊が公刊されたことは大きな前進であるのは間違いない。ここで試みるのは、それらに依拠して2人の経歴を明らかにし、事件を概観することにとどまる。また若干の新聞報道などを除けば、経歴に関するほとんどの記述はそれらに基づいているので、いちいち出所を示すのは差し控えることにする。

　まずヴァルター・リンゼから始めよう。

　ベルリンのリヒターフェルデ地区にはヴァルター・リンゼ・シュトラーセという名前の通りがある。従来はゲリヒトシュトラーセと称した通りの名前が改称されたのは、ベルリンの壁が作られる直前の1961年6月のことである。この出来事からも分かるように、当時は東西間の緊張が高まっていたが、それを下地にして前線都市ともいえる西ベルリンには強い反共ムードが漂っていた。通りの名称が変わったのは、反共の闘士であり犠牲者でもあったリンゼの功績を讃えるとともに、その犠牲を記憶に刻むためだった。

　それから半世紀近い歳月が流れた2007年になって再びリンゼの名前が公の場に登場した。共産主義体制下での不法と取り組んだ功労者に対して賞を授与して表彰することが企画され、これにヴァルター・リンゼ賞と命名する方針が公表されたのである。計画したのは、シュタージの拘置施設だったベ

---

Kommunisten unter Hitler und Ulbricht, in: Friehelm Boll, hrsg., Verfolgung und Lebensgeschichte, Berlin 1997, S.169-175. なお、フリッケなどが編者となった前者の書では、ビアレクはハーヴェマン、ヤンカなどとともに「SEDの党内反対派」の1人として位置づけられている。

ルリンのホーエンシェーンハウゼン記念館の支援協会である。けれども，この企画が持ち上がると，強い異論が噴出し，論争が巻き起こった。それにとどまらず，政党までが企画の是非に関して態度表明する事態になり，政治問題化するようにもなった。例えばSPDは10月5日付の歴史委員会の発表で，表彰の可否ではなく，賞の名付け親としてヴァルター・リンゼは不適当だとして反対した[6]。また左翼党からは，同党の連邦議会副院内総務レッチュが9月27日に声明を発表し，賞を設けることに反対すると同時に，企画の責任者である記念館の館長で歴史家のクナーベを激しく非難した。ファシズムというDDRの「前史を知る場合にだけDDRの歴史を人は真剣に解明することができるが，クナーベ氏には明らかにそれができないし，それを望んでもいない。」それゆえに「記念館の館長の職務にクナーベ氏は適しておらず，そのポストを適任の後継者に譲るべきである。」このようにレッチュは公然とクナーベを攻撃したのである[7]。

　反対論には大きな温度差があるにしても，賞の創設がなぜ政党の関与を招き，政治問題化の様相すら呈するまでになったのであろうか。その主因は，反共の闘士，その闘争の犠牲者という，長く固定していたリンゼの人物像に影の部分があることが浮かび上がったことにある。その影とは，ナチ時代に彼がナチ党員だっただけではなく，その協力者だった過去があるという疑惑である。この疑惑が浮かんだとき，「英雄の墜落」という見出しで2007年9月27日付『ターゲスツァイトゥンク』紙が「シュタージの犠牲者として扱われてきた弁護士ヴァルター・リンゼはまたナチ犯罪者だった」と報じたが，ナチ時代のリンゼについての綿密な考証によってそうした疑惑に火をつけたのは，上記のキルシュの著作だった。これにはリンゼをそれまで通り殉教者扱いする立場から予想通り反論が加えられた。例えばケラーホフは2007年8月9日付『ヴェルト』紙に「ヴァルター・リンゼはナチではなかった」と

---

(6) Historische Kommission: Walter Linse als Namensgeber für einen Aufarbeitungspreis ungeeignet, Pressemitteilung der SPD 569/07.

(7) Pressemitteilung von Gesine Lötzsch, Hubertus Knabe schadet der Aufarbeitung der DDR-Geschichte. 26.9.2007. なお，賞をめぐる問題については，『シュピーゲル』も「ヴァルター・リンゼ賞：名付け親のナチの過去が紛争を引き起こす」との見出しで報道している。Der Spiegel, Nr.30, 2007, S.15.

いう論説を公表し、「モスクワで殺害された反共産主義者は現代史の薄明かりの中に不当にも陥れられた」と主張して怒りを込めて反駁している。そうした展開につき、2007年9月25日付『ヴェルト』紙は「ヴァルター・リンゼに関する歴史家の論争」という見出しをつけ、翌日の『ターゲスシュピーゲル』紙も「著名なスターリンの犠牲者をめぐる論争」という見出しでこの問題を中心にしてリンゼの実像についての論議を伝えている。また2007年12月4日付『ターゲスシュピーゲル』紙は「ヴァルター・リンゼに関する真実」という見出しの記事を掲載し、「SED独裁の犠牲者からどうして悪しきナチが生じたのか。ホーエンシェーンハウゼン記念館は賞に彼の名前を付けようとしている。しかしナチ時代に彼がナチ党員だったことが人の気に障っている」というリードを付している。さらに翌2008年3月29日付の同紙にはM. ガートマンの「未解明の責任問題」と題した長い論説が寄稿され、論議の経過とともに主要な論点が整理されている。

　このようにして燃え上がった論戦も1年以上が経過した2008年秋には冷めてきている。2008年10月22日付『フランクフルター・アルゲマイネ』紙でオットーが伝えるところによれば、同年10月7日にベルリンのシェーネベルク区役所のホールで「ヴァルター・リンゼと歴史的真実との取り組み」をテーマにしたシンポジウムが開催されたが、そこでは「参加者は和らいでいるように見えた」ばかりでなく、「麗しい一致」のムードさえ漂っていたからである。「ほぼ1年前には雰囲気は全く違っていた。リンゼ博士は人びとの感情を燃え立たせたのである。」もちろん、論議を包む空気にそうした変化が見られるとしても、半世紀以上も前に死亡したリンゼに関し、これまでの評価について疑問が呈され、いまだに決着がついていない状態に変わりはない。創設される賞に彼の名前を冠することは結局見送られ、他の名称を考えることになったが、彼の実像については依然として議論の渦中にあるといってよい。ここではこの論争的問題への深入りは避け、明確になっている事実を中心にしてリンゼの足跡を簡単に辿ることにしよう。

　ヴァルター・リンゼは1903年に郵便局に勤務する事務職員の息子として

---

(8) Die Welt vom 7.12.2007. 賞の名称は、最終的に「ホーエンシェーンハウゼン賞」とすることで決着した。Förderverein Gedenkstätte Berlin-Hohenschönhausen, Presse-Information vom 18.6.2008.

ケムニッツで生まれた。父親の郵便局での職階は上位ではなかったといわれるが,はっきりしない。その地でリンゼは学校に通い,1924年にアビトゥアを取得した。ライプツィヒ大学では法律学と国家学を専攻し,7セメスターで早くも1927年に第一次法曹国家試験に合格した。したがって彼は少年期を第一次世界大戦とその後の混乱期に過ごし,相対的安定期に大学生活を送ったことになる。その後の司法研修生としての身分は恐慌の只中の1931年に第二次法曹国家試験に合格して終わった。法曹としてのリンゼの人生はザクセン州の司法官試補として,さらにライプツィヒでの補助裁判官として始まった。しかしヒトラーが政権についた1933年末に彼は公務から身を退いた。その理由はいまだに明らかになっていない。

　公務から離れても,弁護士の仕事を始めたから,法曹としての職業をリンゼは続けたことになる。同時に彼は勉学にも励み,1936年にライプツィヒ大学で学位を取得した。1938年に彼の上に転機が訪れた。彼は故郷のケムニッツで商工会議所の職員になり,傘下の企業を監督する任に就いたのである。もしヒトラーが権力の座に就かず,また公的生活からのユダヤ人の排除が進められていなかったら,さらに1年後に戦争が勃発しなかったら,この職務にはとくに問題はなかったであろう。しかし企業を監督する立場から実際に彼が行ったのは,戦線の拡大で大量の兵士を必要とするようになった国防軍に人員を追加したり,乏しい資源を効率的に利用する方策を広めることだった。これは明白な戦争協力だったが,彼が担当したのはそれだけではなかった。リンゼの職務にはケムニッツ経済のいわゆる非ユダヤ化が含まれていたのである。ケムニッツでは繊維産業が盛んであり,ユダヤ人経営の多くがそれに従事していた。これに着目したナチスの指令の下,ユダヤ人財産のアーリア化という名目での国家的規模の収奪を進めるため,彼はユダヤ系市民の資産鑑定書の作成やユダヤ人経営を継承する企業と官庁との調整などの作業に当たったのである。さらに財産のアーリア化という事実上の略奪が片付いた後,全体戦争遂行に向けたケムニッツにおける労働力利用の調整を担当し,戦争捕虜やユダヤ人強制労働者の投入にも関与した。これらの事実に照らせば,リンゼがユダヤ人迫害に加担したことは否定できない[9]。

---

(9) ユダヤ人財産のアーリア化に関しては,戦後の返還・補償問題を含め,武井彩佳『ユダヤ人財産はだれのものか』白水社,2008年参照。

けれども，他面で彼がユダヤ系市民を庇った事実があることも確認されている。例えば彼は特許を持つユダヤ人エンジニアを通訳として雇用することを試み，強制収容所送りになるのを阻止しようとした。そのために関係官庁に鑑定書を提出し，働きかけたのである。これはユダヤ人に対する同情心を疑われる行為であり，重い意味を有している。戦後になってリンゼは抵抗運動のメンバーだったという説が流れ，リンゼが拉致された後に亡命ユダヤ人がアデナウアーにリンゼ救出を訴える手紙を送り，リンゼがユダヤ人を守ろうとしたことを強調したのは，こうした事実に基づいている。この点を踏まえれば，リンゼがユダヤ人迫害の協力者だったことは間違いないとしても，反ユダヤ主義とは一線を画しており，またナチ体制の同調者ではあっても，積極的な支持者だったとはいえないと考えられる。ただリンゼの場合には関与の度合いが一般の市民に比べて大きいことは見逃されてはならない事実といえよう。

　第三帝国の瓦解に伴い，ケムニッツはソ連軍の占領下に置かれた。その故郷の町でリンゼは引き続き商工会議所に勤務した。ここで彼は覚書を提出し，その中でユダヤ人財産のアーリア化を明確に不法だとする一方，補償の方針が定まるまでは返還することに反対する立場を表明した。その後，1948年までに彼は2回密告され，ナチ党の党員だったとされた。ソ連占領下の東ドイツ地域で密告は非ナチ化の名目で横行しており，実際にナチ活動家だった者ばかりでなく，個人的怨恨などから密告されるケースが相次ぎ，人生の歯車が大きく狂った悲劇が多数発生したと考えられている[10]。この密告に対し，上司の圧力で入党の意向を示したものの，実際には党員になったことはないとリンゼは抗弁したが，その一方で，知人のフィッシャーという人物が戦時期にリンゼは確かにナチ党に所属していたと証言した。しかしこの証言以外に疑惑を裏付ける証拠はなく，真偽のほどは定かでない。同様に，リンゼがブーヘンヴァルト強制収容所に入れられていた1人のユダヤ人の救出のために身の危険を冒したとする文書も提出されたが，これもまた信憑性に乏しいと考えられている。

---

　(10) 密告の若干の事例がプラトーにより検討されている。Alexander von Plato, Denunziation im Systemwechsel: Verhaftete, Deportierte und Lagerhäftlinge in der SBZ um 1945, in: Historical Social Research, Vol.26, No.2, 2001.

ともあれ，密告を受けてリンゼに関する調査が行われたものの，彼に有利な証言などがあったことから身柄の拘束には至らなかった。それどころか，彼は占領下の商工会議所で事務局長に昇進し，商工会議所が行う相談と指導の業務の非ナチ化を中心になって推進した。もっとも，その際に彼を長とする審査委員会はナチ体制に深くコミットした幾人かの人物に職務をそのまま継続する許可を与えたといわれている。彼が西ベルリンに逃亡したのは1949年6月だが，その時点までケムニッツ商工会議所事務局長の座にとどまった。ソ連の占領支配下では政治・行政ばかりでなく，産業界でも要職はSEDの党員によって占められたが，リンゼは最後までSED党員にはならなかった。入党しなければ出世の見込みはなく，また事務局長のポストにとどまる可能性も小さくなっていたと考えられるが，そうした事情に加え，ソ連占領軍を背に支配を強めるSEDとそれが呼号し農村で着手した社会主義建設に対する反感が手伝って，リンゼに西側への脱出を決意させたと推測される。いずれにせよ，リンゼはナチ支配の同調者だったことは否定できないが，第三帝国の崩壊を境にしてナチ独裁に代わったSED支配の同調者ではなかった。その意味では彼はSED支配という狭義の共産主義に反対する人物だったといってよい。しかし，それだけではなく，SED支配という現実であれ理念としての共産主義であれ，これまでの彼の人生にはそれらに対するコミットや共感は見出されないことも重要であろう。つまり彼は現実と理念の二重の意味で共産主義とは無縁な存在だったといえよう。

このようなリンゼの立場を踏まえれば，西ベルリンに移った後のリンゼの行動も理解できよう。最初，彼はある企業の法律顧問として働いた。しかし，1950年に自由法律家調査委員会（UFJ）に接触したことがシュタージの標的になる端緒になった。UFJは連邦全ドイツ問題省とアメリカの情報機関の財政的支援を受けて1949年に設立された団体であり，DDRにおける人権侵害などの不法を調べることを目的にし，証言や証拠を集める活動をしていた[11]。しかし，発足して間もないために組織が不十分であり，協力を依頼されたリンゼはこれを受け入れたのである。彼は法律顧問を辞してUFJの専業の職

---

(11) 自由法律家調査委員会に関しては，Siegfried Mampel, Der Untergrundkampf des Ministeriums für Staatssicherheit gegen den Untersuchungsausschuss Freiheitlicher Juristen in Berlin (West), Berlin 1999 参照。

員になり，1951年に経済部門の責任者になった。DDRで暮らしている多数の協力者から経済に関する情報を集める一方，これを広く世に知らせて世論を啓発することが彼の新たな仕事だったのである。この仕事は秘密裏に情報収集する点ではスパイ活動に似ていたが，啓発の面ではジャーナリストと共通していた。またDDRで不法に財産を収用されたりした市民に助言を与える面では人権活動家に近似していた。1952年にはリンゼは西ベルリンで開催された国際法律家会議の準備を担当し，DDRにおける人権侵害を告発する先頭集団の一員として活躍したのである。

リンゼのこのような行動はDDRの側にはなによりもスパイ活動と映った。DDRでは多くの情報が秘密とされており，それらを収集すること自体が許されなかったからである。また，それらを公表して世論を喚起することは，DDRに対する不信や反感を煽り，建国間もないDDRの威信を損なうことにほかならず，共産主義を敵視する帝国主義の手先に等しい行為だと捉えられた。ソ連をモデルにして社会主義建設を進めていたDDRでは情報の公開性の原則がなく，人権保護の仕組みが欠落していたから，当局が隠蔽しておきたい情報を明るみに出したり，権利を主張して政府の措置に逆らう行動にはすべて反共の烙印が押された。そればかりか，DDRの市民と接触を持つことは協力者網の構築につながり，破壊活動の拠点にもなりうると考えられたため，リンゼは危険人物として位置づけられたのである。無論，リンゼやUFJと接触したことが発覚したDDRの市民が見せしめ裁判などで裁かれ，厳罰に処されたことは指摘するまでもないであろう。

こうしてリンゼはDDRで国家の敵と見做された。彼はDDRの存立を脅かすだけでなく，社会主義建設を妨害する札付きの反共主義者，戦争を企む帝国主義勢力の走狗で平和の敵ともされたのである。UFJは一定の政治的影響力を持ち，これに対抗するためにシュタージはかなりのエネルギーを割かなければならなかったといわれるが[12]，リンゼがシュタージによって抹殺の対象にされたのは，そうした文脈においてだった。1952年7月8日の午前7時ごろ，西ベルリンのリヒターフェルデ地区にある自宅の近くでシュタージは誘拐を実行したのである。この朝，1人の男が彼に近づき，タバコの火を

---

(12) Ehrhart Neubert, Geschichte der Opposition in der DDR 1949-1989, Berlin 1997, S.94.

貸してくれと頼んだ。リンゼが鞄の中を探しているといきなり男は彼を殴打し、別の男が背後から彼を羽交い絞めにした。そして抵抗するリンゼの足をピストルで撃ち、負傷した彼をタクシーを装った車に押し込めた。通りがかった配送車の運転手が車を止めようとしたが失敗した。車はアメリカ地区を猛スピードで走り抜け、東ベルリンに消えたのである。

リンゼの拉致に対する反響は大きく、西ベルリンでは2日後に釈放を求める抗議集会がシェーネベルク区役所の前で開かれた。参加者は2万5千人に上ったといわれ、その数字だけでも事件の衝撃と怒りの大きさが推し量れよう。正式な選挙で選ばれたにもかかわらず、市長就任をソ連によって妨害されたことのある著名な西ベルリン市長エルンスト・ロイターは拉致を激しく非難し、リンゼの解放を求めて世界の良心に訴えかけた。また事件後に再発を警戒して西ベルリンから東ベルリンとDDRに通じる通過点には車止めのバリケードが設置された。けれども、そうした抗議もDDRとソ連を動かすには至らず、リンゼは二度と西側には戻らなかったのである。

DDRに拉致された後、リンゼは1952年12月まで東ベルリンのホーエンシェーンハウゼンにあるシュタージの拘置施設で拘束された。その後、彼の身柄はのちにKGBの名前で恐れられたソ連の情報機関に引き渡された。引渡しが行われたのは、当時のシュタージにはソ連人が要所に配置されて指導に当たっており、重要なケースでは直接乗り出していたことが背景にあった。ギーゼケによれば、リンゼはその代表例と見做せるのであり、そうした関係に事実上の終止符が打たれるのはミールケの時代が始まった1958年になってからだった[13]。後の時期と違い、この頃の取調べは暴力が用いられたほか、長時間に及んで睡眠をとらせないなどほとんど拷問に等しかった。そうした取調べ方法はシュタージがソ連をモデルにしたことの反映でもあったが[14]、そのために困憊した彼は抵抗力を失い、DDRに対するスパイと破壊活動の

---

(13) Jens Gieseke, Die DDR-Staatssicherheit: Schild und Schwert der Partei, Bonn 2000, S.15f.; 31f.

(14) Roger Engelmann, Aufbau und Anleitung der ostdeutschen Staatssicherheit durch sowjetische Organe 1949-1959, in: Andreas Hilger u.a., hrsg., Diktaturdurchsetzung: Instrumente und Methoden der kommunistischen Machtsicherung in der SBZ/DDR 1945-1955, Dresden 2001, S.57.

罪状を認めた。これに基づき，1953年9月23日にソ連の軍事法廷はスパイ，反ソ宣伝，反ソ組織の建設の罪で彼に死刑を言い渡した。リンゼの身柄はモスクワに移送され，その地でソ連の最高軍事法廷が同年12月15日に死刑判決が妥当であるとの決定を下した。同日，刑務所でリンゼは銃殺に処され，遺体はドンスコエ墓地で焼却された。ドンスコエ墓地に眠る多くのドイツ人犠牲者と同じように，彼の遺灰はこの集団墓地に埋められたのである[15]。

　こうしてリンゼはシュタージによる拉致とその後の殺害のためにDDRの国家犯罪の犠牲者として記憶されることになった。DDRの側から見れば彼が反共主義者に映るのは上述したとおりだが，仮にそれが事実だとしても，そのことを理由にして拉致したり殺害に及ぶことが西側の民主主義の価値基準に照らせば文字通り犯罪行為であることは指摘するまでもないであろう。またDDRにおける不法を調査し，それを公にする行為がDDRにとって不利益になるとしても，広い意味での人権保護の一環になるのも確かであろう。こうしてリンゼは人権を守るために戦い，拉致という非人道的な国家犯罪によって死に追いやられた犠牲者だという見方が西ドイツでは定着した。また一部では共産主義との戦いで非業の死を遂げた反共の殉教者のように描かれるようにもなった。その表れが，リンゼが暮らしていた通りがヴァルター・リンゼ通りと改称されたことであり，あるいは最近になって彼の名前に由来する賞を創設する動きが出てきたことである。

　しかし，賞にリンゼの名前を冠さないことで決着したことに見られるように，長く固まっていたリンゼ像には揺らぎが生じている。それはキルシュの研究によってナチ時代のリンゼの行動が明らかにされたためである。上記の略伝でも記したように，ケムニッツの商工会議所に勤務していた時期に彼はユダヤ人財産のアーリア化を担当し，さらにユダヤ人強制労働者の投入にも関与したことで，たとえ消極的ではあってもナチの協力者として振舞ったことが明るみに出たのである。リンゼに関するマンペルの著作ではそうした側面には触れられておらず，従来のシュタージ犠牲者像が改めて強化される結果になっていたから，これを覆すキルシュに対して当然反論が加えられた。

---

(15) ドンスコエ墓地に埋葬されているドイツ人犠牲者については，Arsenij Roginskij u.a., hrsg., Erschossen in Moskau. Die deutschen Opfer des Stalinismus auf dem Moskauer Friedhof Donskoje 1950-1953, Berlin 2005 参照。

また，この論争を決着させるためにベストラインが鑑定書の作成を依頼されたが，それによってベストラインが論争に介入する形にもなった[16]。というのは，その鑑定に対してもキルシュが2007年11月2日付『ヴェルト』紙への寄稿の中で批判を加えたからである。このようにしてますます論議は人目を惹くようになったが，その焦点はキルシュの寄稿のタイトルである「DDR批判者かナチ犯罪者か」という点にあり，従来，ナチ時代のリンゼを不問に付してきたことが最大の論点として押し出されたのである。「ヒトラーが首相に任命されたとき，リンゼは29歳だった。UFJに加わったとき，彼は47歳だった。リンゼの人生の大部分であるこの18年を簡単に黙殺するわけにはいかない。しかし長く誰もこれを問わなかったのである。」こう述べてキルシュはナチ時代のリンゼについて，「要するにリンゼは犯罪者であり，ナチ独裁の支柱だった」と断定し，予想される反論を念頭において，「リンゼがナチではなく，レジームに距離を置いていたとか，ことによると慎重に抵抗したという間接証拠はずっと不明瞭である。とにかく，その証拠はどこにも存在しない」と主張したのである[17]。

　こうした応酬を交えつつ，『ヴェルト』紙のいう「ヴァルター・リンゼに関する歴史家の論争」が現在も続いている。しかし，ここではそれに深入りする必要はなく，次の点を確認しておけば十分であろう。すなわち，仮にリンゼが「ナチ犯罪者」だったとしても，「DDR批判者」であることに違いはなく，その活動の意義までがナチ時代の行動によって帳消しになるわけではないということである。たしかに能動的ではなくてもナチ体制に協力したことは重い意味を持つ。けれども，他方では，DDRで社会主義の名において強権によって推し進められている不法に抗することにもやはり重要な意義がある。DDR批判者には多様な来歴があり，立場も保守主義者から共産主義者にまで跨るが，ここで重要なのは，そうした人びとの中でもリンゼが「DDR批判者」であったがゆえにシュタージによる拉致の標的になり，銃殺された

---

(16) Klaus Bästlein, Zur Rolle von Dr. Walter Linse unter der NS-Herrschaft und in den Nachkriegsjahren bis 1949, Berlin 2007.

(17) Benno Kirsch, DDR-Kritiker oder NS-Täter? Ein Leben in beiden deutschen Diktaturen: Im Streit um Walter Linse helfen Pauschalisierungen nicht weiter, in: Die Welt vom 2.11.2007.

事実である。この事実には今日では疑問の余地がなく，これがなぜ起こったのかという問いを中心にしてリンゼの実像をめぐる論争はなお続けられるものと思われる。しかし，その行方を追跡するのは他日を期すことにし，次に悲劇的な最期を遂げたいま1人の人物であるビアレクの検討に移ろう。

## 3. ローベルト・ビアレク

　反共の闘士として，また人権を守る戦いで落命したことで知られてきたリンゼの生涯に関して新たな発見があり，これまでの理解に疑問が提起されたのと同様に，ビアレクについても，2008年にその最期に関する新たな知見が得られた。

　シュタージによる拉致で命を奪われた人物として，ローベルト・ビアレクの名前も関係者の間ではよく知られている。ビアレクが西ベルリンから拉致されたのは1956年のことであり，それから40年以上経った1997年に実行犯の1人がベルリンの法廷で裁かれた。既に83歳の高齢に達した被告には執行猶予付きで10カ月の懲役が宣告されたが，この裁判を報じた1997年7月15日付『ベルリーナー・ツァイトゥンク』紙は「当時49歳だった人物の運命は拉致後，暗闇に沈んだままである」と記し，見出しを「ビアレク事件，誘拐されて東で消える」と付けている。また7月31日付の同紙によれば，判決では拉致の目的は「ビアレクを除去する」ことにあったとし，犯行が「国家保安省とDDR国家の存在に結びついていた」事実を認定する一方，「ビアレクは二度と再び現れなかった」として，その消息が完全に途絶えたことを確認しているという。

　ところが，2008年にそのビアレクについても新たな事実が掘り起こされた。西ベルリンから拉致された1956年に彼が死亡したことはこれまでも推測されていたが，どこでどのようにして死去したのかは明らかになっていなかった。例えば2005年12月にベルリンにあるテューリンゲン州代表部で彼を偲ぶ集会が開催されたが，その折の発表には「彼の早い死は今日まで解明されていない」としつつ，しかし死亡した場所はバウツェンだと説明されている。一方，別のビアレクに関する記事では死亡について疑問符を付した上で，1956年，ベルリンと記されている。この点に関し，ホーエンシェーンハウゼン記念館の歴史家エアラーが2008年にシュタージの文書を調べていて偶然一つの資料を発見し，新事実が浮かび上がった。それは拉致の当日に

ホーエンシェーンハウゼン拘置施設に引き渡された人物に関するものであり、通常ならば記載されている姓名がなく、番号だけが記入されていたのである。そこに記されている収容時刻から判断すると、その人物がビアレクであるのはほぼ確実であり、姓名がないのは死亡した状態で引き渡されたからだとエアラーは推定している。2008年4月8日付『ヴェルト』紙や『ベルリーナー・モルゲンポスト』紙が「シュタージ殺人が52年後に解明」などの見出しで報じ、4月13日にMDRがニュースで「ビアレクは恐らくシュタージ監獄で死亡」と伝えたように、この発見はマスメディアでも報道され、小さいながらも話題になった。こうして2007年に論争とともにリンゼが甦ったのに続き、ビアレクの最期が判明したことにより、シュタージによる拉致と殺害というDDRの歴史の暗部に改めて光が当てられたのである。

それではビアレクというのはどのような人物なのであろうか。リンゼと同じく、簡単にその略歴などを眺めよう。

ローベルト・ビアレクは第一次世界大戦の最中の1915年にブレスラウで生を享けた。労働者家庭の6番目の子供であり、父親の失業と飲酒癖のために家庭は貧しかった。同地で中等学校を終えた後、商人としての職業訓練を受けたが、世界恐慌の荒波に翻弄される間に政治的関心を強めた。ヴァイマル共和国末期に14歳で彼はSPDの青年組織である社会主義労働者青年団（SAJ）のメンバーになり、1931年には左翼の小政党である社会主義労働者党（SAP）に加わった。そこでは彼は防衛組織の若手リーダーとしてナチスの突撃隊と暴力沙汰を繰り返した。

ヒトラーの政権掌握後、彼は非合法活動を続けたが、組織は1934年に壊滅状態に追い込まれた。共産主義的青年層で頭角を顕していたビアレクは1935年に逮捕され、大逆を準備した罪で6年の懲役刑に処された。刑期を終えたあとも1943年まで保護検束されたが、結核で余命が短いというゲシュタポの医師の診断により釈放された。釈放されると直ぐに彼は故郷のブレスラウに戻って地下に潜り、非合法活動を再開した。M. レキシンによると、その間、ビアレクは女性に変装して通したという[18]。けれども、反ヒトラーの抵抗グループを作ろうと試みたものの、成功しなかった。それどころか、ゲシュタポのスパイという疑いさえ招いたといわれる。

---

(18) Rexin, op. cit., S.169.

第 5 章　1950 年代のシュタージ拉致・殺人事件　177

図 5 − 2　R. ビアレクと E. ホーネッカー

1946 年の自由ドイツ青年団指導部．女性の右側がビアレク，その右がホーネッカー．
（出典）Ilko-Sascha Kowalczuk und Tom Sello, hrsg., Für ein freies Land mit freien Menschen, Berlin 2006, S.42.

　敗戦を彼は潜伏していた故郷のブレスラウで迎えた。占領地でソ連軍が繰り広げた暴行や略奪行為も共産主義者となっていた彼の信念を根底から覆すまでには至らなかった。それどころか，彼は軍政部によってブレスラウの民生全権に任命されると同時に，占領軍の指導下に各地に設立された反ファシズム委員会の一員として活動した。近隣の女性ばかりでなく，彼自身の姉妹

がレイプの被害者になったにもかかわらず，このように彼がソ連の軍政部に協力的だったのは，長く獄中にあり，その後も情報が遮断されていたためにソ連が理想郷のように映っていたためだと思われる。当時は1930年代のソ連で粛清の嵐が吹き荒れたことや，スターリンの個人独裁が民主主義とはおよそ正反対の暗黒政治を生みだしていたことを知る者はほとんど存在しなかったのである。

ところで，民生全権になって間もなく，ブレスラウを含むシュレージエンの支配権がポーランドに委譲されることが固まると，ドイツ人であるビアレクは故郷を離れることになった。彼は1945年7月に他の活動家の一団と一緒に先頭に赤旗を押し立てた列車に乗り込み，空爆で廃墟と化していたドレスデンに向かった。そこで彼はモスクワから帰国しザクセンにおける共産党(KPD)の重鎮となったドイツ人共産主義者H.マテルンの知遇を得た。ザクセンでは共産党は1945年6月に再建されたが，初代委員長に就任していたマテルンはビアレクの情熱と才能を認め，その庇護を受けつつ共産党員としてビアレクは重要なポストに就くようになる。

最初にビアレクが就任したのは，共産党の地区青年部書記のポストだった。この立場で彼は，自由ドイツ青年団(FDJ)の前身であるソ連占領地区中央青年委員会の委員長だったE.ホーネッカーと知り合った。改めて説明するまでもなく，ホーネッカーは1971年に社会主義統一党(SED)の第一書記に就任して以来，ベルリンの壁が崩壊するまでDDRの最高指導者だった人物である[19]。1946年に自由ドイツ青年団がスタートするとホーネッカーは委員長に横滑りし，ビアレクはザクセンの自由ドイツ青年団委員長の座に就いた。またこの地位に基づいて彼はザクセンの州議会議員を兼務するとともに，1946年に社会民主党(SPD)との強制的合同によって成立した社会主義統一党(SED)のザクセン州指導部の書記にもなった。同年に開催された自由ドイツ青年団の大会ではビアレクは教会を批判する発言を行ったが，そこには教会系，ブルジョア系の青年組織を組み込んだ統一組織を目指すホーネッカーとの対立が表れていた。また同時に，その激情的な演説には信条を

---

(19) ホーネッカーには自伝の邦訳があるが，予想されるように，ビアレクの名前は見当たらない。エーリヒ・ホーネッカー，安井栄一訳『私の歩んだ道』サイマル出版会，1981年。

そのまま表に出す彼の率直で情熱的な性格が表出していて，慎重な立場のホーネッカーとの相違が既に明瞭になったといわれる[20]。

　その後，SED指導部ではビアレクをより重要なポストに就けることも考えられたが，従順さと規律に欠けるところがあるとの理由で見送られた。その代りに，1947年秋にビアレクはSED附属の党大学「カール・マルクス」で勉学するよう指示された。彼は有能だったが柔軟さに欠けたために，ザクセンのSED指導部はより利用価値を高めるように鍛える狙いからだった。ビアレクはそこで，いずれものちにDDRを脱出し鋭い批判者として活躍することになるW.レオンハルトやH.ウェーバーと相識になった[21]。勉学を終えると1948年7月に彼に対してSEDから新たな任務が与えられた。将来のDDRの軍隊の中核になるべき人民警察特別部隊の政治的訓練を担当する責任者がそれである。このポストについては，文献によっては，DDR内務省の前身だったドイツ内務行政部の下の人民警察総監と表現されている。しかし，D.M.シュナイダーが提示する資料では，9局と2部で構成される内務行政部の政治文化部長というのがビアレクに指示されたポストだった[22]。いずれにしても，警察組織の頂上部に位置するポストであることは間違いなく，成立過程にあるDDR支配体制の中枢にビアレクが入り込んだのは確かであろう。彼を除くと，同格の主要なポストにはソ連亡命の経験者のような信頼度の高い人物が就いていたから，この人事にはマルテンの強い後押しがあったと見られている。同時に，その場で彼は後にシュタージの頭目として君臨するE.ミールケが秘密警察の世界を築くのを目の当たりにすることにもなった。

　それはさておき，ビアレクが新たな任務に着手したとき，訓練すべき人材

---

(20) Rexin, op.cit., S.170; Hermann Weber, Freie Deutsche Jugend, in: Martin Broszat und Hermann Weber, hrsg., SBZ-Handbuch, München 1993, S.669.

(21) レオンハルトは邦訳のある『戦慄の共産主義』や『岐路に立つ共産主義』などの著者として共産主義体制の内幕を暴いたことで著名である。一方，ウェーバーはやはり邦訳されている『ドイツ民主共和国史』の著書をはじめ，ドイツ共産党に関する歴史研究などで知られている，DDRを中心としたドイツ現代史の代表的な研究者である。

(22) Dieter Marc Schneider, Innere Verwaltung/Deutsche Verwaltung des Innern, in: Broszat u.a., hrsg., op.cit., S.212, 217.

に重大な問題があることが明らかになった。建設されるべき社会主義国家を軍事面から支えるべき人材の不足のために，政治的訓練を受ける者の中に戦争捕虜になって帰還した者やナチ党員だった者が含まれていたからである。そうした問題はシュタージの前身になる機関を設置しようとした際にも浮上したが[23]，ともあれ，そのためにビアレクは報告書で人材確保の方法や人民警察の基幹的隊員の政治的信頼性を厳しく批判した。そこには上位の者に対しても遠慮会釈なく自分の信条や意見をぶつける尊大とも映る彼の性格が表れていた。その結果，彼はSED副議長ウルブリヒトをはじめとするSED上層部の不興を買うことになった。こうして早くも1948年10月に彼は政治的訓練の責任者ポストを解任され，一種の保護観察を受ける身となってグローセンハインに派遣された。そこでSEDの地区指導部の書記として活動するためである。この降格とともにそれまでのビアレクの目覚しい政治的上昇は終わりを告げた。それどころか，後から振り返れば，グライェクがいうように，ここで「彼の政治的没落が決定された」のである[24]。

　グローセンハインに赴任した当時，ビアレクはまだ共産主義建設の理想に燃えており，SEDの政治路線から逸脱していたわけではなかった。そのことは，ドイツの分断が確定していく過程で彼が党の方針に忠実に従ったことから読み取れる。当時は西ドイツでの通貨改革に続いてベルリン封鎖が行われ，ドイツをめぐる米ソ関係の緊迫が高まる一方，東ドイツではソ連の占領統治下で大土地所有の解体が強権的に実施され，政治情勢は流動的だった。そうした中でグローセンハインの住民の動揺を沈静させ，SEDの支配体制を強固にするという新たな任務にビアレクは打ち込み，かなりの成果を挙げたといわれる。例えば土地改革で揺れる農民を集めた集会で大農に対する小農の経済的依存を打破する必要を説き，階級闘争のパートナーとして獲得するのに貢献したと評されている。また賠償として産業施設を撤去し，占領支配を続けるソ連についても，「ロシア人と我々」と題した講習会などを開催し，参加者が少なくても親近感を抱かせるように努力したといわれる。その場ではソ連が東ドイツにトラクターやトラックなどを供与した事実を取り上

---

(23) Engelmann, op.cit., S.56f.

(24) Rainer Grajek, Der verschwundene Parteisekretär (http://www.rainergrajek.de/riesa-grossenhain/2)

げ，あるいは西側の戦争挑発者に対して平和を守る社会主義の盟主としてのソ連の役割を説明したことが地元の新聞で報じられている。

グローセンハインにおけるビアレクの活動の頂点になったのは，1949年6月18日に開催された国民戦線を設立するための労働者集会だったとされる。その場で彼はSEDの政策を正しい意味でのブロック政策であり，ドイツの分断を阻止し，統一を守るのは労働者階級の任務であって，その先頭にSEDが立っていることを説いて，党の路線を忠実に宣伝した。この点から見て，地区の書記という降格人事にもかかわらず，ビアレクには共産主義建設への理想は一貫しており，またSEDの路線からの逸脱も認められなかった。

しかしながら，地区書記の時期にも上層部に対しても自分の信条を憚ることなく主張する性格は変わらなかった。そのため，降格に至ったSED中央の彼に対する不満は解消されないどころか，ますます嵩じていた。DDRが建国され，ドイツ分断が確定した直後の1949年11月にグローセンハインでSED地区大会が開催されたが，その場で事前に組まれていた計画が実行された。中央ではビアレクをさらに下位のポストに落とすことが前もって話し合われ，そのための材料を集めることが決められていたのである。地区大会には中央からウルブリヒトと一心同体のクーンが参加したが，その場でビアレクは書記の座から外されることが決定された。予期せぬ解任の後，彼が得たのはバウツェンの自治体行政での職場だった。その後，機関車製造の人民所有企業で文化部門担当の管理職に就いた。こうして高位のポストから排除されただけではなく，政治に関わるポストから遠ざけられた末に最後の一撃が浴びせられた。党の粛清が進められた1952年に彼はSEDを除名されたのである。

ウルブリヒトを中心とするSED上層部の不興を買っていたとはいえ，それがなぜSED除名という結末にまで至ったのかは明らかではない。とりわけ，降格された後も地域ではSEDの政治路線を忠実に代弁し，逸脱が認められなかったことを踏まえると，尊大で扱いにくいという性格面に問題があったとしても，公然たる上層部批判に及ばない限り，一般的には排除にまでは行かないと考えられよう。その意味で，SEDにおけるビアレクの航跡には不可解な部分が残るといわなければならないであろう。

このような処遇にもかかわらず，ノルマ引き上げに対する抗議に端を発す

る1953年6月17日の労働者の反乱にビアレクは参加しなかった[25]。この反乱は自然発生的であり，貧しい労働者家庭の出身であるビアレクはなにがしかのシンパシーを覚えたと想像されるが，彼は共産主義の理想を全面的には失わず，その限りで依然として DDR 国家の側に立っていたのである。あるいは支配する側に立った経験が，無計画で成算のない行動への参加を思いとどまらせたのかもしれない。建国から間もない大規模な反乱は DDR の屋台骨を揺るがし，ノルマ引き上げの撤回などの懐柔策が直ぐにとられたが，その一方で反乱が鎮圧された後に逮捕者が続出し，厳罰に処された。この弾圧の嵐は，反乱とは本来無関係のはずのビアレクにも及んだ。官憲の手が伸びるという知らせが届くと，不遇に耐えてきた彼は遂に DDR を脱出する決意を固めた。1953年8月23日に彼は家族とともに東ベルリンに向かい，その夜に西ベルリンへの境界線を越えたのである。ベルリンが越境の場所に選ばれたのは，1952年5月の DDR の国境保全の決定によりドイツ内部国境と西ベルリン・DDR 間の境界の監視が厳重になり，東西に分かたれたベルリンが東西ドイツ間に残された主要な抜け穴になっていたからであるのは指摘するまでもないであろう。

　以前は戦争挑発者と呼んで非難した西側に救いを求めたビアレクの行動は，一時的ではあれ人民警察の最高幹部だった経歴の人物だっただけに，注目を集めた。彼と家族が収容されたのは，DDR からの逃亡者を受け入れる目的で1952年に開設された西ベルリンのマリーエンフェルデ一時収容所だった。そこではスパイの潜入を排除する目的もあり，DDR からのすべての逃亡者に対して事情聴取が行われたが，経歴の点からビアレクに対してはアメリカやフランスの諜報機関が強い関心を示し，反共プロパガンダに利用しようと試みた。そのうちでイギリスのそれだけは彼の資本主義批判を無視しなかったために協力関係が形成された。1954年にビアレクが提出したDDR 向けの BBC 放送の改善提案はその表れである。そこではマルクス主義の理論と建設されつつある現実の社会主義との乖離が批判の対象になっており，その問題を含む彼のメモワールが『ビアレク事件』と題して1955年9

---

(25) 1953年6月17日に発生した労働者の反乱に関しては多数の研究がある。日本語文献としては，星乃治彦『社会主義国における民衆の歴史』法律文化社, 1994年。

月にロンドンで刊行された。

　西ベルリンに逃れてから彼はまた，SPDのオストビューローを通じてDDR内のSED反対派を支援した。オストビューローというのはソ連占領下の東ドイツで1946年にSPDが共産党と強制統合されてSEDが創設された後，これに反対して西側に逃れたSPD党員を中心にして設立された組織である。その主要な任務は，DDRから逃れてきた難民やDDRで拘束されている政治犯とその家族の世話のほか，DDRにとどまり抵抗を続けている反対派に対する支援だった。そのための冊子が1万部以上DDRに運び込まれて撒かれたともいう。1955年5月以降，西ベルリンのSPDオストビューローでビアレクは専従の職員になり，ブルーノ・ヴァルマンという偽名で働いた。DDRではオストビューローは反共主義者の巣窟と見做され，接触は厳禁されていたが，事務所がSEDの党員やDDRの政府機関と非公式のコンタクトを持っていたので，素性を秘匿するためである[26]。

　しかし間もなくシュタージはビアレクが「階級敵の二つのセンター」で活動していることを突き止めた。SPDのオストビューローとBBC放送である。シュタージから見れば，ビアレクはDDRに背を向けた逃亡者であるだけでなく，敵を助ける裏切り者だったから，制裁措置が決定されたのは不思議ではない。だが，ビアレクの場合，経歴と対敵協力の二面が重なったため，制裁は最も重くなった。すなわち，西ベルリンから拉致した上で厳罰に処すということである。

　この方針に沿い，オストビューローとの協力を装って西に潜入していた2人のスパイが1956年2月4日にビアレクをある集まりに招いた。そして酩酊したところで呼び寄せた車に彼を押し込み，東ベルリンに連れ去ったのである。明らかになっているのはここまでであり，その後の消息は完全に途絶えた。追跡調査を試みたヘルムスたちはビアレクが収容されたと考えられるバウツェン刑務所の1956年以降の資料を調べたが，手掛かりは得られなかったという。またシュタージの文書を管理するガウク庁でも調査を行ったが，

---

(26) SPDのオストビューローについては，Wolfgang Buschfort, Das Ostbüro der SPD: Von der Gründung bis zur Berlin-Krise, München 1991 参照。なお，1959年初頭にオストビューローの再編をSPD幹部会から託されたクキルが数日後に変死したが，シュタージによる毒殺の可能性が指摘されている。

成果はないままであった。

　一方，ソ連が崩壊した後の1992年にモスクワからビアレク夫人に通知が届いた。そこにはビアレクがソ連の収容施設にいたことも，ソ連の法廷で有罪判決を受けたこともないことが記されていた。第4章でも触れたように，1950年代にはDDRでシュタージに拘束されたいわゆる政治犯で，ソ連に連行された上で処刑されたDDR市民が存在することが，モスクワのドンスコエ墓地に眠る死者の調査で明らかにされている[27]。上述したリンゼもその一人である。そうした事実を考慮すれば，ビアレクもソ連で最期を迎えた可能性も存在したが，この通知により，それも否定されたことになる。こうしてビアレクの姿は1956年に忽然と消えてしまっていたのである。

　このような経緯に照らすと，2008年に至って彼の消息を知る有力な手掛かりが得られたことの意義は小さくない。確かに，そこで浮かび上がったのは，シュタージの拘置施設に到着した時点でビアレクが既に死亡していたということだけであり，したがって，彼がどのようにして死亡し，遺体はどうなったのかなどは依然として闇に包まれたままである。けれども，拉致から東ベルリンへの到着までの間に彼が自殺したとは考えにくい以上，シュタージによって殺害された公算が極めて大きい。この点はいまだ断定はできないとしても，西ベルリンで拉致され，東ベルリンの到着時点で死亡していた事実だけでも，シュタージの犯行の非人道性が鮮明になる。エアラーの見つけた資料はビアレクに関するものであることが確実視されているが，それが間違いないとすれば，シュタージによってこの世から消されたビアレクは半世紀以上を隔てて甦り，シュタージの犯罪の告発者として人々の前に再び立ち現れたといえるのである。

## 4. シュタージ拉致・殺害事件に関する若干の考察

　近年，シュタージの復権とも呼べる現象が目立つようになってきている。これについては本書第7章で指摘してあるとおりである。その代表例といえるのは，シュタージの幹部で「顔のない男」と呼ばれたマークス・ヴォルフの後任としてスパイ組織を率いた人物がある公の席でシュタージは平和の維持に貢献したと公言する一方，その犯罪行為には口を閉ざしたままでいたこ

---

(27) 本書第4章141頁参照。

とであろう[28]。またそのヴォルフが 2006 年 11 月に死去した際，葬儀に多数のシュタージと DDR の関係者が集い，式典はさながら「没落した共和国のためのノスタルジックな国家行事」のような観を呈したといわれるが，シュタージの犯罪に関する反省の弁は一つも聞かれなかったという[29]。さらに犯行に関わった者たちが裁判で罪を不問に付されるケースが増大し，「シュタージ犯罪者の遅まきの勝利」が語られるようになると同時に，他方で，シュタージの職員だった者たちが近年では連携して権利の回復を要求するようになるなど復権を図る動きが公然化してきており，ホーエンシェーンハウゼン記念館の館長である既述のクナーベが新聞への寄稿で憂慮の念を表明するまでになっている[30]。例えば軍隊型組織を有したシュタージの元将校が現役当時の高い給与に照応するように年金給付の増額を求め，裁判に訴えているのも，復権の一例として挙げられよう[31]。それにとどまらない。自らシュタージによって拉致され DDR で服役した経験のあるフリッケによれば，シュタージはその存在を正当化するために歴史の書き換えすら推し進めようとしており，ホロコースト否定論を中心とした歴史修正主義とは異なるもう一つの歴史修正主義が浮上しつつあるのが現状だといわれている[32]。例えば 2008 年にかつてのシュタージ幹部たちの手によって前年 11 月に開催された会議での報告を纏めた一書が公刊され，2008 年 5 月 30 日付『フランクフルター・アルゲマイネ』紙でそれを取り上げたハンネマンが「老紳士たちの勝利の進軍」

---

(28) Uwe Müller, Mielkes Genossen, in: Die Welt vom 4.6.2007; Otto Langels, Vom Problem des öffentlichen Umgangs mit Ex-Stasi-Offizieren, in: Deutschlandfunk-Hintergrund vom 28.7.2007 参照。

(29) 本書第 7 章 232 頁。

(30) Uwe Müller, Der späte Triumph der Stasi-Täter, in: Die Welt vom 21.4.2008; Hubertus Knabe, Stasi-Spitzel fordern Persönlichkeisrechte ein, in: Die Welt vom 10.11.2008. なお，かつてのシュタージ職員たちが今日でも結束を維持している様子については，ノルテの詳しいルポがある。Barbara Nolte, Die Stasi-Rentner, in: Die Zeit, Nr.30, 2006.

(31) Die Welt vom 3.12.2008.

(32) Karl Wilhelm Fricke, Geschichtsrevisionismus aus MfS-Perspektive: Ehemalige Stasi-Kader wollen ihre Geschichte umdeuten, in: Deutschland Archiv, Jg.39, H.3, 2006, S.490ff.

と評しているが，連携した活動の再開だけでなく，挑発的ともいえるシュタージの正当化は修正主義の一面だといえよう[33]。

このようにシュタージ復権の動きが顕在化している背景には，DDR 時代の生活を懐かしむいわゆるオスタルギーが東ドイツ地域で広がっている現実がある。DDR 最後の首相を務めたデメジエールはその原因を「DDR が作り上げたあらゆるものを我々が転換後に無差別に否定した」ことにあるとし，「それに対する反作用として無差別な美化が生じている」と指摘している[34]。一方，SED 支配の先鋭な批判者として知られる演出家のクリーアは，『ヴェルト』紙への寄稿で「DDR を体系的に美化する策略が存在する」と喝破し，かつての教師たちがネットワークを作って活動していることなどが，「DDR が年毎にますます温和な光の中に現われる」事態を招いていると主張している[35]。これらの見方の当否はここでは措き，イデが強調するように，オスタルギーを含むノスタルジーが全否定や全肯定ではなく，忘却を不可欠の構成要素とする「選択的な記憶」であることを確認しておけば足りる[36]。この選択の過程で否定的側面が抜け落ち，過去が麗しく懐かしいものに作り変えられていくのである。

それはともあれ，上記のようなシュタージ復権の傾向を踏まえるなら，リンゼのナチ時代の経歴を中心にその評価をめぐって議論が戦わされ，あるいはビアレクの最期に関して闇に埋もれていた真実が明るみに出されたことの意義は軽視できないであろう。死亡にいたる経緯は違っていても，2 人ともシュタージによる拉致の標的になり，その犠牲者である点では同じであり，

---

(33) Matthias Hannemann, Mitschriften aus Odensee, in: Frankfurter Allgemeine Zeitung vom 30.5.2008. 公刊された本は，Hauptverwaltung A: Geschichte, Aufgaben, Einsichten, Berlin 2008 である。

(34) Die Welt vom 3.8.2008.

(35) Freya Klier, Der lila Drachen und die Mär von der schönen DDR, in: Die Welt vom 15.12.2008. 因みに，ザイルスはクリーアを「DDR における国家の敵 No.1」だったと呼んでいる。Christoph Seils, Zwischen Neuseeland und Gysi, in: Frankfurter Rundschau vom 10.3.2005.

(36) Robert Ide, Aus DDR-Biografien kann der Westen lernen, in: Der Tagesspiegel vom 30.11.2008. 記憶の選択性の問題は夙にフリッツェが重視していた点である。拙著『統一ドイツの変容』木鐸社，1998 年，137 頁以下参照。

美化されるようになりつつあるシュタージの闇の部分を改めて意識に上らせることになったからである。しかも，シュタージの被害にあった人びとのなかには，収容施設での過酷な扱いのために異常を来し，今日でも心理障害に苦しんでいる者が少なからず存在するばかりでなく[37]，最近ではシュタージの被害者が，かつて自分を苦しめたシュタージのスパイの名前が公になり，その所業が明るみに出されることを意図して報復行為に及び，裁判にかけられる事件すら発生している[38]。このような実情を考慮するなら，シュタージの暗黒を記憶にとどめておく意義は少しも減じてはいないといえよう。バウツェンにあるシュタージ記念館の館長が DDR に関する知識の欠如が問題視されている青少年にシュタージ拘置施設の見学を義務付ける提案をし，連邦政府で東ドイツ問題を担当しているティーフェンゼー交通相（SPD）が学校での DDR 学習の強化を求めているのは[39]，そうした観点からにほかならない。

---

(37) Matthias Klampe, Psychische Störungen nach politisch motivierter Haft, in: Andreas Wagner u.a., Politische Strafjustiz 1945-1989, Schwerin 2008, S.106ff. 心理障害の生々しい例については，Eva Eusterhus, Ein Stasi-Opfer spricht über die Leiden der Haft, in: Die Welt vom 7.11.2008; Armin Fuhrer, Zersetzte Seelen, in: Focus vom 14.7.2008. シュタージの拘置施設での扱いの過酷さは，施設を見学すれば容易に想像がつく。今日まで保存され一般に公開されている施設では，ホーエンシェーンハウゼンのほかにバウツェンのそれがよく知られており，ハレやポツダムのそれも見落とせないが，それらに備えられている運動スペースや懲罰房の構造自体が暴虐の極みといえる。なお，施設とそこでの扱いの詳細につき，ホーエンシェーンハウゼンの場合は，Hans-Eberhard Zahn, Haftbedingungen und Geständnisproduktion in den Untersuchungs-Haftanstalten des MfS, Berlin 2005 が役立ち，バウツェンの場合では次の書が有益である。Stiftung Sächsische Gedenkstätten zur Erinnerung an die Opfer politischer Gewaltherrschaft, hrsg., Spuren, suchen und erinnern, Leipzig 1996; Karl Wilhelm Fricke und Silke Klewin, Bautzen II: Sonderhaftanstalt unter MfS-Kontrolle 1956 bis 1989, Leipzig 2001.

(38) Steffen Wintner, Dresdner Ikarus, in: Der Spiegel vom 24.11.2008. 因みに，DDR での政治的抑圧の被害者のために様々な社会団体が相談窓口を開設しており，SED 独裁解明財団がその案内書を作成している。Stiftung zur Aufarbeitung der SED-Diktatur, hrsg., Übersicht über Beratungsangebote für Opfer politischer Verfolgung in der SBZ/DDR, Berlin o.J.

(39) Die Welt vom 6.8.2008; Die Zeit vom 31.12.2008.

ところで，仔細に観察するなら，2人の事件からは興味深い特徴が浮かんでくる。リンゼは大学教育を受けた法律家であり，共産主義に対するシンパシーを最初から抱いていなかった。彼がDDRから憎悪されたのは，秘匿しておきたいDDRでの不法を暴き，その威信を損なうと同時に，破壊工作につながる協力者網の構築のようにみえる活動のゆえだった。DDRを支配する者には，SEDの信用や利益を害することはそのまま共産主義に対する敵対を意味したのであり，人権の保護はそれを覆い隠す単なる隠れ蓑にしか映らなかった。自由法律家調査委員会で活動するリンゼは反共のレッテルが貼られただけではなく，危険人物と見做され，そのために抹殺の対象にされたのである。

これに対し，労働者家庭の出身であるビアレクは共産主義の理想に燃え，SEDの党員としてDDRにおける社会主義建設にエネルギーを傾けた人物だった。一時は人民警察の幹部にまでなった彼が昇進の階段から転落したのは，上位の者に対しても自己の意見をいう行動ないし性格のゆえにSED幹部の不興を買ったためであり，決して反共産主義の立場に転じたり，SEDに対する忠誠を失ったことに原因があったのではなかった。その意味で，そうしたビアレクでさえDDRで暮らし続けることが不可能であり，西ベルリンへの脱出しか生きる道が残されていなかったところにスターリン主義化したSEDの硬直した構造が映し出されているといえよう。その結果，ビアレクは西ベルリンでBBCやSPDに協力する形で，DDRにおけるSED支配を改革し，よりよい社会主義の実現のために努力するようになった。けれども，そのような活動はDDRの支配層から見れば共産主義に対する裏切りであり，背教でしかなかった。こうしてリンゼと違って共産主義の理想に背を向けたわけではないのに，ビアレクもまた拉致の対象にされ，命を奪われることになったのである。

このように2人は基本的立場が異なっているのであり，そのことはビアレクが一時期はDDRの高官だったために『DDRのフーズ・フー』に取り上げられているのに，反対派を通したリンゼが無視されているという取り扱いの相違にも反映されている[40]。そうした違いにもかかわらず，2人が拉致とい

---

(40) Helmut Müller-Enbergs u.a., hrsg., Wer war wer in der DDR?, Berlin 2000, S.75. 反対にリンゼの写真と略歴はモスクワでのドイツ人犠牲者の書に載せられて

う共通の悲運に見舞われたことは，DDR に関する重要な事実を暗示しているように思われる。それは DDR が許容し，受け入れることのできる政治的主張やイデオロギーの範囲が極めて狭小だったことである。第三帝国が崩壊した後，ソ連占領地域にはいくつかの政党が誕生もしくは再生した。しかし DDR が建国されたあとには，周知のように，SED が指導的政党としての地位を固め，そのほかの政党や大衆団体は伝導ベルトの役割に固定化されていったのである。こうして農業の集団化に代表されるように，強権を振りかざして上からの社会主義建設が進められていくことになったが，それは政治的空間の閉塞を招かざるをえなかった。クレスマンの表現を使えば，この閉塞は，「1950 年代初頭，社会の全領域で強制と暴力をもって貫徹された DDR のスターリン主義化」の帰結だったといえよう[41]。経歴も立場も全く異なる 2 人が等しく西ベルリンに逃れ，そこを拠点にした活動のためにシュタージの犠牲者になったことは，社会主義建設のそうした過酷さを反映していると考えられる。もちろん，同時期の「前線国家」西ドイツでも政党国家的民主主義は確立しておらず，「戦う民主主義」が文字通り戦闘的で不寛容だったことを見落としてはならない。ゴルツがいうように，「西側もまたイデオロギー的な負荷を帯びた友敵思考と内政上の非自由性に傾斜していた。反共産主義が若い連邦共和国の政治文化を刻印していた[42]。」そして，クロイツベルガーによれば，「戦後ドイツの反共産主義の歴史を代表する」だけで

---

いる。Roginskij u.a., hrsg., op.cit., S.250; Jörg Rudolph u.a., hrsg., Hingerichtet in Moskau: Opfer des Stalinismus aus Berlin 1950-1953, Berlin 2007, S.107.

(41) クリストフ・クレスマン，石田勇治・木戸衛一訳『戦後ドイツ史』未来社，1995 年，17 頁。なお，ヘルマン・ウェーバー，斉藤哲・星乃治彦訳『ドイツ民主共和国史』日本経済評論社，1991 年，57 頁参照。例えば同時期に教育面では，「ソ連を模範として仰ぎつつ社会主義愛国心を中心としたイデオロギー教育を国家の統一的な教育の核とするという政策」が推進された。近藤孝弘『ドイツの政治教育』岩波書店，2005 年，126 頁。

(42) Hans-Georg Golz, Editorial zur „politischen Kultur im kalten Krieg," in: Aus Politik und Zeitgeschichte, 1-2/2009, S.2. この点についてはさらに，ハンス・カール・ルップ，深谷満雄ほか訳『現代ドイツ政治史』彩流社，2002 年，187 頁以下，ハインリヒ・アウグスト・ヴィンクラー，後藤俊明ほか訳『自由と統一への長い道 II』昭和堂，2008 年，165 頁以下参照。

なく，国内で「冷たい内戦」を推進したのが，西ドイツ建国に伴って設置された連邦全ドイツ問題省であった[43]。

それにとどまらない。2人の人生を重ねあわせてみると，DDRの支配層からその足元を脅かすと見られた活動がなぜ拉致を強行してまで排除しなければならないほど危険に映ったのかがむしろ疑問に感じられよう。たしかにラジオ放送でDDRの汚点を暴き，DDR市民との人脈を作り，あるいはDDRで宣伝冊子を撒くことが，建国から日が浅く政治的基盤が安定しない状況では危険に感じられたのは当然であろう。しかしそれだけであれば，リンゼ拉致に対する大規模な抗議集会が示すように，歴然たる不法はDDRに対する不信や敵意を強める結果になるので，政治的な損得勘定にあわないとも考えられる。

この点を考慮すると，強硬手段を発動するほどにDDR指導者が彼らの活動に神経を尖らせたのは，国家としてのDDRの存立が不確実だと判断していたためだと推察される。実際，1952年には「社会主義の建設」が宣言され，これに協力しない人々に対する弾圧が「階級闘争の強化」の名目で強められたが，そうした強権的措置に対して反撥が広がるのは避けられなかった。1953年に各地で自然発生的に起こった労働者の反乱がその突発だったのは指摘するまでもない。これに加え，戦後復興から高度成長へと進む西ドイツに比べて配給制度が1958年まで残ったDDRでの暮らしの貧弱さは誰の目にも歴然としていた。「経済の奇跡の連邦共和国がソ連の恩寵によるウルブリヒトの灰色の国家よりも大抵のドイツ人に遥かに魅力的に映った」のはその当然の帰結にほかならない[44]。国家としてのDDRの脆弱さは他の側面からも看取できる。例えばDDRにおける「社会主義の英雄」に関する近年の研究によれば，テールマンをはじめとして反ファシズム運動で斃れた共産主義者や労働ノルマを上回る実績をあげて社会主義建設に貢献したヘネケのような人物が英雄として称賛され，その功績が宣伝されたが，そうした英雄賛美が頂点に達したのは1950年代だった。これと対照的に1970・1980年代は「英

---

(43) Stefan Creuzberger, Das BMG in der frühen Bonner Republik, in: Aus Politik und Zeitgeschichte, 1-2/2009, S.27f. 西ドイツの反共主義については，現在でも，宮田光雄『西ドイツの精神構造』岩波書店，1967年，317頁以下が参照に値する。

(44) Golz, op.cit., S.2. 斉藤哲『消費生活と女性』日本経済評論社，239頁。

雄が乏しい，英雄の無い時代」に変わったのである[45]。その変化が示すのは，1950年代にDDR指導部が体制に対する一般市民の忠誠や愛着を取り付けるのに腐心していたことであり，換言すれば，その支配が脆いという意識が共有されていたことにほかならない。

しかしながら，労働英雄やスポーツ英雄が数多く作り出され，誰でも英雄になれるというプロパガンダが繰り広げられたにもかかわらず，さしたる成果は得られなかった。周知のように，1950年代全般を通じてDDRからの逃亡者の波が止まらず，エンジニアや教師など社会の中核になるべき人びとが大量に西ドイツに脱出したからである[46]。そのため，DDRは存亡の危機から脱することができなかった。事実，最後の強硬手段でリスクの大きい1961年のベルリンの壁の建設を俟ってようやくDDRは国家としての一応の安定を確保できるようになったのである。その意味で，リンゼやビアレクに限らず，1950年代にシュタージによる拉致事件がいくつも発生し，危険人物の排除に躍起になったことにはそれなりの理由があったと考えられる。死刑に処されたムラスとヴィルヘルムという無名の人物に本書の第3章で焦点を当てた際にも触れたように，1950年代にはシュタージが関与したいわゆる政治犯の処刑が多く見られ，1952年から1955年までで62人が国家権力によって命を奪われたとされるが，そうした暴虐の根底にもやはり国家としてのDDRの存立の危機感があったといえよう。無論，巨視的な観点からすれば，米ソ間の冷戦に伴う東西ドイツの緊張関係の推移やスターリン批判を転機とするスターリン体制の緩和なども考慮に加える必要があるのは指摘するまでもないであろう。ともあれ，そうした背景の下で2人の人物の拉致と殺害が行われたのであり，このような非人道的な犯罪をステップにしてシュタージはミールケの下で膨張し，DDRの内部にミールケ帝国とも呼ばれる巨大組織を形成していくことになるのである。

---

(45) Rainer Gries und Silke Satjukow, Wir sind Helden: Utopie und Alltag im Sozialismus, Erfurt 2008, S.8, 10. 社会主義の英雄の賛美がリンゼのような社会主義の敵に対する憎悪のプロパガンダと表裏一体だったことは指摘するまでもないであろう。

(46) その詳細に関しては，拙著『統一ドイツの外国人問題』木鐸社，2002年，427頁以下参照。

付記

　本章を脱稿した後，リンゼに関する以下の文献を入手した。曖昧な表現や触れずにおいた点で明らかになったところがいくつもあるが，もはや訂正や補充は困難なので，文献の存在だけを指摘しておきたい。

（1）Benno Kirsch, Von unbewiesenen Behauptungen und alten Rechnungen, Berlin 2008.
（2）Klaus Bästlein, Vom NS-Täter zum Opfer des Stalinismus, Berlin 2008.
（3）Ders., Besonderer Anhang zur Publikation: Vom NS-Täter zum Opfer des Stalinismus, Berlin 2008.

　鑑定書を作成したベストラインをキルシュが『ヴェルト』紙への寄稿で批判したことは本文中で触れたが，これを拡充してリンゼに関する論争の意義に焦点を当てた論考を彼は公表した。(1)として挙げたのがそれである。一方，ベストラインはベルリンのシュタージ文書管理機関のシリーズの一冊としてナチ時代のリンゼに焦点を絞った著作を公刊した。それが(2)として掲げた著書である。その中で彼はキルシュを痛烈に批判している。例えば，「『政治学者』キルシュにとって認識を導いているのは事実ではなく，彼の偏見である」(S.5)という一文がその厳しさを示している。同時にベストラインはリンゼの主導でアーリア化されたユダヤ人企業に関する(3)の資料集も作成している。これらによってナチ支配に対するリンゼの関与が一段と明確になったのは間違いない。例えば彼が1940年にナチ党に入党したこと，反ユダヤ主義に染まっていたこと，兵役に就かなかったのはアーリア化での実績が大きかったためだったことなどである。これらの新事実に基づき，「リンゼは事実上ヒトラーの軍需大臣アルベルト・シュペアの作業主任になった」(S.100)とさえベストラインは書いている。とはいえ，リンゼを巡る論争はこれで決着したとはいえず，まだ新事実が掘り起こされる余地があるように感じられる。

　それにしても，死後50年以上もたってなお1人の人物の評価を巡って論戦が交わされること自体に率直に言って驚きを禁じえない。論争されている事柄そのものは見過ごせない論点だとしても，それを重要と見做し，新事実を発掘して検証しようとする姿勢が共有されていることが筆者には重要であるように思われる。渦中にいる当事者たちには無論，共有された姿勢は自明のものであろうが，そうした暗黙の共有自体が熟考に値する事柄といえよう。いずれにせよ，リンゼの生涯についての論戦には，SED独裁とりわけシュター

ジの残した傷の深さを見る思いがするのであり，心の奥深くの傷はさまざまな形でこれからも表出するものと考えられる。

　なお，上記の諸著作と同じ 2008 年に，ドイツ統一後に開示された資料に基づいて，「SED の政敵」と見做されて忽然と姿が消えてしまった市民の一部のリストが次の書に公表された。Falco Werkentin, hrsg., Selbstbehauptung, Widerstand und Verfolgung, Berlin 2008, S.75. リストに載せられているのは 74 人であり，主に 1950 年代に逮捕され，家族は長く何の情報もないまま放置された。その中にはビアレクたちと同様な拉致被害者が含まれている。また，各々について生年月日，居住地のほか，逮捕された日時，法廷と判決の日時，刑罰，釈放の日付が記載されているが，逮捕容疑や判決理由は記されていない。ただ，そこでも指摘されているように，残された文書はしばしば不正確であり，リストの中にいくつも「詳細は不明」の注記が付されているのはそのためである。けれども，むしろ注目すべきは，50 年以上も前の出来事に関してこのようなリスト作成の努力が続けられている事実であろう。解説の末尾では，「逮捕者のその後の消息を知っているか，あるいは逮捕者の写真を所持しているので，リストの欠陥を埋めることができる人」に対して一報するように呼びかけているが，リンゼを巡る論争と合わせ，そうした文章を読むにつけても，記憶の風化に抗する強い意思の存在が感得されるのである。

# 第6章　DDR最後の「政治犯」

## 1. はじめに

　本書の第3章では通称で東ドイツと呼ばれるドイツ民主共和国（DDR）初期の政治犯について考察した。ツァーンやムラスなどに光を当てたものがそれである。その論考を書き終えたのは2006年の夏だったが，それから間もなく，ドイツから一つの興味深い報道が届いた。それは「DDRの最後の虜囚」という見出しのついた2006年9月30日付『ヴェルト』紙上のL.-B. カイルの筆になる記事である。さらに2年以上が経過した2009年1月に同じテーマを扱った『フォークス』の記事を入手でき，5月には『シュピーゲル』にも関連する記事が掲載された。前者はG. シュペリウスが執筆し，1月28日付の同誌に寄せたものであり，「シュタージの最後の囚人」と題されている。また後者はP. ヴェンジアスキの手になり，「没落に至るまで続いた過酷さ」のタイトルでDDRが崩壊する局面でのシュタージ拘置施設の内情を描いている。いずれも同一人物に光を当てているので，当然ながら重なる部分が多くみられる。しかし，それだけに報じられている内容の精度が高いと考えられるばかりでなく，DDRやシュタージを考察する際の貴重な視点を含んでいるように感じられる。この人物はDDR末期に脱出に失敗して捕われ，ベルリンの壁の崩壊をシュタージの拘置施設で体験したが，出国を願望した動機やシュタージによる扱いにいくつかの注目点が見出されるからである。そこで以下でこの人物の行動などを簡単に紹介するとともに，若干の考察を加えたいと思う。

## 2. ヘードリッヒとシュタージ

　三つの記事で主人公に据えられたのは，ウヴェ・ヘードリッヒという無名の人物である。2006年に61歳になっている彼は，DDRからの国外脱出の波が続き，民主化を求める市民運動が高まりだした1989年9月13日にシュタージによって逮捕された。そしてホーエンシェーンハウゼン拘置施設に収容されて「DDRの最後の虜囚」になった。したがって彼は同時にホーエンシェーンハウゼン拘置施設が受け入れた最後の「政治犯」でもある。

　シュペリウスによれば，ヘードリッヒ一家には「一種の抵抗の遺伝子」があり，それが「DDRで享受していた特権にもかかわらず，DDRでの生活をいつか耐えがたいものにすることになった」のであった。その遺伝子の例とされるのは，ウヴェ・ヘードリッヒの義父ローベルト・ハフリクに逮捕歴があることである。ズデーテン地方の出身の肉屋であるハフリクは1940年代にダハウの強制収容所でクルト・シューマッハーと知り合った。いうまでもなくシューマッハーは西ドイツのSPD党首としてアデナウアーと並ぶ指導的政治家になったが，敗戦から10年後のDDRで人民警察官になっていたハフリクは居酒屋でビールの酔いに任せてこう語った。「クルト・シューマッハーは唯一の本当の労働者の指導者だ。ピークとグローテヴォールはそうではない。」ほろ酔い気分のこの言葉はしかしシュタージにまで達した。そして彼は3年の懲役刑に処されたのである。1955年のことである。

　それから26年後，ハフリクの義理の息子はDDRのシステムの頂上近くまで昇り詰めていた。販売員として働いていた寡婦の息子に対し，義父を迫害したその国家がアビトゥアをとり，大学での勉学を可能にし，出世のチャンスを与えたのである。彼が勤務したのは，東ベルリンにある人民所有小売業本部（略称HO）だった。国営商店であるHOでは20万人以上が働いており，ヘードリッヒはその副総支配人の要職にあった。同時に彼はHOの飲食店部門の総括責任者でもあった。このように高い地位のために，ヘードリッヒはDDRが模範的市民に提供したすべてのものを所有していた。マルツァーン地区のモダンな住居，車，社会主義国への旅行許可証などである。そして彼は2人の子供とともに幸福な家庭生活を送っていたはずであった。

　しかし，ヘードリッヒの言によれば，義父の事件は彼の心にDDRに対する深い不信の念を植え付けていた。全欧安保協力会議（CSCE）で1975年に

署名されたヘルシンキ最終文書が大きな朗報として受け取られたのはそのためである。文書には参加各国が人権を保障することが謳われており，旅行の自由や移転の自由が明記されていた。そしてこれに DDR が加盟し，文書が SED の機関紙『ノイエス・ドイッチュラント』に公表されたのである。

　この文書を知ってからヘードリッヒ夫婦の脳裏から旅行と移転の自由が消えることはなかった。とくに西ドイツにいる近親者の主要な行事での訪問をDDR 政府が許可し，その機会にヘードリッヒ夫人がバイエルンを訪れたことは決定的だった。彼女がそこで見たのは，DDR のプロパガンダが信じさせようとしていたものとは正反対だったからである。そこでは誰も失業しておらず，すべての人に貯蓄があり，大抵の人には住宅があるうえ，よく整った医療保険制度も存在した。さらに店舗には品物が豊富にあり，品揃えもよく手ごろな値段で入手できたし，欲するものを読むことができ，思ったことを言うことができたのである。DDR の大半でも西ドイツの電波は届いていたから隠れてテレビ映像などで現実を垣間見ることができたが，やはり直に接した経験が決定的な重みをもった。「我々は DDR 国家によってこれ以上ひどくは考えられないようなやり方でペテンにかけられていたことをその時に知った。」国民に対するこのような瞞着に対する失望が夫婦の心に重く沈澱したのである。

　1989 年になって苦難がヘードリッヒ一家を襲った。それは偶発的ではなく，DDR に対して家族が共有した失意の帰結だった。一家は DDR からの脱出を試みたが，それがシュタージに捕捉されたのである。

　一家は 1989 年 5 月初めに休暇をとり，黒海に出かけた。その途上でハンガリーの首都ブダペストに立ち寄り，DDR 脱出の援助を得るため，同地の西ドイツ大使館に電話でコンタクトをとったのである。その折には名前は伏せ，たんに DDR の経済部門の要職にあることだけを告げた。そして現在家族とともにブダペストにいて西側への逃亡を図っていることを知らせたのである。これに対し大使館側は西側への脱出が成功するかどうかは確約できないとしたうえで，まず国境を越えてユーゴに入ることを勧め，西ドイツの諜報機関である連邦情報庁（BND）の電話番号を教えた。しかしヘードリッヒはリスクの大きさを考慮してその実行を躊躇し，ひとまず脱出を中止して一旦東ベルリンに戻ったのである。

　9 月になると DDR からの逃亡の波が高まる一方，民主化を求める市民運

動が胎動して状況が騒然としてきたが，その渦中の9月13日にウヴェ・ヘードリッヒはシュタージに逮捕された。逮捕の場所はHOの事務所だった。彼が地方の視察から戻り，社会主義統一党（SED）中央委員会から求められていた報告書を作成していたとき，1人の男が訪れ，事情を聴きたいと彼を連れ出し，車に乗り込んだところで手錠をかけられた。男は「事態」の「解明」のためと称したので，ヘードリッヒにはそれがシュタージであることが直ぐに分かった。というのは，これらの用語はシュタージのもので，人民警察は他の定型文句を使っていたからである。連れ出される直前に妻のエヴェリーネに電話すると，そこにも「事態」と告げた男がきていた。さらに同じ日に20歳の息子ルッツ，18歳の娘クリス，それに彼の叔母がシュタージ用語でいう連行すなわち逮捕された。なかでもクリスは授業中の教室でクラスメートが見守る中で拘束されたのだった。

　ヘードリッヒは事態の重大さに驚愕したが，彼には思い当たる節があり，しばらくして車中でどこまでシュタージが把握しているかについて思いをめぐらせた。というのは，上述のように，彼は西ドイツへの脱出を企て，休暇中だった5月2日にブダペストで公衆電話から西ドイツ大使館に電話して打診したからである。今ではこの判断を愚かだったと彼は思っている。DDR体制を知悉していたにもかかわらず，シュタージが彼の挙動に何も感づいていないと希望的に考えていたからである。しかし連行される車中で彼はいくつかのことを思い出した。休暇から帰ると自宅の鍵が合わなくなっていたこと，日頃から電話に雑音が混じること，自宅の前にタクシーが日中に止まっていること，出勤の際に黒いラーダが尾行してくること，同僚から彼が休暇の際にブダペストに立ち寄ったかどうかを尋ねられたことなどである。

　最初にヘードリッヒが連れて行かれたのは，東ベルリン郊外の小さな建物だった。そこで彼は取調べを受け，窮地に追い込まれた。ブダペストで公衆電話からかけた会話の録音テープが突き付けられたからである。しかし彼はブダペストには行かなかったと強弁し，声の主は自分ではないと言い張った。けれども，既にフンボルト大学の専門家が電話の声を鑑定し，その主がヘードリッヒであると判定していたため，言い逃れは不可能になった。その上，後日判明したところでは，電話の翌日にボンで外務省とドイツ内関係省の間でDDRの重要人物の逃亡に関するやりとりがあったことがDDRから送り込まれたスパイによってキャッチされていたのである。

図6−1　ホーエンシェーンハウゼン拘置所の監視塔

逮捕された日の夜遅くに隣室で取調べを受けていた妻が拘束された子供たちを使った圧迫に屈して自白した。そして自白したことを知らせる自筆のメモが回され，ヘードリッヒも事実を認めた。その後，子供たちはこれからは監視の目が光っているという威嚇を加えられて釈放された。こうして翌朝にヘードリッヒは目隠しされ，手錠をかけられて車に乗せられ，妻ともども別の場所に移送された。それがシュタージのホーエンシェーンハウゼン拘置施設である。

「今からお前は 225 号だ。脱げ，全部だ。」これがホーエンシェーンハウゼン拘置施設でのすべての始まりだった。ヘードリッヒは裸にされて屈辱的な検査を受けた後，225/1 という番号を与えられ，窓のない独房に閉じ込められた。明かりは 3 本のパイプの格子の間から洩れる鈍い光だけだった。夜は板張りのベッドに背を付け，顔をドアに向けた形で 10 時から翌朝 6 時まで就寝しなければならず，10 分ごとに見回りが光を当てた。形を少しでも崩すと，「キチンと横になれ」という命令がとんだ。逆に日中は一秒たりともベッドに横たわることは許されず，終日椅子に座っていなければならなかった。

取調べは連日行われた。彼の容疑は共和国逃亡未遂と外国のためのスパイ活動だった。その際，敵性領域である西ドイツ大使館に入り込んだので，彼

の罪は「特に重い」と告げられた。また妻は許可されて西ドイツに滞在したとき，連邦情報庁（BND）と接触し，夫をBNDのネットワークに引き入れたことが容疑事実とされた。この点からDDRの秘密情報を外部に送ろうと企てたというヘードリッヒのスパイ容疑が導き出されたのである。これに対しヘードリッヒは漏らすべき秘密に触れていないと抗弁した。またその一方で，西側への脱出のため西ドイツ大使館に立てこもったり，あるいは越境を試みた後で自発的に戻った者に対しては罪を問わないというDDR政府の当時の公約を盾にして釈放を要求した。

　シュタージがそうした抗弁を一蹴したのは指摘するまでもない。そればかりか，逆にシュタージは彼らを宣伝に利用しようとした。妻に対し，彼女がBNDのエージェントに仕立てられ，ブダペストでのDDR市民の西ドイツ大使館立てこもりは諜報機関の策謀だったという告白をさせようとしたのである。この誘いが拒否にあって失敗に終わってから，9月末に弁護士との初めての接見が実現した。ヘードリッヒには弁護士を付けることが認められたので，彼はいわゆる「自由買い」の立役者として知られるW.フォーゲルを選んだのである。けれどもフォーゲルはヘードリッヒに会うことはできなかった。ホーエンシェーンハウゼンは地図にも記載されていない立入禁止区域でシュタージ関係者だけが立ち入ることができただけであり，しかもその拘置施設は秘密とされていたからである。そのため，弁護士と面会するのにヘードリッヒは車でシュタージ本部近くのマグダレーネン通りまで運ばれた。そこで彼と打ち合わせた弁護士は，ヘードリッヒに絶望的な知らせをもたらした。予想される処罰は，「黄色の悲惨」の異名で知られたバウツェン収容所での15年の刑期，妻には7年半の刑期というのである。おそらく10年の刑期を務めれば釈放され，自由買いで西ドイツに買い取られるだろうと弁護士は付け加えた。これにより，彼が潔白でスパイ活動が立証されなくても，量刑がすでに定まっていることが察知できた。しかし知らせはそれだけではなかった。自分が勤務していたHOから解雇されたばかりでなく，息子は希望していた電気技術者の職を諦めざるをえず，娘は学校を中退し，補助的労働者として働くしかない状態に追い込まれているというのである。

　こうしてヘードリッヒが絶望的状況に陥っていたとき，ベルリンの壁が崩壊し，DDRの情勢は急変した。この激動をヘードリッヒはテレビで見守った。11月4日に監房にテレビが設置されたからである。これにより彼は11月9

日のシャボフスキの記者会見の模様もテレビで見たという。このような処遇の激変が社会情勢のそれに直結しているのは指摘するまでもないが，影響はヘードリッヒの身の上にまで及んだ。彼はまずフォーゲルとは別の弁護士を探すことに決め，人権派としてメディアにも登場するようになったG. ギジに依頼状を書いた。ギジがその後民主社会党（PDS）の連邦議会議員になり，一旦は党首に就任したものの，シュタージの非公式協力者だったという疑惑のために党首を退いたのはよく知られているところであろう。ヘードリッヒのその手紙が送られたその日，11月24日に妻が突如釈放された。彼女は数メートル離れた独房で2カ月半を耐えたのである。彼女は夫とともに出所することを望んだものの，聞き届けられず，子供たちのために行けというヘードリッヒの励ましを受けて1人で立ち去った。ヘードリッヒは自由を回復した妻が直ぐに釈放のために動いてくれると期待したが，その期待は裏切られる結果になった。拘置施設での生活で彼女は神経に異常を来していたためである。実際，彼女は住居から離れることさえ困難になっていた。それほど逮捕されてからの取調べと拘置施設での扱いは精神的にも肉体的にも苛酷だったのである。

　こうしてヘードリッヒは12月7日までさらに2週間ホーエンシェーンハウゼンにとどまった。この日に政府と市民運動団体が民主化に向けた改革を協議する初めての中央円卓会議が開かれた。SED改革派の期待を担ってDDRの新首相に就任したH. モドロウは，その場で市民運動家から政治犯のことを問われるのは避けられないと予想していたが，この問題で守勢に回るのは得策ではないと考えていた。現に市民運動家たちは国民保安局と改称していたシュタージを解体することを円卓会議で要求したのである。このため，市民運動家に譲歩する形でモドロウはDDRにはもはや政治犯は存在しないと表明せざるをえず，これに対応して，急遽政治犯の釈放が決定された。そしてヘードリッヒもそのなかに含まれたのである。自宅まで彼を送り届けたシュタージの担当者は刑事手続きはまだ終わっていないと言い残したが，その日の夜，ヘードリッヒはシュタージの大臣として君臨してきたE. ミールケが逮捕されたというニュースをテレビで見た。ミールケはヘードリッヒと入れ替わりにホーエンシェーンハウゼンに収容されたのであり，シュタージの代名詞ともいえる彼の逮捕はミールケ帝国とも呼ばれたシュタージの瓦解を告げていたのである。

そうした情勢にも拘わらず，シュタージからは自宅に留まるようにとの指示が出されていただけでなく，翌朝からも引き続き自宅の居間で取調べを行うことが予告されていた。事実，係官が毎日訪れ，スパイ活動と共和国逃亡についての尋問を執拗に繰り返した。取調べは12月22日まで続いたが，この最後の時点ではもはやシュタージも後継組織の国民保安局も存在していなかったのである。しかしヘードリッヒは命じられたとおり，この日まで自宅から外出しなかった。それは表向きは解体されたはずのシュタージに対する警戒からである。しかしこの時にはすでに彼の子供たちは西ベルリンに出かけて買い物などをしていたのである。

シュタージが来なくなって3日後のクリスマスにヘードリッヒは勇気を奮い起して外へ出た。一家は車に乗り込み，テューリンゲンに向かった。そして西ドイツとの内部国境の近くで，ブダペストの西ドイツ大使館から教えられた電話番号にヘードリッヒが電話した。こうしてヘードリッヒ一家は12月25日に西ドイツに移ったのである。そして刑事手続きも1990年1月半ばに正式に打ち切られ，一家には西ドイツでの新しい生活が始まった。西ドイツに移住したDDR市民の暮らしは一般に苦労が多かったといわれるが，ヘードリッヒ一家にとってはすべてが比較的順調だった。経緯は明らかではないが，ヘードリッヒは小売業の会社に入り，故郷であるテューリンゲンに支店を設立して働いた後，現在は退職して年金生活を送っている。妻はニュルンベルクの労働者福祉団に勤務し，息子はコンピュータ技師として，娘はラジオ局で司会者としてそれぞれ働いている。ヘードリッヒ夫婦は毎年アメリカ旅行を楽しみ，シュタージが奪えなかった人生の喜びを享受している。ただホーエンシェーンハウゼンに収容されてからいくつもの慢性疾患に苦しんでおり，健康だけは取り戻せていないという。

## 3.「最後の虜囚」の注目点

以上でヘードリッヒが「DDR最後の虜囚」とされる理由をみてきた。彼と家族がシュタージに逮捕されたのは，DDRが崩壊過程に入った1989年9月のことであり，ホーエンシェーンハウゼンに彼が拘束されていたのは3カ月足らずの短い期間だった。この短い期間に少なくとも表向きはシュタージ自体も瓦解していったが，その波動にヘードリッヒ一家は翻弄されたのである。

ここでDDRからの逃亡を企てたヘードリッヒに即して眺めると，DDR崩壊の伏線ともいうべきいくつかの出来事が浮かび上がってくる。まず第一に，記事にはヘードリッヒの義父がDDR首脳に対する批判的な一言のために懲役に処されたことが触れられており，そこに「抵抗の遺伝子」が見出されると述べられている。それが本当に抵抗の胚芽になったのか否かはともかく，身内の悲運が支配体制に対する距離感を植え付けたことは十分に考えられる。というのは，例えば農業の集団化にあたり，批判的な言辞を吐いたことで処罰された人々は決して少ないとは言えず，身の回りで生じた悲劇は支配体制に従順なポーズをとることが身の安全につながることを教えたからである。時期や世代によって濃淡に違いがあるとはいえ，全体としてDDRは支配の正統性を確立できないまま消滅したとされるが，高い地位に昇ったヘードリッヒですらDDRと一体ではなく，距離を置いていた点は注目に値しよう。

次に注意を払うべき点は，そうしたヘードリッヒにとってヘルシンキ最終文書が大きな意味をもった事実である。東西のどちらの陣営に所属しているかを問わず署名した各国に同文書は人権を保障する義務を課したが，当然ながらその中には旅行や移転の自由が含まれていた。しかしドイツ内部国境が堅固になり，最後に残った西ベルリンが1961年に壁で囲まれて通行が遮断された時，DDR市民は完全に東ドイツ地域に封じ込められたのであった。無論，それでも脱出を企てる市民も存在したが，生命の重大な危険を冒さなくてはならなかった。DDRで壁病と呼ばれる心理障害が発生したのはこのためである。このような状況を考慮すれば，ヘルシンキ最終文書が大きな朗報として受け取られたのは想像に難くない。事実，それ以後，出国を申請するDDR市民が増大したし，人権の尊重を国際的に公約した以上，DDR政府としても申請をすべて却下することは困難になった。もちろん，出国申請を考慮していたり，申請を却下された市民が職場や学校で過酷な扱いを受け，出国申請が妨害されたことを見逃してはならない。ヘルシンキ最終文書にもかかわらずDDR出国には勇気を要したが，希望の種が撒かれたことは確かなのである。

目を向けるべき第三のポイントは，ヘードリッヒ夫人が親族訪問で西ドイツを訪れたことである。1970年代の二度のオイル・ショックの影響を受け，1980年代になるとDDRでは経済の停滞色が強まった。そのため苦境を打開

する方策として西ドイツからの経済支援を仰がなければならない事態に立ち至った。無論，西ドイツからの支援は無償ではありえなかった。米ソ間の新冷戦の展開に反し，最前線に位置する東西ドイツの間では関係を強化する意図からも人的交流のパイプが拡大されたのである。これにより西ドイツの実情に接するDDR市民の数が急増したが，それはDDRでの公式の西ドイツ像を覆す結果になった。なぜなら，搾取と貧困がはびこる腐敗した資本主義を誰も目撃せず，反対に豊かで自由な社会の現実を体験することになったからである。ヘードリッヒ夫婦が瞞着に対して覚えた怒りと失望は決して彼らに限られなかったのである。

　他方，シュタージに視線を転じると，ブダペストでの公衆電話からの通話を録音していたことに驚かされる。事実関係は明らかではないが，恐らく西ドイツ大使館が盗聴されていたものと推察される。共産圏にある西側の大使館であれば盗聴に対するガードが強固であるのが一般的な常識だが，ヘードリッヒの会話が録音されていたことは，そのガードすら破られていたことを窺わせる。また声の主の特定はシュタージの内部に当然存在するはずの専門家が担当したのではなく，フンボルト大学の専門家が協力していたことが指摘されており，シュタージと大学とのつながりが察知できる。公式の協力体制の存否はともかく，大学の研究者の多くはSEDの党員であり，シュタージの協力者も少なくなかったことがその背景にあると思われる。

　次に休暇から帰ったヘードリッヒ一家に対する監視方法は今日では周知のところであろう。電話の雑音は盗聴を表し，自宅の鍵が合わないことは留守中の侵入や捜索を示している。尾行を含め，これらはシュタージの常套手段として用いられたものばかりだといってよいであろう。

　第四に，ヘードリッヒが収容されたのはホーエンシェーンハウゼンの拘置施設だった。立ち入り禁止区域にあるこの施設については，シュタージに関するこれまでの論考で度々言及した。彼は窓がなく薄明かりしか射さない独房に入れられ，連日取調べを受けたのである。取調べの様子については記事では触れられていないが，収容された経験者が担当している現地の案内人の説明では過酷な神経の消耗戦であったといわれ，建物と取調べ室，通路などの構造がそのことを伝えている。夫人が神経に異常を来し，ヘードリッヒ自身も健康を損なったのもそこに原因があったと考えて恐らく間違いないであろう。

これらに加え，シュタージの虜囚にも弁護士を付けて裁判を受けることが認められていた点も留意すべきであろう。本書の第3章で1950年代の政治犯であるムラスたちについて論じた際にも，形式的ではあれ裁判に弁護士が登場していたことに触れたが，ヘードリッヒの場合もこの点は同じだった。しかしムラスたちの裁判では法治国における通常の弁護活動ができなかったことを想起すると，DDR最後の局面でどの程度の弁護が可能だったのかが問われなければならないであろう。むしろ弁護士から既定事実のように予想される刑期が告げられたことを考慮するなら，弁護活動は形式的で，たとえ無実の立証を試みたとしても，処罰は予め定まっていたとも考えられる。その意味ではDDR末期になっても1950年代の政治犯の裁判と事態はほとんど変わっていなかった可能性が大きい。

さらに注意を惹かれるのは，ミールケがこの拘置施設に収容され，シュタージが解体されたあとも自宅で取調べが続けられた点である。シュタージ解体はヘードリッヒも当然知っていたはずだから，通常ならシュタージの指示にもはや従わないはずであろう。その意味で，存在しなくなったシュタージの係官が訪れたこと，その取調べに応じ，しかも外出禁止の指示を守ったことには，シュタージの被害者が抱いた強い警戒心や恐怖心が滲み出ているといえよう。係官が来なくなってようやく西ドイツへ一家で移ることができたという事実には社会を威圧していたシュタージの一端が浮かび上がっているのである。

ところで，1992年に施行されたシュタージ文書法に基づき，ヘードリッヒは1996年にシュタージが作成・保管していた自分のファイルを閲覧した。重要なポストにあったことを反映して，ファイルの量は7400枚にも上ったという。それによれば，彼は以前から監視され，電話も盗聴されていた。妻が1980年代に西ドイツに一時的に滞在するのを許可されたのも，スパイ行為の口実を得るためだった。そしてシュタージが予期した通り，妻は西ドイツへの逃亡のために諜報機関である連邦情報庁（BND）に接触したのだった。こうした流れで見れば，ヘードリッヒの逮捕は，記事のなかでカイルが指摘するように，「あらかじめ決定された事柄」だったといえよう。

いずれにせよ，1989年というDDRの最終段階に至り，国外脱出や民主化運動が高まっているなかで，シュタージは以上で見たようにそれまでどおりの活動を展開していたのであり，崩壊局面になってすら盗聴や威圧などの巧

妙な手口で「政治犯」を捕捉していた事実は記憶にとどめられるべきであろう。また他面では，ヘードリッヒが突如釈放され，自宅で続けられた取調べが立ち消えになったこと，その直後にヘードリッヒ一家が遂に西ドイツに移住を果たしたことは，この段階でシュタージが無力化したことを示しているといえよう。ベルリンの壁の崩壊によって一気に加速したDDRという国家の瓦解は，その中枢に位置した組織としてのシュタージをも破砕したのであった。これらの点からみて，逮捕から西ドイツ移住に至る「DDR最後の虜囚」・ホーエンシェーンハウゼンの「最後の政治犯」ヘードリッヒの苦難の数カ月はベルリンの壁の崩壊からシュタージ解体までの激動を凝縮しており，それによって翻弄された人生を象徴しているといえるのである。

　ところで，表題を含め，ここまでしばしば政治犯という語に括弧を付けてきたが，それには理由がある。ムラスなどの悲運を扱った際には実際にDDRの支配体制に反旗を翻したか否かを問わず，そのような容疑を受け，有罪とされた人々を一括して政治犯と呼んだ。通常は反体制に現実に関与した人々を政治犯と見做しているから，ここでは拡張した用い方をしている。そのような広義の政治犯が存在するのは，一般に政治的自由が抑圧されるか制限されており，そのために政府や指導者に対する批判が犯罪として扱われる結果，政治的犯罪が独自のカテゴリーになっているような政治体制の国々である。この意味ではDDRには明らかに政治犯が存在していたのであり，抑圧する側でこれに対応するのがシュタージだった。しかしここでの考察ではさらに有罪判決を受けていない場合でも，治安機関によって拘束された段階でその人物を政治犯と呼んでいる。通常は法治国では有罪判決が確定するまでは無罪の推定を受けるので，このような用法は不適切だと映るかもしれない。しかし，DDRの実態に照らせば明白になるように，治安機関に逮捕されるとほぼ確実に有罪となった事実を考慮するなら，決してその呼称は間違っているとはいえない。むしろそのような用法によって，司法が政治に従属し，抑圧の手段ないし装置として機能していたことが明確になると考えられるのであり，以上でヘードリッヒを「政治犯」と呼んだのはそうした考慮に基づいているのである。

## 4. シュタージ文書法改正問題

　それはさておき，最後にシュタージに関連する補足として，もう一つの報

道にも目を向けておこう。それは，ケーラー大統領がホーエンシェーンハウゼンのシュタージの拘置施設を訪問したというニュースである。

現職の大統領の訪問は前任のラウに続き2人目である。あたかも連邦議会ではシュタージ文書法の改正問題が大詰めを迎えていたことを考えると，この訪問には改正に反対する意図が込められていたことは否定すべくもないであろう。同法にはシュタージ文書の閲覧や公務員の審査に関する規定などが含まれているが，同法が2006年12月20日までの時限が定められているため，放置すれば閲覧や審査などの法的根拠がなくなるところから改正が必要になったものである。1992年1月に同法が施行されてから2005年までに個人と官庁からの申請はそれぞれ220万件と310万件に上り，膨大な人員を抱えて監視網を市民の上に張り巡らせていたシュタージの実態解明と関係者の排除に寄与してきた。そうした実績を見据えたうえで，同法の改正に当たり2006年10月に連立与党は審査を継続するものの，対象範囲を限定する方針を示した。しかし，これにはいまだに埋もれたままのシュタージの犯罪を放置することになりかねないという批判が浴びせられ，当初案は撤回を余儀なくされた。これに伴い，11月初めに成立させる予定は変更され，協議で修正を重ねた末，野党のFDP，同盟90・緑の党の支持も取り付けたうえで，予定より1カ月近くずれ込んで11月30日に連邦議会で可決に至ったという経緯がある。

今回の改正の要点は大摑みにいって二つある。一つは，これまで制限が厳しかったシュタージ文書へのメディアと学術的研究のアクセスを容易にすることである。もう一つは，連邦の公務員を任用する際にこれまで全員についてシュタージへの関与が審査されていたのを廃止し，公務員の限定を外すとともに，主要な社会的もしくは政治的ポストに就任する者に対象を広げ，具体的な容疑がない場合でも審査を認めることである。シュタージ文書の閲覧やその公開に関する従来の制限が緩和されればDDR体制の解明が進捗するから，この点には大きな異論は存在しなかった。しかし他方で，審査については当初案では対象が政府関係者と高級官僚に限られていたために，DDRの不法の被害者団体やかつての市民運動家は改正に反対の姿勢をとっていた。これによってDDRの歴史と体制の解明に終止符が打たれるのではないかという疑念が拭えなかったからである。ケーラー大統領のホーエンシェーンハウゼン訪問もそうした文脈で理解できる。施設で地下の独房などを見

学したケーラーは,「ここで目にしたものに私は圧倒されている」としつつ,「DDRの不法が意味するものを我々は忘れてはならない」と語り,ゲストブックにこう書き記したのである。「ここホーエンシェーンハウゼンの訪問は有無をいわさず次のことを明瞭にする。ここでは何事も忘れられてはならず,正義を作り出すには長い呼吸が必要だということである。」こうしてケーラーはDDRの過去に目を開くと同時に,いまだに癒えない犠牲者の苦しみに思いを致すように国民に向かって説いたのである。

　この訪問については,かつての収容者を代表して大統領を迎えたE. シェーンヘルツや所長のH. クナーベなどの感想が伝えられているが,第3章で取り上げたツァーンも発言し,「大統領が訪問したという事実が我々には途方もなく重要である」と述べている。というのは,彼の認識では,シュタージが再び組織化されつつあり,これに打撃を与えるには大統領の明確な態度表明が有意義だと考えられたからである。実際,シュタージが捕まえたのは通常の犯罪者であり,彼らは独裁体制の被害者などではないという声がシュタージ関係者の間でこのところ高まりつつあるといわれている。例えばDDR体制を批判して歴史の教師の職を追われた経験のあるH. シュラーデによれば,シュタージの面々は「市民権と人間の尊厳協会」,「法的人道的支援協会」などいくつもの団体によく組織されているだけでなく,政治面でも活動しており,PDSの地区委員会に席を占め,郡議会の議員にも就いている。さらにPDSの州議会議員でシュタージの非公式協力者だった過去が暴かれて議会を追われたF. クッシェルの事件では,これを取り上げた自治体政治家のもとに脅迫電話がかかってきたこともシュラーデは重視している。そうした憂慮の念はベルリン市シュタージ文書管理機関責任者のM. グートツァイトやホーエンシェーンハウゼン拘置施設記念館の前館長G. カンプハウゼンなども共有しており,例えば後者は『フランクフルター・アルゲマイネ』紙上で「公共の行事で示されるかつてのシュタージ関係者の新たな自己意識」に警鐘を鳴らしている。

　シュタージのこのような動きにはシュタージ文書管理機関を率いるM. ビルトラー(同盟90/緑の党)がテレビの報道番組や新聞への寄稿で反撃し,「主要な政治家がこれまで以上に明確に犠牲者の側に立つ」ことを訴えている。けれども,有効期限が近づいたシュタージ文書法の延長問題に合わせ,むしろビルトラーとシュタージ文書管理機関に対する風圧が高まりつつある

のが偽らざる実情だといえよう。2000年に初代のJ. ガウクの後任として責任者になったビルトラーは2006年1月に再任されたが，DDR市民運動出身の彼女を取り巻く流れを追いかけると，過去の解明よりはむしろS. シュルツのいう「幕引のメンタリティ」が強まってきているように感じられる。彼女は2006年現在で2000人のシュタージ文書管理機関の人員を2010年までに1600人まで削減することを表明しているが，それが現在推進されている連邦行政機関のスリム化の一環であるのは間違いないとしても，理由はそれだけとはいえないように思われる。というのは，拙著（『統一ドイツの変容』木鐸社，1998年，145頁以下，『統一ドイツの政治的展開』木鐸社，2004年，47頁）でも指摘したように，「DDRの過去の克服に終止符を打つべきである」という意見はドイツ統一の熱気が残っていたころには弱かったものの，東西の経済格差が埋まらず，心の壁が顕在化するにつれて西ドイツ地域のみならず，東ドイツ地域でも1990年代半ば以降はすでに多数派になっていたからである。そしていわゆるオスタルギーが強まり，東西の亀裂を背景にしてDDRでの生活経験のない若者の間ですらDDRへの愛着が認められるようになるのに比例して，「幕引のメンタリティ」は一段と強まってきているといわれているのが現状にほかならない。

たしかに改正案の審議過程ではDDR出身の連邦議会副議長W. ティールゼ (SPD) などが熱弁をふるい，DDRの過去の解明に終止符を打つ意図はなく，それどころかトップ・クラスのスポーツ選手やトレーナーも含まれるので対象範囲が広がることが強調された。実際，オリンピックで選手団に選ばれた者のなかからシュタージ関与の疑惑が表面化する事件が繰り返され，ドイツの威信を損なう問題になったのはいまなお記憶に新しい。けれども，広く信頼を集めており，時にビルトラーのために援護射撃もしているティールゼが確言しているとしても，幾人もの議員が発するそうした上辺の言葉とは裏腹にビルトラーに吹く逆風は強まりつつある。例えば最近では約2000人の職員のなかに52名の以前のシュタージ専従職員が含まれていることが大々的に取り上げられ，ビルトラーの責任を追及する声が高まっている。なるほどこの問題はそれ自体としては忽せにできないとはいえ，かつて文書管理機関に勤務したJ. ヴァルターが論じているように，前任のJ. ガウクの当時から知られていた事実であることを考慮すれば，やはりそこにはビルトラーを封じ込める狙いが働いているように考えられる。シュタージ文書法が

改正された直後の 2006 年 12 月 4 日付『パーラメント』紙上のインタビューで改正に満足しているかどうかを問われたビルトラーは,「ほっとしている」と応じつつ,「今年の初めにはシュタージのための活動の審査の可能性は年の終わりに代替の方策がないまま切れてしまうように見えた」し,「半年前にはこのような妥協は多数の支持をほとんど得られなかったであろう」と述べて,悲観的な見通しを抱いていたことを率直に吐露しているが,これも彼女が守勢に追い込まれていることの証言の一つと見做せよう。そうした言葉が彼女の口から出てくるだけでなく,シュタージ関与職員事件のようにビルトラーが非難の矢面に立たされている光景や,その他の問題でも彼女が孤軍奮闘している姿を見るにつけ,シュタージを巡る社会の気流が確実に変わってきているのは間違いない。シュタージ関与職員問題を見やりながら C. ザイルスは,「古くからの非難が目下蒸し返されているのは理由がある」とし,「ビルトラー庁の活動は転機に立ち,DDR 史のこれまでの解明全体もそうである」ところに原因があると記しているが,この指摘も同じ気流の変化を指しているといえよう。彼が予想するように,今回の改正によって果たして「シュタージ文書の官庁の意義が今後数年のうちに急速に沈んでいく」かどうかは,その意味で注目されるのである。

### 参考文献

Christiane Bayer, Köhler gegen Verniedlichung der DDR-Diktatur, in: Der Spiegel vom 14.11.2006.

Marianne Birthler, Kampagne von Stasi-Offizieren hat neue Qualität, in: Tagesschau vom 20.5.2006.

Dies., DDR-Unrecht nicht verschweigen, in: Frankfurter Allgemeine Zeitung vom 6.5.2006.

Dies., Unterwanderte Republik, in: Frankfurter Allgemeine Zeitung vom 28.6.2006.

Martin Jehle, „Du hast deine Familie verraten," in: Das Parlament vom 4.12.2006.

Lars-Broder Keil, Der letzte Häftling der DDR, in: Die Welt vom 30.9.2006.

Sven Felix Kellerhoff und Uwe Müller, Der späte Sieg von DDR, SED und Stasi, in: Die Welt vom 1.11.2006.

Mechthild Küppper, Die letzte Wahl, bei der die Stasi eine Rolle spielt, in: Frankfurter Allgemeine Zeitung vom 8.9.2005.

Dies., Kein Ende der Stasi-Geschichte, in: Frankfurter Allgemeine Zeitung vom 1.12.2006.

Claus Peter Müller, Die Opfer leiden immer noch, in: Frankfurter Allgemeine Zeitung vom 15.11.2006.

Armin Lehmann, Eine Stimme für die Opfer, in: Der Tagesspiegel vom 15.11.2006.

Uwe Müller, Die Birthler-Behörde hat ein Stasi-Problem, in: Die Welt vom 29.11.2006.

Sonja Pohlmann, „Keine Hexenjagd auf ehemalige Stasi-Mitarbeiter", in: Der Spiegel vom 26.10.2006.

Stefan Schultz, Horst Köhler besucht Stasi-Gefängnis, in: Die Welt vom 15.11.2006.

Gunnar Schupelius, Der letzte Gefangene der Stasi, in: Focus vom 28.1.2009.

Christoph Seils, Kampf um die Deutungshoheit, in: Die Zeit vom 7.12.2006.

Stiftung Gedenkstätte Berlin-Hohenschönhausen, hrsg., Die vergessenen Opfer der Mauer, Berlin 2001.

Stefan Uhlmann, Stasi-Unterlagen: Kein Schlußstrich-Gesetz, in: Die Zeit vom 30.11.2006.

Joachim Walther, Immer im Dienst, in: Die Zeit vom 7.12.2006.

Peter Wensierski, Härte bis zum Untergang, in: Der Spiegel vom 4.5.2009.

Tinka Wolf, Keine Ostalgie, in: Frankfurter Rundschau vom 24.11.2004.

斎藤純子「国家保安警察文書法可決」『ジュリスト』1992年1月15日号。

戸田典子「ドイツ統一とシュタージ文書」『カレントアウェアネス』136号, 1990年。

山口和人「シュタージ資料の公開性を拡大する法改正」『ジュリスト』2002年11月15日号。

近藤潤三『統一ドイツの外国人問題』木鐸社, 2002年, 第7章。

# 第7章　マークス・ヴォルフとドイツ現代史

## 1. ヴォルフへの関心

　本書に第3章として収めた東ドイツ（DDR）の政治犯に関する論考を書き終えて1カ月あまり経ったころ，ドイツからのある報道に接した。それは2006年11月9日の新聞記事である。ドイツで11月9日と言えば，真っ先に浮かぶのは，ドイツ統一を決定づけたベルリンの壁が1989年に崩壊した記念日であることであろう。さらにドイツ現代史に関心のある者にとっては，1938年のその日に水晶の夜と呼ばれるナチが仕組んだポグロムが発生したことや，1918年の同日に第一次世界大戦敗北を受けてシャイデマンが皇帝ヴィルヘルム2世の退位と共和国の成立を告げたことが思い出される。このようなドイツ史上の大事件に比べれば，その記事が伝えるのは限りなく小さな出来事である。その出来事というのは，マークス・ヴォルフという1人の男が他界したことである。

　わが国ではマークス・ヴォルフといってもほとんど知る人はいないであろう。しかし，ドイツでは中高年の世代では比較的名の知られた人物であり，名前を聞いただけで畏怖する人も存在している。その理由は，彼が多年に亙り東ドイツの崩壊とともに消滅した国家保安省（通称シュタージ）の幹部だったからである。東ドイツの独裁政党だった社会主義統一党（SED）の「盾と剣」と自己規定していたシュタージは，別名「ミールケ帝国」とも呼ばれたように，大臣を長く務めたE.ミールケの王国だったといわれるが，それを実質的に支えていた最高幹部の1人がM.ヴォルフだった。彼は対外諜報組織のトップとして手腕を発揮したばかりでなく，多年に亙り顔写真すら知られて

いない闇の存在だったので，西側では「顔のない男」と命名されてミールケ以上に恐怖の対象になっていたのである。東ドイツ市民の挙動を監視し自由を封殺していたシュタージは，その名前だけで圧迫感を引き起こすといえるが，ヴォルフの場合にはそれに加えて姿の見えない不気味さが付きまとったのである。

　ヴォルフが守ろうとした東ドイツはベルリンの壁を支えにして存続していたが，それが崩壊したのと同じ日にヴォルフが死去したのはなにか因縁めいたものを感じさせる。分断されたドイツを実感できない若い世代には彼は無縁な存在だとしても，東西に分かたれた二つのドイツで暮らしてきた中高年の人々にとっては彼は同時代人であり，東ドイツ消滅とともに歴史の表舞台から退場したとしても，なお生々しい記憶と重なる人物の 1 人といえよう。それだけではない。C. クラウセンが伝えるところによれば，ヴォルフ自身が「DDR で悪とされるすべてのことに私は責任を負わされるだろう」と洩らしたように，ホーネッカー (1912 − 1994)，ミールケ (1907 − 2000)，ミッターク (1926 − 1994) などがこの世を去り，忘却の中に沈んで行ったあとでは，生き残った者として贖罪の羊の役割を引き受けなければならないことを彼は自覚していたといわれる。その意味で，ヴォルフまでが鬼籍に入ったことは，分断されたドイツが過去へと一歩ずつ遠ざかっていく里程標の一つのように映るのである。

　ともあれ，ドイツのかなりの市民の記憶に残る人物であるところから，ヴォルフの死に際しては『フランクフルター・アルゲマイネ』紙をはじめとする全国紙はもとより，主要な地方紙にも数多くの記事と論評が載せられた。わが国では例えば 11 月 10 日付『朝日新聞』に小さいながら死亡記事が出ている。また，若干のドイツの新聞では追悼文や簡単な略伝もいくつか掲載されたので，以下ではそれらを視野に入れつつマークス・ヴォルフという人物の足跡を振り返り，彼とドイツ現代史との関わりを考えてみたい。

## 2. ソ連亡命ドイツ人から DDR スパイのリーダーへ

　「顔のない男」という別称をもじった「多くの顔をもつ男」という見出しの論評で『ツァイト』紙上で C. ザイルスはヴォルフの生涯を論じているが，そのなかで彼は，「マークス・ヴォルフの人生はまた極めてドイツ的な歴史である」と記している。その指摘のとおり，ヴォルフの生涯はドイツ現代史の

展開を見事なまでに映し出しており，彼の人生には現代ドイツ史が凝縮しているといっても過言ではない。ヴォルフの人生はユダヤ系の家庭に生まれたところから始まるが，ユダヤ系である点に既に彼の顔の一つがある。彼が出生したのは1923年1月19日であり，フランス・ベルギー軍がルール地方を占領し，ドイツ政府が消極的抵抗を行う直前のドイツの苦難の時期だった。この年の11月にはヒトラーがミュンヘン一揆を企てて失敗している。

図7-1　マークス・ヴォルフ

　ヴォルフが生まれたのは今日のバーデン＝ヴュルテンベルク州のヘヒンゲンという町である。ヘヒンゲンは州都シュトゥットガルトから南に50キロほど離れた何の変哲もない静かな田舎町である。けれども，この町には一つだけ注目に値することがある。西ドイツには東ドイツのシュタージに対抗する諜報機関として戦時期のゲーレン機関を母体とする連邦情報庁（BND）が存在するが，内相時代のゲンシャーの腹心として1972年からその長官を務めたK.キンケル（1936年出生）がやはりヘヒンゲン生まれであることである。これは単なる偶然の一致にすぎないにしても，対峙するスパイ組織のリーダーが同じ田舎町の出身というのはやはり不思議な縁というほかはない。キンケルは後にゲンシャーの後任として統一後のドイツの外相になり，また確信的な経済リベラルとして鳴らしたラムスドルフの後を受け，FDP党首としてコール政権を支えた政治家である。

　ヴォルフの父の職業は医者であり，文筆もかなりのレベルに達していたというが，ここで重要なのは何よりも彼が妻とともに熱心なドイツ共産党員だった事実である。そのため，ヒトラーが政権を掌握した1933年に危険を避けるために家族をつれて最初はスイスに，次いでフランスに逃れなければならず，1934年には一家揃ってソ連に亡命した。だから息子マークスが成長したのはスターリン治下のソ連であり，彼は徹底した共産主義教育を受けることになったのである。1934年から1937年まで彼は亡命ドイツ人が開設したモスクワのカール・リープクネヒト学校で学び，その間の1936年にソ連国籍を取得した。独ソ戦が始まる直前の1940年に彼は航空機製造技術

を学ぶために大学に入学し，戦火を避けて大学が移転したのに伴い，モスクワからアルマータに移った。1942年にはソ連を拠点にしていたドイツ共産党（KPD）に入党した。またその頃に短期間コミンテルンの学校で学んだ後，1943年から45年まで彼はモスクワのドイツ人民放送で編集，解説を担当し，対独プロパガンダの第一線で働いた。そして戦争が終結するとスターリンに忠実なウルブリヒト・グループの一員としてドイツに戻り，1945年から「二重の建国」の年である1949年までベルリン・ラジオ放送で再びプロパガンダに従事し，ニュースの報道を担当した。この時の偽名はミヒャエル・シュトルムといい，彼が主に関わったのはナチ戦犯を裁いたニュルンベルク裁判だった。1946年にSPDとKPDの強制統合によって社会主義統一党（SED）が創設されたとき，彼が真っ先に党員になったのは指摘するまでもないであろう。

ドイツ分断が確定的になった1949年にヴォルフはモスクワに呼び戻され，ソ連国籍でありながら，在モスクワDDRミッションの一等参事官に就任した。そして翌年あるいは翌々年にソ連国籍を放棄し，DDR国籍を取得した。こうして彼は再びドイツ人に戻った。だからヴォルフには，共産主義を背骨にしつつ，ソ連人とドイツ人という二重の顔があるといえる。またこれ以後，彼は冷徹な実務家としての才覚をあらわし，出世の階段を駆け上がって行く。というのは，西ドイツに対抗してDDRの社会主義建設を進めるためにはイデオロギー的忠実だけでは足りず，実務感覚のある合理的な設計者が必要とされたからである。

1951年に東ドイツ人としてモスクワから東ベルリンに戻ったヴォルフについては二説ある。一つは同年に経済学研究所の副主任に就任したというものであり，もう一つはソ連の情報機関であるAPNで第3部門の副主任になったというものである。前者は名称とは違って新設された治安機関の隠れ蓑だった。一方，APNはDDRの自前の組織がソ連の機関を引き継ぐ形で1953年に国家保安省に吸収された。ヴォルフが同年から対外情報活動を担当するその第15部門（HA XV）の責任者になったのは確実だから，後者の説の方が納得しやすいように思われる。1956年に同部門は偵察局に改組された。同局の任務は対外諜報すなわちスパイ活動である。ヴォルフのスパイ戦略の要諦は，第一段階で西側で信用を築いて政治的中枢に潜入し，影響力のある地位を手に入れること，これに成功した後の第二段階で本格的なスパイ

活動を実行することにあった。この戦略に基づきヴォルフの指揮下で活動したスパイの数は4千人に達するといわれ，西側の専門家から彼は「チェス選手のような精密さ」で彼らを操縦したと評されている。

　国家保安省（シュタージ）は軍隊を模した階級制度を導入していたが，1954年にヴォルフは31歳の若さで少将に任じられ，1965年には中将に昇進した。また1956年には国家保安省の次官に就任している。さらに1969年に祖国功労勲章を授与されたほか，1971年にはソ連内務省から赤星勲章を授けられた。

　このようにヴォルフはDDRで栄達を極め，ミールケとともにシュタージを代表する存在になった。そうしたヴォルフにアメリカの情報機関は1950年代から将来シュタージの中核になる人物と見てマークしていたといわれる。それにも拘わらず「顔のない男」と呼ばれたのは，文字通り西側には彼の顔写真がなく，どのような人物かの同定ができなかったからだった。彼の顔が確認されたのは1978年のストックホルム訪問の際に写真撮影されてからだといわれ，真偽のほどは不明だが，それ以前には1959年に撮られた一枚の写真があるだけだったと伝えられている。それだけに西側ではヴォルフは伝説的な存在であり，スパイという得体の知れない集団を闇の奥から操る

図7-2　シュタージ本部の正面

図7-3 ブラント(左)とギョーム(右)

(出典) Jens Gieseke, Die DDR-Staatssicherheit, Bonn 2000, S.56.

不気味な人物と見做されたが、その彼が「ほとんど神格的な存在」にまで昇格し、「世界の対外情報活動の最も成功したボス」という評価を確立したのは、1974年に発覚し、西ドイツを揺るがしたギョーム事件によってだった。

当時、西ドイツ首相W.ブラントは「より多くの民主主義を」の標語で68年世代と総称される若者からも信頼を集めていた。また、東方政策により東西関係を安定させ、緊張緩和への貢献でノーベル賞を授与されて政権基盤を磐石のものにしているように見えた。しかし、突如として持ち上がったギョーム事件で彼は大きく躓き、退陣に追い込まれる結果になったのである。事件の中心に位置したG.ギョームはブラントの側近中の側近として首相府で私設秘書として勤務していた人物だが、実はヴォルフが西ドイツに送り込んだDDRのスパイの1人だった。彼はヴォルフの戦略どおりに最初はブラント政権の郵政相を務めたゲオルク・レーバーの片腕になりすまし、次いで首相府経済局長ヘルベルト・エーレンベルクの信用を取り付けて首相府にまで潜り込み、西ドイツの政治的中枢から機密情報をDDRに送っていたのである。冷戦下の東西ドイツで双方の多数のスパイが暗躍していることは

周知の事実だったとしても，首相の身辺にまでスパイが接近していただけに事件が西ドイツ内外に与えた衝撃は大きかった。この事実は裏返せば東ドイツ諜報機関の成果を意味したから，その声価が一気に高まったのは当然であろう。こうして事件の全体はヴォルフの功績とされて彼には同年にカール・マルクス勲章が授与された。同時にヴォルフは伝説化され，西側からはそれまでにも増して恐怖の目で見られるようになったのである。

　ヴォルフが送り込んだのは，無論，ギョームだけではないし，潜入した先も西ドイツに限られなかった。例えばトパーズの暗号名で呼ばれたライナー・ルップはブリュッセルの NATO 本部に職員として潜り込み，長期防衛計画をはじめ，ワルシャワ条約機構と対峙する軍事組織の最高機密をマイクロフィルムに収めて東側に送り届けた。彼がもたらした機密は膨大だったため，ドイツ語に翻訳するのが追い付かないほどだったといわれる。またヴォルフのスパイ組織に対抗した西ドイツの情報機関である連邦情報庁（BND）のなかでもシュタージのスパイが活動していた。ガブリエレ・ガストは 1973 年から東ドイツの崩壊まで BND に勤務し，女性というハンディにもかかわらず首相に諜報関係の報告をする責任者に昇り詰めた。しかし，その裏で東ドイツに潜入した西側スパイを含む BND の動静をヴォルフに伝えていたのである。彼女がシュタージに引き込まれたのは恋愛関係の罠にかかったためであり，その正体は 20 年近くも発覚しなかったのである。

　これらに加え，2009 年 5 月に至ってさらに衝撃的な事実が発覚した。68 年世代に属する若者による既成の文化や政治に対する反抗が社会運動として西ドイツで高揚したのは大連立政権下の 1968 年のことであり，起爆剤になったのは前年 6 月にイランのパーレビ国王が西ベルリンを訪問した折に起こった事件だった。訪問に対する抗議デモの際にベンノ・オーネゾルグという名の大学生が警察官カール＝ハインツ・クラスによって射殺されたのである。この蛮行は警察のみならず支配層のファシスト的ないし右翼的体質の証明と見做され，これに対する抗議の渦が西ドイツ各地の大学に一気に広がった。そして折からのベトナム反戦の機運と重なって議会外反対派の運動が盛り上がることになった。けれども，2009 年に判明したのは，「ファシスト」の手先であるはずのクラスが実は SED 党員であり，またオットー・ボールという暗号名を持つシュタージの一員という事実だった。クラスはスパイとして DDR 監視の役割を担う西ベルリン警察に潜入し，その動静や内部情報をヴォ

ルフのもとに送っていたのである。この事実を踏まえたとき，当然ながら，オーネゾルグ事件自体の意味付けが変えられねばならなくなった。それにとどまらず，ひいては 68 年世代の運動の解釈にも少なくとも部分的修正が必要とされることになったのであり，新事実の衝撃の大きさは，「この日が共和国を変えた」(『フランクフルター・アルゲマイネ』紙) や「ドイツを変えた死の銃弾」(『ヴェルト』紙) のような見出しで主要紙が連日詳報し，2009 年 22 号の『シュピーゲル』誌が早速特集を組んだことなどに表れている。

　ところで，ヴォルフが指揮したのは，敵地の心臓部にまで達するスパイ網の構築とそれによる情報獲得にとどまらなかった。彼の部下は同時に様々な工作も行ったのである。その代表例として知られるのは，1972 年の政界工作である。東方政策などを推進していた首相ブラントはこの年に野党の攻勢にあい，与野党の議席差が僅かなため，不信任案が提出されたら可決の公算が大きい状況となって窮地に追い込まれた。これを救ったのが，SPD 院内総務のヴェーナーであり，老獪な政治家として野党の弱い部分を買収して各個撃破したのである。しかし，ブラントが首相の座にとどまることができたのは，東ドイツ指導部に知己を持つかつての共産党員ヴェーナーの手腕によるだけではなかった。その背後では西ドイツで写真事業家として成功したハンスハインツ・ポルストが，FDP の党員でありながら実は SED の秘密党員として，かつまたシュタージの協力者として，知人でもあるヴォルフの指令を受け，東の資金を使って暗躍していたのである。

　一方，西ドイツの連邦議会にはシュタージとコンタクトを持つ議員が数十人いたとされている。もっとも，真相はこれまでのところ十分には解明されていない。しかし，シュタージ協力者である議員が何人もいたことは確実視されており，ヴォルフは「西ドイツの連邦議会内部に，自分のスパイだけの幹部会議を組織することもできたと豪語していた」と伝えられる。この言葉の信憑性は確かめられないにしても，政党や労働組合のような社会団体の中に非公式協力者 (IM) とコンタクト・パーソン (KP) が相当数いたことは間違いないことに照らせば，誇大妄想として一蹴することはできないのである。

　このようにクナーベの言う「SED の長い腕」は東ドイツの外部に達し，その尖兵であるヴォルフの触手は西側の中枢に伸びていたことが今日では明らかになっている。とはいえ，H. ミュラー＝エンベルクスによれば，かつてのシュタージ職員が暴いた内幕の著述などは出版されていても，スパイを

動かしたシュタージ偵察局の歴史を全体的に俯瞰した学術的著作は存在しない。それは未解明の部分がなお大きいためである。けれども，残されている資料の検討が進み，その作業に基づいて彼が推計するところでは，DDRの40年間に西ドイツ市民でシュタージのスパイや協力者として活動したのは6,000人に上ると見られる。クラスのスパイ発覚の際にもマスメディアで「奥まで潜入された共和国」や「スパイされつくした共和国」などの見出しで報道されたが，そうした表現が使われるのは，潜伏したスパイの数とその広がりが想像を上回っていたことへの驚きを反映している。彼らが西ドイツで密かに活動したのは，無論，東ドイツの国家的利益を守るためだった。すなわち，1950年代には西ドイツの再軍備の阻止と西側統合の妨害，60年代には東ドイツの国際的承認，70年代には東西関係の現状の固定化，80年代には西側の軍拡の阻害などが主要な目標だった。そのためにヴォルフの工作員は西側の支配中枢に潜り込んだばかりでなく，学生運動や平和運動のような抗議運動の中心になった団体の幹部とも接触していた。そして金額は明らかではないにしても，このパイプを通じて東から西に活動資金が流れていたことが今日では知られている。

　もちろん，巨大なスパイ組織を率いたヴォルフのキャリアはこれらの輝かしい成功談だけで飾られていたのではない。1979年には偵察局に勤務していた中尉のヴェルナー・シュティラーが西ドイツに寝返り，大量の機密書類を携えてベルリン市内を東から西に逃亡したからである。彼は1972年からシュタージ本部で働き，主として西側の科学技術に関する情報収集を担当していた。しかし，次第に東ドイツに幻滅を深めるなかで，BNDの協力者に変身したのである。シュティラーが裏切ったその日のうちに30人以上のスパイに向けて急遽引き揚げるようにとの警告がシュタージ本部から発せられた。けれども，結局，17人が西側で逮捕され，シュタージは大きな打撃を受けたのである。この事件は東ドイツ・スパイ組織の最大の汚点であり，ヴォルフの面目は著しく傷つけられる結果になった。これと前後して彼自身が不覚にも写真撮影されて正体を掴まれたことと併せ，彼の成功の裏には失敗も隠されていたのである。

## 3. 転身の挫折から刑事被告人へ

　冷戦期における二つのドイツの緊張に満ちた関係は諜報戦という側面を抜

きには語れないが，その意味では「スパイの世界の黒幕」といわれるヴォルフはドイツ現代史の主要な登場人物の1人だと言って差し支えないであろう。むしろ，より正確には，歴史の表舞台ではなく，裏舞台の主役の1人というべきかもしれない。けれども，1986年に彼は突然その裏舞台から退場する。同年5月に休職を願い出て第一線から離脱し，11月には辞職が認められてシュタージを去ったからである。当時，既に60歳を越えていたから，彼の引退は必ずしも唐突とはいえないし，体力の限界や後進に道を譲るなどの様々な理由が当然考えられよう。けれども，30年以上に互って率いてきた諜報機関から彼が身をひいた本当の理由は，ソ連で若いゴルバチョフが登場してペレストロイカが始まったのに，高齢化し硬直した指導者を戴くDDRではその動きがなく，目敏い彼がDDRの将来を見限ったからだと推測されている。そうした推測がなされるのは，辞職後の彼が年金生活者の静穏な暮らしに埋没せず，むしろ文筆を通じて拘束されない立場から発言を行うようになったからである。その意味で，DDRの経済停滞と政治的硬直が顕在化した時期にヴォルフがシュタージから身をひいたのは偶然ではなかったと考えられるのである。

彼の最初の著作『トロイカ』が東ドイツで出版されたのは，ベルリンの壁が崩壊した1989年のことである。「上映されなかった映画の歴史」という副題をもつこの書は，彼の兄の構想を下敷きにしているといわれ，ヴォルフ家を含む三つの家族の歴史を扱っているが，その中で彼は慎重な言い回しでゴルバチョフのペレストロイカを擁護する姿勢を示した。また反体制の歌手W. ビアマンを国外追放したDDR指導部の措置を批判するとともに，より開かれた政治的議論を求めた。この著作は二つの点で世間を驚かせた。一つは，依然としてSED独裁が続き，言論の自由が許されていない東ドイツで体制に批判的な著作が公刊されたからである。もう一つは，その著者が少し前まで東ドイツのスパイのリーダーだった人物であり，DDR指導部と一体で抑圧体制の担い手だと思われていたヴォルフだったことである。

この出版によりヴォルフは一転してDDRの改革運動に好意的な著名人の1人に数えられるようになり，また彼自身も改革派の集会に姿を見せるようになった。オーストリアとハンガリー間の国境開放を起点にDDR市民の国外脱出が加速し，民主化を要求する運動が勢いを増して政情が騒然となった1989年9月にヴォルフは西ドイツの主要紙である『ジュートドイッチェ』

のインタビューに応じ，DDR の政治的欠陥については自分にも共同責任があることを認め，改革運動へのシンパシーを表明した。これに続き，10 月には集会に参加するとともに，SED を内部から改革するグループの助言者として活動する意向を明らかにした。けれども亡命ドイツ人家族の一員としてソ連で徹底した共産主義教育を受けただけでなく，長く DDR の権力中枢にいてホーネッカーなどと歩みを共にしてきたヴォルフの転身には所詮大きな限界があった。確かに彼は一時的には「東ドイツのゴルバチョフ」と見做され，SED 改革派の希望の星の一つに数えられた。またその流れで 50 万人以上の市民が参加して 11 月 4 日に東ベルリンのアレキサンダー広場で開かれた大集会で演説台にも立つに至った。しかし彼が改革の必要を唱える一方で，シュタージの活動の正当性を強調し，シュタージの職員と協力者をスケープ・ゴートにしないように懇請したとき，激しい罵声とブーイングが巻き起こり，彼が既に改革運動から取り残されていることが明白になった。ザイルスが指摘するように，この時にすでにヴォルフは「過去の人」になっていたのであり，「SED 改革政治家という第二の経歴の計画は早くも結末を迎えた」といえよう。彼が DDR 改革の必要を説き，改革派と足並みをそろえているように見えたとしても，それは束の間に消えうせた幻影だったのであり，彼が主観的には改革派の方に軸足を移したつもりでも，DDR の根底的な変革を求める時代のうねりに一瞬のうちに追い越されたのである。

　そればかりではない。ドイツ統一が近づくとスパイ活動の容疑で逮捕される恐れが生じ，実際に 1990 年 10 月にヴォルフに逮捕状が出された。そのため，統一直前にヴォルフはオーストリアを経由して成長期を過ごしたモスクワに逃亡しなければならなかった。しかしソ連も安住の地ではなく，翌年 8 月にソ連でクーデタが発生し，ソ連崩壊が一気に加速すると，9 月に再びオーストリアに難を逃れた。そして同国で政治亡命を申請したものの即座に却下されて行き場を失った。その結果，覚悟を固めて自主的にドイツに戻り，9 月 24 日に国境で官憲に出頭した。こうして 1 年前の改革派の人物という束の間の夢が完全に消えただけでなく，統一を果たしたばかりのドイツで刑事被告人としての新たな経歴が始まるのである。

　ドイツでヴォルフはしばらく拘置所に収監された後，保釈された。逮捕容疑は反逆罪だったが，取調べで彼は以前の同僚・部下の行動については一言も漏らさなかったという。起訴状では，西ドイツに潜伏する 500 人ないし

600人の工作員を指揮して情報を収集し，一部をソ連の国家保安委員会(KGB)に渡していたことが罪に問われたのである。この中にはブラント首相を失脚に追い込んだギョーム事件も含まれていた。デュッセルドルフ上級地方裁判所は1993年に有罪判決を下し，反逆と贈収賄の罪でヴォルフを6年の禁固に処すとしたが，刑は執行されなかった。それは消滅したDDRのスパイたちが国家の命令でDDRの法律に基づいて行動したところから，彼らの行為を犯罪として処罰できるか否かについて連邦憲法裁判所がいまだ判断を示していなかったためである。1995年5月に連邦憲法裁判所はこの問題についての決定を行った。それは，DDR市民は以前のスパイ活動について限られた範囲でのみ訴追されうるとするものだった。トップであるヴォルフが直接手を下すことはなかったにしても，DDRを裏切った者の殺害や敵対的人物の拉致・監禁などの事件はいくつも発生し，それらに彼が関与していたのは確実だった。けれども，この決定を受けて再審の手続きがとられた結果，同年に6年の禁固の判決は取り消されて，ヴォルフは自由の身になったのである。

とはいえ，その自由も長くは続かなかった。1996年には同じデュッセルドルフ上級地方裁判所で傷害と監禁の容疑による裁判が始まり，再び刑事被告人の席に立たされたからである。判決は1997年にあったが，4件の監禁，傷害，脅迫に関わったと認定され，3年の執行猶予つきで2年の自由刑を科すという内容だった。また翌98年にはSPDの政治家P.G.フレミッヒに対するスパイ行為の裁判で証言を拒否したために3日間の強制拘禁に処された。

一方，著作活動の面では，1997年に『秘密の戦争の渦中にあるスパイのボス』というタイトルの回想録を公刊し，2002年には『友人たちは死なず』という著作を発表した。東ドイツ消滅後，シュタージのかつての幹部たちが一様に口を閉ざしていたのと違い，これらの著作で彼は自分の過去とDDR体制を巡る議論に積極的に加わり，一部で非を認めながらも基本的にスパイのリーダーとしての正当性を主張した。また2003年12月にはテレビ局MDRがヴォルフの生涯を主題にした2部編成のドキュメント番組を放送したが，これに彼は出演し，かつての同僚と部下，敵対者，証言者などを前にして「異例のオープンさ」で持論を展開した。この番組では東方政策の立役者のエゴン・バール，最後の東ドイツ駐在ソ連大使だったヴァレンティン・ファリンをはじめ，西ドイツの連邦情報庁に潜入したトップ・スパイとして

知られるガブリエレ・ガスト，NATO本部に潜り込んだライナー・ルップなど錚々たる顔触れが登場したのに照らしても，ヴォルフの大物振りが窺えよう。他方，彼は自説を広める意図もあり，各地で講演活動などを行った。その際，当然ながらスパイのリーダーとしての活動に対する批判を浴びることもあったが，その一方で，DDRを擁護する人々からは共感や賛辞が寄せられることも多かったという。このように東ドイツが消滅してからも著作や講演などによりヴォルフは「メディアの減退しない関心」を引き付けつづけた。シュタージの最高幹部として栄達を極め，スパイのボスとして恐怖の的になった過去を引きずりながら，こうしてヴォルフは自らが守ろうとしたベルリンの壁の崩壊記念日にこの世を去ったのである。

## 4. ヴォルフとドイツ現代史

　以上でマークス・ヴォルフの生涯を簡単に辿ってきた。それを振り返れば，歴史の波に翻弄された数奇な生涯として片付けることも可能であろう。しかし，本章の目的はエレジーを語ることにあるのではない。彼の人生をここでは便宜上四つの時期に区分してみたが，その理由はマークス・ヴォルフという1人の人間をドイツ現代史の展開と重ね合わせ，生きられた現代史を把握するためだった。それではドイツ現代史を光源にした場合，どのような彼の顔が浮かび上がってくるのだろうか。次にこの点を考えてみよう。

　第一に注目すべきは，彼がユダヤ系の家庭に生まれ，父親が熱心な共産党員だったことである。もし彼がユダヤ系の生まれでなかったなら，家族とともに国外に亡命することはなかったであろう。また父親が共産党員でなかったならば，向かった先はソ連ではなかったかもしれない。ヴォルフ家を含め，当時のドイツで暮らすユダヤ系ドイツ市民は少なくなかったし，ヴァイマル共和国最後の選挙からも明らかなように，共産党の勢力も小さくなかった。その意味では，国民全体から見れば少数とはいえ，マークス・ヴォルフがソ連に落ち着いたのはけっして例外的なケースとはいえないであろう。いずれにしても確かなのは，ナチスが権力を掌握しなければユダヤ系であるヴォルフ家がドイツを立ち去ることはなかっただろうし，共産党が群小政党の一つにすぎなかったなら，ソ連を亡命先に選ぶドイツ人はほとんど存在しなかっただろうということである。

　やがて始まった大粛清の嵐は少年ヴォルフの上を通り過ぎたが，彼の身近

にいたドイツ人亡命者たちがどのような運命を辿ったかは分からない。当時モスクワに亡命中の「闇の男」野坂参三が延命のために同志を密告したように，亡命ドイツ共産党員が大粛清の犠牲になり，さらに独ソ不可侵条約の締結に伴いナチの手に引き渡されたことを考えれば，ヴォルフの身辺でもかなりの波瀾があったことは推測に難くない。ヴォルフはソ連で亡命ドイツ人の学校に通ったものの，スターリン統治下で彼は徹底した共産主義教育を受けて成長した。そうした教育はドイツではありえなかったから，彼は母国の大多数の同世代人とは異なる道に進んだことになる。そのことは彼が若くしてソ連国籍を取得してソ連人になったことにも表れている。ソ連にはヴォルガ・ドイツ人のようなドイツ系少数民族が居住しており，ドイツとの戦争が始まると対敵協力を防止するという名目で中央アジアやシベリアに強制移住させられたが，ヴォルフ自身はそうした悲運とは無縁だった。それどころか，将来の出世を予兆するかのように，彼は戦争末期にスターリンに忠実なウルブリヒト・グループの一員に選ばれ，ソ連占領地区で共産主義勢力を拡大するためにドイツへ送り込まれた。そしてプロパガンダ活動に従事する一方，ソ連占領地区のSPDを飲み込む形で併合して創設された社会主義統一党（SED）でソ連人でありながら最初の党員にもなったのである。これらの点にはその後のヴォルフに一貫する筋金入りの共産主義者としての顔が窺えるといえよう。

　ソ連によるドイツ占領からDDR建国，そしてシュタージ創設に至る目まぐるしく情勢が変転する時期は，戦争による荒廃に対処するためにイデオロギー的忠誠や理論的能力よりは実務的才覚が必要とされた時期でもあった。30歳前後の若いヴォルフが怜悧で合理的な性格のゆえに頭角を顕したのにはそうした時代的背景が存在したのである。東ドイツで主に活動することになったことがソ連国籍を放棄してドイツ人に戻る決断をさせたと推察されるが，彼が一時期ソ連人でもあった事実は，東ドイツでのキャリアの面で重要な要素になったことは想像に難くない。彼は建国間もない東ドイツで対外諜報活動の責任ある地位に抜擢されたが，シュタージがソ連のチェカをモデルにしており，そこで元ソ連人のヴォルフが速いスピードで昇進したことは，東ドイツがソ連の傀儡国家だったことを物語っているといえよう。

　ミールケを大臣に迎えて自己増殖していったシュタージの内部でナンバー2の最高幹部としてヴォルフは辣腕をふるい，巨大なスパイ組織を作り上げ

た。そして西ドイツを中心に多数のスパイを西側に送り込み，広範なスパイ網を構築するのに成功した。彼が「顔のない男」として恐れられたのはそのためである。実際，スパイのリーダーでありながら顔すら知られていないということは，それだけガードが堅かったことを示しており，東ドイツに文字通り水も漏らさぬ堅固な組織が作り上げられていたことを証明している。また，そうした組織が存在したことは，東西ドイツを最前線とするヨーロッパでの冷戦体制が平和共存の段階に入っても緊張に満ち，表面上の平和状態の裏側では熾烈なスパイ戦争が繰り広げられていたことを示唆している。その意味で，スパイ組織を率いていたヴォルフは冷戦の生き証人でもあり，ユダヤ系，共産主義者に並ぶスパイとしての第三の顔がここにあるといえよう。

　ブラント首相の側近にギョームを送り込んだのはもとより，NATO 本部や対抗組織の連邦情報庁にもスパイを潜り込ませたことに見られるように，ヴォルフは大きな功績をあげ，その功労によっていくつもの勲章を授与された。けれども，1980 年代になりゴルバチョフが登場するとともに，東ドイツの経済的・政治的停滞が顕著になると，目先の利くヴォルフはホーネッカーやミールケから距離を置きはじめた。1986 年に彼がシュタージから離れたのはそうした方向転換を意味していたと考えられる。彼は DDR の政治中枢に身を置いていただけに，DDR の行き詰まりをいち早く察知できたのであろう。この点で，彼の転身は磐石に見えた DDR 体制の瓦解の先触れだったとも解釈できよう。

　もちろん，スパイ組織を率いていたヴォルフが改革派にシンパシーを示しても，それを真に受ける人はほとんどいなかった。政治的自由を圧殺したシュタージは DDR 市民から恐れられたが，そのトップに座っていた人物が改革派として振る舞い，信用を得るには大きな限界があったのである。ザイルスはヴォルフを「ヤ，アーバーのマイスター」だったと評しているが，これをここでの文脈に置き直せば，基本線で DDR 体制を承認しつつ，少しばかりは改革を唱えるという行動パターンになるといえよう。

　改革派としての彼のポーズに限界があったばかりではない。統一に向かううねりは彼を追い越し，沈んでいく DDR 体制から距離をとってはいたものの，彼もまた苦境に追い込まれたのである。DDR スパイのボスだったヴォルフにはドイツ統一時に逮捕状が出されたが，そのためにヴォルフは国外逃亡せざるを得なくなった。しかし逃れたソ連でも安住できず，行き場を失っ

て帰国した彼は刑事被告人として法廷に立たされたのである。ホーネッカー，クレンツ，ケスラーなどDDR最高幹部の裁判は見せしめのショーだったという指摘があり，国境警備兵に対するそれでは報復に主眼があったとも批判されるが，それに一理があるとした場合でも，シュタージの最高幹部として抑圧体制の頂点にいた以上，ヴォルフが統一したドイツで普通の市民として自由を享受することはやはり許されなかったであろう。幾人ものDDR幹部が刑務所に収監されたのに，被告席に立ったにもかかわらずヴォルフが結果的に自由であり続けた理由は，その意味でなお詳しい検討が必要だと思われる。いずれにせよ，この問題は統一したドイツがナチスに続く「第二の全体主義」とも呼ばれるDDRでの人権抑圧の過去にどう向き合おうとしているかを確かめるときの要点であり，ヴォルフの例はDDR幹部のすべてが有罪判決を受けて服役した訳ではないことを如実に示しているといえよう。そしてこれをヴォルフの顔の問題に引き寄せれば，改革派への括弧づきの転身が見られるものの，DDRの市民に沈黙を強いた抑圧体制の担い手としての顔が見えてくるのである。

　以上のように，ドイツ現代史を背景にして「顔のない男」マークス・ヴォルフにはユダヤ系，共産主義者，スパイ，抑圧の担い手という相互に関連する四つの顔が認められる。それらのいずれが彼に強いられ，どれが自ら選びとったものかを問うことは忽せにできない問題ではあるが，ここでの関心はそこにはない。むしろドイツ現代史の展開が1人の人間にいくつもの顔を与えた事実にここでは注目しておきたいと思うのである。

　ヴォルフにいくつもの顔があることは，当然の帰結として，彼に対する異なった評価をもたらしている。そのことの一端は，ヴォルフの訃報がDDR関係者の間に対照的な反応を生み出したことでも確かめられる。プロテスタント牧師としてDDR体制に抵抗を続け，薬物によりシュタージに殺害されそうになった経験のあるR. エッペルマンは現在CDU所属の連邦議会議員を務めているが，彼はヴォルフを「アパラートの頂点の人物」，「立身出世を遂げた人」であり，「SEDの支配を長引かせるのに尽力した」とした上で，彼の死に悲しみを感じないと言い切っている。一方，DDR民主化運動の出身で現在はシュタージ文書管理機関の代表である同盟90/緑の党所属のM. ビルトラーはヴォルフを「無批判に服従したエーリヒ・ミールケに並ぶシュタージの第二の人物」だと位置付け，「抑圧と迫害に対する共同責任を告白しな

いまま世を去った」と述べて批判的な眼差しを投げかけている。さらにビルトラーの前任者であるだけでなく，やはりDDRの牧師として民主化運動にかかわったJ.ガウクも発言している。しかし彼の場合は幾分穏やかであり，「高い知性がありながら独裁に奉仕した」点で「悲劇的な人物」だったとヴォルフを評している。これらが市民運動の側に立った代表的な人々の反応であり，それ以外の民主化運動の関係者の何人かはヴォルフの死について沈黙を守っていると11月9日付『ネット新聞』は伝えている。

　他方，SEDの後継政党である左翼党の党首L.ビスキィは，訃報に接して直ちに声明を発表した。そのなかでビスキィは「ヴォルフの知性，開放性，党の根本的革新に対する支援は多くの人の記憶に残るだろう」と敬意を表すると同時に，「ヴォルフはナチ・レジームに対する闘争者であり，シュタージの偵察部門の責任者，さらには著述家だった」としたうえで，「彼はもう一つのより公正なドイツへの希望を抱きながら，他面で明確に非民主的な構造，社会主義の名による政治権力の乱用をともに担った」という二面性のゆえに「矛盾に満ちた人物」だったとして，批判にも弁護にも傾かないバランスに配慮した言い方をしている。これに対し，同じ左翼党に属すかつてのDDR首相H.モドロウはもっと明快にヴォルフへのシンパシーを表明している。すなわち，モドロウは最良の友を失ったと語り，「赤軍とともにファシズムに対して戦った，ソ連在住の若いドイツ人亡命者の1人」だったことを強調して，その功績を評価しているのである。

　このようにヴォルフについての見方は真っ二つに分かれているが，その分岐はDDRをどのように見るかの対立を反映している。より正確にいうなら，DDRで支配権力の側か，シュタージに抑圧された側か，そのいずれの側で生きてきたかというそれぞれの人生の軌跡がヴォルフの評価でも火花を散らしているというべきであろう。その意味で，DDRについての見方が収斂することが予想しにくい以上，他界したヴォルフについても毀誉褒貶は今後も避けられそうにないと考えられるのである。

## 5. ヴォルフとビアマン

　ところで，ヴォルフが死去してから1週間も経たない11月15日にW.ビアマンが70歳の誕生日を迎えた。ビアマンもDDRに深い関わりをもつ人物であり，しかもヴォルフとは正反対の位置に立っているので，簡単に2人

の足跡を対比してみよう。

　ビアマンの誕生日である11月15日付『ヴェルト』紙は彼に寄せられた祝辞を集めて掲載した。そしてそのトップにはメルケル首相のそれが掲げられた。既に触れたように，1986年にシュタージを離れたあとのヴォルフはビアマンの国籍剥奪に批判的な見解を表明したが，その事件が起きたのは1976年11月のことだった。すなわち，SED中央委員会政治局は同月16日にビアマンの国籍を剥奪し国外追放する決定を行ったのであり，したがってビアマンの70回目の誕生日は一日違いで国籍剥奪30周年と重なっている。そうした事実を念頭に置いて東ドイツ出身のメルケルは若かったころを回想しつつ，「DDR時代に私はあなたの歌をただテープでだけ知っていた」が，「あなたの音楽，あなたのテキストはDDRの不法体制を暴くのに貢献した」と賛辞を贈っている。また同時に彼女は，「当時DDRで成人として暮らしていた者は誰でも1976年11月のケルンでのあなたのコンサート後の日々を覚えていることでしょう」と前置きした上で，「あなたの公正な姿勢のゆえに生じたあなたの国籍剥奪は，多くの市民を奮い立たせたDDRの歴史の転換点を印しているといっても誇張ではないと私は信じます」と述べ，事件の重要性を強調している。

　首相の座にある政治家が，著名とはいえ市井の歌手に誕生日の祝辞を贈るのは，ドイツでもやはり異例のことであろう。そこにはビアマンがDDR反体制派のシンボル的存在だった事実だけでなく，首相が東ドイツの出身であるという事情が働いているように思われる。メルケルはDDR末期に結成された市民運動組織「民主主義の出発」に参加し，DDR最後の首相デメジエールに認められて政府の末席に名を連ねた後，コールによって大臣に抜擢された。したがって，彼女には民主化運動の出身という経歴があり，DDR反対派という点でビアマンに通じるところがある。その意味では彼女がビアマンに率直な好感を抱いていたとしても少しも不思議ではないであろう。しかし，彼女は運動の中心的人物ではなく，むしろ周辺に位置していたことを考えると，ビアマンに祝辞を贈り，自分を重ねあわせることで，DDR反体制派を政治的キャリアの原点とする自分をアピールしたい思惑があるのも否定できないように思われる。このように推測するのは，ルターによる宗教改革の故地ヴィッテンベルクの牧師としてDDR反体制派を貫き，広く尊敬を集めているF. ショルレマーなどの祝辞にメルケルのそれが並んでいるからである。

いずれにせよ、ヴォルフの場合は毀誉褒貶が避けられず、その訃報が厳しい批判や冷ややかな黙殺を招いたことと対比すると、ビアマンには批判的言辞は見当たらず、もっぱら称賛の声だけが響いているのが際立ったコントラストをなしている。けれども、前者が1923年、後者が1936年という生年の違いを除くと、両者には実は注目すべき共通点が見出せる。既述のようにヴォルフはユダヤ系で父親が共産党員だったが、ハンブルク生まれのビアマンもユダヤ系の父親をもち、しかも労働者だった父親がやはり共産党員だったからである。ヴォルフの父は家族とともにソ連に亡命したが、ビアマンの父親はドイツにとどまり、アウシュヴィッツで殺害された。このようにユダヤ系と共産主義というナチスが憎悪した大敵に2人は出生とともに固く結び付けられていたのであり、亡命と死亡という違いはあるにせよ、ナチ支配が苦難を強い、運命を大きく左右したという点で両者は共通している。それだけではない。ソ連人になった前者は共産主義者としてドイツに戻り、東ドイツの社会主義建設を中枢で担うことになったが、ビアマンもやはり共産主義者として17歳のときに進んで西ドイツから東ドイツに移り、社会主義建設に協力しようとしたのである。西ドイツから東ドイツに移る市民は少なく、メルケルの父親はプロテスタントの牧師として社会主義の圧政に苦しむ人々を宗教面で援助するために東ドイツに移住した数少ない西ドイツ市民の1人だが、ヴォルフとビアマンは共産主義者としてそれぞれソ連と西ドイツから社会主義建設の理想に燃えて東ドイツにやってきたのである。

　しかし共通面はここまでである。その後、前者がエリートとして昇進の階段を駆け登り、スパイのトップとしてDDRを守ったのに対し、後者は「現実に存在する社会主義」に対する懐疑を強め、体制批判の歌を作るようになった。そして次第に反体制派の代表的存在へと変身していったのである。

　このようなビアマンの軌跡は、ドイツ共産党やDDR研究の第一人者として知られるH.ウェーバーのそれに類似しているといえよう。ドイツ西南部のマンハイムで共産党員の労働者の息子として1928年に生まれた彼は、敗戦から間もなくソ連が支配する東ドイツに移住したが、それは共産党員としてドイツの再出発に尽力するためだった。彼はSEDの党学校「カール・マルクス」で1947年から2年間学んでヴォルフと同様にエリートへの切符を手に入れたが、やがて懐疑を深めることになる。将来を嘱望されるSED党員として彼は西ドイツに送り込まれたものの、地下活動で逮捕されるなどの

図7-4　抗議の記者会見をするビアマン（左端）

（出典）Robert Grünbaum, Wolf Biermann 1976: Die Ausbürgerung und ihre Folgen, Erfurt 2006, S.37.

苦渋を嘗める中でスターリン主義化したSEDに対する疑問を強めた。その結果，1954年についにSEDを離党した彼は，西ドイツの大学で再度学んだあと，スターリン主義批判を基軸にしてDDRを冷徹にとらえる批判的歴史学の主要な担い手になったのである。

それはさておき，ウェーバーと同じく，DDRに対する批判を隠さなくなったビアマンに対し，SEDは1961年に作品の公演を禁止する措置をとった。また，同年に彼が創設したベルリン労働者・学生劇場も1963年に閉鎖された。こうして苦境に立たされながらもビアマンは創作を続け，1964年には社会主義ドイツ学生同盟（SDS）の招待による西ドイツへの公演旅行にも出かけた。しかし1965年に彼の最初のレコードが西ドイツで出た後，東ドイツ当局はビアマンに対して公演と出版を禁止する措置をとった。これに対抗してビアマンは以後12年間自宅で歌い，その住所であるショゼー通り131番地はビアマンの歌を聞ける場所になっただけでなく，彼の作品名としても有名になった。また彼の歌はテープにとられ，監視網をくぐって西側に持ち出されたあと，そこでレコードとして製作されて売りさばかれる一方，彼の著作が西ドイツで出版されたりしたのである。

こうしてビアマンはR. ハーヴェマンと並んで東ドイツの反体制派のシンボル的存在になったが，まさにそれゆえに当局にとって彼は要注意人物であり，シュタージによって監視される結果になった。誰がシュタージに協力して彼を監視していたかは最近まで不明だったが，2004年に近所に住む友人がその1人だったことが特定された。こうしてビアマンの動静を探り，タイミングをうかがった末，ビアマンが西ドイツに公演旅行のため東ドイツを離れた機会に当局は一方的に国籍を剥奪し，強権によって帰国を不可能にしたのである。1976年11月16日に決定されたこの措置に対しては，作家，芸術家を中心にDDRでそれまでには見られなかった抗議運動が巻き起こった。即座にまとめられた抗議声明は，「我々はヴォルフ・ビアマンの言葉と行動を共にするものではなく，ビアマンの一件をDDR反対のために乱用する試みにも反対する」と慎重な断りを付したうえで，「我々は彼の国籍剥奪に抗議し，決定された措置の再考を要請する」という婉曲な表現で結ばれているが，その抑制された文言には強い抗議の意思が滲み出ている。この声明にはS. キルシュ，C. ヴォルフ，S. ハイム，H. ミュラーなど西側でも知られた著名な作家，芸術家12人が名を連ねていたが，予想通り東ドイツのメディアでは報じられなかった。それにもかかわらず声明が出ると反響が大きく，続々と賛同者が現れて日を追うごとに数が増大した。西側メディアとして1976年11月23日付『フランクフルター・ルントシャウ』紙が署名者の名前を日付ごとに分けて掲載し，抗議の拡大を伝えているのは，この運動がDDRでは稀にみる出来事だったからである。また，メルケルが上記の祝辞の中で「多くの市民を奮い立たせたDDRの歴史の転換点」と呼んでいるのは，恐らくこの点を指している。

　ビアマンの国籍剥奪に起因するこの抗議行動には，しかし逮捕や国外追放の波が続いた。DDR指導部はビアマンに対する措置の撤回どころか，いかなる譲歩の姿勢も見せず，むしろ抗議に対して弾圧で応じたのである。例えばハイネ賞やペトラルカ賞などをそれまでに受賞していた作家のS. キルシュは反対署名運動に加わり，1977年8月に国外追放された。またR. ハーヴェマンと親交のあったJ. フックスは抗議行動を「反国家的煽動」と認定されてシュタージのホーエンシェーンハウゼン拘置所に9カ月間収容された後，キルシュと同じ1977年8月に国外追放の処分を受けた。『暗号名叙情詩』（山下公子訳　草思社1992年）などの邦訳で知られるR. クンツェが追放

されたのは1977年4月のことである。ともあれ，ビアマンは国籍剥奪の結果，やむなく出生地であるハンブルクに居を構えた。そしてそこを本拠にして歌手としての活動を続けながら，1990年のドイツ統一を迎えたのである。この年の1月，シュタージ文書の隠滅を阻止するために一般市民がヴォルフが拠点としていたシュタージ本部を占拠し，建物の管理を始めたが，彼はこの行動にも参加している。

このように2人には人生の出発点に共通面があるものの，DDRを守護しようとしたヴォルフとは反対にビアマンはDDR反体制派としての立場を一貫させ，結果的に2人は対極的な位置に立つことになった。この二つの人生の航跡を照らし合わせれば，ヴォルフの場合，上記の四つの顔に一直線の連続性や必然性があったのではないことが推し量れよう。ユダヤ系，共産主義者，スパイのリーダー，抑圧体制の担い手というヴォルフの四つの顔は，ビアマンの生涯に視点を据えると，決して不可分に結合していたわけではなく，外したり別の顔をつけることが不可能ではなかったことが分かるからである。

## 6. 結び

80年以上にわたって波瀾に満ちたドイツ現代史を生き抜いたヴォルフは，多くの秘密を抱え，肝心の事柄には沈黙したまま世を去った。11月25日にはベルリン東部のフリードリヒスフェルト中央墓地にある社会主義者記念施設で埋葬式があり，モドロウ元DDR首相，ビスキィ左翼党党首，シュトレーレッツ元DDR国防次官，ヴェクヴェルト元DDR芸術アカデミー総裁などが列席した。最初に弔辞を読んだのはコテネフ・ロシア大使である。S.ヴァイラントによれば，彼は「ドイツは大事な息子の1人を失い，ロシアはドイツの最良の友の1人を失った」と「極めて温かい言葉」で弔意を表したという。そのため，彼のその弔辞はもとより，出席自体がロシアの人権状況とも絡んで批判を呼ぶ結果になったが，彼があえてそうした行動をとったのは，一時期はソ連人だったヴォルフがパーフェクトにロシア語を話し，ロシア料理を好み，そして部下のスパイが集めた情報を兄弟国ソ連に渡していた過去があったからである。

埋葬の式典にはこれらの人物のほかに多数のDDRの元幹部たちが集い，ヴォルフに最後の別れを告げた。そのため，式典はさながら「没落した共和

国のためのノスタルジックな国家行事」のような観を呈したという。けれども，1,000 人以上が式典に参列し，その中には多数のシュタージ関係者が含まれていたにもかかわらず，その場でシュタージの犯罪に関しては一言も触れられなかった。それは死せる者にとってだけでなく，残された者にとっても依然としてタブーであり続けているからにほかならない。A. ファンダーによれば，かつてシュタージに属したメンバーのなかには「自分たちがやっていたことを話そうとする者はほとんどいない」が，それは話さないことが「暗黙の掟」になっているからなのである。

けれども，奇しくも埋葬式の当日に現職のケーラー大統領が連邦財務省に勤務していた当時からシュタージのスパイによって監視されていた事実が『シュピーゲル』によって暴露されたばかりであり，主要全国紙でも一斉に報じられた。これに類した新事実に関するニュースはシュタージが消滅した今も絶えない。10 月 4 日には第 6 立法期 (1969 － 1972 年) の 33 人の連邦議会議員がシュタージによって監視されており，例えば SPD の元党首 B. エングホルムについてエルトマンという暗号名で監視報告が作成されていたことが明らかにされた。さらに 11 月 14 日にはケーラー大統領がベルリンにあるシュタージのホーエンシェーンハウゼン拘置施設を訪れ，「DDR の不法が何を意味するかを忘れてはならない」と国民に向かって説いた。その一方で，これを報じた翌日の主要紙では，例えば『フランクフルター・アルゲマイネ』が「犠牲者の苦しみはいまなお続く」との見出しで，「SED 国家は 17 年前に崩壊したが，党の名で犯された不法は癒えていない」と指摘して大量の犠牲者の存在に光を当てたばかりである。これらの事実を考慮すると，シュタージ文書法に基づいて個人に関する情報ファイルの閲覧などが行われ，またシュタージ文書管理機関の手によって DDR 体制の暗部の解明が進められているとしても，依然として真相にまでは及んでいないだけに，式典の参加者全員の重い沈黙はますます不気味に映り，暗い闇の存在を感じさせないではおかない。組織としてのシュタージは消滅し，スパイ部門を率いたヴォルフも鬼籍に入ったが，シュタージを巡る問題はまだ片付いてはいないのである。

### 参考文献

Karl-Heinz Baum, Deckname „Leder," in: Frankfurter Rundschau vom 5.10.2006.

Ders., Gestorben am 9.November, in: Frankfurter Rundschau vom 10.11.2006.

Lothar Bisky, Zum Tode von Markus Wolf, Presseerklärungen der Linkspartei vom 9.11.2006.

Constanze von Bullion, Wehmütige russische Weisen, in: Süddeutsche Zeitung vom 27.11.2006.

Christine Claussen, Sein Metier war der Verrat, in: Stern, Nr.47, 2006.

Andreas Förster, Die Räuberpistolen des Ex-Polizisten, in: Frankfurter Rundschau vom 18.11.2009.

Jens Gieseke, Die DDR-Staatssicherheit: Schild und Schwert der Partei, Bonn 2000.

Robert Grünbaum, Wolf Biermann 1976: Die Ausbürgerung und ihre Folgen, Erfurt 2006.

Hans Halter, Listig, skrupellos und ein Freund der Frauen, in: Der Spiegel vom 9.11.2006.

Ders., Russen ehren ihren Mann in Deutschland, in: Der Spiegel vom 25.11.2006.

Jochen Hieber, Der Poet, der den Staat stürzte, in: Frankfurter Allgemeine Zeitung vom 15.11.2006.

Lew Hohmann, Spionagechef Markus Wolf, MDR vom 9/16.12.2003.

Sven Felix Kellerhoff, Engholm hieß bei der Stasi „Erdmann," in: Die Welt vom 4.10.2006.

Ders., Der Mann, der Günter Guillaume auf Willy Brandt ansetzte, in: Die Welt vom 9.11.2006.

Hubertus Knabe, Der lange Arm der SED, in: Aus Politik und Zeitgeschichte, 38/1999.

Tanja Krienen, Zeit der Abrechnungen, in: Der Spiegel vom 19.11.2007.

Angela Merkel, Der klügste und der allerbeste deutsche Alfa-Wolf, in: Die Welt vom 15.11.2006.

Klaus Peter Müller, Die Opfer leiden immer noch, in: Frankfurter Allgemeine Zeitung vom 15.11.2006.

Helmut Müller-Enbergs, Was wissen wir über die DDR-Spionage?, in: ders. u.Georg Herbstritt, hrsg., Das Gesicht dem Westen zu, Bremen 2003.

Ders. und Cornelia Jabs, Der 2. Juni 1967 und die Staatssicherheit, in: Deutschland Archiv, H.3. 2009.

Ders., Jan Wielgohs und Dieter Hoffmann, hrsg., Wer war wer in der DDR, Berlin 2000.

Sven Röbel, Der Thriller seines Lebens, in: Der Spiegel vom 1.6.2009.

Friedrich Schorlemmer, Seine Lieder und Gedichte halfen mir zu überleben, in: Die Welt vom 15.11.2006.

Jutta Schütz, Köhler fordert mehr Verständnis für Stasi-Opfer, in: Netzeitung vom 14.11.2006.

Dies., Nelken und Rosen für den Spion, in: Stern vom 25.11.2006.

Christoph Seils, Ein Mann mit vielen Gesichtern, in: Die Zeit vom 9.11.2006.

Carl Thalmann und Robert Vernier, Vom Top-Spion zum Talkshow-Gast, in: Focus vom 9.11.2006.

Mark R.Thompson and Ludmilla Lennartz, The Making of Chanceller Merkel, in: German Politics, Vol.15, No.1, 2006.

Axel Vombäumen, Im Dienste seiner Identität, in: Der Tagesspiegel vom 10.11.2006.

Severin Weiland, CDU-Politiker attackiert russischen Botschafter, in: Der Spiegel vom 29.11.2006.

Willi Winkler, Verfluchte Menschheitsretterei, in: Süddeutsche Zeitung vom 15.11.2006.

Peter Jochen Winters, Zum Tod von Markus Wolf, in: Deutschland Archiv, H.6. 2006.

Markus Wolf, Man without a Face, New York 1997.

Ders., Freunde sterben nicht, Berlin 2002.

Ders., Spionagechef im geheimen Krieg, München 2003.

Peter Wolter, Kein Mann ohne Gesicht, in: Junge Welt vom 10.11.2006.

ヘルマン・ウェーバー，斎藤哲・星乃治彦訳『ドイツ民主共和国史』日本経済評論社，1991年。

グイド・クノップ，永野秀和・赤根洋子訳『トップ・スパイ』文芸春秋，1995年。

桑原草子『シュタージの犯罪』中央公論社，1993年。

関根伸一郎『ドイツの秘密情報機関』講談社，1995年。

アナ・ファンダー，伊達淳訳『監視国家』白水社，2005年。

マンフレート・フランク「3つの11月9日」『思想』1993年10月号。

ティナ・ローゼンバーグ，平野和子訳『過去と闘う国々』新曜社，1999年。

# 第8章　ドイツ民主共和国における外国人労働者と外国人政策
―― 旧東ドイツ地域の反外国人感情との関連で ――

## 1. はじめに

　ドイツ統一の記念式典が挙行されてまだ日が浅い 1990 年 11 月 7 日,『フランクフルター・アルゲマイネ』紙に同紙の著名な内政担当記者 G. バナスの手になる一つの記事が掲載された。それは外国人問題に関する動きを比較的詳細に伝えるものであり,見出しには「数千のベトナム人帰国の途に ―― かつてのガストアルバイター／費用はボンが負担」と記されている[1]。ドイツ統一の熱気が冷めやらず,オプチミスティックな空気がなお強かったことを考えると,重苦しいテーマを取り上げて浮き立つ気分に冷水を浴びせるようなこの記事にはあまり関心は注がれなかったと推察される。また「ガストアルバイター」問題を扱っているところから,西ドイツではテーマに目新しさはないように感じられ,格別な注意を向けるまでもないと判断された可能性も大きい。しかし細心な読者には,帰国すると報じられているのは西ドイツ市民に馴染みの深いトルコ人やユーゴスラヴィア人ではなくベトナム人であることから,記事にはスペースを割くだけの価値があることが直ぐに納得できたと思われる。なぜなら,焦点に据えられているのは,西ドイツの市民によく知られた外国人問題ではなく,統一とともに消滅した DDR すなわち旧東ドイツの外国人労働者であり,その中心になっていたのがベトナム人だったからである。

---

(1) Günter Bannas, Tausende Vietnamesen fliegen heim, in: Frankfurter Allgemeine Zeitung vom 7.11.1990.

バナスが報じるところでは，DDR 最後の政府であるデメジエール政権とベトナム政府との合意に基づき，DDR で働いていた数千人のベトナム人の帰国が決定した。ベルリンからハノイまでの便はアエロフロートが運航しているが，便数が足らないため臨時に増便して大型機を飛ばすことになった。しかし帰国費用の大半を負担するのはベトナム人自身でもベトナム政府でもなく，ドイツ政府である。なぜなら，DDR 政府とベトナム政府との間で結ばれていた協定では就労期間が満了する前に帰国させる場合，費用は本来雇用していた企業が負担すべきところであるが，現実には負担能力がないため，ドイツ政府が肩代わりする以外にないからである。それだけではなく，デメジエール政権とベトナム政府との合意により，帰国は協定に反していることを配慮して 1 人当たり 3,000 マルクと最後の 3 カ月の賃金の 70％が支給されることとされていたが，これもドイツ政府が一部を負担する方針となった。こうした問題の多い措置によってひとまずベトナム人の帰国の見通しが固まったが，しかし難民援助団体からは，帰国は自由意志によるものではなく強制であるという批判や，排外暴力に対する屈服であるという非難がなされている。一方，帰国を望まないベトナム人の一部は壁の崩壊後西側に移って庇護を申請しているが，その数は既に 3,000 人に達している。また DDR 以外の国から来たベトナム人も同様に庇護を申請しており，1990 年年頭から 1 月平均 1,000 人に上っている。けれども審査の結果，庇護権が承認されるのは僅かであり，7 月末までに庇護権を認められたのは申請者の 1.5％でしかないのが実情である。

　バナスの記事ではベトナム人の帰国を巡るこのような動き以外にも，DDR における外国人労働者の地位なども触れられている。たとえば病気や労働災害で労働不能になった外国人労働者は帰国させられることや，妊娠したベトナム人女性には DDR で出産することは許されず，帰国か堕胎のどちらかの選択が強いられることが政府間協定に定められていた事実が言及されている。またベトナム人労働者の場合，賃金のかなりの部分は本人には渡されず，DDR への債務返済に充当するためにベトナム政府に対して支払われていたことも紹介されている。そして総括的な評価として，「かつての DDR のガストアルバイターの労働条件は人間の尊厳に悖る」ことが指摘されているが，しかし限られたスペースの記事であるため，詳しい説明はなされていない。

　見出しを一見しただけでは外国人問題に関するありふれた記事の一つとし

か見えないバナスの記事は，一読するなら，DDRにも外国人労働者が居住していた事実に改めて注意を喚起し，その存在が西ドイツとは異なる形で外国人問題を作り出していたことを脳裏に刻みつけるのに十分な内容を有しているといえよう。その一方では，ここで正面に押し出されているDDRの外国人問題がある意味で今日に至っても未解決であることを別のいくつかの記事が伝えている。その若干の例としては，1995年1月12日と1996年1月8日付の『フランクフルター・ルントシャウ』の記事が挙げられる。前者ではI. ギュンターがDDR時代から引き続きドイツに残留しているベトナム人たちの一部が不法滞在者になり，強制送還の不安におののいている実情を伝えており，他方，後者ではドイツ政府がベトナム政府と4万人のベトナム人の送還について最終的に合意したことをM. ホェーゲンがハノイから報じている[2]。またこれと関連して，タバコの密輸を中心とするベトナム人犯罪組織がドイツで暗躍するようになり，組織間の抗争で7人ものベトナム人の射殺体が見つかる事件まで発生して世間を震撼させたのはまだ記憶に新しい[3]。実際，そうした事態を深刻に受け止めたザクセン州刑事庁では1996年6月に47人からなるザクセン・ベトナム人組織犯罪対策特別班（略称Soko VOKS）を編成したほどであり[4]，昨今ではむしろ組織犯罪に絡む治安の面で注目を浴びるようになっているといえよう。

このようにドイツではDDRの外国人問題はいまだに尾を引いているのが現状だが，翻ってわが国での研究を眺めると，従来，わが国ではDDRで外国人労働者が働いていた事実は殆ど知られておらず，そのためドイツの外国人問題について語るとき，DDRのそれは視野の外に置かれたままの状態が続いているといっても誇張ではないように感じられる。しかも統一後のドイツで燃えさかった外国人に対する暴力は特に旧東ドイツ地域で陰惨だったといわれるが，これを極右の問題と絡めて論じるときにも，DDRにおける外

---

(2) Frankfurter Rundschau vom 12.1.1995 und 8.1.1996. さらに1996年9月16日付同紙でU. フリングスが合意の実施状況などを報告している。

(3) Der Spiegel, Nr.1, 1996, S.56ff.; Nr.21,1996,S.36ff; Focus, Nr.41,1996,S.100f.; Frankfurter Rundschau vom 17.5.1996.

(4) Landeskriminalamt Sachsen, VOKS–Vietnamesische Organisierte Kriminalität in Sachsen, Dresden 1997.

国人問題との関連は等閑に付されていたように思われる。もちろん，このことは単なる怠慢の結果ではなく，最大の原因は，DDR が外国人労働者の存在をかなりの程度隠蔽していたことや，表に出す場合には社会主義の国際的連帯の証しとするプロパガンダを展開していたことなどにあるといえよう。その意味では，ドイツでも DDR の外国人問題の輪郭を把握できるようになったのは，資料へのアクセスが可能になった統一後のことである点が忘れられてはならない。DDR 崩壊後，それまで見極めることの難しかった DDR の影の部分にメスを入れることができるようになり，社会に衝撃や波紋を広げてきたのは周知のところであろう。例えば権力構造の要に位置したシュタージの実態にも光が届くようになり，開示された情報は市民の間に疑心暗鬼すら生み出したが，これを政治面の暗部と呼ぶなら，外国人の存在は社会面の恥部と名付けることができよう[5]。そして本章で照準を定めるのはこの恥部であり，国際主義の美名の下で外国人がおかれていた境遇を明らかにし，統一後の排外暴力との関連を見定めるとともに，それを通じて既に消滅したもう一つのドイツの実相を一端なりとも解明することがここでの狙いなのである。

## 2. DDR の外国人問題に関する留意点

最初に呼称について一言しておこう。

DDR で働いていた外国人労働者の多くは，後述するように DDR 消滅と前後してドイツを去ったが，ベトナム人の扱いが問題となっていることが示すとおり，その後も一部はドイツにとどまっている。彼らについて連邦政府が用いている呼称は，「DDR の請負契約労働者」又は「政府間契約労働者」と

---

(5) なお，DDR に関して「トータルな形で正確な認識」を提供するとしているわが国の DDR 概説書では，シュタージにも外国人労働者にも触れられていない。大西健夫『ドイツ民主共和国』三修社，1986 年。因みに，1991 年に出版された，NHK 取材班『ヒト不足社会』日本放送出版協会，197 頁以下に東ドイツの外国人労働者に関する興味深い記述があり，そこには「旧東ドイツ内の外国人労働者の実態は統一前にはほとんど報道されなかったし，現在もまだ詳細は明らかになってはいない」と注記されているが，そうした結果になったのは，K. バーデが指摘するように，DDR では外国人労働者の存在が「公式に黙殺され，否認され，あるいは研修のための移動として片付けられた」からである。Klaus J.Bade, Ausländer, Aussiedler, Asyl, München 1994, S.178.

いうものであり，管見の限りでは旧東ドイツ地域のザクセン州，ブランデンブルク州，ザクセン＝アンハルト州などもこれに倣っている。この呼称が使われているのは，請負契約もしくは政府間協定に基づいてドイツに滞在していることを強調するためであることは明白であり，それによって彼らの法的地位をDDR以来の外国人労働者とは異なる一般の請負契約労働者と同列に扱うところに狙いがあるのは間違いない。換言すれば，請負契約の期間だけ彼らはドイツ滞在が許され，満了すれば立ち去るべき立場にあることをその呼称は言い表しているといえよう[6]。

これに対し，もう一つの表現が存在していることにも注意が向けられるべきであろう。それは「かつてのDDRのガストアルバイター」というものである。この呼び方は，DDRでの外国人労働者であった事実を重視し，一般の請負契約労働者とは同一視できないことを鮮明にすることに主眼がおかれているのは明らかであろう。また同時に，「ガストアルバイター」としては旧西ドイツの外国人労働者と共通面があることを際立たせることにも重きが置かれていることは指摘するまでもない。つまり，DDRの時期から一貫してドイツでガストアルバイターとして働いていることを前面に押し出すことによって彼らにはドイツにとどまる正当な理由と権利があることを主張する意図がこの呼称の背後に存在しているのである[7]。

このように呼称の問題一つをとっても今日では対立が見出されるが，それでは彼らがドイツで暮らすに至った契機であるDDRへの労働者としての導入にはどのような事情や背景があったのだろうか。

1996年に公表されたA. ミュッゲンブルクの著作に寄せた序言で連邦政府外国人問題特別代表C. シュマルツ＝ヤコブセン（FDP）は，「西ドイツのガストアルバイターの歴史は政治的，経済的，社会的意義の面で十分にオープンになっているのに，DDRの契約労働者に関しては依然として埋められる

---

(6) 請負契約労働者の概要については，野川忍『外国人労働者法』信山社，1993年，81頁以下および Harald W. Lederer, Migration und Integration in Zahlen, Bonn 1997, S.249ff 参照。

(7) Uli Sextro, Gestern gebraucht–heute abgeschoben: Die innenpolitische Kontroverse um die Vertragsarbeitnehmer der ehemaligen DDR, Dresden 1996, S.11f.

べき空白が大きい」と述べているが[8], その指摘のとおり, DDR における外国人労働者の導入の経緯や処遇などについては, DDR 指導部によって秘匿されていた部分が大きかったために現在でも透明度は高いとは言えない。もちろん DDR が崩壊過程に入って以降, DDR における外国人政策や外国人の実態を調べたり議論することが可能になったのは指摘するまでもないし, それを妨げる公然・隠然の圧力が加えられるようなことはもはや考えられなくなった。しかし 1989 年までは DDR への外国人の導入の根拠となった政府間協定を初めとして DDR に居住する外国人に関する正確な情報は官庁のみが握っていたのであり, これにアクセスすることはもとより, 議論すること自体が事実上禁止されていたのであった。旧西ドイツでは連邦統計庁が編集する統計年鑑に十分とは言えなくても外国人に関する主要なデータが収録されているほか, 各種の研究機関が実施した調査なども公表され, これらを土台にして活発な議論が展開されてきたのは周知の事柄に属すが, これと対照的に DDR では外国人問題に限らず議論が封殺され, その前提となるべき基本的データに今日に至っても欠落が目立つのは, DDR 指導部が外国人問題を政治的に利用する反面で, その陰の部分については隠蔽する意図を有していたことを物語っている。

外国人に関する情報を独占し, 政治的に利用可能な部分だけを表面に出す DDR 政府の立場は, 論議を許さないことも考えあわせれば, 外国人問題のタブー化と呼んで差し支えないが, DDR の場合, このタブー化は次のようなイデオロギー的動機に発していたことに注意を払う必要がある。それは, プロレタリア国際主義を標榜する DDR のような「発達した社会主義社会」には偏狭なナショナリズム, 人種主義, 民族差別のような現象は存在する余地がないというドグマを中軸にし, この教義に合致するように現実を歪曲することによって社会主義の道徳的優位を誇示するという動機である。実際, 帝国主義の烙印を押された西ドイツにおける外国人の扱いについては独占資本による飽くなき搾取とあからさまな民族差別が容赦なく糾弾されたが, 自国の外国人に関しては国際的連帯の証しとして描かれる一方で主要データが

---

(8) Cornelia Schmalz-Jacobsen, Vorwort, in: Andreas Müggenburg, Die ausländischen Vertragsarbeitnehmer in der ehemaligen DDR, Bonn 1996, S.5.

秘匿されたのは、このような動機に基づいていた[9]。同様に、DDR にも外国人を差別あるいは敵視する傾向が存在していたが、社会主義国の友好を謳わなければならない DDR では、社会主義建設によって克服されたはずの民族憎悪のような負の現象が実在する場合、それらが隠蔽されることになったのも同じ動機の帰結であった。DDR をはじめ社会主義諸国に共通する善悪二分法的な思考様式の下では、民族差別に代表されるあらゆる悪しき現象は資本主義や帝国主義の産物とされ、社会主義はそれとは対立しても自己の体内に抱えるようなことはあってはならないことであった。そして外国人を劣悪な条件の下でもっぱら自国の都合で労働力として利用している現実も決して明るみに出してはならなかったのである。

外国人問題のこうしたタブー化は、1980 年代に入ってから DDR にも出現するようになった極右的傾向の若者のグループの問題とも関連している[10]。彼らの存在が DDR 指導部の知るところとなった時、最初の反応は、問題の重大さを認めず、社会的背景をもたない個人レベルの逸脱行動か、それとも西ドイツからの輸入もしくは模倣として解釈し矮小化することであった。そして結果的に彼らの問題行動もまた真剣な議論の対象とされないまま、ヴェールに蔽われることになったのであった。だが、それだけにベルリンの壁が崩壊してからその存在が社会に知られるようになった時の波紋は大きかった。とくに 1990 年 10 月 3 日の統一の日から 1 年も経たない 91 年 9 月にザクセン州の小都市ホイヤースヴェルダで難民収容施設に対する襲撃事件が発生し、執拗に攻撃を繰り返す若者に集まった群衆が喝采を送る光景や、これに触発されて旧東ドイツ地域を中心に排外暴力事件が野火のように燃え

---

(9) DDR による西ドイツの外国人問題の非難については、Conrad Lay und Ellen Esen, Leben und Alltag mit Fremden, in:Christoph Potting und Conrad Lay, hrsg., Gemeinsam sind wir unterschiedlich, Bonn 1995,S.343 参照。

(10) DDR における極右グループの形成・発展に関しては、Bernd Wagner, Extreme in Rechts: Die DDR als Stufe zum heute, in: Rolf Wettstädt, hrsg., Rechts - Rechts - Rechts, Potsdam 1992,S.38ff. のほか、1986・87 年を境に 2 段階に区別している、Norbert Madloch, Zur Entwicklung des Rechtsextremismus in der DDR und in Ostdeutschland, in:Robert Harnischmacher, hrsg., Angriff von Rechts: Rechtsextremismus und Neonazismus unter Jugendlichen Ostberlins, Rostock 1993,S.54f. 参照。

広がったことは社会に大きな衝撃を与えないではおかなかった[11]。そしてこれとの関連で，DDRにおける極右の若者グループの存在や国際連帯の美名に反して克服されないままの外国人敵視の心情に関心が向けられ，これを放置したDDR指導部の責任やとりわけDDRでの外国人政策に視線が注がれることになったのである。

ところで，SEDの独裁を軸とするDDRの支配体制ばかりでなく，動揺から崩壊に向かっていた社会主義全般に悪の烙印を押すのが当然視される雰囲気の中では，極右集団の形成や排外暴力蔓延の原因を社会主義そのものに帰す見方が優勢になったのは，心理的側面から見れば避けがたかったように思われる。すなわち，上から指令されただけの反ファシズム，装飾にすぎないインターナショナリズム，友好の裏で行われた外国からの遮断などDDRの表向きの国是と背馳する現実が暴き出され，そこに民族差別感情や極右グループが胚胎する土壌が存在していたとされたのである[12]。けれども翻って考えてみると，DDRの体制悪を抉りだし，その支配体制に内在しつつ因果関係を説明しようとする試みが貴重であるとしても，やはり視座に偏りがあるのは否定できないように感じられる。なぜなら，改めて指摘するまでもなく，排外主義や外国人差別はDDRだけではなく，市民的自由が確立されている西側諸国でも軽視しえない問題になっているのは周知の事実であり，冷戦終結後の西欧は右翼の季節を迎えたとする論調すら存在しているからである。この点を考慮するなら，必要になるのはDDR社会に排外感情が浸透していた背景の一つとして，そもそもDDRではいかなる理由からどのような形態で外国人が受け入れられ生活していたかをひとまず事実に即して解明することであろう。

こうして旧東ドイツ地域で拡大した排外暴力事件を契機にしてDDRにおける外国人労働者導入の経緯などにも関心が寄せられるようになり，これに

---

(11) 拙稿「統一ドイツにおける排外暴力と政治不信」『社会科学論集』34号，1995年，71頁以下参照。

(12) Freya Klier, Ausländer rein!: Die DDR-Deutschen und die Fremden, in: Manfred Heßler, hrsg., Zwischen Nationalstaat und multikultureller Gesellschaft, Berlin 1993,S.231ff.; Eva-Maria Elsner und Lothar Elsner, Ausländerpolitik und Ausländerfeindschaft in der DDR, Leipzig 1994,S.43f.

対応するかのように，明るみに出た政府間協定などの資料に基づく研究が公刊されるようになった。1991年にいちはやくA.シュタッハとS.フサインの冊子『DDRの外国人』とM.クリューガー＝ポトラッツの『異質なものは存在しなかった』が公表されたが，これらは収録された貴重な資料と併せ，この方面の研究に先鞭をつけるものであった。またこれらと前後して学術誌などにも論文がいくつか公表され，レポートや証言もみられたが，著書の形で続いたのはH.マールブルガー編『我々は経済に我々なりに貢献した』(1993年)とE.-M.エルスナーおよびL.エルスナーの『DDRの外国人政策と外国人敵視』(1993年)，同『ナショナリズムとインターナショナリズムの間』(1994年)である。そして1996年にはU.ゼクストロの著『昨日は必要とされ，今日は送還される』とA.ミュッゲンブルクの『かつてのDDRの外国人契約労働者』が刊行され，ドキュメントとして多くの資料も公表されるに及んで，DDRにおける外国人問題の概略がようやく把握できる地点まできているのが現在の状況といえよう。

もちろん，DDRでは外国人に関する基本的事実が秘匿されたり歪曲されていたことを考慮すれば，今後，関係者の証言や資料状況の改善などによってより多角的なアプローチや行き届いた分析が可能になる公算が大きいのが容易に推察されよう。この点では連邦議会にDDRに関する調査特別委員会が設置されて膨大な証言が集められ，これまで知られていない側面を含めてDDRの実像が克明に描かれると期待されることや，シュタージの文書を管理している通称ガウク庁の研究部門によってDDRの支配構造の核心部が暴かれる可能性があるのと事情が似ている。ただ外国人問題に関してはこれを調査する機関は存在しないのがこれらと異なっている。そのため，不透明な部分や未解明の側面を残したまま，上掲のいくつかの研究で一つのサイクルが閉じられる可能性も否定できず，事実，その兆候も既に感知されるようになっている。いずれにせよ，これまでに公表された研究とそれらに収められた資料に主に依拠するところから，以下のスケッチが試論の域を出ず，今後新たに公開されるかもしれない資料や証言などによって修正や補足が必要になる余地が大きいことをここで断っておきたいと思う。

## 3. 外国人労働者導入の経過と背景

最初にDDRの人口に関する基本的事実を確かめることから始めよう。

今日ではよく知られるようになっている通り，18世紀以来ドイツは多数の移民を国外に送り出してきた人口流出国（Auswanderungsland）であった。しかし第二次世界大戦の敗北以後，もはや移民の流出は問題にならず，敗戦からしばらくの間はむしろ喪失した東部領土などから押し寄せる膨大なドイツ人難民を受け入れ，社会に統合するという大きな課題に直面したのであった。そして西ドイツでは経済成長に伴う労働力不足を解消するために外国人労働者を招き入れたが，彼らとその家族の定住化が顕著になったのを受け，1980年代に入るころから，西ドイツは移民受け入れ国（Einwanderungsland）であるのか否か，またそうなるべきかどうかが主要な争点の一つにクローズアップされて今日に至っている[13]。

そうした西ドイツとは違い，DDRに関しては，L.エルスナーたちが力説するように，基本的に人口流出国であったという事実を見落とすことはできない[14]。というのは，DDRが存立した40年ほどの間に約450万人の市民がDDRを立ち去ったからである。その数はDDR建国当時の20％以上に相当し，そのためDDRは世界でも突出した勢いで人口の減少する国として知られる結果になった。そして改めて指摘するまでもなくDDRを去った市民の大部分は西ドイツに住み着いたのであり，1989年までにその数は350万人に達すると見積もられている。こうした事実を見れば，DDR指導部がベルリンの壁を築いて人口の流出を実力で阻止しようとしたことは，国家としてのDDRの存立を確保するための他に選択肢のない方途だったことが理解できる。DDRは人口流出国だったのであり，人口の流出は文字通り国家の存亡の問題だったのである[15]。

人口面でのこうした基本的事実を踏まえたうえで，DDRではどれほどの外国人が暮らしていたのか，その数を次に眺めよう。

---

(13) この論争点については多数の著作が発表されている。さしあたり主要な論客の所論を収めた，Klaus J.Bade, hrsg., Das Manifest der 60: Deutschland und die Einwanderung, München 1994 参照。

(14) Eva-Maria Elsner und Lothar Elsner, Zwischen Nationalismus und Internationalismus: Über Ausländer und Ausländerpolitik in der DDR 1949-1990, Rostock 1994,S.11.

(15) この点の詳細に関しては，Jürgen Dorbritz und Wulfram Speigner, Die Deutsche Demokratische Republik– Ein-und Auswanderungsland? in: Zeitschrift für Bevölkerungswissenschaft, H.1,1990,S.67ff. 参照。

既述のように，他のデータと同じくDDRの外国人数についても信頼しうるデータはこれまでほとんど明らかにされていない。ただ1989年に外国人が総人口の7.7%を占めた西ドイツとは異なり，DDRではその割合が極めて小さかったことは間違いない。1989年末の時点での外国人数に関する発表は，ベルリンの壁の崩壊に始まる激動とそれまで封印されていた情報の流出が始まっていたことなどから，信頼しうる僅かなデータの一つに数えられるが，それによれば総数は19万1,190人であり，人口比率では1.2%にすぎなかった[16]。もっとも，西ドイツでの数字と同様にこの数には駐留するソ連軍の兵士，軍属及びその家族は含まれていないし，外交使節団なども除かれている点には注意を要しよう。なぜなら，特に前者についてはベルリンの壁が崩れるころに兵員が36万人から38万人，その関係者と家族が合計20万人にも上っていたといわれるので，この数を加えるか否かで外国人を一括した際の印象に大きな相違が生じるからである[17]。いずれにせよ，ソ連軍関係者を除外した場合，外国人が人口の1%強にとどまっていた事実は，外国人問題がどのような構造をもつにせよ，西ドイツとDDRではその社会的な重みに決定的ともいえる落差があったことを示唆しているといえよう。実際，総人口の1割弱を外国人が占める西ドイツでも農村部では近隣に外国人住民がいないケースが極めて多いことを考えるなら，DDRでは一般の市民が日常生活でソ連軍関係者以外の外国人と触れ合う機会はもとより，その姿を目にすることすら少なかったことが容易に推察されるのである。

ところで，この外国人を出身国別に見ると表8-1のとおりになる。ベトナム人が最多で3分の1を占め，これにポーランド人，モザンビーク人が続いている。この

表8-1　DDR在住外国人の国籍

| 国　　籍 | 1000人 | ％ |
|---|---|---|
|  | 191.2 | 100 |
| ベトナム | 60.1 | 31.4 |
| ポーランド | 51.7 | 27.1 |
| モザンビーク | 15.5 | 8.1 |
| ソ連 | 14.9 | 7.8 |
| ハンガリー | 13.4 | 7.0 |
| キューバ | 8.0 | 4.2 |
| ブルガリア | 4.9 | 2.6 |
| チェコスロバキア | 3.2 | 1.7 |
| ユーゴスラヴィア | 2.1 | 1.1 |
| アンゴラ | 1.4 | 0.7 |

(注) 1989年12月31日のデータ
(出典) Henning Fleischer, Ausländer 1989, in:Wirtschaft und Statistik, H.8, 1990, S. 544.

---

(16) Henning Fleischer, Ausländer 1989, in: Wirtschaft und Statistik, H.8, 1990, S.543f.

(17) Müggenburg, op.cit., S.7.

順序からも看取されるように,表8－1にはDDRの外国人に認められる二つの特徴が浮かび上がっている。一つは,上位10位までには西側の国は一国も含まれておらず,すべてが社会主義国として経済相互援助会議(コメコン)の加盟国またはオブザーバーとしての参加国であることである。ここからは冷戦体制下でDDRが東のブロックの模範国であり,この立場によって国際的な人的交流が強く制約されていたことが窺えよう。第二は,東欧圏の近隣諸国出身者が意外に少なく,ベトナム,モザンビークのようなアジア・アフリカ諸国が上位にあることである。このようにヨーロッパ以外の発展途上国の出身者が多いことは,改めて指摘するまでもなく,トルコ人が最多である西ドイツの外国人の構造を連想させよう。無論,両者を直ちに同一視することは不適切であり,DDRが国際的連帯のスローガンの下,途上国から留学生や技能研修生を受け入れていた面を無視してはならない。けれども,以下で検討するように,現実はDDRが非難した西ドイツでの外国人の受け入れと大同小異だったことを出身地域は暗示しているといえよう。

さらに年齢構成や性別の面でも明瞭な特色が見出せる。表8－2はこれを示したものである。それによれば,外国人の中の18歳以下の青少年や子供の比率は6.0%にすぎず,同じ時期に25.4%を占めていた西ドイツとの違いが際立っている。また20歳から30歳までの比率も西ドイツの2倍以上であり,30歳から40歳までのそれも西ドイツでは18.7%であるのにDDRでは

表8－2　DDR在住外国人の年齢構成

(単位:1000人)

| 年齢層 | 全体 人数 | 全体 % | 男性 人数 | 男性 % | 女性 人数 | 女性 % |
|---|---|---|---|---|---|---|
| 18歳未満 | 11.5 | 6.0 | 6.1 | 4.6 | 5.4 | 9.5 |
| 18－19歳 | 2.7 | 1.4 | 1.6 | 1.2 | 1.1 | 2.0 |
| 20－24歳 | 39.9 | 20.9 | 24.0 | 17.9 | 15.8 | 27.8 |
| 25－29歳 | 41.1 | 21.5 | 31.2 | 23.3 | 9.9 | 17.3 |
| 30－39歳 | 61.2 | 32.0 | 46.6 | 34.7 | 14.6 | 25.6 |
| 40－49歳 | 22.0 | 11.5 | 16.4 | 12.3 | 5.5 | 9.7 |
| 50－59歳 | 7.9 | 4.1 | 5.5 | 4.1 | 2.4 | 4.2 |
| 60－64歳 | 1.8 | 0.9 | 1.2 | 0.9 | 0.6 | 1.1 |
| 65歳以上 | 3.1 | 1.6 | 1.5 | 1.1 | 1.6 | 2.8 |
| 全体 | 191.2 | 100 | 134.2 | 100 | 57.0 | 100 |

(注) 1989年12月31日のデータ
(出典) Fleischer, op. cit., S. 544.

32.0％に達している。一方，性別面では男性の数が女性の2倍を大きく上回っており，外国人では重心が著しく男性に偏っているのが顕著である。

　このように子供と青少年の比率が小さく，性別面でも女性が少ないことは，とりもなおさず，DDRの外国人では働き盛りの男性中心という特徴があったことを物語っている。そしてこのことはさらに，H. フライシャーも指摘するように，「外国人の大多数は稼得を目的として大抵は家族を伴わないでDDRに来ていた」ことを暗示している[18]。と同時に，そうした明白な構造的特徴の点でDDRの外国人は外国人労働者の導入を開始した初期の西ドイツにおける外国人の構造に類似しているのが注目される。1989年にDDRに滞在していたこれらの外国人の身分については同年3月の時点での18歳以上の人々に関するD. ヤスパーのまとめが参照に値する。それによると，外国人数は16万6419人だったが，その中で政府間協定の枠内の外国人労働者が最大で約8万5千人であった。また政府間協定によるのではなく，企業レベルで招致されたポーランド人労働者がその他に約2万5千人働いていた。一方，留学生のような外国人学生の数はこれらを大幅に下回り，1万2600人と見積もられている。またDDR市民と結婚するなどして外国籍のままDDRで暮らしている人々や外国企業の駐在員，あるいはチリや南アフリカなどから保護を求めて住み着いた亡命者などDDRに正式に居住を認められている外国人は総数で3万4千人程度だったと推定されている[19]。これらの数字が信頼できるものだとすれば，18歳以上の外国人の3分の2は労働者で占められていたことになり，DDRが外国人を受け入れる場合，主体は労働力にあったことが分かる。

　もちろん，このことはDDRが最初から労働者を中心に外国人を迎え入れてきたことを意味するわけではない。建国から間もない1951年以降，学生交流の枠組みの中でDDRには社会主義を目指す発展途上国の若者や植民地地域から民族独立運動にかかわっている青年たちが留学生として大学で学んでいた事実は忘れられてはならない。また1960年代半ば以降には社会主義

---

(18) Fleischer, op.cit., S.544.

(19) Dirk Jasper, Ausländerbeschäftigung in der DDR, in: Marianne Krüger-Potratz, hrsg., Anderssein gab es nicht: Ausländer und Minderheiten in der DDR, Münster 1991, S.171.

の優等生 DDR で工業技術を学ぶために来た研修生の姿が生産現場で見られるようになったことも重要である。彼らが一面では労働力でもあったことは否定できないが，しかし同時に帰国して専門労働者として故国の産業を引っ張ることを期待された人々であり，十分か否かは別にして，単なる労働者とは異なり DDR で技能研修を受けたことは確かな事実といわねばならない。この点から見れば，技能訓練のための研修生の受け入れは，直接には DDR 経済にとっての利益にはならない連帯行動の一環であったという W. ブッフホルンの指摘は決して的外れではないといえよう[20]。

　外国人受け入れのこうした流れに照らすと，DDR で外国人労働者の導入が始まったのは比較的遅かったということができる。1960－70年代に実施されたその初期の例としては最初のポーランドとブルガリア，次いでハンガリーとユーゴスラヴィア，さらにやや下ってアルジェリアからの労働者の導入が知られている。そのうち1967年にハンガリー政府との間で結ばれた協定に従って労働者を組織的に受け入れたのが，その後の DDR における外国人雇用を特徴づける政府間協定に基づく導入方式の最初のケースになった[21]。初期の外国人労働者は主に中・東欧から募集されたが，その中にアルジェリア人が含まれているのは政治的な計算による。すなわち，フランスからの独立闘争を戦ったアルジェリアから労働者を受け入れることによって民族解放運動との連帯を誇示し，西ドイツを含む西欧資本主義諸国で拡大しつつあった利潤のみを狙う外国人労働者の雇用とは異なる形態が存在することを宣伝することである。けれども結果的にはこの計算は裏目に出ることになった。というのは，協定に反する劣悪な処遇に抗議してアルジェリア人労働者がストライキを行ったことからアルジェリア政府との紛争が持ち上がった末，同政府が国外における自国民の搾取からの保護に関する法律を制定し，DDR から労働者を引き揚げる事態にまで発展したからである。

　それはともあれ，H. マールブルガーの指摘するように，外国人雇用が比較的大きな規模で始まったのは，1970，80年代になってからのことである[22]。例えば1977年には合計で約5万人の外国人労働者が DDR で働いてい

---

(20) Zit. nach Sextro, op.cit., S.21.

(21) Ibid.

(22) Helga Marburger, Gisela Helbig, Eckhard Kienast und Günter Zorn, Situation

たとみられるが，その多くは中・東欧諸国の出身であった。その土台になったのは，労働者の送り出しと受け入れのほか，就業と滞在の条件を定めた二国間の協定である。1971年にポーランドとの間で締結された労働者の雇用と研修に関する協定を皮切りにして，73年にブルガリアとの間で同種の協定が結ばれ，さらに同年にはハンガリーとの間の協定が改められたのである。その一方で，1970年代後半になるとヨーロッパ以外の国々から労働力として外国人を受け入れる傾向が次第に顕著になったのも見逃せない。アルジェリア政府とは1976年に正式に協定が締結されたが，これに続いて1978年にキューバ，1979年にモザンビークとの間で二国間協定が結ばれたのに続き，1980年代に入ると1980年にベトナム，1982年にモンゴル，1985年にアンゴラ，1986年に中国と次々に労働者導入のための協定が結ばれた事実を見ればそのことは一目瞭然といえよう。このようにアジア・アフリカ地域から労働者を受け入れる場合，無論，名目としては，「発達した社会主義国」による途上国に対する開発支援の大義が掲げられ，国際的連帯が唱えられていたのは指摘するまでもない。いずれにせよ，ヨーロッパ以外の諸国からの労働者導入が進むに従い，DDRで働く外国人労働者の出身国の面での構成が

表8-3　外国人労働者の受入数

(単位：人)

| 年度 | アルジェリア | キューバ | モザンビーク | ベトナム | アンゴラ |
|---|---|---|---|---|---|
| 1978 | 1,320 | 1,206 | | | |
| 1979 | 700 | 3,060 | 447 | | |
| 1980 | 1,170 | 2,058 | 2,839 | 1,540 | |
| 1981 | 890 | 390 | 2,618 | 2,700 | |
| 1982 | | 2,151 | | 4,420 | |
| 1983 | | 1,598 | 382 | 150 | |
| 1984 | | 2,395 | | 330 | |
| 1985 | | 4,171 | 1,347 | | 312 |
| 1986 | | 4,232 | 2,896 | | 33 |
| 1987 | | 3,174 | 3,203 | 20,446 | 206 |
| 1988 | | | 6,464 | 30,552 | 687 |
| 1989 | | 925 | 1,992 | 8,688 | 418 |

(出典) Uli Sextro, Gestern gebraucht–heute abgeschoben, Dresden 1996, S. 22.

der Vertragsarbeitnehmer der ehemaligen DDR vor und nach der Wende, in:Helga Marburger, hrsg., „Und wir haben unseren Beitrag zur Volkswirtschaft geleistet," Frankfurt a.M.1993, S.9.

変わっていったのは当然であろう。実際，特に1980年代半ば以後になると年度ごとの受け入れ数も著しく増大し，中でもベトナム人の数が急速に増えるようになった[23]。このことを示しているのが表8－3である。それによれば，1988年には3万人を超すベトナム人労働者をDDRは受け入れたのであり，モザンビークからも6千人以上が就労するためにDDRに入国したのである。本章冒頭で紹介したバナスの記事などに見られるように，ドイツ統一の際に多数のベトナム人がDDRに居住しており，統一後の現在に至ってもその身分や処遇が論議を呼んでいるが，そうした事態はアジア・アフリカ地域に重心を移した1980年代からのDDRの外国人受け入れ政策の結果にほかならないのは明白であろう。

ところで，当初は中・東欧の社会主義諸国から労働者を導入していたのに1980年代からアジア・アフリカ地域の出身者に重点をシフトしたことについては二つの考慮が働いていたと考えられる。一つは政治的なそれであり，ポーランドで民主化を目指す「連帯」を中心とする運動が高揚し，それがハンガリーをはじめ東欧諸国にも波及する懸念が高まったことがその背景になっている[24]。周知のように，全欧安保協力会議（CSCE）の発足などでそれまで緊張緩和に向かいつつあったヨーロッパ情勢は，1979年に始まるアフガニスタン紛争へのソ連の軍事介入を契機に再び険悪化したが，西欧への中距離核ミサイル配備を計画するNATOと最前線で対峙するDDR指導部としては，国内に民主化の動きが芽生え，SEDの独裁体制が緩むのはなんとしても阻止しなければならない至上命題であった。そしてこの命題から導き出された外国人政策の面での結論が，アジア・アフリカ諸国への重心のシフトであった。この軌道修正によってDDR指導部は民主化への刺激が中・東欧諸国からDDR国内に持ち込まれるのを未然に防ぐ必要があったのである。

もう一つは経済的な考慮である。1980年代を迎えるころからDDRの国内経済には停滞の兆しが色濃くなったのはしばしば指摘されている[25]。その原因は資本の不足にあり，新規の投資はもとより，老朽化した生産設備の更新

---

(23) Sextro, op.cit., S.31.

(24) Ibid., S.31f.

(25) 山田徹『東ドイツ・体制崩壊の政治過程』日本評論社，1994年，161頁以下参照。

すら十分には行えない状態が現れたといわれる。その結果，生産計画を達成し，国内経済を拡大するためにはより多くの労働力を投入し，実現の困難な生産の合理化と近代化をそれによって補うことが残された選択肢となったのである。けれども，DDR の人口は 1970 年代半ばまでは減少し，その後 80 年代末までは停滞が続いたし，生産年齢の女性の就業率も他国より突出して高かったことが示すように既に限界に達していた事実を見れば明らかなように[26]，DDR 国内の労働市場にはもはや追加的に供給できる労働力はほとんど存在しなかった。こうした隘路を抜け出る方策としてとられたのが外国人労働者の拡大であり，中・東欧諸国の出身者は望ましくもなく，またそれぞれ自国の経済建設のために外へ送り出せる余力も乏しくなっていたことから[27]，アジア・アフリカ地域の国々に重心が移されることになったのである。

もちろん，これらの国々の側にも目を向けるなら，自国に存在しない技能訓練の機会を得られるメリットへの期待があったのは事実である。しかし何よりも重視されたのは，自国の狭隘な労働市場では包摂できない過剰な人口が失業者として増大し社会不安を高めるのを抑えることであった。しかも他国への労働力の輸出は，国内の経済建設に不可欠な優良な労働力が流出するマイナス面があったにせよ，当面の失業の圧力緩和に役立つばかりか，彼らから徴収される賃金の一部や彼らが家族に行う送金は国際収支を好転させ，対外債務の軽減に寄与するものでもあったのである[28]。

ところで，ここで見落とせないのは次の点である。それは，1980 年代になって外国人労働者の受け入れが本格化し，その数が増大すると同時に主たる出身国がヨーロッパからアジア・アフリカ諸国に移されていく過程は，他面では，国際的連帯の名のもとに進んだ社会主義国が行うべき援助の外観が剥がれ落ち，DDR 一国の生産拡大に利用される単なる労働力としての性格が次第に鮮明になる過程でもあったことである。そのことは，労働力の送り出し

---

(26) Tanja Bürgel, „Scheidung ist doch ganz normal": Frauen, Familie Generationen in Ostdeutschland, in:Potting u.a., hrsg., op.cit., S.314.

(27) Marburger u.a.,op.cit.,S.10.

(28) Heike Kleffner, Nicht mehr gebraucht: Die vietnamesischen DDR-Vertragsarbeiter Innen in der BRD, in:BUKO-Arbeitsschwerpunkt Rassismus und Flüchtlingspolitik, hrsg., Zwischen Flucht und Arbeit, Hamburg 1995, S.133.

国がもはや自国より高い DDR の工業技術の習得ではなく，国内の過剰な労働力の重荷を軽くすることを優先課題としていたことに対応している。そうした変化をもっともよく示しているのは，1980 年代に DDR が結んだ政府間協定やそれに付随する合意文書の内容が 1970 年代までのものとは異なってきていた事実である。ベトナム関係のものを例にとれば，1980 年に結ばれた「ベトナム人労働者の一時的雇用と職業訓練」を柱とする政府間協定に関し，85 年に補足的な覚書が交換されたが，そのなかではもはや職業訓練についての言及が見られなくなっており，開発支援は名目としてさえ使われなくなっていることがその一つの証明といえる[29]。とりわけ 1987 年 7 月 21 日に署名されたベトナム政府との間の取り決めには外国人を労働力としてのみ捉える視点が前面に押し出されており，技能労働者育成の立場が放棄されている点で象徴的とさえ評しうる。なぜなら，5 項目からなる取り決めの対象になっているのはベトナム人女性の扱いであり，バナスの記事でも触れられていたように，労働者として DDR に来たベトナム人女性が妊娠した場合，労働力としては無価値になることから DDR での出産は許されず，中絶手術を受けて仕事を続けるか帰国して出産するかの二者択一をすることが強制されたからである[30]。

　もちろん，その他にも外国人労働者が労働力として純化されたことを裏付ける事実はいくつも存在している。ベトナム人女性のようなあまりにも露骨なケースと対照する意味で，一見すると些細な事柄のように映る例を引くな

---

(29) Nguyen Trong Cu, Situation der VietnamesInnen in der ehemaligen DDR, in: Forschungsinstitut der Friedrich-Ebert-Stiftung, hrsg., Ausländer im vereinten Deutschland, Bonn 1991, S.86.

(30) この取り決めに照準を合わせてハーは，「かつての DDR の契約労働者は安価な労働力以外の何物でもなかった」と断じ，クアンも実態に照らして同じ指摘をしている。Vu Thi Hoang Ha, Schul- und Berufssituation vietnamesischer Kinder und Jugendlicher in den neuen Bundesländern, in: Forschungsinstitut der Friedrich-Ebert-Stiftung, hrsg., Chancengleichheit für ausländische Jugendliche, Bonn 1994, S.53; Mai Xuan, Situation der Vietnamesen in der DDR, in: Doi Thoai, H.1, 1991, S.80. なお，ベトナム人女性の場合，DDR 到着早々に避妊薬が配布されることも多かったという。Heinz Soremsky, Vom solidarischen Internationalismus zum Rassismus? in: Vorgänge, H.30, 1990, S.84.

ら，DDR に着いた外国人労働者に保証されたドイツ語学習のための時間が短縮されたことが挙げられる[31]。外国人労働者に対しては職場に配置される前に短期間ドイツ語を学習し，その後も学習時間が提供されることが政府間協定には定められていた。しかしその規定は守られず，職場によって幅は異なるものの，押しなべて短縮されたのが現実である。技能を修得したり周囲と交流するにはある程度のドイツ語の能力が必要とされるが，単純労働を反復するだけならその必要は低くなるのが当然とすれば，学習時間短縮の結果，ドイツ語を殆ど理解できないまま就労していた外国人労働者が DDR 社会でどのような位置を占めていたかは想像に難くないであろう。

　外国人労働者をもっぱら労働力として扱う方向への変化を集約的に示しているのは，1984年の閣僚評議会の決定である。DDR の経済情勢が悪化するのに伴い，同評議会は外国人の職業教育に関する原則を新たに定めたが，第1項には次のように記されていた。「外国人の職業教育に当てられるべき物質的財政的資金は，産業設備と機械の輸出促進と非物質的なサービス輸出の拡大を支え，DDR の対外的な政治的経済的目標の達成を可能にするように使用されねばならない。」この方針は1980年代初頭以降拡大した貿易赤字を輸入削減と輸出振興によって縮小する基本政策の一環をなすものであり，経済情勢の全般的悪化を背景に次のような形で具体化された。すなわち，対価の支払いを条件にして職業訓練の場を提供することがそれである。それまで無償を原則としていた職業訓練の機会をいわば商業ベースに載せるこの方針変更が社会主義を目指す途上国に対する支援という従来の建前の放棄を意味するのは指摘するまでもないであろう[32]。無論，それまでも技能訓練に十分な時間が充てられていなかったといわれることを考慮するなら，ここで確認できるのは，差し当たり建前が崩れたことまでである点に注意する必要がある。いずれにせよ，この転換の結果，対価を負担しえない国々の出身者が多数を占めるに至っていた外国人労働者たちからは職業訓練の機会が完全に奪われたのであり，文字通り単純労働者としてその地位が固定化される結果になったのであった。DDR の外国人労働者政策はこうして搾取を指弾していた資

---

(31) Müggenburg, op.cit., S.19.

(32) DDR 末期には高等教育機関の留学生についても一部を有償で受け入れる方針に転換した。Elsner, Zwischen Nationalismus und Internationalismus, S.23.

本主義国家のそれと建前の面でも事実上同列に立ったといえるのである。

　このように見てくるなら，DDR における外国人労働者の受け入れには二つの段階が区別できるという見方には説得力があるといえよう。これを明確に打ち出しているのは H. ゾレムスキーであり，マールブルガーやゼクストロなども同様な見方をしているが[33]，しかし変化は確かに認められるものの，二段階として画然と区分するにはなお検証されねばならない問題が残っているのも否定できない。例えば区別のための指標として何をとるかが必ずしも明らかになっているとはいえないし，外国人労働者の数や出身地域に変化があっても，1980 年代にはもっぱら労働力として位置づけられたことを重視するなら，それ以前の時期の実際の処遇について詳細がもっと解明される必要があるからである。無論，既に言及したように，DDR では外国人労働者の存在はヴェールで覆われていたので，この課題を首尾よく果たすのは困難を極めるであろう。そのことを考慮に入れたうえで，以下では二段階論を念頭に置きつつ，これまでにある程度明らかにされている第二段階にあたる時期に焦点を合わせて DDR における外国人労働者の実態に迫ることにしよう。

## 4. 労働現場の外国人労働者

　最初に労働の現場における外国人労働者の姿を眺めよう。

　ゼクストロによれば，1980 年代初期までは外国人労働者は出身国の経済発展の今後の計画を顧慮して，帰国後に専門的労働者として働くことにつながる分野に配置されたといわれる。しかしその後はそうした配慮は後退し，「DDR 経済に最も役立つ労働力の使用という観点」から彼らの配置が決定されるようになった[34]。そのことは軽工業や化学工業のような製造業に大半の外国人労働者が投入され，しかも DDR の技術水準と出身国のそれとの落差を容易には越えられないために単純労働に携わることを意味した。そして中でも DDR の労働者が嫌がるために定着率の悪い単純労働が彼らに割り当て

---

(33) Soremsky, op.cit., S.83. 一方，エルスナーは 3 段階区分を提起しているが，第 1 段階が前半，第 3 段階が 1989・90 年の 2 年だけであり，時間幅のとりかたからいっても適切さを欠く。Elsner, Ausländerpolitik und Ausländerfeindschaft in der DDR, S.23ff.

(34) Sextro, op.cit., S.43.

られたのである[35]。

　このことは、DDRの国内法が差別を禁じているにもかかわらず、平等は理論上の事柄でしかなく、現実には差別的な扱いが横行していたことを示している。けれどもそうしたなかにあっても外国人労働者の勤務態度は全般的に良好であったことが数々の証言によって伝えられている。同様に彼らの多くは職場にトラブルを引き起こすことも少なく、生産ノルマの達成にも貢献したことも確認されている。例えば1981年のある調査ではベトナム人労働者の52.2％が半年ほどでノルマを100％達成したと伝えられている[36]。既述のように、1980年代後半に外国人労働者の受け入れ数が急増したが、そうした方針がとられたのは、外国人労働者の勤務ぶりに対するポジティブな評価が一因となっているのはいうまでもない。もちろん、その一方では一部にノルマを達成できない者や規律違反を犯す者がいたのは当然であろう。そのような場合、外国人労働者にはドイツ人労働者より厳しい制裁が科される可能性が存在していた。すなわち、企業からの解雇処分だけでは終わらず、出身国への帰国命令が出され、DDRから強制的に退去させられることもありえたのである[37]。

　ところで、多くの外国人労働者の勤務態度が良く信頼感を得ることができたのは、たんに解雇の不安によって不断に駆りたてられつつ懸命に働いたからだけではない。職場や職務の割り当てに明らかに差別が認められたにせよ、彼らが賃金面でDDR労働者と平等な扱いを受けたことや、災害や疾病の場合にもドイツ人労働者と同じ処遇を受けられたことが勤勉への主要な刺激になったと推察されるからである。例えば労働災害や職業病の場合にはDDR滞在期間中は災害年金が給付され、雇用期間が終了したあとでは補償金が支払われたのである[38]。また賃金に関しては、外国人労働者にもDDR市民と同

---

(35) Regina Soll, Ausländerbeschäftigung vor und nach der Wiedervereinigung, IAB Werkstattbericht, Nr.10, 1994; S.4; Jasper, op.cit., S.154. ただしエルスナーはこれを一般化せず、限定的に捉えている。Elsner, Zwischen Nationalismus und Internationalismus, S.56.

(36) Andrzej Stach und Saleh Hussain, Ausländer in der DDR, 4.Aufl., Berlin 1994, S.13.

(37) Elsner, Zwischen Nationalismus und Internationalismus, S.53.

(38) Müggenburg, op.cit., S.19.

じ条件が適用されることが政府間協定に定められていたのであり，未熟練労働に従事する外国人労働者たちは最初これに該当する第4ランクに位置づけられ，毎月400マルク支給される3カ月間の訓練が終了した場合には第5ランクに上昇する道が開かれていたのであった[39]。このような賃金面での同等な扱いがアジア・アフリカ地域の出身者にとっては故国より格段によい待遇を意味したのは指摘するまでもない。とはいえ，職業訓練を受けることができた場合でも短期間であり，技能に習熟するまでには至らなかったことからすれば，外国人労働者には賃金ランクを昇るのは困難であり，大部分が最低クラスの賃金レベルに事実上固定されていたことは推測に難くないであろう。

これらに加え，DDR労働者にはない手当が外国人労働者には用意されていた事実も看過してはならない。例えば「勤務態度に応じて」という条件の下で，故国の家族と別れて生活していることを考慮して1日当たり4マルクの離別補償金が賃金に加算して支給された。無論，無断欠勤の場合などにはカットされた点から見れば，それが従順に働くことへの刺激だったことは否定できないとしても，外国人労働者にとっての有利な措置だったのは確かであろう[40]。またDDRが故国より寒冷な地であるために新たに衣服が必要になることから，一回限りではあるが，ベトナム，アンゴラ，キューバ，モザンビークの出身者に対しては300マルクから500マルクの衣服手当が支給され，DDRへの渡航と帰国の費用についても，モザンビーク人とアンゴラ人については DDR政府と出身国政府が折半もしくはそれぞれの一方を負担し，ベトナム人とキューバ人の場合は全額を雇用する企業もしくはDDR政府が負担することが取り決められていたことも忘れてはならない[41]。

さらに休暇に関してもDDR労働者にはない特例措置が外国人労働者には認められていたことも重要である。すべての政府間協定には帰国休暇の請求権が定められており，ベトナム人，アンゴラ人などでは2年間の勤務後に，キューバ人については15カ月の勤務後に休暇を取ることができるものとされていた。またその際，前年度と当該年度の休暇日数を合算できるものとされ，最大で60日の帰国休暇が保証されていた。しかもベトナム人について

---

(39) Stach u.a., op.cit., S.12.

(40) Müggenburg, op.cit., S.20.

(41) Ibid.

は往復の費用の全額を企業が負担し，キューバ人については一回限りではあるがやはり企業が負担するなど出身国により異なる形で故国での休暇に金銭面の補助が行われた。さらにこうした帰国休暇とは別に通常の休暇をDDR労働者と等しくとることが可能だったのであり，これらのほかに家族の冠婚葬祭の際の一時帰国とそれへの補助なども認められていたのである[42]。

　このように外国人労働者は手当や休暇の面で若干の優遇措置を受けつつ，製造業を中心にDDR市民が就くのを嫌がる単純労働に従事していたが，その際，本来彼らに手渡されるべき最低レベルの賃金さえ全額を受け取ることができなかった事実を忘れることはできない。この点については既に触れたが，例えばベトナム人の場合，「祖国ベトナムの建設と防衛のため」という名目でネットの賃金から12％が天引きされてベトナム政府の国庫に入れられ，モザンビーク人では賃金の半分が故国に送られ，帰国してからようやくそれを受け取ることができるシステムになっていたのである[43]。DDRと送り出し国との間で合意されたこのような仕組みは国家的に組織化された収奪といえよう。しかも外国人労働者が資本主義諸国と同様に文字通り労働力としてだけ位置づけられて搾取の対象とされるようになっていたことを考えあわせるなら，DDRの外国人労働者はさらに出身国による収奪が付け加わっていた点でより苛酷な状態に置かれていたといえよう。そのうえ，低賃金に加えてそうした収奪のために一般のDDR市民と比較してDDRでの彼らの生活レベルは低かったにもかかわらず，一面では彼らが嫉妬の対象になっていたことも見落とせない。というのは，上述の僅かな優遇措置のほかに彼らにはDDR市民が渇望する旅行の自由すなわち西側諸国へ制限なしに出入りできる権利があると一般に信じられていたし，またその際に必要となる西側の通貨はDDR市民には入手が極めて困難だったのに外国人労働者は自由に交換することが認められていると思い込んでいたDDR市民が1990年の調査で70％も存在していたからである[44]。つまり，旅行も通貨の交換も厳しく制

---

(42) Elsner, Zwischen Nationalismus und Internationalismus, S.57f.

(43) Marburger u.a., op.cit., S.21f.

(44) Müggenburg, op.cit., S.20. 因みに，DDRで勤務した三宅の体験によると，DDR市民の大きな不満は旅行の自由がないことと外貨の入手が難しいことにあった。三宅悟『私のベルリン巡り』中公新書，1993年，265頁。

限されているうえに，受け取るべき低賃金さえ一部が収奪されていたのが実態だったのに，政府間協定を初めとして外国人労働者の境遇については情報が秘匿されていたために断片的な知見が想像とないまぜになって社会に広がり，羨望と嫉妬の感情がはびこる温床が作り出されていたのである。

## 5. 社会的隔離の中の外国人労働者

　外国人労働者に関する情報が厳しく管理されていたとしても，彼らが働く職場ではじかに触れ合い，あるいはその姿を目の当たりにできたから，彼らの境遇の一端を直接把握することはまだしも可能だった。しかし彼らが労働の場以外でどのように生活しており，とりわけいかなる住居で起居していたかとなると，その実情は厚いヴェールで覆われ，DDR市民である程度正確に知っている者は殆ど存在しないのが現実だったといわれる。その原因は政府間協定に基づき，彼らを企業の寮のような集合住宅に隔離して生活させる政策がとられていたことにある[45]。

　家族構成がどうであれ，外国人労働者はパートナーや子供を伴うことなく単身でDDRに赴くことがDDRの外国人労働者導入の主要原則であり，そのことは各国との政府間協定にも明記されていた。そしてこの方針の狙いどおりにDDRでは外国人の高い就労率が実現されたのであり，1970年代から家族呼び寄せが拡大したため外国人の労働力率の連続的低下を見た西ドイツと鮮やかなコントラストを描くことにもなった。受け入れに当たってのこのような方針には，外国人労働者を最も効率よく利用すると同時に，彼らが家族としてDDRに定着するのを防ぐという意図が込められていたのはいうまでもない。そうした意図のため，一部を除き夫婦が共に労働者としてDDRに入国しても同じ職場で働くことは認められなかったばかりか，同一の住居で暮らすことも許されなかった。すなわち，外国人労働者には住居を自由に

---

(45) 因みに，それぞれ異なるスタンスでDDRでの庶民の暮らしを間近から興味深く描いた次の2書の中に外国人労働者が登場しないのは，こうした隔離と関連があると思われる。広瀬毅彦『夢みる東ドイツ』実業之日本社，1990年，斎藤瑛子『世界地図から消えた国』新評論，1991年。一方，高岩仁『東ドイツ，いま：エルベ河の社会主義』御茶の水書房，1988年，36頁以下にはベトナム人見習い工についての記述があるが，外国人労働者に関する公式的説明の域を出ない。

選ぶ権利は与えられず，指定された共同住宅で起居することが強制されたのであり，例外は認められなかったのである。

住居に関するこのような強制は，その他の細部にわたる事項とともに政府間協定に定められていた。そうした詳細な定めが設けられたことについては，DDR で住宅が逼迫していた事情が背後にあるのは否定できない。実際，西ドイツと同じく DDR でも住宅問題が常に重要な政治的テーマであったことは今日ではよく知られており，とりわけドイツ統一後，老朽化し修理を要する住宅が極めて多い事実が明るみに出たのを見ればこのことは簡単に了解される[46]。けれどもそれと並んで見逃してはならないのは，労働の場にとどまらず，外国人労働者の生活万般を監視と統制の下に置こうとする狙いが DDR にも送り出し国にもあったことである。そしてこの意図が国際的連帯の名に反して DDR で働く外国人労働者たちの事実上の隔離状態を生み出すことになったのである。

外国人労働者用の宿舎は企業の敷地内にある寮であることもあれば，やや離れた集合住宅であることもあった。しかしどちらの場合でも一般の DDR 市民がこれらの建物に立ち入るには申告が必要であり，厳しい条件を満たさなければならなかった。その結果，外国人住宅を内側から覗くことは DDR 市民には事実上不可能であり，住宅のある敷地には関係するドイツ人を除くとドイツ人の姿は殆ど見られず，外部の社会から隔てられた外国人ばかりの居住空間が形成されたのである[47]。

こうした隔絶された空間のなかで暮らす外国人労働者には月額 30 マルクを最高限度とする宿舎費が要求されたが，これに対し DDR 側は 1 人当たり最低でも $5m^2$ のスペースの提供を政府間協定で約束していた。また一つの居室を共同利用するのも最高 4 人までであることもそこには定められていた。さらに協定の付属文書には設備に関する規定も含まれており，食事を作る炊事設備や浴室のほか，冷蔵庫，食器，洗濯機を備えることや二段ベッドを使用しないこと，50 人に対しテレビや娯楽道具を備えた一つの談話室を設け

---

(46) 拙著『統一ドイツの変容』木鐸社，1998 年，79 頁以下参照。

(47) Luitgard Trommer, Ausländer in der DDR und den neuen Bundesländern, Berlin 1992, S.14.

ることなども定められていた[48]。

　もちろん協定に明記されたこれらの基準は最低限度のレベルを示しており，それ以上が望ましいことについては暗黙の一致が存在していた。けれども現実にはしばしば定められた基準にすら及ばないケースが見出された。例えばドレスデンには 27 の共同宿舎があったが，そこでは一部屋に 5 人以上の外国人労働者が暮らしていたし，50 人以上が一つの炊事設備を使用していた例も報告されている[49]。また DDR 崩壊直後の聞き取り調査では，回答した者の 70％は 1 人当たり 5 ないし 6m$^2$ の空間で生活していたと証言しており，基準を辛うじて越えるレベルが一般的だったことが窺える。この事実は，DDR 市民の平均的な 1 人当たり居住面積が 12m$^2$ だったことを想起するなら，外国人労働者が著しく不利な扱いを受けていたことを物語っているといえよう。けれども他面では，同じ調査から，このような状態の住居ですら外国人労働者の多くには十分なものと感じられていたことも付け加えておくべきであろう[50]。なぜなら，DDR 市民の場合と比較すれば劣悪だったとしても，故国のそれに比べれば満足のいくレベルにあり，それどころか豪華と感じる者さえ存在していたことが明らかになっているからである。

　もっとも，実際の居住状態に関してはかなりの不満があったと考えられる。生活習慣の相違がしばしばトラブルの種になったのは当然としても，収容能力を超える外国人労働者が生活していたため，炊事場や浴室が乱雑で不潔になり，外国人相互もしくは管理者との対立が生じたりしたからである。また同じ居室の労働者が異なる時間帯に勤務していた関係で安眠を妨げられたり，あるいは自由時間に他者を押しのける形で同国人が固まったりしたことも快適な生活を乱す原因になったことも容易に推察できよう。

　こうしたことから生じる不満とともに看過できないのは，共同宿舎の管理体制に対して不満が広がっていたとみられる点である。その代表例が訪問者に関する規程である。多くの報告からは，DDR 市民が外国人を宿舎に訪れ接触をもつことを DDR 当局が極力妨げようとしていた姿が浮かび上がる。同様に，外国人労働者の出身国政府も彼らがドイツ人と交流をもつのを快く

---

(48) Müggenburg, op.cit., S.14.

(49) Stach u.a., op.cit., S.17.

(50) Müggenburg, op.cit., S.14f.

思わず，これを禁止する場合さえあったという[51]。こうした意図を反映して，既に触れたように，ドイツ人はもとより外部の者が宿舎を訪問する場合，宿舎規則に従って管理者に申告し，訪問目的を説明し身分証明書を提示したうえで許可を得なければならなかった。さらに宿舎のスペースに余裕がある場合に限り訪問者に3夜まで宿泊することが許可できることになっていたが，その反面，訪問者規程が守られているか否かを調べるために夜間に予告なしで点検が実施され，隠れている者がいないかを調べるために睡眠中の者の毛布が剥ぎ取られさえした。しかもすべての居室の鍵をもつ管理者には居住者の同意なしでいつでも部屋を検査することが許されていたし，居住者は勤務に就くために外出する際はもちろん，部屋を離れるときは常に管理者に鍵を渡さなければならなかったのである[52]。

　外国人労働者はこのように厳しい管理と統制の下で暮らしていたが，共同宿舎が外部から遮断され，立ち入りも困難だったことを見るなら，DDR社会からの彼らの隔離とゲットー化が生じていたことは容易に推察できよう。しかもそのゲットー化は外国人労働者のドイツ語力が低いことや，ドイツ人との交流に対する関心が乏しかったということよりは，ドイツ語学習の時間と機会が十分に提供されず，あるいは宿舎の訪問がコントロールされていたことなど文字通り意図的な方針の帰結であった点が注目されなければならない。確かにS.メニングが指摘するように，外国人労働者が受け入れられた初期には代理家族を仕立てて故郷のような安らぎを提供しようとする動きが存在した。また1980年代には一般のDDR市民の側からプライベートなコンタクトの場を作る試みがなされ，教会によっても外国人労働者を対象とした司牧と社会奉仕活動が進められた[53]。けれどもそれらは一部に限られていたうえに，80年代半ばにはDDR当局によって抑え込まれ，その結果，外国

---

(51) Stach, u.a., op.cit., S.16f.

(52) この点につきエルスナーは，「住居における外国人労働者の細部にわたる監督は，たとえ安全への過度の必要から出ていても，決して正当化されえない」と述べている。Elsner, Zwischen Nationalismus und Internationalismus, S.59.

(53) Sonja Menning, Zur Situation von Ausländern und Ausländerinnen im Osten Deutschlands vor und nach der Wende, in: Marianne Assenmacher, hrsg., Probleme der Einheit, Bd.4, Marburg 1991, S.75; Krüger-Potratz, op.cit., S.109.

人労働者とDDR市民との交わりはプライベートな領域には及ばず、専ら「国家的に指令された出会いの場に限定された」と指摘されている[54]。現に職場でのドイツ人同僚との交わりについてはいくつもの報告や調査があるが、その内容にかなりの相違があるものの次の一点は共通項になっているといわれる。それはドイツ人同僚と接触する際に外国人労働者が強い圧力に晒されていたことである。すなわち、宿舎での厳しい管理に加え、職場では上司はもとより同僚たち自身からも恒常的に監視を受けていたのであり、自主的な交流が育つ余地は殆ど存在しなかったのである。さらにこうした監視体制の仕上げとして、外国人労働者が留学生ともどもシュタージの監視対象になっていたことも見逃せない。その主たる狙いは彼らの中に物品の不法な売買をする者があり、これを取り締まることにあったとされ、シュタージが刑事警察的な役割をも担っていたことが看取されるが[55]、無論、それだけではなく、公安の観点から彼らの動静をも探っていたのは当然のことと考えられよう。

このような事情に照らせば、ドイツ人同僚をはじめDDR市民の間に親しい知人を得るのが極めて困難だったのは当然であろう。そしてまた煩わしい手続きをしてまで共同宿舎に彼らを訪れようとするドイツ人が皆無に等しかったのも決して不思議ではないであろう。そのため外国人労働者が宿舎の外部で自由時間を過ごす場合でもその場所は限られ、訪れるディスコなどでは一般市民との触れ合いが生まれることもあったが、全体としては広場や駅頭などに同国人が固まることが多かった。そしてDDR社会から遮断され共同宿舎というゲットーに閉じ込められていたことに起因する外国人に関する一般市民の無知に加え、時折目撃されるそうした光景が市民の間に違和感を生むことにもなったのである。

ところで、このような境遇で暮らしていた外国人労働者にとっては、年金などが保障されているDDR市民とは異なり、DDRで得た所得を送金するか貯蓄しておく必要があった。祖国に家族を残してきている者が少なくなく、また自分自身も一定期間が過ぎると帰国が確実である以上、賃金をDDR国

---

(54) Sextro,op.cit.,S.40.

(55) 非公式協力者を使った監視の詳細に関しては、Michael Feige, Vietnamesische Studenten und Arbeiter in der DDR und ihre Beobachtung durch das MfS, Magdeburg 1999, S.71ff. 参照。

内で費消することはできなかったからである。けれどもそうした制約があったために彼らの購買行動にはある種の偏りが生じ、それが一般市民の反感を招く結果になったことも否定しがたい。

　オイル・ショックの余波を受けて1980年代にはDDR経済が停滞局面に入ったのは既述のとおりだが、それは輸出優先路線の強化を招くと同時に、その反面で国内の消費物資の需給を逼迫させ、とりわけ耐久消費財の不足について不満の声が漏れる事態を現出させた。そうした中、相次いで結ばれた政府間協定では外国人労働者の送金についても定められており、例えばベトナム人やキューバ人には350マルクを超える分の60％までを送金することが認められていたが、彼らが購入した財を故国に送る場合には、小包については免税扱いにし、大きな貨物でも関税を優遇することが特典として認められていたことも手伝い、送金されるべき所得はしばしば物品の購入に充てられたのである。また他面では、DDRマルクを故国にある口座に送金しても自国通貨に換金する際に多額の手数料を取られたり通貨価値が不安定であるなどの強い懸念が存在したことも、そうした行動に駆り立てる原因となった。その結果、実際の送金の手段として主として用いられたのが現物の送付であり、その際、故国での需要が大きく高価格で再販売できる物品が対象に選ばれることになったのである[56]。

　既に触れたように、例えばベトナム人労働者の賃金の一部は本人には渡されず、直接ベトナム政府の国庫に入ったが、残る賃金で彼らが購入したのは、衣服、化粧品、電気製品やその他の家庭用品など日用品が中心だった。これに対しモザンビーク、キューバ、アンゴラなどの労働者は所得を貯蓄したうえで冷蔵庫、テレビ、台所用電気製品、オートバイなど高額な耐久消費財を購入する例が多かった。これを見れば、外国人労働者と一般市民との間で「消費財市場における競争状態」が現出したことは容易に推察されよう[57]。けれどもそのことはまた、前者に対する後者の反感を強める結果をも伴った。なぜなら、「欠乏社会」といわれるDDRでは一部の消費物資を除き物不足と行列が常態化しており、成人したときに子供が小型車のトラバントを手に入れるには誕生のときに親が申し込んでおかねばならないと冗談まじりに語ら

---

(56) Müggenburg, op.cit., S.22.

(57) Sextro, op.cit., S.41.

れたことに象徴されるように，一般市民にとって特に耐久消費財の入手までには長い待機時間が必要とされたからである。

　情報が断片的にしか流されず，しかも国際的連帯の美名の下で外国人労働者が生産要因として DDR 経済に貢献している現実が隠蔽されていたために無知と誤解が広がっていたのを背景にして，彼らはこのようにして「不信の眼差しで見詰められる消費の競合相手」として社会的に位置づけられたが[58]，これには輸出優先によって国民に我慢を強いる DDR 指導部の政策の結果という面と並んで見過ごせない一面がある。それは消費物資不足に起因する不満の矛先が外国人に向けられるのを DDR 指導部が放置するにとどまらず，政治的に利用していたと見られることである。

　クリューガー＝ポトラッツによれば，外国人労働者が DDR 経済を文字通り労働力として底辺から支えていたにもかかわらず，DDR のマスメディアではこの面は無視された。というのは，その存在がメディアに登場する頻度が乏しかったことを措けば，外国人労働者の受け入れによる国際的連帯は進んだ国による援助として理解され，いわばギブの面がクローズアップされてテークの面は等閑に付されたからである。このことは同時に，DDR で働く彼らが独占資本による搾取の犠牲になっている西ドイツの外国人労働者とは根本的に異なっており，DDR の道徳的優越を誇示することにもつながっていたのは指摘するまでもない[59]。しかしながら，建前のうえでそうした寛大さや恩恵が強調される裏側では，恩恵に感謝の念をもって応えない外国人という像が作られていたことを見逃すことはできない。実際，経済の停滞が深刻化する中で，彼らは一般の DDR 市民とは違って種々の優遇措置に守られつつ，不足がちの財を国外に持ち出して利益を得ようとする他所者として取り上げられた。そして経済の停滞と消費財不足に対して多かれ少なかれ責任のある存在として描かれたのである。そうだとするなら，マスメディアにおけるそうした外国人像が一般市民の抱く反感を強めたのは当然であろう。事実，その影響でドイツ統一時の調査でも，DDR 市民の半数が彼らを「買いあさる人間」や「すべてを貪る人間」として捉えており，物不足の原因は彼

---

(58) Müggenburg, op.cit., S.23.

(59) Krüger-Potratz, op.cit., S.45f.

らにあるという見方をしているという驚くべき結果にもなったのである[60]。

　外国人労働者に関するこのようなイメージが広がっていたのにDDR指導部によってその修正が試みられなかっただけでなく,利用すらされたのは,なによりも一般市民の不満が自己に向けられるのを避けるためであった。しかし同時に1980年代に入って東欧諸国で民主化への動きが見られるようになったことも重要な理由だったと考えられる。現にそれがDDR国内に波及する懸念が一因となってこの頃からアジア・アフリカ地域の出身者に重点が移されたのは既に指摘したが,そうした懸念は,自主労組「連帯」による改革運動が高まっていたポーランドを始めとする近隣諸国の市民について,DDRで消費財を買いあさり品不足を引き起こしている元凶というイメージを強め,心理的距離を拡大することによって薄めえたからである。こうした意図から,ポーランドやチェコスロヴァキアとの間で1970年代初期に開始したビザなしの入国許可には買いあさりを非難するキャンペーンが続くこととなり,特に「連帯」の勢力が侮りがたくなってからはポーランド人に対する買い占めのイメージが強められ,反ポーランド感情が煽られさえしたのである。

　外国人に対する不信感を国内の改革運動を抑え込む狙いからDDR指導部が利用していたのは間違いないが,ベトナム人などの外国人労働者による故国への現物送付に対する制限にDDR政府が乗り出したのはDDRも末期の1988年のことであった。なぜこの時点に至って制限措置が取られるようになったかは明らかではないが,DDR経済が深刻な局面に陥ったことのほかに,外国人労働者が急速に増えたために問題をもはや放置しておく余裕がなくなったことなどがあるものと推測される。1989年1月に取られた制限措置では,送付が許される物品の範囲が限定されるとともに数量にも制限がつけられた。例えば5年間の就労期間中に故国に発送することが許されるのは自転車5台,小型オートバイ2台,ミシン2台というように具体的な品目と数量の上限が定められた上,購入の際に身分証明書の提示が義務づけられたのである[61]。この措置の実効がどれほど上がったかは不明であるが,買いあ

---

(60) Cornelia Schmalz-Jacobsen, Holger Hinte und Georgios Tsapanos, Einwanderung- und dann? München 1993, S.104.

(61) Lay u.a., op.cit., S.345.

さりを裏付ける形になったこともあり，外国人に対する反感を一層掻きたてる結果になったという指摘もある。いずれにせよ，以上で一瞥した経緯に照らすなら，同じ1989年秋に誕生した市民団体がDDR政府に対し，経済の実勢に照応しないほどに外国人敵視の感情を強め，外国人を誤った経済政策の贖罪の羊に仕立てるとともに，欠乏の真の原因に対するDDR市民の目を塞いだと厳しく指弾したのは決して的外れではなかった。DDRでは労働力を必要としたために外国人労働者を受け入れたにもかかわらず，彼らを共同宿舎というゲットーに閉じ込め，その経済的貢献を周知しなかったばかりか，異国で働く目的である送金を現物の送付の形で行うことが一般市民の反感を招くのを黙認し，一部では政治的に利用しようとさえしたのは紛れもない事実だからである。

## 6. 外国人労働者の動機と法的地位

　それではこのような境遇にあった外国人労働者はそもそもどのような特性をもつ人々であり，いかなる動機からDDRに働きに来ていたのであろうか。また彼らはDDRでどのような資格で就労していたのであろうか。DDRに限らず外国人が滞在するには何らかの法的根拠が必要とされるのは当然だが，DDRでは外国人労働者に対していかなる滞在資格が与えられていたのかという点などをここで振り返っておこう。

　まず前者の問題について考えよう。

　外国人労働者の特性などに関して答えるためには，出身国別の検討が必要になるが，これまでのところ十分な資料が存在しないのが実情といってよい。しかしベトナム人労働者に限っては，SIGMAの調査に基づくC.アッシェベルクの研究報告があり，貴重な知見を提供している。調査の対象になったのはDDRで働いていた514人のベトナム人であり，調査が実施されたのは1995年秋であるから，DDR崩壊後もドイツに残留した人々であることによる制約があるものの，調査結果には極めて興味深い特徴が浮かび上がっている。それによれば，彼らが故国を離れた当時の年齢は，59％が24歳以下，22％が25歳から29歳であり，DDRが肉体的エネルギーが最も強力な青年を労働力として受け入れたことが分かる[62]。しかしそのことから予想される

---

(62) Ursula Mehrländer, Carsten Ascheberg und Jörg Ueltzhöffer, Situation der

のに反して，彼らの多くが決して低学歴ではなかったことが特に注目される。すなわち，84％はベトナムで10年以上就学し，9％は8ないし9年間学校に通っていたのである。さらに55％は故国で一定の職業を習得し，72％は既に職業活動を行っていたことも明らかになっている[63]。こうした事実から，DDRに送り込まれたのは故国の産業の中堅になることが期待される比較的高いレベルの人材が主力であり，アッシェベルクが指摘するように，男性が中心である点や年齢が若い点では西ドイツの外国人労働者第一世代と類似するものの，教育の面では大きく相違していることが看過されてはならない。

これらのベトナム人労働者の多くはDDRに到着すると就労する前に短期間職業訓練を受けたが，その後配置されたのは，既述のように繊維産業をはじめとする製造業が中心であり，大抵は低い職業地位に張り付けられた。調査によれば，なるほど彼らの間からも指導的地位に立つ者も現れたが，それも9％にすぎず，故国で指導的地位にいた者のうちの30％にとどまった。そして故国と同じ指導的地位に昇れなかった人々を含め，その他の労働者の大半は専門工を補助したり単純労働に従事したのであり，しばしばドイツ人労働者が忌避する作業に投入された[64]。このことはH.クレフナーが密着して描いている若いベトナム人夫婦の経歴からも読み取れる。1987年にDDRに来た夫は故国ではトラクター運転手として働いていたが，DDRではアイロンかけ作業に従事し，小学校教師だった妻は縫製工として昼夜交替制で工場に勤務したという[65]。この例から看取されるように，多くのベトナム人労働者は，発展途上にある故国での職業地位と比較すれば当然ながら格下げを経験することになったのであり，DDRの経済を文字通り底辺で支えたのである。

もちろん，そうした現実にもかかわらず，DDRが「ヨーロッパ社会主義国での希望勤務地リスト・トップ」に位置づけられていたことに示されるように，彼らが労働者としてDDRへ渡るに際してはさまざまな期待を胸に抱いていたことも忘れてはならない。考えられる13の答えを並べてDDRに

---

ausländischen Arbeitnehmer und ihrer Familienangehörigen in der Bundesrepublik Deutschland, Berlin 1996, S.488.

(63) Ibid., S.490.
(64) Ibid., S.495.
(65) Kleffner, op.cit., S.134.

来た動機を訊ねた SIGMA の調査では，30％は選択の余地がなく一方的に政府によって派遣が決定されたと回答しているが，残りの70％は自分の意思で決めたとしていることにまずもって注意が払われるべきであろう。そのうちでは新しいものへの好奇心と並び，職業上の理由を多数が挙げているのがやはり注目に値する。例えば「新しい技術を修得する」の56％を筆頭に，「職業面の前進のため」53％，「新しい職業を学ぶため」52％，「故国では得られないノウハウを身につけるため」44％，「ベトナムでは職業的展望が開けない」39％などとなっている[66]。ベトナムの政治的状態を挙げるのが15％にとどまっていることのほか，DDR で暮らし始めてから彼らが行った送金や消費物資の送付など直接的な物質的利益につながる動機が設問に並べられていないことなど問題とするべき点が残るものの，これらの数字が故国を離れるときの抱負を伝えているのは確かであり，彼らが DDR 滞在に何よりも職業面での期待を結び付けていたことが読み取れよう。その意味では，そうした期待が DDR で実際にどれだけ実現できたかが問われていないところに調査の大きな問題点があるといわねばならない。

　ともあれ，ベトナム人労働者の場合には比較的学歴の高い若年の男性を中心にし，多くは職業的な動機から DDR に働きにきていたことが確認されるが，それでは彼らにはどのような滞在資格が与えられていたのだろうか。次に外国人労働者の滞在資格を巡る諸問題を検討しよう。

　DDR における外国人の滞在を規制していたのは1979年6月に施行された外国人法であるが，そこでは3種類の滞在資格が区別されていた。けれども西ドイツのそれと比較して際立つのは，法文が10条から成る短いものであり，そのためにこれを見ただけでは外国人の権利と義務が一義的には明らかにならないことである。シュタージを「盾と剣」とする SED 独裁体制の下で市民的自由が有名無実になっていた DDR 社会の実態を想起するなら，このことは既にそれだけで外国人の権利が十分には保障されていなかったことを暗示しているといってよいであろう。換言すれば，簡略な法文からは，DDR 当局の裁量の範囲が大きく，外国人がこれに従属させられていたことを察知できるといえよう。

　それはさておき，3種類の滞在資格のうちで最も堅固なのは滞在許可

---

(66) Mehrländer u.a., op.cit., S.494.

（Aufenthaltserlaubnis）である[67]。これは DDR での永住を認めるもので，DDR 市民と結婚した外国人やチリからの亡命者などに対して与えられた。これに対し，残る二つの資格については1年ごとに滞在の延長手続きが必要だったが，滞在承認（Aufenthaltsgenehmigung）の場合は期限付きではあるが比較的長期にわたる滞在を認めるものであり，これには留学生，研究者，芸術家などのほかに外国人労働者が該当した。一方，第三の資格は滞在権（Aufenthaltsberechtigung）と呼ばれるものであり，商用や旅行などの目的で短期間 DDR に滞在する者に認められた。もっとも，これら三つの資格のどれももたない外国人が多数 DDR に住んでいたことも見落としてはならない。冷戦体制下で西ドイツと軍事的に対峙する DDR には膨大な外国軍隊が駐留していたのは既述のとおりだが，駐留軍人とその家族には西ドイツと同様に外国人法は適用されず，彼らは滞在を申請したり住所を届け出る必要がなかったのである。

　こうした軍人たちや外交団などを除いたうえで，さらに居住に相当しない滞在資格である滞在権も除外して滞在許可と滞在承認のいずれかを所持していた人数を示すと，ベルリンの壁が崩壊して間もない1990年初頭の時点では次のようになる[68]。まず滞在許可については43,100人がこれを認められており，そのうち男性が18,300人，女性が17,400人，子供が7,400人であった。また国籍別ではソ連市民とポーランド市民がそれぞれ11,000人，ハンガリー市民が9,000人であり，DDR 市民と結婚している者が多数を占めた。他方，滞在承認に関しては，滞在許可をもつ者より数は遥かに多く，147,300人がこれを所持していた。また男性が111,000人で女性の34,600人を大きく引き離していたことや，子供が極めて少なく1,700人にすぎなかった点に際立った特徴がある。滞在承認を有する者の中で外国人労働者が多数を占めていたことがこのような特徴に表現されているのは改めて指摘するまでもないであろう。なぜなら，外国人労働者は主として単身の男性であり，妻や子供があっても DDR へは伴わず，故国に残してきていたからである。

---

(67) 滞在資格だけでなく，外国人法の特色に関し，Heidemarie Beyer, Entwicklung des Ausländerrechts in der DDR, in:Heßler, hrsg., op.cit., S.211 参照。なお外国人法の原文は，Stach u.a., op.cit., S.33-35 に収録されている。

(68) Stach u.a., op.cit., S.9.

最も堅固な滞在資格である滞在許可は，無期限の滞在つまり永住を認めるものではあっても，外国人側がこれを権利として主張できないところに特色があった。この滞在資格を得るためには，就業していること，安定した所得があること，一定の住所があることなどが要求されたが，しかし外国人法第6条3項に明記されているように，滞在許可を与えられても所管官庁によって理由を告げることなく変更もしくは取り消すことが認められていた。しかもそうした措置が不当と思われる場合でも外国人が不服を申し立てたり救済を求めたりする権利も方途もDDRには存在しなかったのである。

　一方，滞在承認は1年ごとに延長手続きをとる必要のある期限付きのものだっただけでなく，滞在する場所も限定されていた。さらに滞在許可と同様に，当局の裁量でいつでも取り上げたり，無効にすることができ，国外退去を命じることも可能だった。その上，それらの決定に関し，所管する内務省もしくは人民警察の担当部局は理由を説明することは必要とされなかった[69]。こうした点から，滞在許可にせよ滞在承認にせよDDRにおける外国人の滞在資格は恩恵的性格が強く，一定の要件を満たせば保障される権利としての色彩を欠いていたことが分かる。

　ところで，上で触れたように，政府間協定に基づいて外国人労働者に与えられたのは滞在承認であったが，彼らにはそれを取得するためにエネルギーを割く必要はなかった。DDRの外国人法では名目上であれ職業訓練の目的で来る外国人には滞在承認を与えることが定められていたからである。また簡略な外国人法よりも詳細を定めた政府間協定が実質的には外国人労働者の滞在にかかわる法的問題を取り決めていたのであり，したがってこれが彼らの滞在の法的根拠になっていたことも看過されてはならない。滞在承認は帰国とともに消滅したが，例えば第三国への出国が滞在承認の取り消しに繋がるかどうかに関しては政府間協定で決められていた。滞在期間中の国外旅行の是非に即してこれを見れば，モザンビークやアンゴラの出身者には許されていなかった第三国への旅行は，ベトナム人，モンゴル人などには大使館の許可を条件に認められていた。無論，DDR当局とともに大使館が自国民に監視の目を光らせていたことを考えれば，そうした許可が簡単には得られなかったことは容易に想像がつくであろう。

---

(69) Müggenburg, op.cit., S.9.

政府間協定には滞在資格とそれに付随する諸問題だけでなく，外国人労働者の滞在期間に関しても定められていたが，これについては国により大きな相違があったのが注目に値する。もっとも短いモンゴル人の場合は1ないし2年にすぎず，ハンガリー人は延長の可能性を含んで2年ないし3年，ポーランド人は1年の延長の可能性を含んで3年などと取り決められており，モザンビーク人，キューバ人，アンゴラ人，そして最初はベトナム人も4年と定められていた。しかしベトナム人については1987年の合意により5年に変更され，優れた技能労働者に限り最長7年まで延ばすこともありうることが取り決められた。またキューバ人に関しては最初から2年間延ばすことができる旨の合意が存在していたことも付け加えておこう。

　ここに示した滞在期間は上限であり，外国人労働者は与えられた滞在承認をいつでも取り上げられることがありうるという前提の下で毎年延長手続きをとらなくてはならなかったし，上限に達したときにはDDRを立ち去らなければならなかった。こうした厳格な滞在管理はDDRの基本方針であるローテーション原則を反映したものであり，外国人の定住化を阻止する点に狙いがあったのはいうまでもない。西ドイツ政府が早い時期にローテーション原則の放棄を余儀なくされたことと対比すれば，DDRはそれを最後まで頑強に守り通したといえるが，そうしたことがDDRで可能だったのは，人手不足に苦しむ民間企業の圧力を無視できない西ドイツとは異なり，DDRではSED独裁体制が強固に築かれていたという政治構造の相違や，そのためにイデオロギーに裏打ちされた政治的意思が経済的必要より優先しえたところに主要な原因があると考えられる。実際，外国人を文字通り労働力として受け入れるようになったのは経済的必要に迫られた結果であったが，その際でもアジア・アフリカ地域に重心を移し，ローテーション原則が守られたのは，DDRを移民を受け入れない社会主義国として維持しようとする意思によるところが大きかったと見做して差し支えないであろう。とはいえ，若干の例外も存在しており，優秀な労働者については上限を超えて滞在が許可されるケースがあったことも確認されている。

　もちろん，以上で瞥見した外国人労働者の地位から推察できるように，雇用契約の満了以前に雇用を打ち切られ，連動して滞在承認が取り消されることもありえた。それは彼らがDDRの法規に反する行為をした場合や，ノルマを度々達成できなかったり，労働規律を守らないと判断された場合であ

る。しかし雇用契約の早期打ち切りはこうした場合に限られなかった点にも注意を払う必要がある。中国人については打ち切りには健康上の不適格という判断で十分だったし，ベトナム人，キューバ人，モザンビーク人などの場合には病気もしくは事故のために3カ月たっても職場に復帰できないときには契約を打ち切ることができたからである。こうして契約を満了前に解除された場合，外国人労働者は帰国を強いられたが，彼らがこれに承服せず，あらゆる手段を尽くしても帰国に応じないときには企業が地区の人民警察に通報することとなっていた。そして勤務態度や行動に問題があると判定された労働者を始め，事故などのために長期療養が必要になり労働力としての価値を失った労働者たちは，最終的には警察力によってDDRから排除されたのである[70]。

このような雇用契約の早期打ち切りの事例がどの程度あったのかは明らかではない。例えばL. トロンマーは1989年に774人の外国人労働者が早期帰国を強制されたとしているが[71]，この数字がすべてを把握したものといえるか否かを確かめるのは難しい。いずれにせよ，懲罰的色合いの濃い雇用契約の早期打ち切りを心理的圧力とする形で雇用契約の期間が満了するまで外国人労働者は働いたが，満了に伴いDDR滞在も終了するのが通例であり，一部の例外を除けば彼らがDDRで暮らすのは長くてもベトナム人の場合の5年が限度であった。そして年々帰国する労働者の流れがある一方では新規にDDRに到着する労働者の集団が存在したのであり，そうした形でローテーションを継続するのがDDRの外国人政策の根幹をなしていたのである。政府間協定でDDRが外国人労働者に単身で来ることを条件としたのはもとより，ベトナム人女性が妊娠してもDDRで出産するのを認めないというような苛酷な措置すらとったのは，ローテーションを円滑に進め，定住化を阻むためにはかならなかった。この点に照らせば，外国人労働者の家族呼び寄せやそれに伴う定住化が1970年代に次第に顕著になり，外国人の社会的統合が大きな課題として浮上してきた西ドイツとは違い，DDRでは外国人の統合が重要なテーマにはならなかったのは直ちに了解されよう。実際，DDRでは外国人の比率が西ドイツに比べて格段に小さかったうえに，外国人の子

---

(70) Ibid., S.10.

(71) Trommer, op.cit., S.13.

供の数が際立って少なかったことに端的に示されるように，例えば外国人労働者の第二世代や第三世代に関わる教育問題や就職問題などは事実上存在せず，その意味で一口に外国人問題といっても，その構造や重みにはDDRと西ドイツでは基本的な相違があるのを見逃してはならないであろう。DDRで最後までローテーション原則が守られたことは，見方を変えれば，西ドイツが直面したような外国人の統合問題がDDRには存在しなかったことを意味しているのである。

## 7. DDRにおける排外的感情

これまで見てきたように，DDRで暮らす外国人労働者たちは，ローテーション原則に縛られつつ，以上で瞥見したような滞在資格を与えられた上で，共同宿舎への隔離というゲットー的な生活条件を甘受しながらDDR市民の嫌がる仕事に従事していたが，それではなぜ彼らは排外的感情に晒され，ドイツ統一前後からは暴力行為に怯えなければならなくなったのであろうか。この連関については既に若干言及したが，ここで重要と思われるポイントを整理しておこう。

よく知られているように，1974年に部分改正された憲法でDDRは「発達した社会主義社会」と位置づけられると同時に，68年憲法の「ドイツ民族の社会主義国家」という規定から「ドイツ民族」の文字が削られ，「労働者と農民の社会主義国家」という表現に改められた。そして第6条1項ではDDRは「ドイツ軍国主義とナチズムをその領土において根絶した」とした上で，「社会主義と平和，諸国民の相互理解と安全の確保に奉仕する対外政策」を目指すことが謳われ，同条2項では社会主義諸国の共同体の一員として「社会主義的国際主義の諸原則に忠実にこの諸国共同体を強めるために力を尽くし，社会主義共同体に所属するすべての国々との友好と全面的協力と相互の支持を維持し，これを発展させる」ことが内外に誓約された。また改正されずに残された同条5項には「あらゆる形の軍国主義的及び報復主義的宣伝」と並び，「信仰上，人種上，民族上の憎悪の表明」は犯罪として糾弾される旨が明記されていた[72]。

---

(72) 1968年憲法及び74年改正憲法の邦語訳については，木田純一編『社会主義国憲法集第2巻』中央大学生活協同組合出版局，1977年，158頁以下を

憲法に打ち出された DDR のこれらの原則的立場は，一口で言えば社会主義インタナショナリズムと呼ぶことができるが，これについては SED 公認の種々の出版物で文字通り公式的な解説が加えられた。一例として憲法改正と同じ年に公刊された『社会主義国家辞典』を繙くと，「社会主義インタナショナリズム」の項では次のような説明が見出される。すなわち，「社会主義インタナショナリズム」は「プロレタリア・インタナショナリズムの高次の段階」を表すものであって，「生産手段の社会的所有という社会主義国に共通する経済的基礎」，「労働者階級とマルクス＝レーニン主義の党を頂点にもつ人民の権力という同一の国家構造」などのほか，「社会主義世界システムにとって共同の反帝国主義的闘争目標」からそれは成長する。そしてその特徴になるのは，「社会主義を基礎にする人民の社会主義的成果の確立と擁護，すべての社会主義国の統一と団結を堅固にするための共同行動，ソ連とのすべての社会主義国のますます密接な結合」などと並んで「兄弟としての友好と相互援助，全面的協力」であると記されている[73]。要するに，DDR では憲法に表明された社会主義インタナショナリズムの立場から，公式的には民族憎悪の克服と社会主義諸国民の友好関係の強化が一種の国家目標として謳われていたのである。

しかしながら，憲法や公認の出版物ではこのように社会主義インタナショナリズムの意義が宣揚されたにもかかわらず，DDR の社会的現実にはこれに背反する現象が存在していた。既に 1980 年頃から個人の自律性を押し潰す社会の硬直性に反抗する若者たちのプロテスト文化が見られるようになり，その担い手として右翼的傾向のスキンヘッドを始めとして，パンク，グラフティー，ヘビー・メタルなどのグループが DDR 国内に形成されたからである[74]。さらに 1980 年代後半になると若者文化が全般的に政治化し，これに伴って特にスキンヘッドの間で明確にネオナチ的傾向をもつファッショとオイスキンと呼ばれるグループへの分化が進むと同時に，前者によると見ら

---

　　参照したが，訳文は一部変えてある。

(73) Akademie für Staats- und Rechtswissenschaft der DDR, hrsg., Wörterbuch zum sozialistischen Staat, Berlin 1974, S.298f.

(74) Bernd Wagner, Rechtsextremismus und kulturelle Subversion in den neuen Ländern, Berlin 1998, S.16, 22.

れる犯罪がいくつも認知されるようになっていたことも今では明らかになっている[75]。つまり，DDR 指導部によって覆い隠され，タブー扱いされていたために実態は明るみに出なかったものの，DDR には遅くとも 1987 年以降には若者を主体とする極右グループが存在していたのであり，そうした集団に凝縮される形で，DDR 社会の深部には公式的な国際的連帯の標語に反して外国人排斥感情が澱んでいたのである。

　DDR 史上かなり明瞭な反外国人感情の波が最初に認められるようになったのは，1970 年代末頃だったといわれる。1970 年代全般にわたり外国人は外国旅行の経験に乏しい一般市民から好奇の目をもって比較的好意的に迎えられた。それは DDR に滞在する外国人が政府発表通り民族友好の証しとして受け取られたことや，労働力の補充と不快な職場への人材確保に役立つことに一定の理解が得られたことによるほか，DDR 社会の単調で画一化された生活に彩りを添えるものと見做されたことも寄与していたと思われる。実際，西側諸国に比べて旅行の自由が大幅に制限されていた DDR 市民は外国人の姿を目の当たりにすることで本や映画で知った世界に触れる思いをしたことはたやすく想像しうるところであり，青少年についてもディスコや青年クラブで外国人とコンタクトをもつことは自慢の種になっていたといわれる。その意味で，外国人は最初から敵視の的になっていたわけではないのである。

　けれども二度のオイル・ショックの波を被って経済情勢に陰りが生じると，外国人に対する態度に明瞭な変化が現れるようになった。その先触れになったのは，既述のアルジェリア人労働者問題である。DDR では 1978 年に 5 万人を越す外国人労働者が働いていたが，そこへ新たに多数のアルジェリア人が導入され，企業に配置された。直接の原因や経緯の詳細は明らかになってはいないものの，これを契機に彼らに対する反感が強まり，露骨な差別に対抗してアルジェリア政府は国外にいる自国労働者の保護を定めた立法を行い，DDR との関係が悪化するに至った。しかし同政府の抗議にも拘わらず

---

(75) ベルント・ジーグラー，有賀健・岡田浩平訳『いま，なぜネオナチか？』三元社，1992 年，86 頁以下，Gunhild Korfes, „Seitdem habe ich einen dermaßenen Haß," in: Karl-Heinz Heinemann und Winfried Schubarth, hrsg., Der antifaschistische Staat entläßt seine Kinder, Köln 1992, S.51,53 参照。

事態は好転しなかったため，最終手段としてアルジェリア政府は自国労働者のDDRからの引き揚げを決定し，問題の解決を見ないまま表面上決着がつけられた格好になったのである[76]。

　不明な部分が多いため，この事件がその後の外国人排斥感情の浸透といかなる関連を有するかは確認できないが，アルジェリア人労働者がストライキを企てたというその激しさなどから見て，単発的で一過性の現象というよりは，むしろ構造的問題であり，その後に反外国人感情が広がっていく前兆だったと解することが可能であろう。既に言及したように，1980年代に入るころから消費物資の供給不足が目立つようになり，商店に出回る消費財の獲得を巡る市民間の競争が次第に激化したが，そうした状況下でDDRに入国する外国人労働者数が増大したため，彼らが新たな競争者として一般市民の目に映るようになったのは避けがたかった。その上，換金目的で品薄の物資を買いつけて現金の代わりに故国に送ったり，ポーランド人のように隣国から来てはDDR製品を大量に持ち帰ったりした以上，外国人のそうした行動は物不足に苦しむ一般市民の反発を引き起こし，嫌悪感や敵意を強めないでは済まなかった。このような事情は，輸出振興優先の経済政策をとる政府の責任が明らかにされず，その路線が消費生活のレベルダウンに繋がることへの理解が存在しなかったことも手伝い，DDR市民が必要とする消費物資を買い占める外国人というステレオタイプを社会に広める結果になった。DDRにおける外国人排斥感情は，この点で，オイル・ショック後の景気後退と失業者の増大により職場の確保を巡る競争相手と見做されて反外国人感情が高まった西ドイツの場合とは原因を異にしていたといえよう[77]。

　ところで，経済情勢が好転せず，消費財の入手が相変わらず困難な状況が続くと，外国人に対する反感は社会に根付いた一つのうねりとなり，80年代を通じて様々な形で顕在化するようになった。すなわち，それは公共の場での外国人に対する差別的な言動やいやがらせはもとより，時には共同宿舎への攻撃や暴行にまで及ぶようになったのである。しかも外国人が被害を人民警察に届け出ても受付を拒否されるケースが頻発し，差別は公的機関によって救済されるどころか，黙認されさえしたという。B. ヴァーグナーの

---

(76) Müggenburg, op.cit., S.15.
(77) Stach u.a., S.18f.

表8-4　外国人に対する好感度
(単位：％)

| | +5／+4 | -4／-5 | 平均値 |
|---|---|---|---|
| フランス人 | 35 | 0 | +2.67 |
| オーストリア人 | 32 | 0 | +2.62 |
| アメリカ人 | 17 | 2 | +1.36 |
| ユダヤ人 | 15 | 4 | +1.06 |
| ロシア人 | 8 | 13 | +0.10 |
| アフリカ人 | 10 | 13 | +0.03 |
| ルーマニア人 | 8 | 10 | -0.15 |
| キューバ人 | 6 | 16 | -0.31 |
| ベトナム人 | 5 | 16 | -0.35 |
| ポーランド人 | 4 | 17 | -1.03 |
| トルコ人 | 5 | 20 | -1.06 |
| シンティ | 2 | 29 | -1.81 |

(注) 1　+5(大変好感), 0(好きでも嫌いでもない), -5(大変嫌悪)
　　 2　調査対象は15歳から24歳の旧東ドイツ地域の青年
(出典) Der Spiegel, Nr. 39, 1990.

伝えるところからその一例を紹介すれば，1980年代に多くのキューバ人労働者が食肉工場で働いていたエバースヴァルデではキューバ人はドイツ人女性を襲い，犯罪と無秩序を引き起こしているなどのステレオタイプ化した偏見が広がり，外国人に対する不快感が高まったが，そうした中でキューバ人とDDR市民との暴力沙汰が起こると，「浸透した決まり文句に従い，当然のようにいつもキューバ人に殴り合いの原因があるとされた」といわれる[78]。こうした例に見られる公然・隠然の外国人に対する反感や差別を映し出すかのように，1989年に実施された世論調査では，DDRに労働者を送り出していた社会主義友好国の国民に対する親近感が見出されなかったのが注目される。それどころか，表8-4に示されるその結果は，ベトナム人やキューバ人に対する好感度がマイナスであることに象徴されるように，むしろ蔑視や敵意が強かったことを証明しているといえよう。

　DDR政府によって進められた外国人労働者の上からのゲットー化が外国人自身によって下から補強されたのは，このような状態からの帰結にほかならない。すなわち，外国人労働者の最多を占めたベトナム人は「フィジー」という蔑称がつけられ，モザンビーク人には「モッシー」という呼称が与えられたが，公共の空間で差別に晒され，場合によっては暴行すら受ける不安から，彼らの多くは自由時間の外出を控え，DDR社会との接触を避けて宿舎に閉じこもるようになったのである。「10年来わたしは次のことを警戒

---

(78) Wagner, op.cit., S.6. なお，ある日本人はベトナム人と間違えられて差別を体験したことを報告している。広瀬毅彦『夢見る東ドイツ』実業之日本社，1990年，114頁以下。

している。1人で列車の車室に乗らないこと，23時以後は歩行者トンネルを利用しないこと，居酒屋で酩酊しないこと，サッカーの試合の後ではSバーンに乗らないこと」，1990年の『シュピーゲル』でそれまでのDDRでの生活を振り返りつつ，あるスーダン人はこう証言している[79]。この言葉を踏まえれば，ドイツ語をほとんど理解できず，ゲットーの外にはドイツ人の親しい知己もいない外国人労働者たちが外出に不安を覚え，窮屈ではあっても安全を約束された空間に身を寄せ合うようになったのは不思議ではないであろう。

　もっとも，統一以後の旧東ドイツ地域における反外国人感情についてはいくつも著作があるのに，「DDRにおける外国人敵視が変革以前にどれほど強かったかに関するまともな研究は存在しない」という1990年のA.ベルガーの指摘は今日でも基本的に妥当するのが実情であり，DDRでの外国人排斥感情の広がりについて正確に知るのは今なお極めて困難といわざるをえない。けれどもそれだけに，その手掛かりを提供する若干のデータが存在するのを忘れてはならない。例えばライプツィヒにあった中央青年研究所は1964年から88年まで4回にわたって生徒を対象に意識調査を実施し，彼らが抱いていたステレオタイプを究明しているが，表8－5に掲げたその結果

表8－5　国籍別にみた外国人についての青少年のイメージ

|  | 年度 | キューバ人 | ベトナム人 | アメリカ人 | ソ連人 | 中国人 | 西独人 | 東独人 |
|---|---|---|---|---|---|---|---|---|
| 信用できる | 1968 | 2.34 | 1.79 | 3.35 | 1.53 | 3.49 | 2.72 | 1.68 |
|  | 1988 | 3.41 | 2.94 | 3.16 | 2.59 | 2.72 | 2.77 | 2.80 |
| 知的 | 1968 | 2.64 | 2.36 | 2.24 | 1.42 | 2.93 | 2.38 | 1.70 |
|  | 1988 | 3.25 | 2.82 | 2.20 | 2.47 | 2.43 | 2.15 | 2.34 |
| 祖国に密着 | 1968 | 1.58 | 1.25 | 2.96 | 1.29 | 2.16 | 2.78 | 1.68 |
|  | 1988 | 2.38 | 2.30 | 2.07 | 1.72 | 1.94 | 2.29 | 2.84 |
| 社会進歩に積極的 | 1968 | 2.79 | 2.90 | 2.25 | 1.39 | 3.53 | 2.47 | 1.62 |
|  | 1988 | 3.56 | 3.27 | 1.66 | 2.41 | 2.95 | 1.70 | 2.86 |
| 物質主義的 | 1968 | 5.07 | 5.70 | 3.59 | 5.59 | 4.57 | 4.24 | 5.55 |
|  | 1988 | 4.07 | 4.41 | 3.57 | 4.46 | 4.45 | 3.80 | 4.11 |
| 共感を持てる | 1968 | 2.06 | 2.05 | 2.93 | 2.06 | 3.79 | 2.42 | 1.74 |
|  | 1988 | 3.59 | 3.05 | 2.67 | 2.90 | 2.84 | 2.40 | 2.48 |

(注)　1（明瞭に認められる）から7（ほとんど認められない）の7段階で測定
(出典)　Wilfried Schubarth und Walter Friedrich, Ausländerfeindliche und rechtsextreme Orientierungen bei ostdeutschen Jugendlichen, in: Deutschland Archiv, H. 10, 1991, S. 1059.

---

(79) Der Spiegel, Nr.14, 1990, S.101.

は外国人に対するネガティブな態度の広がりを示唆するものといえよう。一例としてベトナム人に関する意識を見れば，六つの項目のうち五つで回答は態度のかなりの変化を示しているし，キューバ人に関する結果も同様といえるからである。調査を担当したW.フリードリヒはこうコメントしている。「外国人に対するDDRの青年の態度は何十年か経つうちに，特に80年代に大幅に変化した。以前には高い評価を受け，シンパシーをもって迎え入れられた諸民族はこの10年間に魅力を失った。そして逆に以前には拒否され，あまり共感を得られなかった民族が威信と好感を得たのである[80]。」無論，前者に当たるのがDDRに労働者を送り込んでいた国民であり，後者がテレビ画面以外にはDDRで姿を見るのが稀だった西側諸国の外国人であるのは説明するまでもないであろう。

　こうした結果にも示されるDDRでの排外感情の広がりに直面して統一直後に連邦労働社会省も調査に乗り出した。委託を受けたケルンの社会研究・社会政策研究所（ISG）は1990年11〜12月に東ドイツ地域でドイツ人・外国人・専門家を対象にアンケート調査を行ったが，その結果，深刻な実情が浮き彫りにされた[81]。若干のデータを示せば，「かつてのDDRには外国人敵視が存在しているか」との質問にドイツ人の93％，外国人の96％が存在すると答えている。またDDRの変革以降，外国人敵視は高まったかという問いに対しては，前者の83.4％，後者の82.9％が高まったと回答している。さらに嫌悪の対象のトップには，DDRには殆ど居住していなかったトルコ人（43.5％）がポーランド人（41.0％），ルーマニア人（40.5％）とともに並んでおり，これらにアルジェリア人をはじめとしてほぼ20％台前半の値で第2グループとして，モザンビーク人，中国人，キューバ人などが続く形になった。そしてこれとは反対に，アメリカ人，イタリア人など西側の市民に嫌悪感を抱

---

(80) Walter Friedrich, Einstellungen zu Ausländern in der ehemaligen DDR, in:ders., red., Ausländerfeindlichkeit und rechtsextreme Orientierungen bei der ostdeutschen Jugend, Leipzig 1992, S.49.

(81) 調査結果の概要は，報告書の公表に先立ち，『ドイツの外国人』誌1991年1号に掲載された。M.Werth, Ausländerfeindlichkeit ohne Ausländer?: Ergebnisse einer Umfrage in den neuen Bundesländern, in: Ausländer in Deutschland, H.1,1991, S.6ff. なおこの号では1992年2号とともに，旧東ドイツの外国人が特集されている。

くのは10%以下であり，トルコ人を除くとDDRに労働者を送り出していた社会主義諸国の市民に対する反感の広がりと鮮やかなコントラストをなしているのが改めて確かめられた。また調査結果の分析からは，人口が集中する都市部，北部よりも南部地域，比較的若い年齢層で外国人敵視が広く見出されることも明らかになったのである。

ところで，少し掘り下げて検討するなら，これらの意識調査から看取されるDDR社会に沈澱した反外国人感情には消費物資不足という直接的原因に劣らず重要な構造的要因が存在することに気付かされる。というのも，欠乏経済から生じる緊張関係だけでは，社会に根を張った外国人排斥感情の強さを十分には説明できないと考えられるからである。

この観点から見ると，第一に浮かんでくるのは，政府間協定を含め外国人に関する情報が断片的にだけ流されて基本部分が秘匿されたために，一般市民はその実像を殆ど知ることができなかったことである。外国人が消費財を買いあさるといってもどれほどの規模なのか，そもそもDDRで生活する外国人がどれほどの数に上るのかを知らなければ，脅威感が現実から遊離して肥大し，反感が際限なく広がるのを防ぐのは難しいであろう。事実，1992年に旧DDR地域の青少年を対象にして実施されたライプツィヒ社会分析研究所の調査によると，1％程度にすぎなかった外国人の人口比率を正確に知っていたのは統一直後で情報が公開されるようになった時期ですら一般市民の6％にすぎなかったし，青少年では14歳から18歳までの年齢層では半数以上が，また19歳から25歳までの年齢層でも3分の1が外国人の割合は10％もしくはそれ以上だと考えていたとの結果が出ている[82]。これに照らせば，情報の欠如のゆえに外国人の存在が著しく過大に感じられていたことは明白だが，現実から懸け離れた外国人の巨大な存在感が，DDRに居住する外国人が多すぎ，一般市民を圧迫しているという幻像を作りだしても決して不思議ではないであろう。1990年12月に行われた青少年調査の報告書は，「外国人は多すぎる」と考える若者は49％にも達し，「外国人は多いけれども多すぎるとまではいえない」と見る者の45％を加えると，実に9割を上回る青少年が外国人は多すぎもしくは多いと感じていたことを伝えている[83]。そ

---

(82) 拙稿「統一ドイツの右翼問題」『社会科学論集』34号, 1995年, 27頁参照。

(83) Walter Friedrich, Einstellungen ostdeutscher Jugendlicher zu Ausländern, in:

してまさに情報の隠蔽が呼び起こしたこうした幻影が DDR 市民の間の外国人に対する反感の底流に存在していたのである。

　第二は，社会主義インタナショナリズムの立場から建前では民族友好や国際的連帯が唱えられたにもかかわらず，外国人労働者導入の柱としてローテーション原則が堅持されたために一種の隔離政策がとられることになったことである。DDR では一般市民の旅行の自由が厳しく制限されており，異なる言語，文化，習慣を有する人々と接する機会が乏しかったので，外国人労働者との交流は異質なものに心を開き，連帯や友好を実質化するチャンスにもなりえたが，しかし現実にはこの好機はほぼ全面的に逸される結果になった。ある報告から一例を引けば，地域社会で自由ドイツ青年団 (FDJ) が民族友好を誇示するためにセレモニーでの挨拶に近隣に住む外国人労働者の代表を招いたことがあったが，しかし接触は単発で終わり，恒常的な交流に発展するどころか，日常的な触れ合いは全くなかったという[84]。そうした結果に終わったのは，外国人労働者が職・住とも監視下におかれ，ゲットーの中に閉じ込められていたことに主因がある。ドイツ語を学習する時間がもっと与えられるか，住居を自由に選ぶことができれば触れ合いの密度や頻度も高まった可能性があり，あるいはローテーションの下でももっと長い滞在期間が保証されていたなら異なる展開もありえたであろう。このように考えれば，外国人との交流を深めることによって偏見やステレオタイプはもとより先述した幻像を正す可能性は隔離政策によって潰されたといわなければならない。それどころか，周辺諸国の民主化の波から SED 独裁体制を守るために DDR 指導部が外国人に対する反感を助長し，利用した面さえ認められることを考慮するなら，国際的連帯の標語は体制維持の利益に従属していたというべきであろう。また他方，あるベトナム人女性が，DDR に到着した時点で大使館に対して DDR 市民と個人的関係をもたないことを文書で誓約することを強制されたと述懐しつつ，「国家的レベルで公式には民族友好が宣伝されたのに，個人的な関係は国家への最悪の反逆であった」と指摘し，事実，とりわけ異性と親密になったことが発覚した場合には強制的に帰国させられることさえあったことに見られるように，外国人労働者を送り出す

---

　　ders., red., op.cit., S.26.
　(84) Der Spiegel, Nr.14, 1990, S.103.

国の側でも影響を防ぐために交流を遮断していたことを忘れてはならない[85]。こうした実態を踏まえるなら，DDRにおける「民族友好や連帯はたんなるプロパガンダ，たんなるフィクションにすぎなかったのだろうか」と問いかけつつ，DDR市民の間に広がっていた排外感情を裏付ける世論調査結果をもとにしてW. シューバルトが，「誰であれこの問いを肯定するのをほとんど避けることはできない」と記しているのは重い指摘といえよう[86]。

　第三に挙げられる構造的原因は，DDRでは過去の克服が不徹底だったことである。DDRが反ファシズムすなわちアンティファを標榜しつつ，ナチズムの克服のうえに出発したという自己理解をしていたのは周知のとおりであるが，しかしその内実には重大な問題があった。それは，アンティファが体制イデオロギーにされ，多かれ少なかれ政治的手段として利用されていたことである。この点については政治的立場によりニュアンスが異なるものの概ね一致がある[87]。そしてアンティファがSED独裁体制の正当化の手段とされ，ナチズムという忌まわしい過去の克服が自明の前提とされたために，しばしば指摘されるように，かえってこの課題との日常的な取り組みが不十分なままに終わったのである。例えばA. ベルガーはDDRの「学校では人種主義，反ユダヤ主義，外国の国民に対する敵意についてあまりにも僅かしか触れられなかった」と述べ，SED改革派として期待された元ドレスデン市長

---

(85) Lay u.a., op.cit., S.349. 実際，ベトナム人の場合，DDR市民との結婚は祖国に対する裏切り同然に扱われたという。Nguyen Van Huong, Vietnamesen in Berlin, in: Doi Thoai, H.1, 1991, S.79.

(86) Wilfried Schubarth, Fremde als Sündenböcke, in: Spiegel Spezial: Das Profil der Deutschen, Hamburg 1991, S.47.

(87) DDRのアンティファについての批判的な見方では，アンティファは概念の不明確さと高い道徳的意義ゆえに統合イデオロギーとして優れていたので，SED独裁の正当化のために手段化されたとされ，内実を欠如した一種の虚構として捉えられている。Hans-Helmuth Knütter, Antifaschismus und Intellektuelle, in: Jahrbuch Extremismus und Demokratie, 4.Jg., 1992, S.59. とはいえ，その場合でも，最後のSED政治局員22人中9人がナチスに対する抵抗者としての経歴をもっていた事実の重みを軽視してはならない。Manfred Wilke, Antifaschismus als Legitimation staatlicher Herrschaft in der DDR, in: Bundesministerium des Innern, hrsg., Bedeutung und Funktion des Antifaschismus, Bonn 1990, S.52.

W. ベルクホーファーも，「我々はこれらの思想が存在しているという事実を多年にわたって黙殺してきた」と証言している[88]。実際，人種主義，民族憎悪，不寛容などは，独占資本が支配し帝国主義的野望をもつと見做された西側諸国に帰され，特にナチズムを継承しているとされた西ドイツがこれらの点を指弾されたのであった。と同時に，その反面では抑圧された階級や民族の解放を目指す社会主義はそれらとは無縁であるとされ，とりわけナチズムと闘った闘士を指導者とするDDRはそうした資本主義の病理に対して免疫があると自画自賛されたのであった。その結果，DDRでは人種的偏見や民族差別の克服は真剣に取り組むべき課題としては位置づけられず，それどころかドイツ史の悪しき連続性はもっぱら西ドイツに押し付けられ，DDRはドイツ史の良き遺産だけを受け継いでスタートしたとして，こうした自己理解に安住することになったのである[89]。

これと関連して第四に，国家としてのDDRの存立を安定化するためにDDRと「ドイツ民族」との繋がりを薄める方針がとられたことも挙げなければならない。このことは，具体的には，ドイツ分裂を完成した事実として承認し，二つの国家だけでなく，二つの国民の存在を根拠づける試みがなされたことを意味する。確かに1980年代になるとルターやフリードリヒ大王の再評価に見られるように，ドイツ史の延長上にDDRを位置づける動きが現れたのは事実である[90]。しかしそれは「社会主義国民」としてのアイデンティティを形成する路線上の一つの振幅であって，1974年の憲法改正の際にDDRの規定から「ドイツ民族」という存在基盤が抹消されたことが象徴するように，西ドイツとの対抗上，ドイツ民族の存在を否定することが国家としてのDDRの土台になった。そうだとすれば，「ドイツ民族」のアイデンティティに代えて「社会主義国民」のそれを創出するのが長期を要する困難な課題であり，その過程でアイデンティティの融解もしくは空洞化が生じ

---

(88) Der Spiegel, Nr.14, 1990, S.101.

(89) Irene Runge, Verschobene Proportionen: Ausländer in der DDR, in: Friedrich, red., op.cit., S.80.

(90) ヘルマン・ウェーバー，斎藤哲・星乃治彦訳『ドイツ民主共和国史』日本経済評論社，1991年，164頁および星乃治彦『東ドイツの興亡』青木書店，1991年，111頁以下参照。

たのは当然だったであろう。近年，消滅した DDR を振り返り，DDR には国家もしくは国民としての単一のアイデンティティは存在しなかったという見解が一部で提出されているが[91]，そうした議論はともかく，DDR における国民としてのアイデンティティの融解は特に青年層で顕著だったことが明らかになっている[92]。そのことは彼らが一種の心理的危機に陥っていたことを意味するが，過去の克服が不十分だったことを下地にしてそれを埋め合わせたのが，人種主義的シンボルを利用したナショナルな感情の高揚であり，皮肉にも DDR が目指したのとは正反対の方向に若者の一部が突進する結果になったのである。もちろん，その際，否定の対象を設けることによってネガティブな形でアイデンティティを構築する心理的機制が働いたのは指摘するまでもないであろう。こうして国民的アイデンティティの空洞化を前にして，外国人の存在はそれとの対照においてドイツ人としての自画像を描く簡便な手段になり，自己の存在価値を高めるために貶められねばならない対象としてクローズアップされたのである。この点を踏まえるなら，「アンティファ」国家として出発し，「社会主義国民」として純化しようとしたことが，二重の意味で過去の克服を阻み，外国人についてのステレオタイプや排斥感情が社会に浸潤する土壌を提供したといえよう。

## 8. 統一後の DDR 外国人労働者

　それではベルリンの壁の崩壊から 1990 年 10 月 3 日の統一を経て現在に至るまでに DDR で暮らしていた外国人労働者の身の上にはどのような変化が生じたのであろうか。次にこの点を検討しよう。

　最初に注目されるのは，それまでは禁じられていた DDR の外国人政策に関して自由に議論できるようになると同時に，封印されていた外国人に関する情報の公開が可能になり，役所の密室から社会に流れるようになったことである。1989 年秋以降 DDR の各地に平和的変革の担い手になる多数の市民団体が簇生したが，その一部は反外国人感情の蔓延を憂慮し，DDR に居住する外国人を援助し友好を深める活動を開始した。その中から誕生したのが

---

(91) 前掲拙著 184 頁参照。

(92) Walter Friedrich und Hartmut Giese, Jugend und Jugendforschung in der DDR, Opladen 1991, S.139.

「外国人法のための市民イニシアティブ」や「SUSI (Solidarisch, Uneigennützig, Sozial und International の略称)」のような組織である。一方，市民団体とDDR 政府との協議の場としてつくられた円卓会議にはこうした背景から外国人問題作業グループが 90 年 1 月に設けられ，2 月 15 日に市民団体から表明された，西ドイツをモデルとした外国人問題特別代表の設置要請を受けて 3 月には同ポストが閣僚評議会の下に創設された。同ポストに就任したのは「民主主義を今」に属して活動していた女性牧師の A. ベルガー（現在はブランデンブルク州外国人問題特別代表）であり，同じく東ベルリンの市参事会に設けられた外国人問題特別代表には A. カハーネが就いた[93]。しかしこれらはドイツ統一を経た 91 年初めに廃止され，前者は L. フンケ（当時）が任に当たっていた連邦政府外国人問題特別代表に，後者は B. ヨーンのベルリン市外国人問題特別代表に統合された。

　ところで，短期間ではあれこのようなポストが新設されたことに象徴されるように，DDR での外国人政策は 1989 年秋以降抜本的に改められた。それまでの外国人法が改正され，DDR で生活する外国人の法的地位が改善されたのが最大の変化である。すなわち，外国人特別代表の手によって外国人を束縛していた政府間協定が白日の下に晒され，新たな協定締結により是正されたのと並行して，外国人に対しても職業を自由に選ぶ権利，住居を自由に定める権利，営業活動を申請する資格などが認められたのである。法制面ではこうした改革が次々に実現されたが，その一方で新たな外国人政策の柱に据えられたのは，外国人労働者に対する帰国促進策であった。その骨子は，企業に対し政府間協定で定められた計画期間の満了以前に労働者を解雇する権利を認めたことであり，他方で，外国人労働者に対しては同協定で取り決められた期間は滞在と就労の権利を認め，その期間が終わるまで滞在するか，それ以前に帰国するかを各自の自由意思に委ねたことである。それと同時に，帰国を促進する狙いから，期間満了前に故国に帰る者には 3,000 西ドイツ・マルクのプレミアムに加えて，平均月収の 70% が 3 カ月分与えられること

---

(93) Stach u.a., op.cit., S.21. なお，統一後の東ドイツ地域における自治体レベルの外国人問題との取り組みが，ヴォルフガング・ミヒェル「統合後のドイツ社会と在独外国人の諸問題について」原田薄編『統合ドイツの文化と社会』所収，九州大学出版会，1996 年，71 頁以下で紹介されている。

も定められた。この方策はそれなりに効果を発揮し，比較的多数の外国人労働者が西ドイツ・マルクという強い通貨を携えて帰国の途に就いたといわれる。しかしその過程に問題点があったことも否めない。こうした方策の適否は別としても，解雇に伴う負担を軽くしようとする企業の意図や，新たに認められた権利や措置に関する知識の欠如のために，支給されるべき西ドイツ・マルクの一部を受け取らないまま帰国したケースが少なくないのはその一例といえよう[94]。

無論，多くの外国人労働者が帰国に応じた背景には，排外的機運の高まりばかりでなく，統一に伴うDDR地域の経済構造の根本的転換があったのはいうまでもなかろう。旧西ドイツ地域が統一特需に沸き立つ一方で，DDR地域では信託公社の設立に見られるように市場経済への転換を目指すドラスティックな構造変革が始まったが，それに伴う人員整理の波は統一の犠牲者と目される中高年層や女性より先に外国人労働者の上に降りかかったのである。現に外国人労働者の数は減少したにもかかわらず，失業者数は急上昇し，1990年7月に1,400人だったのが10月には5,800人になり，1991年3月になると12,700人に達している[95]。その上，DDRでは未経験だった失業の急激な増大に伴う雇用不安は，従来消費財市場での競争者と感じられていた外国人労働者を職場の確保を巡る競争相手に作りかえたのであり，彼らは企業側からだけではなく，ドイツ人同僚からも圧迫されるようになったのである[96]。実際，外国人労働者が職場から追い出された際，一部にはドイツ人労働者たちのストライキによる企業側への圧力すら見られたといわれる。そうした雰囲気は，1990年春にDDR労働省に届いたある投書の次の文章に集約されているといえよう。「たとえ1人であっても外国人が職にとどまり，その傍らで1人でもドイツ人が首を切られるようである限り，血が流れるのは避け

---

(94) Sextro, op.cit., S.155f.; Michael Hagedorn, Zur Lage der mosambikanischen Rückkehrer aus der damaligen DDR, in: Arbeitskreis gegen Fremdenfeindlichkeit, hrsg., Hinter Gründe: Zur Situation der Regierungsabkommens-Arbeitnehmer, Berlin 1992, S.27. さらに，Anneke Mulder, Was wollt ihr noch hier, in: Frankfurter Rundschau vom 1.11.1991 参照。

(95) Soll, op.cit., S.6.

(96) Ines Schmidt, Ausländer in der DDR: Ihre Erfahrungen vor und nach der Wende, in:Heinemann u.a., hrsg., op.cit., S.65f.

られない[97]。」こうして「職場からドイツ人が去る前に外国人が姿を消さねばならない」というモットーに従い，契約期間満了前に解雇が行われた結果，ドイツにとどまる外国人労働者のうちで職を有するのは推定で僅かに 10 ～ 15％にすぎないという惨憺たる状況が現出したのである[98]。

もちろん，このような公然たる外国人差別が横行し，職場が雇用不安のために著しく荒廃した状態を呈していた以上，ひとたび職を失った外国人が再び職場を見つけだすのは至難であり，新たに認められた職業の自由も実際は画餅に等しかったのは容易に推察できよう。例えばベトナム出身でDDRの契約労働者として働いた P.T. ホアは，ある会議の席で行った報告の中で統一を境にして多くのベトナム人が失業したことを伝えるとともに，職探しの際に彼らがドイツ人と比べて著しく不利な立場に置かれていることを指摘している。というのも，彼らがまさしく外国人であることに加え，DDRではドイツ語講習や技能訓練が極めて不十分か欠如していたために大部分はドイツ語を満足に操れないだけでなく，職業資格が欠けていたからである[99]。この点を考慮に入れれば，外国人たちが自由意思で帰国を選んだというよりは，目に見えない強制力によって帰国を強いられたというほうが正確であろう。なお，キューバ，中国，北朝鮮出身の外国人はDDRが社会主義で結ばれた友好国ではなくなったため，本国政府によって強制的に連れ戻されたことや，ベトナム政府との間で 1995 年 9 月に結ばれた協定に従ってドイツに残留しているベトナム人の帰国が推進されていることなども付け加えておこう[100]。

---

(97) Zit.nach Ray u.a., op.cit., S.346. さらに，Xuan, op.cit., S.81 参照。

(98) Nguyen Trong Cu, Zur Situation der Ausländer in den neuen Bundesländern, in: Arbeitskreis gegen Fremdenfeindlichkeit, hrsg., op.cit., S.12.

(99) Pham Thanh Hoa, Zur sozialen Situation ehemaliger DDR-Vertragsarbeit-nehmerInnen, in: Informations-, Dokumentations- und Aktionszentrum gegen Ausländer-feindlichkeit (IDA), hrsg., Ehemalige VertragsarbeiterInnen der DDR: Historische, rechtliche und soziale Aspekte ihrer Lebenssitustion, Düsseldorf 1996, S.34f. Vgl. Marburger u.a., S.39f.; Sextro, op.cit., S.126f.

(100) ベトナムとの帰国協定の概要と問題点については，Büro der Ausländerbe-auftragten des Landes Brandenburg, Das Rücknahmeabkommen und seine Folgen, in:IDA, hrsg., op.cit., S.16 参照。協定では合法的就労による生計の確保という条件を満たせないかつての DDR 契約労働者など三つの人的カテゴリーを

このようにしてドイツ統一後それまでのDDRにいた外国人労働者の数が減少していったことは数字によっても裏付けられる。1989年末には85,000人を数えたのに, 表8－6が示すように, 1990年12月には28,000人がドイツにとどまるのみであり, さらに1993年7月には19,000人

表8－6　DDR契約労働者数の推移

| 国籍 | 1990年12月31日 | 1993年7月15日 |
| --- | --- | --- |
| ベトナム | 21,000 | 16,635 |
| モザンビーク | 2,800 | 2,018 |
| アンゴラ | 200 | 383 |
| ポーランド |  |  |
| （越境通勤） | 1,800 | － |
| （在　住） | 1,900 | － |
| 総　数 | 28,000 | 19,036 |

(出典) Beauftragte der Bundesregierung für die Belange der Ausländer, Daten und Fakten zur Ausländersituation, 14. Aufl., Bonn 1994, S. 47.

にまで減少したのである。1995年8月末に連邦政府外国人問題特別代表部ベルリン事務所が作成した文書によれば, 同年初夏のベルリンを除く新連邦5州にはそれぞれメクレンブルク＝フォアポンマーン州1,227人, ブランデンブルク州1,927人, ザクセン＝アンハルト州1,578人, ザクセン州約3,100人, テューリンゲン州2,212人のかつてのDDRの外国人労働者がいるという[101]。これらを眺めると, とりわけベルリンの壁崩壊から1年余りの間に大量の外国人労働者が帰国したために数字が急減しているのが印象的とさえいえよう。

しかしながら, 最近の数字に関しては, 1995年12月に公表された連邦政府外国人問題特別代表部編『外国人の状況に関するデータと事実』の第15版以降DDRの外国人労働者についての記述とデータが消えており, また例えばザクセン州の外国人問題特別代表を務めるH. ザンディッヒが1998年5月に州議会に提出した最新の報告書でも, 庇護申請者や旧ユーゴスラヴィアからの戦争避難民の人数は掲げられているのにかつての外国人労働者の数が

---

対象にして2000年までに約4万人を帰国させることが取り決められていたが, 97年までの実績は, 年度毎に定められた目標値の20％程度にとどまっている。Susanne Hencken, Zur Umsetzung des deutsch-vietnamesischen Rückübernahmeabkommens, in: Ausländer in Deutschland, H.4, 1997, S.7.

(101) Die Beauftragte der Bundesregierung für die Belange der Ausländer, Vermerk über die Bleiberechtssituation der ehemaligen Vertragsarbeitnehmer in den fünf neuen Bundesländern(ohne Berlin), Berlin 1995, S.2.

削除されていることに見られるように[102]，もはや把握するのは困難なのが実情といわねばならない。この困難さは外国人の存在そのものが多様化していることと関連があると思われる。一例としてベトナム人について見れば，協定により帰国が推進されているにもかかわらず，いわゆるボート・ピープルの受け入れなどによってドイツ滞在者の数は増え，1998年末に8万5千人を数えるが，彼らの滞在年数を一瞥しただけでも新たに居住する者の増加によってかつてのDDR契約労働者が主流ではなくなっていることが推察できる。1996年末時点の統計によれば，20年以上が29%に上る一方では，4年未満が24%に達しており，大別すると滞在年数9年までが52%，10年以上が48%となっているからである[103]。

またベルリンについては，統一の年1990年に西ベルリンに2,452人のベトナム人が生活していたが，東西ベルリンの統一によって翌91年にはその数は一挙に7,463人に拡大した。そして1996年6月末には西ベルリンに2,095人，東ベルリンに4,876人が居住していることが確認されている[104]。この事実は，DDRでの外国人労働者だった者が依然として多数存在することを暗示しているといえるとしても，無論，東ベルリンで暮らしている者がすべてDDR以来の居住者であることを意味するわけではない。なぜなら，西ベルリンに比べて家賃の安い東ベルリンの住宅へ移る人々がいるのは当然といわねばならないからである。さらに1992年から95年までにベルリンで1,700人がベトナム国籍を放棄してドイツに帰化したことも付け加えておく必要がある。統一以前から西ベルリンにいたベトナム人の多くは南ベトナム出身で主にボート・ピープルとして来た人々であり，東ベルリンに在住していたのは北ベトナムの出身で労働者や学生・研修生として来独した人々が大半であるのは指摘するまでもなかろう。その意味で「故国での分裂がベルリンの壁によって異郷でも継続されていた」点にベルリン在住ベトナム人の特徴があ

---

(102) Der Sächsische Ausländerbeauftragte, Fünfter Jahresbericht des Sächsischen Ausländerbeauftragten, Dresden 1998, S.99.

(103) Martin Zwick, Vietnamesen in Deutschland: Die entlassenen Kinder des kalten Krieges, in: Ausländer in Deutschland, H.4, 1997, S.3.

(104) Nguyen Chi Thien, Vietnamesen in Berlin, in: Die Ausländerbeauftragte des Senats von Berlin, hrsg., Vietnamesen in Berlin, Berlin 1997, S.46.

るが[105]、それだけにベトナムが南北統一し、ドイツが東西統一したことによって彼らは運命に翻弄される形になった。いずれにせよ、ドイツに来た経緯やそれに伴う処遇の相違に加え、周辺国から統一後のドイツに流入した新参の人々も存在することを考慮するなら、一口にベトナム人といっても決して均質な集団ではなく、来歴や滞在面での法的カテゴリーも多様化しているのは明白といえよう[106]。その上、1990年に9,428件、91年に8,882件の庇護申請がベトナム人から提出されたことに見られるように[107]、認定率自体は低かったにせよ、DDR契約労働者だった者でも庇護申請を提出でき、認められれば庇護権認定者としてカテゴリーが変わったのであり、時間の経過とともにDDR消滅後の彼らの足跡をたどるのは困難の度を増してきているといわねばならないのである。

とはいえ、DDR契約労働者たちの現状を正確に捉えるのが不可能だとしても、主として人口面から州ごとに国籍別に外国人の数を整理・公表している連邦統計庁の資料や、雇用の面から外国人にかかわる統計を作成している連邦雇用庁の資料が存在するほか[108]、一部では貴重なデータが明らかにされているのを見落としてはならない。ザクセン＝アンハルト州外国人問題特別代表が1997年9月に公表した報告書によれば、1996年末の時点で同州内には2,299人のかつての外国人労働者が生活しており、そのうち1,956人がベトナム人、293人がモザンビーク人、50人がアンゴラ人であるという[109]。

---

(105) Ibid., S.43.

(106) この点については、ニーダーザクセン州の「ほとんど共通項をもたない」三つのタイプのベトナム人に関する報告が参考になる。Eckart Spoo, Zum Ahnenfest treffen sich alle in der Pagoda, in: Frankfurter Rundschau vom 22.5.1996.

(107) Winfried Buchhorn, Zur Asylrechtlichen Situation vietnamesischer Regierungs-abkommens-Arbeitnehmer aus der damaligen DDR, in: Arbeitskreis gegen Fremden-feindlichkeit, hrsg., op.cit., S.18.

(108) Statistisches Bundesamt, Bevölkerung und Erwerbstätigkeit, Fachserie 1, Reihe 2, Ausländische Bevölkerung 1997, Stuttgart 1998; Bundesanstalt für Arbeit, Ausländer in Deutschland: Jahresbericht 1998 über die Situation ausländischer Arbeitnehmer, Nürnberg 1999.

(109) Ministerium für Arbeit, Soziales und Gesundheit, Die zweite Heimat: Zuwanderung und Niederlassung in Sachsen-Anhalt, Magdeburg 1997, S.10.

またテューリンゲン州では1997年末に250万人の州人口のうち30,900人を外国人が占めているが、そのうちでベトナム人などの約2,500人がDDRの外国人労働者であることが同州外国人問題特別代表の内部資料に示されている[110]。さらにザクセン州の州都ドレスデン市の外国人問題特別代表の報告書にもDDR契約労働者だった外国人の数として、1996年6月30日現在で同市に居住するベトナム人1,249人、モザンビーク人157人、アンゴラ人47人などの数字が掲げられており[111]、ここでも残留している外国人労働者のうちでベトナム人が最多であることが分かる。

ところで、大幅に減少したとはいえ、なおドイツにとどまっているかつての外国人労働者たちの滞在資格がDDR消滅後に問題になったのは当然であろう。従来彼らの滞在の根拠となってきた政府間協定は変革に伴って事実上無効になり、滞在資格が失われてしまったのも同然の状態になったからである。この点を巡っては、統一後に旧東ドイツ地域で排外暴力事件が相次ぎ、外国人労働者がしばしばその犠牲になったことも手伝って論議を呼び、連邦と州の内務大臣の協議の末、1993年6月に「人道的考慮」に基づいて滞在に関する新たな措置がとられることになった。すなわち、その措置により、仕事をもち、犯罪歴がなく、それまで合法的にドイツに滞在していたことを条件にして、かつての外国人労働者に限って最大2年間の滞在権（Aufenthaltsbefugnis）が与えられることになったのであり、暫定的ながらひとまず彼らの滞在に法的根拠が作られたのである[112]。

もっとも、旧西ドイツ地域の外国人とは異なる扱いをして差別を持ち込んでいるという原則的批判は別としても、この措置には種々の難点があるのも確かである。例えば職を有することが条件に挙げられていることから、これには「東ドイツの労働市場の破局的な状態を無視している」との批判が投げ

---

(110) Der Ausländerbeauftragte des Landes Thüringen, Ausländer in Thüringen, Erfurt 1998.

(111) Die Ausländerbeauftragte der Landeshauptstadt Dresden, Fremdes Zuhause Dresden? Dresden 1997, S.21.

(112) Bundesministerium des Innern, Aufzeichnung zur Ausländerpolitik und zum Ausländerrecht in der Bundesrepublik Deutschland, Bonn 1997, S.94. 滞在資格を巡る論議については、Stefan Zelder, „Ausreisepflichtig" bedeutet nicht schon „illegal," in: Frankfurter Rundschau vom 11.4.1995 参照。

かけられたほか、DDR での滞在期間を顧慮していないため、8 年の滞在期間で取得可能な無期限の滞在許可（Aufenthaltserlaubnis）申請の道が閉ざされているなどの問題点が指摘された[113]。けれども実効性の面で見れば、ブランデンブルク州で該当者の約 80％に当たる 3,000 人が滞在権を取得したことが判明しており、またドレスデン市でも 1995 年 7 月の時点で 381 人の申請者のうち 245 人に滞在権が認められ、申請を却下されたのは 83 人、決定を待っているのは 53 人という実情であることから[114]、滞在資格の安定化にそれなりの成果があったのは確かであろう。さらにこの点に関しては、全容はまだ明らかになっていないものの、次の事実を補足しておく必要がある。ザクセン＝アンハルト州外国人問題特別代表部が 1999 年 9 月に作成した文書によると、同州政府などの働きかけにより、1997 年 7 月にそれまでは除外されていた DDR での滞在期間をドイツでの滞在期間に算入する法改正がなされ、無期限の滞在許可への道が開かれたことがそれである。この改正は「かつての DDR 契約労働者たちの志向を明らかに変化させる」作用を及ぼしたといわれ、現に 1998 年 9 月 30 日現在で同州に居住しているかつての DDR 契約労働者 2,247 人のうち 77％ が滞在許可を取得して、強制送還などの悪夢を払拭するに至っている[115]。

　一方、残留している DDR 外国人労働者の大半が失業状態にあることを重

---

(113) Die Ausländerbeauftragte des Landes Brandenburg, Zwischen Ankunft und Ankommen: Die Situation von Zugewanderten im Land Brandenburg 1995-1997, Potsdam 1998, S.19; Die Ausländerbeauftragte des Senats Berlin, Anrechnung der Aufenthaltszeiten für Ausländer aus der ehemaligen DDR mit einer Aufenthaltsbefugnis, Berlin 1997, S.2.

(114) Die Ausländerbeauftragte des Landes Brandenburg, op.cit., S.19. Landeshauptstadt Dresden, op.cit., S.21. 滞在権の申請者数や却下された件数、却下の理由などの詳細については、Die Beauftragte der Bundesregierung für die Belange der Ausländer, Vermerk über die Bleiberechtssituation, S.3-7 参照。

(115) Ausländerbeauftragter der Landesregierung Sachsen-Anhalt, Mittendrin: Sachsen-Anhalt, Gestaltung von Zuwanderung und Integration als Zukunftsaufgabe, Magdeburg 1998, S.8f. なお、改正点の解説としては、Die Ausländerbeauftragte des Senats von Berlin, Anrechnung der Aufenthaltszeiten, op.cit および dies., Das Aufenthaltsrecht, Berlin 1997, S.10f が役立つ。

視して連邦労働社会省と連邦雇用庁は1994年6月から彼らの職業的社会的統合のためのプロジェクトをスタートさせている。ロストックでのモデル・ケースに関するL. ハルクネットの報告によれば，ドイツ語能力と職業資格の欠如に失業の原因があるとの認識から，ドイツ語講習と並行する形で職業訓練が行われ，中途で脱落する者もなく全員最終試験に合格したことに見られるように，大きな成果を上げている。けれども他方では，ベトナム人だけで約600人いるかつてのDDR契約労働者のうち，民間団体に委託されたこの事業に参加したのは20人程度でしかなく，規模が極めて小さい点に問題があることも明らかになっている[116]。こうしたプロジェクトが旧東ドイツの他の地域でどの程度推進されているかについては不明であるが，ロストックの例から判断する限り，目標である彼らの職業的統合に寄与するのは間違いないとしても，その効果に大きな期待をつなげうるまでには至っていないのも事実であるように思われる。

それはともあれ，政府間協定に基づいてDDRで働いていた外国人労働者の多くが帰国促進策に応じるなどしてDDRを去った一方では，ベルリンの壁の開放以降，帰国を望まずDDRから西ベルリンもしくは西ドイツに移る外国人が続出したことも加わって，DDRに居住する外国人の数は急速に減少した。すなわち，1989年末から1992年3月までに最大の集団だったベトナム人は半分以下，モザンビーク人は3分の1以下になり，総数では19万1千人から11万9千人にまで急減したのである[117]。例えば留学生については，1989年末には約1万人がDDRに在住していたが，1992年までに半減して5千人程度に縮小したと推定されており，DDR市民との結婚もしくは政治亡命者としての資格で永住を保証されている外国人が約4万6千人だったことを考えても，外国人労働者の減少がいかに顕著かは明白といえよう。こうしてDDRにおける外国人労働者問題は，一見したところ，DDR自体が消滅し，同地域の外国人の規模が著しく縮小したことによって，外国人問題そのもの

---

(116) Ian Harknett, Berufliche Integration von Vietnamesen und Projekte gegen Fremdenfeindlichkeit, in:Arbeitskreis gegen Fremdenfeindlichkeit, hrsg., Hinter Gründe: Ehemalige DDR-Vertragsarbeitnehmer, Berlin 1996, S.15.

(117) Beauftragte der Bundesregierung für die Belange der Ausländer, Daten und Fakten zur Ausländersituation, 13.Aufl., Bonn 1992, S.37.

とともに解決をみないまま半ば消滅してしまったように見えるのである。

## 9. 結び

　それではDDRの外国人労働者問題は彼らの量的減少によって本当に解消しつつあるといえるのであろうか。最後にこの点を考えて本章を締め括ることにしよう。

　結論を先回りしていえば，旧DDR地域における外国人労働者問題は解消したのではなく，質的転換を遂げつつ存続しているというべきであろう。確かにDDRに居住する外国人の中心だった労働者の大半は職を奪われただけでなく，共同宿舎から追い出され住む場所を失って，事実上強制される形でDDRから立ち去った。けれども，西ドイツに移ったり，所在をくらますなどして残留している人々が少なからず存在すると見られており，仕事を失い生計に窮した彼らの中からは，衣料や日用雑貨などの露天商としてギリギリの生活を営むものや即席食品の屋台を開いて生計を立てるものが出てきている一方では[118]，犯罪組織に加わる者が現れている。本章冒頭近くで指摘したように，例えばザクセン州でベトナム人犯罪組織を重点対象とする特別捜査チームが編成されたのはこれを裏書きしている。実際，近年のドイツではロシア・マフィアをはじめとする外国人犯罪組織の跳梁が重大な社会問題の一つになり，盗聴の容認を中心に激しい論争が展開された末，その壊滅を狙いとする組織犯罪対策法が制定されているが[119]，EU統合に伴いドイツにも活動の場を拡大しているそれらの犯罪組織にはDDR消滅によって行き場を失ったかつての外国人労働者も関与していると見られているのである。

　しかしながら，このこと以上に重視されなければならないのは次の点であろう。それは，外国人労働者の存在そのものというよりは，DDRの時代に形成された彼らに対する一般市民の基本姿勢やステレオタイプが存続していることである。ドイツ統一後，主としてヨーロッパの外部からドイツに大量

---

(118) Oliver Raendchen, Vietnamesische Kleinhändler in Berlin, in: Die Ausländerbeauftragte des Senats von Berlin, hrsg., Vietnamesen in Berlin, 1997, S.48f. 参照。

(119) 組織犯罪の実情については，連邦刑事庁が毎年公表している年次報告，Bundeskriminalamt, hrsg., Lagebild Organisierte Kriminalität が詳しい。また組織犯罪対策に関しては，前掲拙著350頁以下参照。

の難民が殺到したのを契機にしてとくに旧東ドイツ地域で排外暴力が多発しただけでなく，近隣住民の喝采すら受けることあったが，そうした事態が生じた下地には，DDR時代に形成された外国人に対する根強い偏見とそれに基づく嫌悪感があったのである。

既述のように，DDRで働いていた外国人労働者の多くは統一後に姿を消したが，これと入れ替わるようにして，それまでとは別の種類の外国人や異邦人が旧DDR地域に姿を現すようになったのはよく知られているとおりである。それは政治的迫害からの庇護を名目にして統一したばかりのドイツに流入してきた難民と，先祖がドイツ人であり，ドイツ人の血を引いていることを理由にしてソ連・東欧地域から大挙してドイツに移り住むようになったアオスジードラーである。

多くの一般市民の感覚では後者はドイツ人とは異質な人々であるが，法的にも統計上もドイツ人として扱われているので，彼らが旧DDR地域にどれほど居住しているかは明確にならない。しかし，例えばザクセン州での年間受け入れ数が1993年に12,945人であり，1996年までほぼ同水準で推移したのが1997年に至ってようやく1万人を割り，9,402人に下がったのを見るなら，同州だけで既に10万人近いアオスジードラーが暮らすようになっていると推察される[120]。他方，前者については，州の人口を基本にして各州に受け入れ数が割り当てられていることから，新連邦州には既に相当数の難民が収容施設などで生活するようになっているのは容易に推測できる。確かにアオスジードラーとは違い，難民に関しては庇護権が認定されなかった場合，出身国への送還が実施されるようになっており，そのままドイツに定着するわけではない。けれどもこれまでのところ，強制送還には人道的立場などからの強い反対があり，認定率そのものは極めて低いにもかかわらず，送還の規模は実際には流入数に比べてかなり小さいのが実情である[121]。このことを

---

(120) Der Sächsische Ausländerbeauftragte, op.cit., S.110.

(121) Lederer, op.cit., S.292. ザクセン州での送還数については，Der Sächsische Ausländerbeauftragte, op.cit., S.107参照。強制送還の実情と問題点とくに連邦国境警備隊が管理する収容施設での虐待に関しては，難民救援団体ZDWFのシリーズの一冊である，Klaus Barwig und Manfred Kohler, hrsg., Unschuldig im Gefängnis? Siegburg 1997のほか，Der Spiegel, Nr.31, 1994, S.57ff., Eckart Spoo, Abschiebung in „Folter und Tod," in: Frankfurter Rundschau vom 28.1.1997など参照。

表8－7　旧東ドイツ5州の外国人数と外国人比率

(単位：1000人)

| 州 | 1991年 |  |  | 1993年 |  |  |
|---|---|---|---|---|---|---|
|  | 人口 | 外国人 | % | 人口 | 外国人 | % |
| 全国 | 80,174.6 | 5,882.3 | 7.3 | 81,338.1 | 6,878.1 | 8.5 |
| ブランデンブルク州 | 2,542.7 | 19.6 | 0.8 | 2,537.7 | 61.9 | 2.4 |
| メクレンブルク＝フォアポンマーン州 | 1,891.7 | 10.2 | 0.5 | 1,843.5 | 28.7 | 1.6 |
| ザクセン州 | 4,678.9 | 47.9 | 1.0 | 4,607.7 | 61.2 | 1.3 |
| ザクセン＝アンハルト州 | 2,823.3 | 19.7 | 0.7 | 2,777.9 | 38.0 | 1.4 |
| テューリンゲン州 | 2,572.1 | 13.1 | 0.5 | 2,532.8 | 22.6 | 0.9 |

| 州 | 1995年 |  |  | 1997年 |  |  |
|---|---|---|---|---|---|---|
|  | 人口 | 外国人 | % | 人口 | 外国人 | % |
| 全国 | 81,817.5 | 7,173.9 | 8.8 | 82,082.0 | 7,365.8 | 9.0 |
| ブランデンブルク州 | 2,542.0 | 63.5 | 2.5 | 2,568.1 | 58.4 | 2.3 |
| メクレンブルク＝フォアポンマーン州 | 1,823.1 | 27.0 | 1.5 | 1,810.7 | 25.6 | 1.4 |
| ザクセン州 | 4,566.6 | 79.2 | 1.7 | 4,531.1 | 85.9 | 1.9 |
| ザクセン＝アンハルト州 | 2,738.9 | 45.6 | 1.7 | 2,709.4 | 49.1 | 1.8 |
| テューリンゲン州 | 2,503.8 | 26.7 | 1.1 | 2,481.2 | 31.0 | 1.2 |

(出典)　Statistisches Bundesamt, Bevölkerung und Erwerbstätigkeit, Fachserie 1, Reihe 2, Ausländische Bevölkerung 1997, Stuttgart 1998, S. 14f. より作成。

考慮すれば，新連邦州に割り当てられた難民の多くがそのまま住み着いている可能性が大きいと考えても大過ないといえよう。もちろん，これらの難民やアオスジードラーに加え，旧西ドイツ地域から旧DDR地域に移住してきた外国人が存在するのは当然だが，経済再建が捗らず，職を得るのが難しいことや，排外的感情が依然根強く暴力事件も後を絶たない状況に照らせば，その数はあまり多くはないと考えられる[122]。これらの点を踏まえて表8－7を見るなら，外国人だけをとっても旧DDR地域ではその比率がDDR時代より大きくなっている事実が注目されよう。農業州であるため元来外国人が乏しかったメクレンブルク＝フォアポンマーン州を例にとれば，1992年末に既に1.2%に達していた外国人比率は1997年暮れになるとさらに伸びて1.4%を記録しており，ブランデンブルク州では1995年に新連邦州では最高の2.5%を記録しているのである。このことが教えるのは，DDRで生活していた外国人ではなく，DDR崩壊後に来た外国人がその主体になっていることであり，彼らの出身国や法的地位が従来とは一変していることにほかならない。

---

(122)　Soll, op.cit., S.11.

いずれにせよ，新来の難民を数多く含むこれらの外国人に異邦人であるアオスジードラーを加えるなら，膨大な失業者を抱える旧 DDR 地域の市民たちが，ドイツ統一以前を上回る外国人や異邦人とともに生活を営まなければならないという未経験の状況に立たされているのは明白であろう。そして統一の折の期待がすぼみ，挫折感と失望感が広がる一方で，現在の生活と将来への不安に包まれ，西の人間に対する劣等感などに呻吟しているなかでは，DDR 時代の外国人以上に新来の外国人たちが新たな競争者として受け取られ，あるいは苦しい生活にのしかかる重荷と感じられても不思議ではないであろう。このような客観的な生活状況と心理状態の一つの帰結がホイヤースヴェルダ事件をはじめとする排外暴力の蔓延にほかならなかった。そして差し当たり攻撃の主たる標的にされたのが難民だったのは周知のとおりである。こうした状況に対する政治的対応は鈍かったが，1993 年 5 月の基本法などの改正によって難民問題に一応の決着がつけられた結果，別稿で詳しく論じたように，排外暴力事件は確かに下火になったといえる[123]。しかしジャーナリズムが余り大きくは報道しなくなった影響で往々にして見逃されているのは，外国人についてのステレオタイプや反外国人感情が払拭されたとはいえないばかりか，排外暴力が依然として高い頻度で発生しているという紛うかたなき現実である。

　旧 DDR 地域で頻発している排外暴力については民主主義文化センターが克明に追跡しており，同センターが作成しているクロノロジーを一見しただけでその多発ぶりは明瞭になる。1997 年についてのそれから余り目立たない例を若干拾い出せば，3 月 24 日にテューリンゲン州のルードルシュタットでバングラデシュ人難民が 12 人の若者によって打ちのめされたうえ，所持していた金品を奪われる事件が発生し，8 月 10 日にはブランデンブルク州のフュルステンヴァルデで 2 人のリベリア人難民が 15 人ほどの若者から暴行を受けたのに，警察の調べで動機は不明とされて葬られてしまった事件があった。さらに 10 月 19 日にはメクレンブルク＝フォアポンマーン州のトラッセンハイデで 18 歳の 2 人の青年が火炎瓶を難民収容施設に投げ込んだが，早くに消し止められたため大事に至らないで終わった事件が起こって

---

(123) 拙稿「統一ドイツの右翼団体と極右犯罪の現状」『社会科学論集』35 号，1996 年，176 頁以下参照。

いる[124]。

　これらの事例に看取される憂慮すべき現実からは，一つの注目すべき特徴が浮かび上がってくる。それは，旧DDR地域に居住する外国人自体は大幅に入れ替わったにもかかわらず，彼らを蔑視することによって自己の存在感を確かめたり，その競争を排除して自分を守ろうとする外国人排斥感情の構造は一貫しているということである[125]。このことは，表現を変えれば，外国人問題の不連続性と外国人敵視の連続性と呼ぶことができよう。この点に関し，後者の面を重視するヴァーグナーは，「今日，旧東ドイツ地域の自治体で野蛮な形で公然と現れている外国人に対するフェルキッシュな感情はDDR変革の特殊な問題にのみ起因するのではない」と指摘すると同時に，「その感情を経済問題や社会心理的問題に還元するのは旧東ドイツ地域における外国人敵視の歴史的次元を曖昧にするだけでなく，旧東ドイツ地域で民主主義が危険にさらされている事実を誤認させることを意味する」と警告している[126]。この認識には外国人問題自体の変化が捉えられていない憾みがあるものの，消滅するまでのDDR社会における外国人についてのステレオタイプや排斥感情の重要性を見据えている点で傾聴すべきものがあろう。実際，ド

---

(124) Zentrum Demokratische Kultur, Chronik von Vorfällen mit rechtsextremen Hintergrund in den neuen Bundesländern einschließlich Berlin in den Monaten Januar bis Dezember 1997, Berlin 1998, S.12.31.51. 憲法擁護機関が把握している旧東ドイツ地域の州ごとの排外暴力事件の発生件数と発生率については，Bundesamt für Verfassungsschutz, Verfassungsschutzbericht 1997, Köln 1998, S.78f.; 1998, S.23f. 参照．．

(125) Vgl.Vera Gaserow, „Nigger, hau ab!": In Brandenburg wächst die rechte Gewalt und stößt sogar auf Sympathie, in: Die Zeit vom 29.11.1996; Der Spiegel, Nr.30, 1996, S.28ff. 1998年4月に行われたザクセン＝アンハルト州の州議会選挙でドイツ民族同盟（DVU）は大躍進を果たしたが，この出来事はその証左の一つと解しうる。この選挙では投票した18歳から24歳までの青年層の3分の1と25歳から34歳の層の4分の1がDVUに票を投じており，若者の極右への傾斜が大きな衝撃をもたらした。Stefan Schieren, Die Landtagswahl in Sachsen-Anhalt vom 26. April 1998: „Magdeburger Modell" mit einigen Mängeln, in:Zeitschrift für Parlamentsfragen, H.1,1999, S.67. この関連でさらに，Bundesamt für Verfassungsschutz, Entwicklungen im Rechtsextremismus in den neuen Ländern, Köln 1999 参照。

(126) Wagner, Rechtsextremismus und kulturelle Subversion, S.7.

イツ統一後に旧 DDR 地域で吹き荒れるようになった外国人敵視の風潮は，遅々として進まない経済再建などへの失望や不満によって強められている面を軽視できないとはいえ，統一後に突如として発生したり，西ドイツ地域から移植されたりしたようなものでは決してない。それは，民族友好や国際的連帯をスローガンとしながらも，民族的偏見を突き崩す努力を怠り，経済的必要から導入した外国人労働者を労働力として利用するだけでゲットーに閉じ込めた DDR の外国人政策そのものに重要な根があるといわねばならないのである。

# 終章　論争の中の東ドイツ

## 1. 浸透するオスタルギー

　本書では消滅した東ドイツについて，その暗部を中心に据え，様々なトピックを切り口にしながら検討してきた。その際に東ドイツで生きた普通の市民にスポットライトを当て，そのなかの一部の人々の行動に密着する視点から東ドイツの支配構造に分析のメスを入れた。これまでの考察を踏まえつつ，最後に東ドイツをめぐる論争に言及して本書を締めくくることにしよう。

　序章でも指摘したように，東ドイツは国家として消滅してからも現代ドイツに生き続けている。そのことは心の壁に代表される社会意識の面だけでなく，経済や政治のレベルでもはっきりと看取できる。東ドイツ地域はドイツ統一から20年近くが経過してもなお，連帯協約という枠組みを軸にして依然として西からの財政支援を受けているが，そのことは東ドイツ地域の経済再建がいまだに達成されていないことを裏書きしている。ドイツ統一からしばらくは信託公社が国有企業の売却と西側の企業の誘致に努めたが，大きな成果を得られずに解散したし，その後も道路，通信などのインフラ整備に巨額の資金が投じられたものの，西側企業の目覚ましい進出は起こらなかった。その主要な原因は，西ドイツ経済自体が国際競争の激化の中で地盤沈下し，長い停滞に陥ったことや，低い生産性にもかかわらず賃金や労働条件で西との均等化を性急に図ったところにある[1]。西ドイツ地域に比べて東ドイツ地域では失業率が高く，したがって失業給付や社会手当のような社会保障制度

---

(1) 拙著『統一ドイツの政治的展開』木鐸社，2004年，第5章参照。

に依存して生計を立てるしかない世帯が相対的に多いのはその結果にほかならない。このことが同時に，東ドイツ地域で貧困層の比率が大きいことを意味しているのは指摘するまでもないであろう[2]。

また政治面では，独裁政党 SED の系譜をひく民主社会党（PDS）はドイツ統一後に自然消滅するとさえ予想されたが，東ドイツの地域利害を代表する政党に面目を塗り替えて頑強に生き残った。そればかりではない。SPD 元党首のラフォンテーヌをトップに戴き，SPD 離党組を中心にして結成された「労働と社会的公正のための選挙オルタナティブ（WASG）」との協力を発展させて 2007 年に PDS は左翼党へと合体し，地盤の東ドイツ地域を越えて近年では西ドイツ地域でも勢力を拡大しつつある。そのことは例えば 2007 年のブレーメン，2008 年のヘッセン，2009 年のザールラントの州議会選挙などのほか，何よりも 2009 年 9 月の連邦議会選挙の結果に照らせば一目瞭然であろう。近年，ドイツでは国民政党の危機が問題になり，とりわけ支持率の低迷が続く SPD の危機が注視されているが，連邦議会選挙で一気に 10% 以上も得票率を下げ，戦後史上最低にまで落ち込んだ主因の一つは左翼党による挑戦にある[3]。しかし，その左翼党には憲法擁護機関が監視する共産主義グループが包含されているだけではなく，シュタージ関係者が存在することから，「普通の政党」と見做すことに疑義が呈されているのも見過ごせない。いずれにせよ，かつて 1980 年代に緑の党が政党システムの一角を占めて西ドイツには 4 党制が形成されたが，左翼党の躍進により今では 5 党制について語るのが一般的になり，従来は 2 党で済んだ連立政権の構成が困難の度合いを増しているのが現状にほかならない[4]。連邦州で大連立や赤緑，黒黄の

---

(2) Bundesministerium für Arbeit und Soziales, Der dritte Armuts- und Reichtumsbericht der Bundesregierung, Bonn 2008, S.79; Statistisches Bundesamt, hrsg., Datenreport 2008, Bonn 2008, S.166f. この点を注視しつつ，例えばメルケル首相は 2009 年 5 月に「ドイツ統一のプロセスを我々はまだ完了していないからこそ，2019 年までの連帯協約を維持しているのだ」と明言しているが，その主軸である連帯賦課税の廃止論が西ドイツ地域に根強く存在している。Die Welt vom 20.5.2009; Jens Wolf, Die endlose Soli-Hysterie, in: Die Zeit vom 25.11.2009.

(3) 拙稿「現代ドイツにおける社会民主党の危機」『社会科学論集』47 号，2009 年，22 頁。

(4) Gerd Mielke und Ulrich Eith, Im Versuchslabor, in: Blätter für deutsche und

ような古典的な連立と並び,いわゆるジャマイカ連立,黒緑連立,赤赤連立など極めて多様な連立政権が出現するようになったのは,連邦レベルでの地殻変動の兆候と考えられるが,変化の主因の一つは左翼党が東ドイツ地域を拠点としつつ全国規模で地歩を固めたことにある。

経済面と政治面に見られる東西ドイツの相違は東西の市民にも意識されている。2009年に公表されたアレンスバッハ研究所の報告にはデータを示しつつ,総括的に次のように記されている。「東ドイツと西ドイツのドイツ人の相違と共通性について住民に問うと,東でも西でも相違が強調される。西ドイツ人の42%は『相違が優勢である』といい,主として共通性を見るのは20%にすぎない。東ドイツの住民は西ドイツ人と東ドイツ人の違いにもっとあからさまに重心を置いている。東ドイツのほんの10分の1 (11%) だけが主に共通性を感じ,63%は西ドイツ人と東ドイツ人とを隔てるものが優勢だと見ているのである[5]。」この調査は1992年以降継続的に実施されているものであり,信頼性が高いと考えられるが,そのデータのうちで東西の相違が強く意識されているのと並んで注目されるのは,相違が優勢だとする見方が東西ともに減少する傾向にあったのが,近年では反転して再び増大しつつあると見られる点である。例えば主として相違があるとする者は1992年に西で52%,東で70%だったが,2004年にはそれぞれ38%と43%にまで低下していたのである。同時にまた,相違があってもそのことを重視する市民は西ドイツでは少ないのに反し,東ドイツでは重く受け止めている住民が多いのも軽視できない問題だといえよう。

このような状況の下で問題になっているのがオスタルギーの浸透である。世紀転換のころまでは,東西ドイツの間の社会意識のギャップを目して,物理的な壁が崩壊した後に新たに出来上がった「心の壁」について語るのが一般的だった。1998年に公刊した拙著『統一ドイツの変容』で様々な角度から「心の壁」を分析したのはそうした通例に従っていた。しかし,そこでも既にオスタルギーに触れているように,この言葉は当時から一部では早くも使われていた。そしてそれから10年以上が経過した今日では,東ドイツ地

---

internationale Politik, H.4, 2008; Frank Decker, Ankunft im Vielparteienstaat, in: Berliner Republik, H.2, 2008.

(5) Institut für Demoskopie Allensbach, Allensbacher Berichte, Nr.7, 2009.

域を論じる際には頻繁に使われるようになっている。その意味ではオスタルギーは心の壁のもう一つの表現だといえるが、しかし同時に相違点も見逃すことはできない。心の壁を語る時にはしばしば「ヴェッシー」や「オッシー」という言葉が使われたが、そこには利己的、打算的、傲慢などのレッテルを貼られた西ドイツ市民に対する反感や不信感と並んで、優越的地位にあるそうした西の市民に対する東ドイツ市民の劣等感が混じり合い、「2級市民」という自己意識と自己憐憫の感情が濃厚に漂っていた[6]。もちろん、その裏側ではDDRの良き面への記憶が甦り、DDRの一切を否定することに対する抵抗が強まっていたことは確かであろう。しかし、一部の例外はあったとしても、DDRを麗しく描いたり、肯定的に語ったりすることは少なくとも公然とは行われなかったのである。

このような「心の壁」と対比すると、オスタルギーが決定的に違うのは、DDRの懐旧がいわば人目を憚ることなく堂々と行われるようになったことであろう。そのことの端的な実例がテレビで放映され、多数の市民が視聴したオスタルギー・ショーやDDRショーである。またDDRグッズの売れ行きが好調であることもその例に加えることができよう。DDR時代の日用品で西の製品に比べて品質が粗悪であっても、DDRグッズは自分が生きた日々の証のように感じられることがその背景にあるのは想像に難くない。無論、「2級市民」という意識が消滅したわけではない。W. ハイトマイヤーを中心とする研究グループの調査によれば、東ドイツの人々が西に比べて正当に処遇されていないという不公正感は2008年になっても強いままであり、「2級市民」として扱われているという意見が東で63.9％に上っている[7]。こうした複雑な意識のあり方をC. スタヴェノウは「東ドイツの特殊アイデンティティ」と名付けている。彼によれば、それは「東ドイツ人のポジティブなステレオタイプの格上げと西ドイツ人の格下げから成り立っている」のであり、例えば民主主義に対する不信感も、反民主主義への傾斜というよりは、「西ドイツ人と連邦共和国の政治システムに対する距離」という文脈で理解可能になる。同時に彼はまた、そうしたアイデンティティはDDR時代の社会化

---

(6) 拙著『統一ドイツの変容』木鐸社、1998年、114頁以下参照。

(7) Anna Klein und Wilhelm Heitmeyer, Ost-westdeutsche Integrationsbilanz, in: Aus Politik und Zeitgeschichte, 28/2009, S.19.

による刻印に主要な原因があるのではなく，むしろ統一後の東ドイツの経済と社会の変動によって説明されるとして，大量失業に典型的に見られる「転換過程での東ドイツ経済の諸問題と非対称的なドイツ統一の過程での西ドイツによる植民地化の経験の帰結」であることを強調している[8]。

　スタヴェノウのこの議論はDDRにおける実生活の重みを軽視している憾みがあるように思われる。けれども，その当否はさておき，「東ドイツの特殊アイデンティティ」が形成され，各種の世論調査に示されるように，オスタルギーが拡散しているのが事実としても，そのことはDDRの復活を待望する声が強いことまでをも意味するわけではない。一例として，東ドイツ地域でこの点を調べた『社会レポート・2008』を繙くと，「18年たった今，ドイツ統一はあなたにはどのように映りますか」という設問に対し，「主として成果あり」との答えが16%，「喪失より成果が多い」が23%で，肯定的な評価は合わせて39%にとどまった。これに対し，「主として喪失あり」が7%，「成果より喪失が多い」が21%であり，「成果と喪失が同程度」は29%という結果になった。一方，「統一から18年たって自分をどう感じますか」という設問では，「正当な連邦共和国市民」が22%であるのに対し，「DDRを復活させたい」が11%であり，「どちらでもない」と答えた市民が62%で半数を上回った[9]。「2級市民」という選択肢が提示されていないなど設問の問題点を考慮すると，これらの数字の意味するところは微妙であり，一義的な解釈は難しいが，失望や不満が色濃く漂っているとはいえ，ドイツ統一は基本的に東ドイツ地域の市民の間で受容されているということができよう。というのも，例えば2009年4月の意識調査で「SED支配の平和的克服を東ドイツ市民は誇らしく思うことができますか」との問いに東ドイツ地域で85%が「その通り」と答えたからである[10]。また同年10月に選挙研究グループが実施した調査の「今日からみて再統一は正しかったと思いますか」という設問では，91%の圧倒的多数が「正しかった」と答え，「正しくなかった」

---

(8) Christoph Stawenow, Warum ist Deutschland noch nicht zusammengewachsen?, in: Deutschland Archiv, H.5, 2009, S.786f.

(9) Volkssolidarität Bundesverband, Sozialreport 2008, Berlin 2008, S.40f.

(10) Bundesministerium für Verkehr, Bau und Stadtentwicklung, 20 Jahre nach der friedlichen Revolution in der DDR, Berlin 2009, S.12.

は 8% でごく少数にとどまった[11]。さらに同年 9 月に調査機関ディマップが行った調査結果を分析した V. ノイの報告によれば、「壁の崩壊はよい出来事だった」とする答えは西で 91%、東で 92% であり、同水準だった[12]。もっとも、同じ 9 月に『シュテルン』39 号に掲載されて波紋を呼んだ調査によると、「壁があったままのほうが良かったと思いますか」という問いに対して東の市民の 15% が「そう思う」と答え、「いいえ」と応じたのは 82% だったから、ドイツ統一に否定的な意見は無視できるほど少ないとは即断できないであろう[13]。いずれにせよ、これらのデータからは、少なくとも DDR の独裁体制に対する愛着はほとんど見出されないといえよう。そしてこの点を踏まえるなら、たとえ喪失を強く感じる場合であっても統一の否定にまではつながっておらず、明確に統一以前の時代に戻りたいと望むのはほんの少数でしかないと考えて大過ないであろう。

このように東ドイツ地域の市民の意識は複雑だが、いずれにしてもオスタルギーが浸透しているのは間違いない。しかし、郷愁を覚える対象が DDR

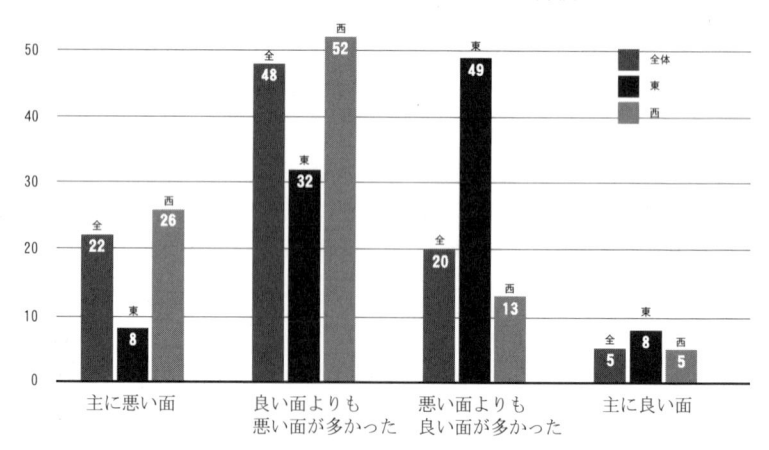

図終－1　DDR における暮らしの評価

| | 主に悪い面 | 良い面よりも悪い面が多かった | 悪い面よりも良い面が多かった | 主に良い面 |
|---|---|---|---|---|
| 全体 | 22 | 48 | 20 | 5 |
| 東 | 8 | 32 | 49 | 8 |
| 西 | 26 | 52 | 13 | 5 |

（出典）Bundesministerium für Verkehr, Bau und Stadtentwicklung, 20 Jahre nach der friedlichen Revolution, Berlin 2009, S.18.

---

(11) Forschungsgruppe Wahlen, 20 Jahre Mauerfall, Politbarometer Extra vom 5.11.2009.
(12) Viola Neu, Das Geschichtsbild der Deutschen 20 Jahre nach dem Fall der Mauer, Analysen und Argumente, Ausgabe 69, 2009, S.3.
(13) Stern, Nr.39, 2009, S.60.

であるとなると，通常のノスタルジーと同列に論じるのは適切ではなくなる。たしかに記憶の中のDDRは東西間の格差が埋まらない現状に対する不満などを土壌にして輝きを増し，美しい姿で描き出されている。序章でも触れたように，調査機関EMNIDが2009年に実施した意識調査では，「あなたは今日から振り返ってDDRにおける暮らしをどのように評価しますか」と問うたが，ある意味で衝撃的とも呼ぶべき結果が出た。回答の分布は図終－1の通りになったからである。そこで注目されるのは次の2点であろう。一つは東西で見方が大きく分かれていることである。もう一つは，東ドイツ地域では「DDRには悪い面よりも良い面のほうが多かった」とほぼ半数が答えている点である。西ドイツ地域では冷ややかな見方が一貫しているのに対し，東ではDDRの良い面が強く意識されるようになり，肯定的な見方が広がってきていることが明瞭であろう。この点は，序章で紹介したアレンスバッハ研究所の調査で，「DDRの状態は堪えられた」とする回答が時間とともに増大した反面，「無条件に変革されねばならなかった」という回答が減少傾向を辿ったことと符合している。

　意識調査で得られたこれらのデータは，東ドイツ地域でオスタルギーが広がっていることを示している。けれども，そうした動向が見られるだけに繰り返し確認する必要があるのは，DDRが人権などを抑圧するSEDの独裁体制だったという冷厳な基本的事実である。本書で論じてきたように，現実のDDRには自国民を外に出さないコンクリートの壁や内部国境の鉄条網が厳重な監視のもとに張り巡らされ，しかもそれが国家存立の支柱になるという稀に見る支配構造が存在していたのである。そればかりではない。そうした国家を支えるためにシュタージを中心にして国内には社会を覆い尽くす監視網と厳しい抑圧体制が構築され，一般市民を私生活への逃避に追いやっていたのである。オスタルギーの中心問題は，DDRにはそうした重大な暗部が存在していた事実を矮小化あるいは隠蔽する点にある。また，その暗部は現代ドイツの土台である憲法上の基本価値の否定を意味するところから，オスタルギーの黙認は人権や民主主義への挑戦を容認することにもつながりかねない。さらに今日でもDDRにおける独裁体制の犠牲になった人々が存命であることを考えれば，オスタルギーは彼らの苦痛の無視を通り越し，嘲笑する結果にさえなるといわねばならないのである。

## 2. 2009年の「不法国家」論争

　以上のような問題を内包するオスタルギーが心の壁に代わって東ドイツ地域で広がっているが，それが顕在化した一つの事件が2009年春の「不法国家」論争であろう。その発端になったのは，「DDRは全体的不法国家ではなかった」と題して3月22日付『フランクフルター・アルゲマイネ』紙に掲載されたメクレンブルク=フォアポンマーン州首相E.ゼレリング（SPD）のインタビューであった。しかし，実際にはその直前に左翼党の連邦議会副院内総務B.ラメロウが不法国家という表現を使うことに反対して物議を醸していたので[14]，これが導火線になったというべきであろう。ともあれ，西ドイツ出身のゼレリングは「ヴェッシー」が東部州を統治することを住民の多数が嫌っていることを意識して，出身地がどこであっても州のために力を尽くすことが肝心であると述べ，恐らく歓心を買うことを意図しつつ，こう語ったのである。「DDRは確かに法治国家ではなかった。しかし小さくても良きものが全く存在しない全体的不法国家だとしてDDRを非難することに私は反対である。国家は欲することを何でもできたというのはその通りである。独立した司法による統制はDDRには存在しなかった。その限りでDDRにはとにかく恣意と依存の一面が付着していた。」この文脈で「統一までの連邦共和国にも弱点はあったし，DDRにも強みがあった」と指摘した彼は，「ではDDRの強みとは何か」と問われて，「もちろん，DDRは強みを有していた。多くの人が私に語るが，保育所で行われたことやフィンランドをモデルにして学校で行われたことを私たちはとうに知っている。保健制度の改善のために現在行われていることはすでにDDRに存在していた。社会的法治国家の確信的支持者として私は言いたい。あるものが全面的に黒であることはないし，別のものが完全に白であることもないと。」これらの言葉には強みによって弱点を相殺し，黒と白とを折衷させるDDR相対化の発想が色濃く滲み出ているといえよう[15]。

　そうだとするなら，直後に疑問や批判が噴き出したのは当然であろう。同

---

（14）Die Welt vom 27.2.2009.

（15）ゼレリングはこの主張をその後も繰り返し表明している。Frankfurter Allgemeine Zeitung vom 23.3.2009; Die Welt vom 28.3.2009.

じ『フランクフルター・アルゲマイネ』紙上で3月30日にL．ハルダーが筆を執り，のどかなDDRでの暮らしが多数の人民警察官に見張られていた様子などを丹念に描いてゼレリングを揶揄しているが[16]，正面から反論したのは主要な政治家であり，そのなかには同じSPDの政治家も含まれていた。例えば副首相兼外相でSPDの首相候補でもあるシュタインマイヤーは明確にDDRを不法国家だったと呼び，ティーフェンゼー連邦建設相も「白と黒の図式」は不適切だとしながら，「DDRの独裁は緩慢に効く毒のように作用した」と述べてゼレリングに反対した。また短期間ながらSPD党首を務めたことのあるプラツェク・ブランデンブルク州首相も『シュピーゲル』のインタビューで「DDRは完全に息絶えた」とした上で，「DDRがもし法治国家であったなら，どうして何十万もの人が街頭で『我々が人民だ』と叫ぶ必要があっただろうか」と述べてゼレリングを突き放した[17]。無論，他方ではゼレリングを擁護し，あるいは彼に同調する見解も新聞などで展開された。けれどもそれは全体として劣勢であり，ペァガンデが伝えるように，住民の支持を得るためにゼレリングが上げた「観測気球は墜落した」といえよう[18]。

　しかしながら，注目に値するのは，それにもかかわらず論争が続けられ，ゼレリングの手から離れていったことである。5月23日に召集される連邦集会で大統領が選出される運びになっており，選挙戦が熱気を帯びてきていたことから，現職大統領のケーラーや対抗馬としてSPDが推す大統領候補のシュヴァンなどを巻き込んで激しい論戦が繰り広げられたのである。とくにシュヴァンの場合はDDRを不法国家と呼ぶのをためらっていたために

---

(16) Lydia Harder, Ohne Gott und Sonnenschein, in: Frankfurter Allgemeine Zeitung vom 30.3.2009.

(17) Focus vom 7.5.2009; Die Welt vom 5.4.2009; Der Spiegel, Nr.21, 2009, S.31. なおCDUからは例えばニーダーザクセン州首相のヴルフが批判者として登場し，ゼレリングを含むSPDの主な政治家に向けて，「SPDは自分たちの父と母を裏切っている。ローザ・ルクセンブルクが戦ったフリードリヒ・エーベルトを，そして共産党と一緒にさせられてSEDに強制統合された社会民主主義者たちを」と述べて激しい非難を浴びせている。Süddeutsche Zeitung vom 18.4.2009.

(18) Frank Pergande, Der Versuchsballon ist abgestürzt, in: Frankfurter Allgemeine Zeitung vom 24.3.2009.

SPDの内部からも批判される展開になった[19]。そればかりか，大統領選挙が済んでからも論戦は継続された。例えば『ツァイト』でシュヴァンが「DDRを不法国家と呼ぶ者はそこでの以前の市民のすべてに道徳的嫌疑をかけることになる」と論じたのに対し，シュタージ文書管理機関を率いるビルトラーが同紙で筆を執り，「DDRを不法国家と呼んではならないとすることは，醒めた理性をないがしろにするものである」と厳しい口調で反駁している[20]。

さらにこの論戦にはDDR出身のメルケル首相も参入したので，熱気は一段と高まった。メルケルは既に1月15日にシュタージ文書を管理するビルトラー庁を訪問し，廃止を視野に入れた論調が高まる中で，存続させる方針を明確に打ち出したが[21]，これに続いて5月5日にはシュタージ拘置施設だったホーエンシェーンハウゼンの記念館を訪れた。その折に彼女は，そこで行われた不法という「DDR独裁の一章を希釈せず，忘れないことが重要である」と述べるとともに，5月9日には「DDRのシステムは不安と虚偽に基づいていた」と明言してゼレリングに真っ向から批判を浴びせたのである[22]。そのほかにも論壇では歴史家のヴィンクラーが5月20日の『シュピーゲル』に登場したのをはじめ，5月7日付『ツァイト』では「危険なポピュリズム」という論題でイデが寄稿するなど批判的発言が相次いだ。これに対して反撃の先頭に立ったのは左翼党党首のラフォンテーヌだった。彼はメルケルが今後はDDRの不法と独裁をどのように評価するかで政党を測ると発言したことを取り上げ，それならば自由ドイツ青年団（FDJ）の活動家だったメルケル本人とCDUはDDRにおける自分自身の過去と取り組むべきだと反駁したのである[23]。

---

(19) Die Zeit vom 19.5.2009.

(20) Gesine Schwann, In der Falle des Totalitarismus, in: Die Zeit, Nr.27, 2009; Marianne Birthler, Liebe Ossiversteher, in: Die Zeit, Nr.28, 2009.

(21) Die Bundesbeauftragte für die Unterlagen des Staatssicherheitsdienstes der ehemaligen Deutschen Demokratischen Republik, Pressemitteilung vom 15.1.2009.

(22) Pressemitteilung der Bundesregierung vom 5.5.2009; Berliner Morgenpost vom 5.5.2009; Die Welt vom 9.5.2009. メルケルはベルリンの壁崩壊20周年直前のインタビューでもDDRを「不法の上に築かれた」不法国家だったと明言している。Focus vom 6.11.2009.

(23) Die Welt vom 13.5.2009; Frankfurter Rundschau vom 18.9.2009.

このように論戦は過熱した様相さえ呈したが，いずれにしても，数々の政治家が重要な役割を演じたことに示されるように，不法国家論争は政治的色彩の濃厚な論争だった点に特徴がある。また5月17日付『ジュートドイッチェ』紙でD.ブレスラーが評しているように，消滅したDDRという「国家の本質ではなくて，それを言い表す言葉の選択を巡ってドイツの政治的階級が争っている」ことも注目点であろう。このように批評されるのは，なによりも焦点に据えられた不法国家の概念が不明瞭であり，好ましくないものを何でも詰め込むことのできる表現だったからにほかならない。もちろん，不法国家の輪郭を明確化する試みが全く欠如していたわけではない。例えばC.メーゲリンの論考は様々な角度から冷静な考察を加えていて，この文脈で参照に値しよう[24]。けれども，全体としてみると，政治的傾向は濃厚であっても，しかし内実が希薄なまま論争が展開された原因は，それに込められた政治的意図にあったと考えられる。そのことは，起点となったゼレリングの州政権がSPDとCDUの大連立であり，政権維持のためにオルタナティブとして左翼党の協力を重視していたことを見れば歴然としているであろう。同様に，シュヴァンがゼレリングに理解を示したことも，選挙戦で彼女が劣勢だったことと関係があると考えてよい。大統領選挙で左翼党は独自候補を擁立していたが，第1回目の投票で決着する可能性が低かったことから，決選投票で勝ち抜くために左翼党の票をシュヴァンは必要としていたのである。

　激しい言辞が飛び交った不法国家論争は2009年夏にはひとまず鎮静したが，余燼がくすぶり続けた。例えば同年10月に起こったブランデンブルク州での連立問題の紛糾はその余波だったといえよう。8月末の州議会選挙の結果，同州では大連立からSPDと左翼党によるいわゆる赤赤連立に代わったが，政権作りに向けた長い交渉の末，連立協定にDDR問題の「幕引きの連立」ではないことが明記され，「SED独裁の美化は行わない」ことで合意されたのである。左翼党が司法相に推したV.シャーネブルクにSPDが強く反発したのはその延長線上にある。彼はベルリンの壁における越境者の射殺

---

(24) Chris Mögelin, Recht im Unrechtsstaat?, in: Helga Schultz und Hans-Jürgen Wagener, hrsg., Die DDR im Rückblick, Berlin 2009, S.92ff. メーゲリンは八つの指標を挙げ，それに照らして総括的にDDRを不法国家と規定している。Ibid., S.110.

を正当だと主張するとともに，DDR に用いられる不法国家という表現は「非科学的で道徳家的な抑圧の言葉」だと主張して，これを否認していたからである[25]。とはいえ，他方では，かつて短期間ながら SPD 党首を務めたブランデンブルク州首相の M. プラツェクが同時点の公開状で「SED の遺産との和解」を訴えたのに加え，結局 SPD はシェーネブルクの司法相就任を容認したのであり，明快な線引きができないところに左翼党の協力を必要とする SPD の困難な立場が示されている[26]。

もっとも，DDR が不法国家だったか否かという争点は，2009 年に初めて問題になったわけではない。すでに 1990 年代半ばに DDR が不法国家だったかどうかが世論調査で問われているからである[27]。例えばドイツ統一直後に DDR 出身の歴史家 S. ヴォレは DDR を不法国家だったと規定して反響を呼んだが，その流れで 1995 年にベルリン＝ブランデンブルク社会科学研究センターがこの点を設問に組み入れた。それによれば，「DDR は不法国家だった」とする見方に全面的に賛同する東ドイツ地域の市民は 18.2% であり，部分的に同意するのは 33.9% だったが，これに対しこの見方を否定する意見は 42.8% に上った。同様に，アレンスバッハ研究所の調査では「DDRには自由がなく，囚われの身であった」という意見に賛成するのは 1992 年には 54% だったが，95 年になると 41% に減少したという。つまり，ヴォレが確認しているように，「心の壁」が語られた 1990 年代半ばにはすでに「不法国家という性格づけは東ドイツ地域の市民の多数派を形成しない」状況が現れていたといえよう。一方，不法国家論争が燃え上がる前と後にも同種の調査が行われた。2009 年 3 月のそれによれば，「DDR は不法国家だったか」という設問に対して東ドイツ地域の市民の 41% が「いいえ」と答えた。またその通りと回答したのは 28%，部分的に正しいとするのは 25% だった。同じく同年 10 月のそれでは「はい」が 51% であり，「いいえ」が 40% になった[28]。これらの調査を実施したのはライプツィヒ市場研究所とインフラテス

---

(25) Mechthild Küpper, Nur keine Verklärung, in: Frankfurter Allgemeine Zeitung vom 31.10.2009; Die Welt vom 30.10.2009.

(26) Der Spiegel vom 31.10.2009; Die Zeit vom 2.11.2009.

(27) 仲井斌『ドイツ史の終焉』早稲田大学出版部，2003 年，159 頁。

(28) Die Welt vom 16.3.2009; Infratest Dimap, Deutschland Trend, Ausgabe Nov.

ト・ディマップであり，調査機関が異なるものの，1995年と2009年で数値が近似しており，見方が真っ二つに分裂しているのは三者に共通している。因みに，後者の調査では，西ドイツ地域で「はい」という回答が78%だったのに対し，「いいえ」は14%にすぎず，東西のギャップの大きさがクローズアップされる結果になった。これらの数字が物語るように，西ドイツ地域ではDDRが不法国家だったという見方はほとんど自明の事実として受け入れられているが，東ドイツ地域では決して当然の事柄ではないのである。

## 3. DDR研究をめぐる諸問題

　ところで，オスタルギーが広がり，懐旧する心情の中でDDRが美化されるのと並行して，DDR研究の動向にも変化が見られるようになった。序章でフルブロックのいう二つの語り口について触れたが，ドイツ統一後に優勢だった「権力と抑圧の語り口」が後景に退き，「完全に普通の生活という語り口」が有力になったのである。この点に関する近年の議論の動向を集約しているのは，2006年5月に一つの報告書が公表された折に起こった論争であろう。その報告書を提出したのは，連邦政府のメディア責任者のもとに設置されたSED独裁解明のための専門家委員会である。ポツダム大学やドレスデン工科大学などの現代史家をはじめ，作家，市民運動家など10名で構成された同委員会は，委員長を務めた歴史家の名前をとりザブロウ委員会の略称で知られるが，DDRにおける独裁と政治的抑圧ばかりでなく，DDRの多面性や内部的矛盾にも着眼する指針のもとに41の関係機関に質問票を送り，2回の公聴会を開催して精力的に調査を進めた。報告書はそうした作業の成果であり，しかも政府のもとに設置された委員会が主体であるところから重みがあった。しかしそれだけに批判する側にも熱がこもる展開となり，間もなく論争自体が1冊の本として公刊された。

　批判の先陣を切ったのはM.シュヴァルツだった。ウムジードラーと呼ばれた東ドイツの追放民に関する手堅い研究実績のある彼は下からの視点を重んじる現代史家の1人だが，他の批判者と共通して，シュヴァルツの場合にも，「抑圧，抵抗と迫害，独裁下の日常のバランスのとれた叙述」が問題の中心に押し出された。そして，フルブロックのいう「完全に普通の生活とい

---

2009, S.16.

う語り口」に傾斜している点が指弾された。すなわち,「『他者の生活』を歪める国家保安省の介入がもはや浮き彫りにされない危険」がクローズアップされ,さらに「『一般市民のようなシュタージ』という柔和化された像」が作られることに強い反発が生じたのである[29]。同種の批判は他の歴史家も展開しており,例えば2008年5月に開催されたバウツェン・フォーラムでもこの問題が主題とされた。その際,司会を務めたS．ネルケは,「DDRレジームの社会的接着剤と吸引力への問い」を中心に据える「日常史の支持者が相対的に数が多い」と指摘して研究動向の変化に注意を促すとともに,日常史の批判者が共有しているのは,「日常史に焦点を絞ることがSED支配の性格を歪曲し矮小化する」結果になるという懸念だと要約している。すなわち,シュタージの拘置施設で知られる地方都市バウツェンを例にした彼の巧みな比喩を使えば,「前面に立つのがもはやバウツェン監獄ではなく,バウツェン産の辛子である」ことが中心的な争点だといえよう[30]。ここでは論争の詳細に立ち入るのは控えねばならないが,いずれにせよ,このような表現を見ただけでも,フルブロックのいう二つの語り口の対立が機会あるごとに再現されているのは明白であろう。

　無論,一口に日常史といっても内実は一様ではなく,重心が置かれる側面もアプローチの仕方も様々であるのはいうまでもない。日常史を広くとり,通観した著作の代表例として1993年刊のケンテミッヒ編『これがDDRだった』,1999年のエングラー著『東ドイツ人』,2006年のヘルトレとヴォレの共著『DDRの当時』の3冊を見比べるなら[31],そのことは一目瞭然になるで

---

(29) ザブロウ委員会の経緯の説明と報告書、それをめぐる論争の主要な論考は,いずれも次の書に収録されている。Martin Sabrow u.a., hrsg., Wohin treibt DDR–Erinnerung?, Göttingen 2007. なお,ザブロウ自身の立場に関しては,現代史の分野が「基礎的研究の専門的固有論理」から離れ,「歴史文化の下請け企業」になりつつあることに注意を喚起している寄稿が参考になる。Martin Sabrow, Das Unbehagen an der Aufarbeitung, in: Frankfurter Allgemeine Zeitung vom 12.1.2009.

(30) Stefan Nölke, Rede anlässlich der Podiumsdiskussion: Durchherrschte Gesellschaft?, in: Friedrich-Ebert-Stiftung, Büro Leipzig, hrsg., Alltag in der SBZ/DDR, Leipzig 2008, S.35.

(31) Wolfgang Kenntemich u.a., hrsg., Das war die DDR, Berlin 1993; Wolfgang

あろう。というのは，DDR における普通の生活の描き方が異なるばかりでなく，抑圧への言及にも明白な差異がみられるからである。日常史に注意を払いながらも，同時に支配の現実に力点を置いているフォルンハルス編『正常性の外見』は，「SED 独裁下の日常と支配」という副題からも看取されるように，ある意味でその延長線上にあると考えることができ，あるいは折衷ないし混合という色彩が濃厚だと評すことができよう。日常史のうちで主に消費生活に取り組んでいるカミンスキーの「欠乏社会における消費政策」を論じた章が配される一方で，フォルンハルス執筆の「党の委託による密告と刑事訴追」と題した章が並んでいることが，そうした性格を証明している[32]。さらにまた，日常史で関心が向けられるのは DDR のポジティブな側面に限られず，その意味では DDR の暗部が必ずしも隠蔽されるわけではないことにも注意が必要であろう。しかし，この点に即していえば，日常史では支配構造に重点が置かれず，かつまた肯定的側面と否定的側面にいわば価値中立的に接近する手法がとられるところから，権力と抑圧の実態解明を優先課題とする立場には後ろ向きだと受け取られるのは避けられなかった。同時に，肯定的とされる側面にも視界が開かれるために，日常史的アプローチは DDR を美化するオスタルギーと軌を一にしていると見做されたり，否定面を相対化ないし軽視しているように理解されたともいえよう。

　このような議論を念頭に置きながら，本書では二つの立場を見据えつつ，いわばその中間を進む方法を工夫した。それは簡単にいうなら，「権力と抑圧の語り口」で焦点に据えられる支配構造を視野に入れつつ，しかし支配構造自体ではなく，その底辺に生きた生身の人間に光を当てる方法である。この方法は生きられた世界に重心を置く点では日常史に近くなるが，権力と抑圧の文脈に即してそれを捉えているかぎりでは日常史とはいいがたい。また権力と抑圧の構造を問う視点からは迂遠なアプローチだという批判がありうるであろう。けれども，ナチ体制とは違って 40 年以上も DDR が存続したという事実を見据えつつ，その中で生きた人々の憧憬や葛藤のダイナミズムを受け止めると同時に，支配構造への視点を失わずにその硬直した把握を脱

---

Engler, Die Ostdeutschen, Berlin 1999; Hans-Hermann Hertle und Stefan Wolle, Damals in der DDR, München 2006.

(32) Clemens Vollnhals und Jürgen Weber, Der Schein der Normalität, München 2002.

する上で，本書の方法は試行としての意義を持ちうると考えられる。もちろん，本書で光の届いた範囲は限られており，この方法を徹底するには多くの課題が残されている。また取り上げたそれぞれのトピックでこの方法が必ずしも成功しているとは言い切れない。しかし，いずれにしても基本的な接近方法が模索され，しばしば論戦が演じられている現在，多様な関心を満足させることが不可能であるのは間違いなく，その意味ではDDR研究は方法面での実験場といえるかもしれない。

本書でとった上記のような方法を明確にするため，わが国でこれまでに公表されているDDR研究と対比してみるなら，支配構造に関心を集中し，「権力と抑圧の語り口」を凝縮したともいえる著作が存在している。その例としては，東中野修道『東ドイツ社会主義体制の研究』(1996年)が挙げられよう。そこでは「監視も，抑圧も，圧殺も，総ては社会主義が正義の体系であると自己主張するところから始まった」という認識に基づき，支配の機構が照射されている。けれども，この面ばかりを強調し，なぜその体制に安定期があり，40年間にわたって存続できたのかを問う視点を欠落すると，シュタージや国境警備兵の監視，さらにはそれらを支えるソ連軍の戦車だけで支配が維持されていたかのように錯覚しやすい。そこでは，例えば「経済政策と社会政策の統一」という標語のもとにDDR指導部が生活水準の向上に努めたことや，経済的合理性を欠如した物価政策や住宅政策によって国民の不満が緩和されていた事実などが見失われることになりかねないであろう。そうなれば，1980年代のDDR経済の停滞が説明困難になり，ひいてはそれを底流とする不満の蓄積やそのエネルギーによるDDR崩壊も理解しがたくなる。そこから生じるのは，DDRはもっぱら抑圧に対する反乱ないしは自由の希求によって瓦解したという見方であろう。

その一方で，翻訳を含め，DDRの宣伝に等しい刊行物やそれに類した著作がいくつか存在している。それらが出版されたのはドイツ統一以前だが，代表例に当たるのは，大西健夫『ドイツ民主共和国』(1986年)であろう。そこでは「様々な先入観に基づく情報が横行している民主共和国の社会について読者がトータルな形で正確な認識を得て」いくことに狙いがあると記されているが，この書を含めて類似の著作では，女性の地位の高さや行き届いた社会保障，高度な産業テクノロジーなどが説明されており，結果としてDDRの先進性が称揚される形になっている点に特徴がある。しかし，教

育や余暇などDDRにおける暮らしに光を当てている限りで，誤解を恐れずにいうなら幾分日常史に近い面があるといえるにしても，無論，そこには重大な欠落が存在していた。女性の地位を例にとれば，DDRで同権化とは異なる同等化政策が推進されたのは事実としても，H. トラッペが強調するように，「家父長主義的な配慮の政治は上からの解放を実施した」のであって，1972年の有名な妊娠中絶合法化も含めSEDの政治では「女性は主体として一人前に扱われてはいなかった」側面が無視されているからである[33]。それにとどまらない。抑圧を強調する上記の著作とは逆に，それらで全く言及されないのは，シュタージが市民の上に張りめぐらした監視網や発砲命令を受けた警備兵が護る国境である。DDRでは監視の目を憚って政治に関する本音の議論は回避されがちで，市民の間でシュタージが話題に上ることは稀だったにせよ，彼らがその存在を知らなかったわけでは決してない。そのことは，1989年に高揚した市民のデモが各地でシュタージの建物に押し寄せた様子を見れば明白であろう。けれども，文字通りシュタージは巧妙に姿を隠していたから，長くても数年間滞在する外国人研究者はその存在に気付かないことが多かった。DDRを美化する政治的意図があった場合を別にすれば，わが国で抑圧体制が抜け落ちたDDR研究が現れることになったのは，その結果だったともいえよう。

ところで，不法国家を巡る論争や語り口に関する議論などが展開されている傍らでは，どちらの語り口に属すのであれ，実証的な研究が蓄積され，DDRに関する膨大な資料がこれまでに公開されるに至っている。実際，すでに2001年にクレスマンが率直に記しているように，「刊行物と研究プロジェクトのほとんど見渡しがたい数を前にしてうんざりする現象が見過ごせない」域に達しているといっても過言ではなく，同じ意味でコッカも2004年にDDR研究を，統一以降の「ここ14年間に爆発的に発展し，もはやほとんど誰も見渡せない研究と記憶の領域」と呼んでいるほどである[34]。こう

---

(33) Heike Trappe, Im Osten was Neues?, Auf den Spuren von 40 Jahren staatssozialistischer Gleichstellungspolitik, in: Schultz u.a., hrsg., op.cit., S.245f. この点は，統一後の早い時点でG. ヘルヴィッヒが指摘している。Gisela Helwig, Gleiche Rechte-doppelte Pflichten, in: dies., hrsg., Rückblick auf die DDR, Köln 1995, 197ff.

(34) Christoph Kleßmann, Der schwierige gesamtdeutsche Umgang mit der DDR-

した表現が決して誇張ではないことは，SED 独裁解明財団の委託で 55 人の研究者が行った調査を見れば分かる。2003 年に公表されたその結果によれば，50 余りの専門領域に関して総数で 2066 点の著作が確かめられ，一般書や論文でいえば数千点が存在していると見られている[35]。それらに基づき，わが国でも手堅い研究が進められ，その成果がすでにいくつか公表されている。斉藤哲，足立芳宏，石井聡などの業績がそれである[36]。

そうした著作や資料に加えて，本書で取り上げた人物に類似した悲運に見舞われ，あるいは辛酸を嘗めた人々とその関係者の証言などもすでに夥しい量に上っている。この面では，大抵は市販されていないものの，東ドイツ各州のシュタージ文書管理機関が編集している冊子などの貢献が大きい。本書でも随所で利用したが，それらの証言に接し，シュタージを主題とした文献を手にすると，率直に言って，オスタルギーは完全な虚妄のように感じられる。

けれども，いかなる政治的意図やからくりがあったにせよ，DDR には失業者や物乞いがいなかったことは事実であり，また窃盗などの犯罪被害を心配せず，託児施設の確保にも奔走しないで暮らせたのも事実だった。そうした現実的根拠の上に脈絡を取り払い，あるいは水増しして DDR を麗しく描き出すのがオスタルギーだとすれば，その幻想性を暴く方法は権力と抑圧の構造を拡大して映し出すことではなく，現実的根拠に基づく反証を積み重ねる以外にないであろう。例えばたびたびプラス面として話題になる失業者がいないことに関しては，大量の余剰人員を企業が抱え込んでおり，そこで就労していた労働者は電力や資材の不足などで実働時間が短く，同時に不足する日用品を購入するために勤務時間中でも行列に並んでいたことなどと関連づけていくことが必要とされよう[37]。同様に，DDR の成果として喧伝される

---

 Geschichte, in: Aus Politik und Zeitgeschichte, 30-31/2001, S.3; Jürgen Kocka, Bilanz und Perspektiven der DDR-Forschung, in: Deutschland Archiv, H.5, 2003, S.764.

(35) Hans-Jürgen Wagner und Helga Schultz, Ansichten und Einsichten, in: dies., hrsg., op.cit., S.9.

(36) ここでは代表的な業績だけを記しておこう。斉藤哲『消費生活と女性』日本経済評論社, 2007 年, 足立芳宏「戦後東独農村の全面的集団化と勤労農民」『生物資源研究』（京都大学）13 号，2007 年，石井聡「東ドイツにおける日常生活世界」『大原社会問題研究所雑誌』552 号，2004 年。

(37) こうした面に関しては，断片的ながらわが国でも見聞記の形で度々触れ

女性の社会進出と地位の向上にしても，女性の高い就業率はDDRの隘路だった労働力不足の解決策として実現された反面，男性に比べて補助労働が多く，賃金が低かったことや，家庭では家事や育児の負担が大きくて主婦の役割から容易に抜け出せず，同時に離婚や未婚の母が多かったことなどをも視野に入れて理解することが肝要であろう[38]。というのは，オスタルギーはDDRの現実の好ましい断面の記憶に支えられており，疎ましい側面は後景に追いやられるか，消去されているからである。その意味で，否定的側面を大写しにして突き付けるのではなく，断面と断面をつなぎ合わせる地道な作業が不可欠であり，それが幻想を克服する確実な方法といえよう。

　もちろん，美しく想起されるDDRの生活世界がシュタージを中心とする暗黒面と表裏一体だったことを考えれば，正の面と負の面がどのように絡まりあっていたのかは，オスタルギーの問題を越えたDDR研究の枢要なテーマであり，解明が待たれる課題だといわねばならない。これまでにもこの点に照準を合わせた研究が進められてきているのは当然であろう[39]。しかし，二つの語り口をめぐる論争だけでなく，不法国家論争に見られる政治の介入に照らせば，広く受け入れられる成果が得られたとは言い難い状況にある。これにはもう一つの難題が加わる。それは，これまでの盛況から一変して，近年のドイツではDDRの研究は一部の歴史家に限られている感があることである。今後，ポスト統一世代の増加に伴ってDDRに対する関心が低調になっていくのは不可避だと考えられるが，そうした流れの中でDDR研究が広がりを増すことは期待しにくく，H.-G. ゴルツが「DDR研究に迫りつつ

---

られている。仲井斌『もう一つのドイツ』朝日新聞，1983年，98頁以下，広瀬毅彦『夢みる東ドイツ』実業之日本社，1990年，46頁以下，平野洋『伝説となった国・東ドイツ』現代書館，2002年，128頁以下。

(38) Ute Frevert, Die staatlich institutionalisierte „Lösung" der Frauenfrage, in: Hartmut Kaelble u.a., hrsg., Sozialgeschichte der DDR, Stuttgart 1994, S.383ff; Ina Merkel, Leitbilder und Lebensweisen von Frauen in der DDR, in: ibid., S.359ff. 女性の社会的地位はDDRの虚実を見極める恰好の切り口といえる。Gunilla Budde, Die emanzipierte Gesellschaft, in: Thomas Grossbölting, hrsg., Friedenstaat, Leseland, Sportnation, Berlin 2009, S.92ff.

(39) その一例として，Jens Gieseke, hrsg., Staatssicherheit und Gesellschaft, Göttingen 2007 が挙げられよう。

あるタコつぼ化」を憂慮しているように[40], 長期的にはむしろ限られた研究者のサークルに委ねられる公算が大きいといわねばならない。

　確かに現在のところ, 第二次世界大戦後の現代ドイツ史を描く際, DDR の歴史は必須の構成部分になっている。そのことは, H.A. ヴィンクラーの『自由と統一への長い道・下巻』や H.-U. ヴェーラーの『ドイツ社会史・第5巻』をみれば明白であろう[41]。この点はドイツ統一以前との重要な相違であり, 例えば 1986 年に原著が出版された U. フレーフェルトのドイツ女性に関する代表的通史『ドイツ女性の社会史』を手に取るならそのことは了解されよう。というのは, 彼女自身が認めているように, 現代に当たる「1945 年以後の時代を扱う第 5 章において, 東ドイツの女性の状況にはおおまかな考慮しか払われていない」のであり[42], そうした欠落はフレーフェルトに限られた問題ではないからである。もっとも, ドイツ史の碩学の手になる上記の著作にも問題が残っているように感じられる。なぜなら, そこでの DDR の扱いは簡略との印象を免れず, 敢えていえば西ドイツ中心史観に貫かれていると評すことができるように思われるからである。実際, 芝健介が指摘するように, これまでに「二つのドイツの歴史をタイトルに謳った本は少なくないが, 両独を過不足なくとらえるには歴史家としての並々ならぬ力量が必要とされ, 東西どちらか一つに重心をおいたものになりがちであった[43]」のが壁崩壊から今日までの現実といえよう。

　そればかりではない。視点や重心の偏りにはしばしば評価の偏りが重なっているのも見過ごせない要点であろう。ヴィンクラーの著書の原題が『西方への長い道』とされていたことからも窺えるように, そこには西ドイツの戦

---

(40) Hans-Georg Golz, Editorial zur „gemeinsamen Nachkriegsgeschichte," in: Aus Politik und Zeitgeschichte, 3/2007, S.2. 同趣旨の指摘をコッカもしている。Kocka, op.cit., S.767.

(41) ハインリヒ・アウグスト・ヴィンクラー, 後藤俊明ほか訳『自由と統一への長い道・下巻』昭和堂, 2008 年。Hans-Ulrich Wehler, Deutsche Gesellschaftsgeschichte, Bd.5, München 2008.

(42) ウーテ・フレーフェルト, 若尾祐司ほか訳『ドイツ女性の社会史』晃洋書房, 1990 年, 7 頁。

(43) 芝健介「訳者解説」, メアリー・フルブルック, 同訳『二つのドイツ』所収, 岩波書店, 2009 年, 141 頁。

後史を経て統一によりポスト国民国家に到達したという認識が示されているが，そうした曲折に満ちた歴史像を単純化した形で，西ドイツが「直線的なサクセス・ストーリー」として描かれる一方で，その分だけ DDR が「SED 国家の純粋な失敗のストーリー」として片付けられる傾向が顕在化しているのが昨今の実情といわねばならない[44]。R. エンゲルマンたちは現代史像の問題点として，西ドイツ地域に当たる「旧連邦州では DDR の歴史はしばしば自国のナショナル・ヒストリーの一部としてではなく，東部の連邦州の地域史として捉えられている」ことを重視しているが[45]，この問題も「失敗のストーリー」という見方と関連しているのは多言を要しないであろう。

　ヴェーラーやヴィンクラーより後の世代に属し，2 人とは方法も解釈も異なるとはいえ，例えば西ドイツを「巧くいった共和国」と呼んでいる中堅の現代史家 E. ヴォルフルムにもそうした傾向が垣間見える。「疑いもなく 1989 年までの旧連邦共和国はドイツ分断から効用を引き出した。その成功を連邦共和国は冷戦の特殊条件にも負い，ドイツ史にかつてなかった社会的同質性，政治的和解，文化的バランスによって助けられた。このことは急進的左翼の存在しない政党システムの構造にも，DDR という対抗モデルがなかったらほとんど考えられなかった市場経済の建設にも当てはまる[46]。」このように幸運に恵まれたと考えるのは，しかしヴォルフルムだけではない。トーンには抑制が効いているが，ヴィンクラーなどと同世代の W. モムゼンもまた，戦争末期にソ連軍がもっとドイツの西部にまで侵攻していたケースなどを想像しつつ，「諸事情の恵み」を指摘しているのである。もっとも，モムゼンの場合，この点の強調によって今日の民主主義や繁栄を実現する「チャンスをドイツ人が西部で得たのは自分の功績ではない」ことを明示し，「西ドイツ人の見方の思い上がり」を戒める意図があることを見落としてはならない[47]。

(44) Frank Möller und Ulrich Mählert, Vorwort, in: dies., hrsg., Abgrenzung und Verflechtung, Berlin 2008, S.7.

(45) Roger Engelmann und Axel Janowitz, Die DDR-Staatssicherheit als Problem einer integrierten deutschen Nachkriegsgeschichte, in: Christoph Kleßmann und Peter Lautzas, hrsg., Teilung und Integration, Schwalbach 2005, S.246.

(46) Edgar Wolfrum, Von der improvisierten zur geglückten Demokratie, Bonn 2008, S.29.

(47) Wolfgang J.Mommsen, Der Ort der DDR in der deutschen Geschichte, in: Jürgen

いずれにせよ，往々にしてみられる，西ドイツの成功を自讃する目から見れば，DDR は不運が重なった暗澹たる歴史にならざるをえず，東西は明と暗に分かたれることになるであろう。もちろん，このような見方に対して異論があるのは当然といえよう。例えばわが国では 2007 年の著書で斉藤哲が「われわれは東ドイツの消費生活の展開を西ドイツのそれに対する『失敗の歴史』としてみることには慎重でなければならないだろう」と記して注意を喚起している[48]。しかし，消費生活の平面に限定したこの自戒の言葉は，より一般的な妥当性を有していると考えられるのである。

　明と暗，あるいは成功と失敗という視座へのこうした批判に加え，二つのドイツを「切り離された歴史」として扱うのではなく，あるいは DDR を西ドイツ史の「東のペンダント」にすべきではないとの主張が存在するのも見落とせない。2007 年 3 号の『政治と現代史から』が疑問符を付しながらも「共通の戦後史?」をテーマにしたことや，2008 年に公刊された F. メラーと U. メーラートの編著『分離と交錯』で交錯に力点が置かれているのは，DDR を捉える新たな視点が形成されつつあることを感じさせる。こうした方向は，H. ヴェントカーによれば，クレスマンが 1993 年に指摘し，1999 年に「非対称的に交錯する並行史」という表現で明示的に問題提起したことから発しており，2005 年の彼の編著『分割と統合』などで発展させられてきた。事実，その中で彼は「成功と失敗のストーリーの純粋な二元論」を排す立場を明確にし，「統合された戦後史」について語っている[49]。「共通のドイツ戦後史」を叙述することの種々の困難を論じる中で，G. ハイデマンが「統合されたドイツ戦後史というこれまでで優れた歴史学的構想を展開した功績」だと記してクレスマンの提起を重視していることにもみられるように[50]，その構想を軸にしつつ，議論はこれからも続けられていくことになるものと思

---

　　Kocka und Martin Sabrow, hrsg., Die DDR als Geschichte, Berlin 1994, S.28.

（48）斉藤，前掲書 188 頁。

（49）Hermann Wentker, Zwischen Abgrenzung und Verflechtung, in: Aus Politik und Zeitgeschichte, 1-2/2005, S.10; Christoph Kleßmann, Spaltung und Verflechtung, in: ders.u.a., hrsg., op.cit., S.26. なお，ヴェントカーはこの研究方向の留意点や主要な業績の批評をしているので参考になる。Wentker, op.cit., S.12ff.

（50）Günther Heydemann, Integrale deutsche Nachkriegsgeschichte, in: Aus Politik und Zeitgeschichte, 3/2007, S.8, 11.

われる。そうした展開を見るにつけても，熱い論戦に並行する形で，堅実な資料的基礎を踏まえつつ，西ドイツやヨーロッパをも視野に入れた多様な角度からDDRを照射する作業が着実に前進していくことを期待したい。また，その研究蓄積に基づいて，正負の両面のどちらにも偏らないDDRの実像が遠からず結ばれる日が待たれるのである。

# あとがき

　世界史的事件だったベルリンの壁が崩壊したのは1989年，それを受けてドイツ分断に終止符が打たれたのは翌1990年のことだった。したがって現在までに20年の歳月が流れたことになる。この間には湾岸戦争から始まってユーゴの内戦，2001年のテロとそれに続くイラク戦争など世界を揺り動かす血腥い出来事があり，他方で，経済のグローバル化に伴う市場主義の跋扈に続き，近年ではリーマン・ショックに始まる世界的規模の不況が各国を蔽っている。そうした激動に翻弄されてきたことを考えると，感激をもって迎えられたドイツ統一は随分遠のいた感を禁じ得ない。とりわけドイツの場合，統一後に長い経済停滞を経験し，さらにドイツ・マルクの廃止に象徴されるEU統合の深化を日常生活の随所で実感するようになっているので，一層その感が深いといえるかもしれない。そうだとすれば，統一に伴って消滅した東ドイツが年を重ねるごとに過去の薄闇に沈んでいくのも不思議ではないといえよう。

　けれども，じっくりと観察すれば，ドイツには今でも東ドイツの影が様々な面に色濃く残っていることに気付く。ベルリンの壁の残骸やかつてのシュタージ本部を訪れる見学者が多いのは，それらが歴史上の遺物というだけではなく，依然として東ドイツが記憶に焼き付けられているからであろう。本書はその東ドイツの断面に光を当てたものである。ここで照明されるのは主として暗闇の部分だが，序章でも指摘したように，東ドイツの歴史を暗色で塗りつぶす意図はないし，それは誤っていると著者は考えている。その意味では本書は正確には東ドイツ研究の序論とでもいうべきであろう。また建国から間もない時期に考察の重心があり，末期も扱ってはいるものの，安定期が十分に考慮されていないという意味においても，本書は序論の域を出ていない。

　本書はこれまでに発表した論考を中心にして構成されており，これに二つの章を追加し，序章と終章を書き加えて形ができたものである。既発表の論

文はすべて 1999 年以降の『社会科学論集』(愛知教育大学) に掲載された。第 1 章は 46 号, 第 3 章は 45 号, 第 5 章は 47 号, 第 6 章と第 7 章は 45 号, もっとも古い第 8 章は 38 号である。いくつかの論文は一部を加筆修正したうえで収録したが, 大幅な変更はしていない。また研究ノートとして書いたものには, 発表時点で本文中に出所などを示す注をつけないで, 末尾に主要な参考文献を一括して掲げたが, 注を入れて元の形に戻すのは思いのほか困難が大きいので, そのままの体裁にしておいた。

　たまたま, 本書が送り出されるのは, 壁が開き, 統一が成就して 20 年の節目にあたるが, 特にこれに間に合わせるつもりで書きためてきたわけではない。とはいえ, 著者としては, 20 周年という区切りを迎えてドイツ自体だけではなく, 統一に対する関心もまた高まることを期待している。というのは, この機会を逃すと東ドイツはこの国では完全に忘れ去られるような気配が感じられるからである。

　平和や自由が自明のように思われていると緊張感がわかず, なかなか想像しにくいかも知れないが, 調べてみると, 東ドイツの歴史には悲惨な出来事が数多くあり, その背景をなす日常生活を含め, 検討を加えたり熟考するに値する問題が山積している。また終章でも指摘したように, ドイツには既に膨大な資料と著作があり, 研究のための条件は熟している。それどころか, その量は昨今ではドイツ人研究者も閉口しているほどであり, 率直に言って, もう日本人の手には負えないという気がしないでもない。にもかかわらず, こうした困難な課題について一書を纏めようと考えたのは, このあたりで一区切りつけたいと思ったからである。著者は研究の重点を移民問題においてきたが, それと並行して, 最初に東ドイツの諸問題に取り組んでから 20 年近くになる。その間に, この方面でお世話になったドイツの人たちの数もかなりになる。とくに統一から間もなく, 連邦議会に DDR に関する調査委員会が設置され, 各地で公聴会などを開催して精力的に作業が進められたが, それを傍聴したり, 事務局からタイプ印刷の資料をいただいたりしたのが最初のきっかけだった。速記録を含むその資料は大切に持ち帰ったが, 積んでおくだけでも 1 メートル近くに達した。また連邦内務省の付属機関に勤務していた知人からは, 部内用に作成されたシュタージに関する大部な資料の提供を受けた。それらの一部は早速目を通したが, その時の驚愕にも似た感情が今日までバイアスになって視角や解釈に影響していないとは言い切れない。

さらに本書でも引証した DDR 研究者との出会いも大きい。今から 15 年ほど前のことになるが，ボンに滞在していた当時，かねて『人種イデオロギー』を読んでいた縁で著者であるフリードリヒ・エーベルト財団のフォン・ツア・ミューレン氏のもとをお邪魔したところ，丁度アイゼンベルク・サークルに関する新著を執筆中だった。また現代政治の専門家であるコンラート・アデナウアー財団付属研究所長のフェーン氏や，SPD 歴史委員会の委員長を務めていた歴史家のファウレンバッハ氏 (現在，SED 独裁解明財団副理事長) とも何度かお会いしたが，その後に DDR の抑圧体制に関する著作を出されているように，両氏ともこの問題に深い関心をもっておられた。さらに親しくなった歴史家がライプツィヒの出身であり，自宅に招いてくれた際に何人もの友人を集め，生の声を聞く機会を作ってくれた。同じライプツィヒでは、DDR で例外的に実証的な調査研究を行っていた青年研究所で所長の要職にあった W. フリードリヒ氏が DDR に関する見解を披瀝してくれたが，予想に反して弁護論に偏らないバランスと率直さに驚かされたことが今も鮮やかに思い出される。
　こうした出会いのほかに重要だったのは，ベルリン市，ザクセン＝アンハルト州，メクレンブルク＝フォアポンマーン州などのシュタージ文書管理機関から頂いた多数の冊子類である。とりわけテューリンゲン州の同機関で作成している数々の資料は貴重だった。例えば本書でも度々利用した『Gerbergasse 18』は，その尽力で今日まで続いているささやかな雑誌である。また連邦政府のシュタージ文書管理機関であるビルトラー庁には図書室が付設されているが，利用にあたり担当のハーゲン氏に便宜を図っていただいたほか，広報責任者のアダム氏も協力してくれた。
　このように本書ができるまでには多くの方々や関係機関のお世話になった。いろいろな機会に著者が得た印象では，日本の研究者で東ドイツに取り組む者が現れることはほとんど予想していないように見受けられた。しかし，明示的な期待がないとしても，これまでに受けた有形無形の支援には応えたいと思うし，20 年もの歳月が経つことからも，そろそろ実行の潮時だとも思っている。この課題は自分なりに長い間の宿題であり，これまでの著作のなかでも心の壁やユーバージードラーをテーマにする形で扱ってきたが，正面から踏み込んで東ドイツを論じたことはなかった。その意味で，不十分ではあっても本書によってようやく宿題に区切りをつけ，肩の荷が下ろせるこ

とになると安堵している。

　本書の出版にあたっては，いつものことではあるが，木鐸社の坂口節子氏のご尽力をいただいた。全般的に出版状況が厳しいのに加え，薄明に消え去りつつある東ドイツを主題にしていることから，とくに本書の場合には刊行へのハードルが高いと思われる。それにもかかわらず，快く出版を引き受けていただき，心から感謝申し上げたい。また，政治学専攻の4年生で卒業を間近に控えた正木崇之君が校正と索引作成に協力してくれ，本書をより正確で読みやすいものにするために努力してくれた。なお，研究を進める途上で科学研究費補助金の交付を受けることができた。ドイツでの調査の一部はそれによって可能になったことを付け加えておく。

　わが国で東ドイツに関心を有する研究者はごく僅かになっている。しかし，その中でも足立芳宏氏（京都大学）と石井聡氏（札幌大学）からは貴重な刺激を受けている。とりわけ石井氏は著者が論考を発表するたびに懇切丁寧な批評をしてくださり，大きな励ましになっている。農業史と経済史というように，著者とはフィールドを異にしていても交流が成り立つのは，東ドイツ研究者の狭さの反映かもしれない。さらに専攻分野は違っても，日頃から研究会の場や著作を通じて啓発してくれる同学の方々にも深謝したい。

　前述のように，本来なら本書は序論でしかないから，今後も継続して東ドイツ研究を進めていくべきところであろう。しかし，残念ながら時間的にも体力的にも余裕が乏しくなっているのが個人的な実情といわねばならない。また，もう一つの年来のテーマである移民問題は，ドイツのみならず，わが国でも少子化の進展などに伴ってますます重要性を増してきており，この方面の研究を深めることは喫緊の課題になっている。そうしたことから，どこまで進めるかは予想がつかないものの，若手研究者の参入を期待しつつ，一歩でも東ドイツ研究を前進させたいと願っている。

　最後に，これまでの長い研究生活を支えてくれた妻・和子と3人の息子たちに対して，マイペースの行動を見守ってくれた寛大さといたわりへの感謝を込めて，本書を捧げたいと思う。

2010年2月<br>
近藤潤三

# 人名索引

**ア行**

アイゼンフェルト, B. 61
アウアーバッハ, Th. 152
足立芳宏 318
アッシェベルク, C. 267f
アデナウアー, K. 70, 123, 168, 195
アーベ, Th. 28f
アペリウス, S. 98
アマー, T. 45, 152f, 154-163, 159
アルブレヒト, H. 93
アールベルク, E. 136, 138
イェッケル, B. 113
イェッセ, E. 15
イェッセン, R. 16
石井聡 318
イデ, R. 186, 310
ヴァイラント, S. 232
ヴァーグナー, B. 277, 299
ウァバン, D. 89
ヴァルター, J. 208
ヴァルラフ, G. 22
ヴィルケ, W. 62
ヴィルヘルム, E. 117-122, 191
ヴィルヘルム2世 211
ヴィンクラー, H. A. 310, 320f.
ヴェアケンティン, F. 33f., 134, 144, 147
ヴェクヴェルト, M. 232
ヴェーナー, H. 218
ウェーバー, J. 15
ウェーバー, H. 135, 141, 148, 179, 229f
ヴェーラー, H.-U. 6, 26, 54, 320f
ヴェンジアスキ, P. 194
ヴェントカー, H. 322
ヴォルヴェーバー, E. 163
ヴォルフ, Ch. 225
ヴォルフ, M. 21f, 71, 184f, 211 − 233
ヴォルフルム, E. 77, 321
ヴォレ, S. 29, 34, 45, 312, 314
ウルブリヒト, W. 46f, 117, 121, 135, 158, 181, 190
エアラー, P. 175f, 184
エッカート, R. 34f
エッペルマン, R. 226
エーバーハルト, A. 71, 137
エルスナー, E.-M. 244
エルスナー, L. 244f
エーレンベルク, H. 216
エングホルム, B. 233
エングラー, W. 314
エンゲルス, W. 97
エンゲルマン, R. 321,
エンジカート, P. 44
ミュラー=エンベルクス, H. 218
オスターマン, W. 144, 146
大西健夫 316
オーネゾルグ, B. 217

**カ行**

カイル, L.-B. 194, 204
ガウク, J. 97, 116, 208, 227
ガウス, G. 15, 128
ガウディアン, Ch. 80-82
ガスト, G. 217, 222
カッペス, C. 40
ガートマン, M. 167
カハーネ, A. 286
カミンスキー, A. 107, 315
ガルテンシュレーガー, M. 99
カンプハウゼン, G. 207
ギジ, G. 200
ギーゼケ, J. 17, 55, 132, 136, 162, 172
ギュフロイ, Ch. 73f, 76-85, 89-94, 99
ギュフロイ, K. 80, 82
ギュンター, I. 238
ギョーム, G. 216, 225
キューンパスト, A. 84, 91, 93
キルシュ, B. 164, 166, 173f, 192
キルシュ, S. 231
キンケル, K. 213

クッシェル, F. 207
グートツァイト, M. 207
クナーベ, H. 33, 53, 107, 114, 134, 166, 185, 207, 218
グライエク, R. 180,
クライケマイヤー, W. 135
クラウセン, C. 212
クラス, K.-H. 217
クリーア, F. 186
クリストフ, K. 68
クリューガー=ポトラッツ, M. 244, 265
グリュンヴェーデル, J. 144
クレヴィン, S. 112
クレスマン, Ch. 31, 37, 72, 189, 317, 322
クレーニヒ, W. 159
クレフナー, H. 268
クレンツ, E. 43, 226
クロイツベルガー, S. 189
クロイツマン, A. 157
グロスベルティング, Th. 16, 24
グロスマン, W. 71
グローテヴォール, O. 121, 150, 195
クンツェ, R. 231
ゲアス, O. 73
ケスラー, H. 93, 226
ケネディ, R. 77
ゲプラー, J. 150
ケラー, J. 154
ケーラー, H. 107, 206f, 233, 309
ケラーホフ, S. F. 166
ケルナー, Th. 149
ゲンシャー, H.-D. 213
ケンテミッヒ, W. 314
コヴァルチュク, I.-S. 143
コッカ, J. 16
コラネフ 232
コール, H. 213, 228
ゴルツ, H.-G. 189, 319
ゴルバチョフ, M. 220f, 225

**サ行**

斉藤瑛子 104
斉藤哲 318, 322
ザイルス, Ch. 209, 212, 221, 225

ザクゼ, A. 142
ザブロウ, M. 18, 72, 313
ザンディッヒ, H. 289
シェーネブルク, V. 311f
シェーンヘルツ, E. 207
ジークマン, I. 89
ジーゲル, A. 15
芝健介 320
シャイデマン, Ph. 211
シャボフスキ, G. 43, 200
シャルク=ゴロドコフスキー, A. 60
シュヴァーニッツ, W. 109
シュヴァルツ, M. 313
シュヴァン, G. 309-311
シュヴァン, H. 59
シュタインガルト, A. 107
シュタインマイヤー, F.-W. 309
シュタッハ, A. 244
シュティラー, W. 219
シュトイデル, H. 153
シュトフ, W. 93
シュトレーレッツ, F. 93, 232
シュナイダー, D.M. 179
シュナイダー, G. 151
シューバルト, W. 283
シュペア, A. 192
シュペリウス, G. 194
シューベルト, R. 100
シューマッヒャー, K. 142, 195
シュマルツ=ヤコブセン, C. 240
シュマーレ, G. 142-146
シュミット, M. 84, 91f
シュメット, P.-M. 84, 91f
シューケ, H. 207
シュルツ, S. 208
シュレーダー, K. 15, 26f, 31, 34, 53, 69
シュレーゲル, K. 14
シュロマン, F.-W. 144
ショル兄妹 144, 153
ショルレマー, F. 228
シルマッヒャー, A. 68
シンツェル, R. 98
スタヴェノウ, Ch. 304f
スターリン, J. 117, 153, 167, 178, 213f, 224

ズックート, S. 134
ゼクストロ, U. 244, 255
ゼレリング, E. 106, 308-310
ゾビク, A. 117-121, 129
ゾレムスキー, H. 255

### タ行

タンチャー, M. 99
ツァーン, H.-E. 105f, 186-114, 116, 126, 128, 126, 194, 208
ダァティンガー, G. 135
ティーデ, A. 97
ディーデリヒス, I. 76
ティーフェンゼー, W. 187, 309
ティールゼ, W. 52, 208
テスケ, W. 125
デメジエール, L. 186, 228, 236
テールマン, E. 190
デンクラー, T. 75
ドナースマルク, F.H. 33
トラッペ, H. 317
トロンマー, L. 273
仲井斌 104
ネーター, H. J. 144, 146
ネルケ, S. 314
ノアク, G. 164
ノイ, V. 306
ノイバート, E. 134, 152, 159
ノーケ, M. 62
野坂参三 224

### ハ行

ハイツァー, E. 142, 145
ハイデマン, G. 322
ハイトマイヤー, W. 304
ハイネ, L. 146
ハイム, S. 231
バイヤー, A. 144, 147, 149
ハインリヒ, I. 81, 84, 91f
バウアー, L. 135
ハーヴェマン, R. 231
バウム, K.-.H. 54
袴田茂樹 130
バナス, G. 236-238, 251, 253

ハフリク, R. 195
ハマン, K. 135
ハーリッヒ, W. 114, 153
バール, E. 67, 222
ハルクネット, L. 294
ハルダー, L. 309
パーレビ国王 217
バーロ, R. 114
バンゲル, Ch. 32
ハンス, B. 87
ハンネマン, M. 185
ハントシュック, M. 157, 159
ビアマン, W. 21, 113, 220, 227-232
ビアレク, R. 164, 175-184, 188, 191
東中野修道 316
ピーク, W. 117, 121, 145, 195
ビスキィ, L. 227, 232
ピーチュ, H. 129
ビット, K. 78, 133
ヒトラー, A. 42, 168, 174, 176, 213f
ビーネルト, M. 147
ヒューブナー, S. 84
ビルトラー, M. 44, 50-53, 116, 207-209, 226, 310
広瀬毅彦 104
ファウレンバッハ, B. 53
ファーツ, A. 52
ファリン, V. 222
ファンダー, A. 33f, 129, 131, 233
フィルマー, W. 59
フィン, G. 105
フィンガー, E. 74
フェヒター, P. 58
フェヒナー, M. 150
フォーゲル, W. 199
フォルンハウス, C. 15, 132, 315
フサイン, S. 244
フックス, J. 114, 231
ブッフホルン, W. 249
ブービエ, B. 162
フーラー, A. 77, 107, 158
フライシャー, H. 248
フライスラー, R. 141
プラウル, H. 94

フラク, S. 144, 146
プラツェク, M. 309, 312
フラーデ, H. J. 149f
ブラント, W. 46, 70, 216, 222, 225
ブラントル, H. 70
ブリオン, C. 74
フリッケ, K. W. 71, 100, 125, 185
フリッツェ, L. 12
フリードリヒ, W. 280
フリードリヒ大王 284
ブリュック, T. 10
フルブロック, M. 30-32, 102, 127, 131, 313f
ブレスラー, D. 311
ブレーデル, J. 142, 144
フレーフェルト, U. 320
ブレヒト, Ch. 84
フレミッヒ, P. G. 216
フレーメル, H. 154f
フロイデンベルク, W. 76
フンケ, L. 286
ペァガンデ, F. 309
ベストライン, K. 174, 192
ベッツ, P. 128
ヘードリッヒ, U. 195-205
ベーニング, E. 118f
ヘネケ, A. 190
ヘラー, M. 106
ベライテス, J. 115
ベルガー, A. 279, 283, 286
ベルクホーファー, W. 284
ヘルツ, A. 117, 126, 134
ヘルトレ, H.-H. 58-60, 314
ヘルマン, P. 153, 155
ヘルムス, M. 164, 183
ベンヤミン, H. 122, 158
ヘンリッセ, R. 17
ホア, P. T. 288
ホェーゲン, M. 238
保阪正康 130
ホーネッカー, E. 42, 47, 70, 82-84, 86, 93, 124, 163, 178f, 212, 221, 226
ホフ, R. 88
ホフマン, D. 25f
ホフマン, H. 47

ホフマン, M. 28
ホフマン, P. 116-118
ボリン, Ch. 94
ポルシュ, P. 72
ポルスト, H. 218

マ行

マイヤー, A. 17
松本清張 129
マテルン, H. 178
マールブルガー, H. 244, 249, 255
マンペル, S. 164, 173
ミッター, A. 34
ミッターク, G. 212
ミュッゲンブルグ, A. 240, 244
ミュラー, H. 231
ミュラー, K.-D. 159
ミュラー, S. 149
ミューレン, P. フォン・ツア 152, 156
ミールケ, E. 83, 93, 106, 124, 172, 179, 191, 200, 204, 211f, 215, 224, 226
三宅悟 104
ムラス, J. 117, 119-121, 126-128, 191, 194, 205
メーゲリン, C. 311
メニング, S. 262
メラー, F. 322
メーラート, U. 53, 322
メルカー, P. 135
メルケル, A. 107, 228f, 231, 310
メルト, C. 89
メンヒ, R. 76
モイシェル, S. 16, 34
モドロウ, H. 200, 227, 232
モムゼン, W. 321

ヤ行

ヤグーシュ, K.-H. 30
ヤスパー, D. 248
ヤーラウシュ, K. 18, 35
ヤンカ, W. 114, 153
ユット, M. 52
ヨヒムゼン, L. 52
ヨーン, B. 286

## ラ行

ライヒェル, H. 94
ラウ, J. 206
ラシュカ, P. 132
ラフォンテーヌ, O. 302, 310
ラムスドルフ, O. 213
ラメロウ, B. 52, 308
リッター, G. A. 26
リッター, J. 62
リトフィン, G. 47, 85-90, 93, 99
リトフィン, J. 89
リヒター, H. 100
リュッデマン, S. 142
リュトケ, A. 16
リューマン, M. 31f
リュールプ, R. 109
リンゼ, W. 163-176, 184-186, 188, 190f
リンデンベルガー, Th. 32
ルター, M. 228, 284
ルッツ, P. C. 31
ルップ, R. 217, 222
ルドルフ, J. 141f
レオ, A. 28, 78
レオンハルト, W. 179
レキシン, M. 176
レーゼ, J. 78
レッチュ, G. 166
レーバー, G. 216
レーベゲルン, R. 56
ロイター, E. 172
ロジンスキ, A. 142
ローゼンバーグ, T. 36
ロート, S. 151

## 著者略歴

**近藤潤三**(こんどう じゅんぞう)

1948年　名古屋市生まれ
1970年　京都大学法学部卒業
1975年　京都大学大学院法学研究科博士課程単位取得
現　在　愛知教育大学教授，博士（法学　京都大学）
1991～1994年　外務省専門調査員として在ドイツ連邦共和国日本国大使館に勤務

著　書
　『統一ドイツの変容：心の壁・政治倦厭・治安』木鐸社，1998年
　『統一ドイツの外国人問題：外来民問題の文脈で』木鐸社，2002年
　『統一ドイツの政治的展開』木鐸社，2004年
　『移民国としてのドイツ』木鐸社，2007年

主要論文
　「ドイツにおけるエティンガー失言問題」『社会科学論集』46号、2008年
　「現代ドイツのモスク建設を巡る紛争」『社会科学論集』47号、2009年
　「現代ドイツの社会国家改革とSPDの危機」『ドイツ研究』44号、2010年

翻　訳
　H.A.ヴィンクラー編『組織された資本主義』（共訳）名古屋大学出版会，1989年

---

### 東ドイツ(DDR)の実像：独裁と抵抗

2010年5月25日第1版第1刷　印刷発行　Ⓒ

| 著者との<br>了解により<br>検印省略 | 著　者　近　藤　潤　三<br>発行者　坂　口　節　子<br>発行所　㈲　木　鐸　社 |
|---|---|

印　刷　フォーネット＋互恵印刷　製　本　高地製本所

〒112-0002　東京都文京区小石川 5-11-15-302
電話 (03) 3814-4195番　FAX (03) 3814-4196番
振　替 00100-5-126746　http://www.bokutakusha.com

（乱丁・落丁本はお取替致します）

ISBN978-4-8332-2428-4 C3022

## 統一ドイツの外国人問題
近藤潤三著（愛知教育大学）
A5判・500頁・7000円（2002年）ISBN4-8332-2317-7
■外来民問題の文脈で
　戦後西ドイツは敗戦で喪失した領土からの外来民の流入，外国人労働者の導入，難民受入等多くの課題を抱えた。このような錯綜した人の移動の総体を「外来民問題」という観点から，ドイツの外国人問題を捉える。その特有の社会構造と政策転換の変動のなかに150年に及ぶ統一ドイツ国家形成の真の姿を見る。

## 統一ドイツの変容
近藤潤三著
A5判・396頁・4000円（1998年）ISBN4-8332-2258-2
■心の壁・政治倦厭・治安
　統一後のドイツでは東西分裂の克服がもたらした束の間の歓喜と陶酔の後に，心に重くのしかかる難問が次々に現れてきた。旧東ドイツ地域の経済再建とその負担，失業者の増大，難民の大波，排外暴力事件の激発等。本書は統一後のドイツの現実を徹底的に一次資料に基づいて追跡し，ボン・デモクラシーの苦悩を解明。

## 統一ドイツの政治的展開
近藤潤三著
A5判・228頁・2800円（2004年）ISBN4-8332-3251-1 C3022
　第二次大戦後，分断国家として再出発したドイツ現代史において，統一は終着点ではなく転換点を意味することがますます明白になってきている。それは戦後採用してきた社会的市場経済の「構造転換」に直面しているからである。本書では政治を中心に，統一後のドイツ現代史を鳥瞰することでまとまった全体像を描き出したもの。

## 移民国としてのドイツ
近藤潤三著
A5判・324頁・3500円（2008年）ISBN978-4-8332-2395-9 C3032
■社会統合と平行社会のゆくえ
　本書は前著『統一ドイツの外国人問題：外来民問題の文脈で』の続編。同じ対象を主題に据えているのに表現が違っているのは，近年のドイツで生起している主要な変化を反映している。移民政策におけるパラダイム転換と呼ぶことができよう。